# Martin Luther und die

# Evangelische Kirche „Nein Danke"!!!

## Die Wahrheit über den echten Luther

### Adelheid Sonnenschein

Bibliografische Information der Deutschen Nationalbibliothek. Die Deutsche Nationalbibliothek verzeichnet diese Publikation in der Deutschen Nationalbibliogra-
fie; detaillierte bibliografische Daten sind im Internet über dnb.de abrufbar.

Wichtiger Hinweise: Die Autorin und Künstlerin kam erst nach tiefgreifenden,
gründlichen Recherchen über mehrere Jahre zur abschließenden Erkenntnis das
der Name des echten Sohnes Gottes nicht Jesus Christus sondern YAHUSHUA (YA-
HUschuWAH) HA MASCHIACH in aller Wahrheit ist. Der Name Jesus Christus auf
den Bildern der bildenden Kunst ist falsch.

Herstellung und Verlag: BoD – Books on Demand, Norderstedt

© Copyright des deutschen Originals 2024 Adelheid Sonnenschein (Künstlername)

Erstveröffentlichung Juni 2024
Fotonachweise sind direkt unter den Bildern

Nachweis der Bilder der bildenen Kunst direkt unter den Bildern
Bibelstellen sind aus der Schlachter Bibel 2000 entnommen
Buchcovergestaltung: Adelheid Sonnenschein

ISBN: 9783759761606

# Ein Reformationstag zu feiern „für eine Reformation „die es nie gab""?!

Die Reformation hat nicht vor 500 Jahren stattgefunden,
sie liegt noch als Aufgabe vor uns, und wird ziehen die Runden!
Die neue Reformation muss sich durchsetzen gegen Luther,
denn seine Verirrungen waren Egoismus pur, ohne Butter!

Fünfhundert Jahre Protestantismus, wo bleibt der Protest,
das deutsche Volk fühlt sich so wohl in Luthers Lügennest!
Wo gegen protestiert man denn als lutherischer Katholik,
denn Luther war Zeit seines Lebens ein Ultra-Erz-Katholik!

Er hat nie gegen die dämonischen Irrlehren protestiert,
er hatte die konzilaren Irrlehren, wohl noch nicht mal kapiert!
Wogegen soll der Protestantismus denn protestieren,
durch die Sekte Evangelisch Kirche, kann er nur verlieren!

Wacht auf, ihr Deutschen, ihr werdet kräftig betrogen,
mit euren Steuergeldern werdet ihr kräftig ausgesogen!
Millionen hat Luthers fünfhundert Jahre Jubiläum gekostet,
doch was nützt ein geschöntes Idol, wenn es ist eingerostet!

Abermillionen werden in die Evangelische Kirche gepumpt,
jährlich wird der betrogene Bürger von der Kirche gelumpt!
Staatlich subventionierter Lug und Betrug fürs Sektenwesen,
wache auf, wache auf, werde am echten Glauben genesen!

Einen Thesenanschlag Martin Luthers hat es echt nie gegeben,
dieses Ammenmärchen ist Betrug, sei dessen nicht erlegen!
Weltweit wird diese satanische Lüge den Völkern erzählt,
hoffentlich hast du die Wahrheit für dein Leben erwählt!

Den Holocaust haben wir dem werten Luther voll zu verdanken,
er forderte den extremen Judenhass, mit seinen Satans-Gedanken.

Pünktlich zu seinem Geburtstag brannten die Synagogen,
drum mache lieber um die Evangelischen Kirchen einen Bogen!

Die Irrlehre der billigen Gnade, ist Verrat am Sohne Gottes,
Martin Luther treibt seit fünfhundert Jahre mit ihm Spottes!
Bei der billigen Gnade braucht keiner sein Leben zu ändern,
drum laufen die Himmels-Komiker in komischen Gewändern!

Die Luther-Bibel kann dir nicht helfen, denn sie ist gefälscht,
und seine eigens produzierten Irrlehren die Welt beherrscht!
Martin Luther war ein Heuchler nach seinen eigenen Angaben,
du brauchst dich nicht an seinen Irrlehren verirrt zu laben!

Ein zweifacher Todschläger war Martin Luther ganz gewiss,
sein Gewissen schlug nicht Alarm auch nicht sein Gebiss!
Um dem Galgen zu entgehen floh er schnell ins Kloster,
seinem Vater gefiel das überhaupt nicht und war erboster!

Es wäre besser gewesen, Luther hätte am Galgen gehangen,
das besorgte er selber mit seinen Suizidtod ohne bangen!
Den Menschen wäre es besser ergangen hätte er gehangen,
so würden wegen ihm nicht Menschen in der Hölle landen!

Luther war ein deutscher Spitzen-Alkoholiker ohnegleichen,
selbst als Fresser konnte er auf der Waage einiges erreichen!
Sein ganzes Lebenswerk war das Werk eines guten Säufers,
darum brachte er um, die echten biblischen Erstmals-Täufers!

Sein Lebenswerk war das eines satanischen Anti-Christuses,
denn er lebte als Gottloser, nach Satans Willen als bestes!
Eine Bekehrung wird ihm von Historikern angedichtet,
auf dem Abort fand sie statt, es war nicht belichtet!

Das Haus der Kirche brennt, sie selber hat das Feuer gelegt,
Mitgliederschund ist der beste Beweis und das ist belegt!
Das Schiff der Kirche kentert, sie geht bald im Irrtum baden,

sie hat es mit dem Müll des Zeitgeistes kräftig überladen.

Wenn du noch ein bisschen Verstand hast in deinen Leben,
sei nicht weiter dem Betrug von Staat und Kirche erlegen!
Willst du ewiglich mit der Sekte im Verderben baden gehen,
sei klug, willst du wirklich am Ende die echte Hölle sehen???

Quelle: © Adelheid Sonnenschein

# Vorwort

Seit über 500 Jahre wiegt man die Gesellschaft in Deutschland und weltweit in ein schönes Erscheinungsbild über die Person von Martin Luther. Was von den Lutherbiografen an gravierenden Schönfärbereien in die Welt verbreitet worden ist, lässt nicht nur die Balken verbiegen sondern zerbersten. Oder Eisenträger verbiegen sich!

Es ist an der Zeit, das in Deutschland und weltweit die Wahrheit über den authentischen Martin Luther dargestellt und verbreitet wird.

Die Heilige Schrift beschreibt deutlich und klar wie der echte Sohn Gottes YAHUSHUA (YAHUschuWAH) HA MASCHIACH über diese Personen denkt.

Gleichzeitig deckt die Heilige Schrift auch auf, welches Gericht diese Menschen zu erwarten haben.

Eine der nüchternsten Tatsachen des Lebenswerkes von Martin Luther ist die Verfälschung der Heiligen Schrift. Es täte jeder Mensch gut daran, seine Martin Luther Bibeln aus seiner Wohnung zu entfernen oder besser zu verbrennen, damit kein Mensch mehr dadurch verführt wird.

Will man das antisemitische Denken, die antisemitischen Anschläge in Deutschland und weltweit unterbinden, dann ist eine radikale Beseitigung von allen, was an Martin Luther erinnert, so schnell wie möglich zu eliminieren.

Martin Luther wird als Reformator hofiert, doch was er getan hat war keine Reformation, denn die wahre echte biblische Reformation steht noch als dringende Aufgabe vor uns!

Das Wort Sekte ist auch nicht von Seiten irgendwelcher Volkskirchen zu definieren, sondern einzig und allein durch die Heilige Schrift das Wort Gottes, welches es durch genug Bibelstellen klar tituliert!

Beim lesen verschiedener Aussagen wie sie Luther formuliert hat, fallen einem seine staksige Satzstellungen auf.

Möge der Inhalt dieses Buches ein Weckruf sein!

An dieser Stelle sei ausdrücklich darauf hingewiesen dass ich den Sohn Gottes nicht als Jesus Christus bezeichne weil es ein Hybrid-Name ist. Ich nehme bewußt den jüdischen bzw. hebräischen Namen. Denn im Himmel wird hebräisch gesprochen! Es ist auch keine Bibelfälschung wenn ich in den aufgeführten Bibelstellen den echten Namen von Gott eingesetzt habe, und auch den echten Namen seines Sohnes. Alle anderen Bezeichnungen sind reine Gotteslästerungen, wie Herr oder HERR, oder nur Gott, naja viel Adonai oder Elohim.

Ich lade dazu ein die am Ende dieses Buches aufgeführten Bücher zu lesen.

Auch habe ich Überschriften so wie verschiedene Textteile fett gedruckt geschrieben. Sehr wichtige Gedanken habe ich teilweise einmal oder zweimal unterstrichen um auf die Irrtümer aufmerksam zu machen!

# Einleitung

Wer einmal recht nüchtern und realistisch mit sich selber sein will, sollte diese Buch mit wachen Bewusstsein lesen. Wer jedoch lieber alles beim Alten belassen will, und sich nicht mit der Wahrheit auseinander setzen will, sollte das Buch nicht lesen, sondern an Wahrheitssuchende weitergeben.

Die Autorin betrachtete Martin Luther jahrzehnte lang auch als eine starke Persönlichkeit und hat innerlicher zu ihm aufgeschaut. Doch als sie sich mit dieser Person realistisch auseinander gesetzt hatte, fing sie an Fakten zu sammeln. Dieses wird auch in ihren Bildern der bildenden Kunst deutlich, welche zum Teil auch in diesem Buch abgebildet sind.

Wie in allen Büchern der Autorin geht grundsätzlich eine tiefgreifende Recherchearbeit voraus, wobei sie natürlich Fachleute zu Worte kommen lässt.

Wer im Bewusstsein von Friede, Freude, Eierkuchen leben will, der darf sich weiter gerne in jeder Richtung belügen lassen. Wer lieber die Augen und die Ohren vor der Wahrheit verschließen will, den kann ich als Autorin nur in einem völligen verführt sein dahingeben. Jeder der Mitglied der Evangelisch, Lutherischen, Protestantischen Kirche ist oder war, sollte sich mit der Person auseinandersetzen auf welche sich diese gründet! Auch für Menschen die dieser Einrichtung nicht angehören, kann dieses Buch ein geistiger und geistlicher Gewinn sein.

Gemäß den Maßstäben der Heiligen Schrift ist die Evangelisch, lutherische, protestantische Kirche und alle Verwandten-Kirchen welcher Couleur auch immer, eindeutig gefährliche Sekten.

Die Evangelische Kirche gemessen an den „geistlichen Menschenrechten" betreibt geistlichen Völkermord!

Wer über einen gesunden Menschenverstand verfügt wird es in keiner Weise nachvollziehen, das seit Napoleons Zeiten diese gefährliche Sekte jährlich mit Milliarden aus Steuergeldern subventioniert wird.

Die Evangelische Kirche welcher Couleur auch immer, ist wie die Römisch, katholische Kirche eine Holocaust-Kirche bzw. eine Antisemitismus-Kirche!

Die allergrößte Lüge die durch Fernseh-Sender jeweils zum 31. Oktober d. J. dem Volk verkauft werden soll ist, das Martin Luther angeblich seine Thesen an die Kirchentüre zu Wittenberg geschlagen habe, was eine eindeutige Verdummungs-Lüge an das Volk ist, und nicht der Wahrheit entspricht.

Die gravierendste aller Irrlehren von Martin Luthers ist die Irrlehre von der billigen Gnade. Dadurch hat er bisher Milliarden Menschen weltweit in das ewige Verderben, in die Hölle befördert.

Die Irrlehren des Martin Luthers sind eindeutig Antichristlich!!!

Oder genauer ausgedrückt die Evanglische Kirche ist eine Antichrist-Kirche. Fatalerweise sind viele nicht lutherische Kirchen, den Irrlehren Martin Luthers auf den Leim gegangen. Darunter fallen auch diverse Freikirchen.

Zusammenfassend kann man nüchtern sachlich feststellen: Wer auf die gesamten Irrlehren Martin Luthers vertraut, wird sein ewiges Leben nicht im Himmel sondern in der Hölle erhalten!

Der Gipfel einer seiner dämonisch, satanischen Irrlehren ist der: „Simul justus et peccator" (Gerechter und Sünder zugleich) – Freibrief!

Jeder der auf die Lehren von Martin Luther und der Evangelischen Kirche vertraut ist tief verwurzelt im römisch-katholischen Erdreich!

Gemäß der Denkweise Martin Luthers ist der echte Sohn Gottes ein leibhaftiger Teufel! Wie bitte???

„Kein Religionsstifter kann Martin Luther bis heute das Wasser reichen, in seinen Hass-Triaden"!

Die Frage aller Fragen ist: Bist du verehrter Leser bereit, für eine wahre Reformation die vor uns liegt?

Ich kann nur rufen: Wache auf! Wache auf!

# Inhaltsverzeichnis

**13**

Quelle: Bild-Autor: © Adelheid Sonnenschein; Bild-Titel: Hochgrad-Antisemit Martin Luther; Herstellung: Dezember 2012; Maltechnik: Deckfarbe auf Karton: Format: DIN A 3

# Der Hochgrad-Antisemit Martin Luther

## Martin Luther der ausschlaggebende Vater des Antisemitismuses und Wegbereiter Adolf Hitlers

Dass Martin Luther ein Sohn Satans ist und war, beweist sich darin, dass er die Juden hasste, und deren Tötung unbedingt wollte!!! „YAHUSHUA (YAHUschuWAH) HA MASCHIACH war und ist auch ein Jude"! Damit ist bewiesen, dass Martin Luther den Sohn Gottes hasste! Durch seine Irrlehren nagelt er zusätzlich bis heute den Sohn Gottes YAHUSHUA (YAHUschuWAH) HA MASCHIACH immer wieder neu an das Kreuz!

>>>„Der Dieb kommt nur, um zu stehlen, zu töten und zu verderben "!<<< Johannes 10, 10 A

Durch diese Bibelstelle ist klar bewiesen, wesses Geistes Kind Martin Luther war, nämlich ein Sohn Satans!

Wer ein wirklicher echter, biblisch, wahrer Gläubiger ist, der hat YAHUSHUA (YAHUschuWAH) HA MASCHIACH zum Herrn und Meister! Und YAHUSHUA HA MASCHIACH war kein Totschläger oder Mörder. YAHUSHUA HA MASCHIACH hat auch nicht Totschlag und Mord gepredigt, auch nicht zum Schutz der Obrigkeiten (5. Mose 20, 8 B). Kein echter wahrer biblisch Gläubiger soll das weltliche Schwert durch seine Zunge führen, was weder YAHUSHUA HA MASCHIACH getan hat noch seine Apostel getan oder gelehrt haben (Johannes 6, 15)!!!

>>>„Jeder, der seinen Bruder hasst, ist ein Mörder, und ihr wisst, daß kein Mörder ewiges Leben bleibend in sich hat"!<<< 1. Johannes 3, 15

>>>„Die Feiglinge aber und die Ungläubigen und mit Gräueln befleckten und Mörder und Unzüchtigen und Zauberer und Götzendiener und alle Lügner – ihr Teil wird in dem See sein, der von Feuer und Schwefel brennt; das ist der zweite Tod"!<<< Offenbarung 21, 8

## Antisemit Anno 1543
## Martin Luther ist der Vater des Antisemitismuses!!!

**Warum feiert man dann nicht auch einen Adolf Hitler und die Nazis, die ja im Gehorsam zu Martin Luther ja alles getan haben, was er befohlen hatte!!!??? Mal nachdenken!**
**Der Vordenker und Wegbereiter der Kollektivschuld sowie des Antisemitismuses – nicht nur in Deutschland – ist niemand anderes als Martin Luther. Martin Luther ist der Vater des Antisemitismuses und der Wegbereiter der Kollektivschuld.**
**Seine Hetzschriften und seine extremen judenfeindlichen Äußerungen gipfeln in der im Jahre 1543 erschienen Hetzschrift: „Von den Juden und ihren Lügen"! Richtiger hätte es heißen müssen: Von Martin Luther und seinen saftigen Lügen!**

>>>„Wehe euch, ihr Schriftgelehrten und Pharisäer, ihr Heuchler, dass ihr getünchten Gräbern gleicht, die äußerlich zwar schön scheinen, inwendig aber voller Totengebeine und aller Unreinheit sind! So scheint auch ihr äußerlich vor den Menschen als gerecht, inwendig aber seid ihr voller Heuchelei und Gesetzlosigkeit. Ihre Kehle ist ein offenes Grab, mit ihren Zungen betrügen sie; Otterngift ist unter ihren Lippen; ihr Mund ist voll Fluchen und Bitterkeit, ihre Füße eilen, um Blut zu vergießen; Verwüstung und Elend bezeichnen ihre Bahn, und den Weg des Friedens kennen sie nicht. Es ist keine Gottesfurcht vor ihren Augen"!<<< Matthäus 23, 27 + 28 u. Römer 3, 13 – 17

**Martin Luther war und ist der Vater des Antisemitismuses. Was Luther in seinen Schriften veröffentlichte, wurde von Adolf Hitler in die Tat umgesetzt! So hat Kaiser Wilhelm II. von Preußen den ernsten Rat gegeben die Juden zu vergasen! Der unfassbare Wahnsinn**

des von Luther grundlegenden Antisemitismuses gipfelt in Adolf Hitlers Zitierungen und auch in Aussagen von Kriegsverbrechern die sich bei Kriegsverbrecher Prozessen ebenfalls auf Luther beriefen. Auch Otto von Bismarck und Friedrich II. auch Friedrich der Große genannt, brachten ihren Antisemitismus auf das schärfste zum Ausdruck.

Eine weitere Verflechtung des Antisemitismuses auf der Grundlage von Martin Luther fand im Hause des Komponisten Richard Wagners statt. Der seine Judenfeindlichkeit in zwei Schriften „Das Judentum in der Musik" zum Ausdruck brachte. So wurde Houston Stewart Chamberlain, der Schwiegersohn der Cosima Wagner, ein Wegbereiter für Richard Wagners ersehnte Vollstreckung. Hitler konnte also durch seine Kontakte zum Hause Wagner mit deren Unterstützung rechnen. Goebbels bewunderte Chamberlain mit den Worten: „Vater unseres Geistes und Bahnbrecher und Wegbereiter. Die Evangelische, protestantische, lutherische Kirche ob nun EKD Evangelische Kirche in Deutschland oder VELK die Vereinigte Evangelische Lutherische Kirche hat es nicht bzw. nie anders getrieben, als die Person auf die sie sich gründet. Die Evangelische Kirche ist eine Antisemitismus-Kirche bzw. eine Judenhasser-Kirche und damit eine gefährliche Sekte die einen falschen Sohn Gottes verkündigt. Die evangelischen Pseudo – Christen haben durch ihre geistige Blindheit und die Blindheit der blinden Blindenleiter (Pastoren) Luther an die Macht verholfen und die blinden Blindenleiter waren die Handlanger für die Judenvernichtung.

**Jetzt wird das getünchte Grab geöffnet!!!**
Luthers Beitrag zur Deutschen Geschichte!!!
Karl Jaspers sagte nach dem Krieg im deutschen Bundestag: „Was Hitler getan hat, hat Luther geraten, mit Ausnahme der direkten Tötung in den Gaskammern".
Julius Streicher hat sich bei seiner Vernehmung während des Nürnberger Kriegsverbrecher Prozesses am 29. April 1946 ausdrücklich **auf Luther berufen. Er sagte: „Wenn Martin Luther heute lebte",**

dann säße er hier an meiner Stelle als Angeklagter".

Der Kirchenhistoriker Martin Brecht urteilt:
„Luther wurde so fatalerweise zum protestantischen Kirchenvater
des Antisemitismus"!!!

Der unfassbare Wahnsinn des von Luther grundgelegten Antisemitismus gipfelt in diesem Zitat von Adolf Hitler: „Luther war ein großer Mann, ein Riese. Mit einem Ruck durchbrach er die Dämmerung; sah den Juden, wie wir ihn erst heute zu sehen beginnen". Quelle: © Adolf Hitler: Zwiegespräche zwischen Adolf Hitler und mir; Dietrich Eckart, München 1924; S. 34

Die Verquickung von Staat und Kirche sind nicht neu. Die deutsche Geschichte beweist, dass bekannte Staatsmänner Luthers Hasspropaganda in die Tat umsetzten. Ihre Zitate decken sich auf unheimliche Genauigkeit mit Luthers Gesinnung und dessen Äußerungen!

Friedrich II., auch Friedrich der Große oder der „Alte Fritz" genannt, äußert folgendes: „Die Juden sind von allen Sekten die gefährlichste und man muss verhindern, dass ihre Zahl wächst. Quelle: © Der Spiegel, 45/2011, S. 83

Otto von Bismarck äußerte Folgendes:
„Ich billige den Juden nicht zu, die Presse zu beherrschen, politische Schlüsselstellungen einzunehmen oder ein obrigkeitliches Amt zu bekleiden". Quelle: © Scheidl, Franz J. (1967): Deutschland und die Juden in Vergangenheit und Gegenwart. Wien: Dr. Scheidl-Verlag. Siehe auch: © http://media.de.indymedia.org./media/ 2008/11//232747.pdf

Der abgedankte deutsche Kaiser Wilhelm II. von Preußen schrieb im August 1919 aus dem Exil an den General v. Mackensen, „die Deutschen seien verführt und getrieben worden vom Stamme Juda, den sie hassen". Kein Deutscher darf das je vergessen noch ruhen, bis diese Parasiten von deutschem Boden getilgt und ausgerottet sind! „Dieser Giftpilz an der deutschen Eiche". Weiter schrieb er dem General, „Juden und Moskitos sind eine Plage, von der sich die Menschheit „auf die eine oder andere Weise" befreien müsse". Er schlug die Methode vor, (die Juden zu beseitigen): „ich glaube, das Beste wäre Gas". Quelle: © William, Collin (1994): „Das Beste wäre Gas", wetterte der Kaiser. Berliner Zeitung. Siehe auch: © http://berlinerzeitung.de/archiv/in-seinemantis-emitismus-stand-wilhelm-II—hitler-kaum-nach-1-bekenntnisdes-monarchen-in-einer-neuenveröffent-lichung—das-bestewäre-gas---wetterte-derkaiser,-10 810590,8882190.html

## Luthers Gesinnung vereinnahmte allmählich die deutsche Gesellschaft und Kultur.
## Martin Luther, Richard Wagner und Adolf Hitler: Prediger, Künstler und Vollstrecker.

### Wie braun ist Bayreuth?
In der Stadt Bayreuth verdichten sich die geschichtlichen Ereignisse. Den Anfang macht 1872 der Komponist Richard Wagner, der sich in Bayreuth niederlässt. Richard Wagner veröffentlichte im Jahr 1850 seine Schrift „Das Judentum in der Musik". Um seinen Worten Nachdruck zu verleihen, erscheint die Veröffentlichung erneut im Jahre 1869.

### Richard Wagner sagte:
Ob der Verfall unserer Kultur durch eine gewaltsame Auswerfung des zersetzenden fremden Elements (Juden und alles Jüdische) aufgehalten werden könnte, vermag ich nicht zu beurteilen, weil hierzu Kräfte gehören müssten, deren Vorhandensein mir unbekannt ist. Quelle: © Wagner, Richard (1869): Das Judentum in der Musik. Leipzig: J.J. Weber –Verlag. Siehe auch: © http://de.wikiource.org/wiki/Das Judentum in der Musik_%281869%29

In Richard Wagners Worten wird die Sehnsucht nach einer politischen Kraft deutlich. Er wünscht sich einen Vollstrecker, der gegen die Juden aktiv werden sollte. Wagner endet, indem er den Juden direkt ein schreckliches Ende androht: Er sagte: Aber bedenkt, dass nur eines eure Erlösung von dem auf euch lastenden Fluch sein kann: die Erlösung Ahasvers, – der U n t e r g a n g!

### Richard Wagners Wunsch wurde verwirklicht:
Houston Stewart Chamberlain, Schwiegersohn Cosima Wagners,

wurde der Wegbereiter für den von Wagner herbeigesehnten Vollstrecker.

Als er sich in Bayreuth im Hause Wahnfried niedergelassen hatte, half er maßgeblich mit, Luthers Antisemitismus mit Wagners Musik zu verknüpfen!!! Und Hitler konnte durch seine persönliche Beziehung zum Hause Wagner auf die Unterstützung der Wagnerianer zählen.

Goebbels bewunderte Chamberlain als...
„Vater unseres Geistes", ... „Bahnbrecher" und „Wegbereiter".

Quelle: © Chamberlain, Houston Steward (1899): Die Grundlagen des neunzehnten Jahrhunderts, München: F. Bruckmann AG. Siehe auch: Quelle: © http://www.hschamberlain.net/biography_en.html

Der Antisemit Chamberlain äußerte über die Juden Folgendes: Nicht aber der Jude allein, sondern alles, was vom jüdischen Geist ausgeht, ist ein Stoff, welcher das Beste in uns zernagt und zersetzt. Quelle: © Houston Stewart Chamberlain: Die Grundlagen des neunzehnten Jahrhunderts Kapitel 986, Weltanschauung und Religion, Seite 1023 – 1128; mehr dazu unter: Quelle: © http://www.hschamber-lain.net/Grundlagen/abschnitt 3_kapitel9b6.html

**Hitler nennt im Jahre 1923 die Quelle seiner Ideologie: Luther war ein großer Mann, ein Riese. Mit einem Ruck durchbrach er die Dämmerung; sah den Juden, wie wir ihn erst heute zu sehen beginnen.** Quelle: © Adolf Hitler, über Martin Luther in: Zwiesprache zwischen Adolf Hitler und mir, von Dietrich Eckart, München 1924; S. 34; mehr dazu unter: © http://de.wikiquote.org./wiki/Riese

Gegenüber dem katholischen Bischof Wilhelm Berning äußerte Hitler im Jahre 1936: Ich tue nur, was die Kirche seit fünfzehnhundert Jahren tut, allerdings gründlicher. Quelle: © Adolf Hitler in „Mein Kampf"; siehe auch: © http://www.leipziger-montags demo.de/Informationen/daten/daten 07kirche/kirche zitate.html

### Luther und die Reichskristallnacht
Es geschah in der Nacht vom 9. auf den 10. November 1938, als Luthers Prophezeiung ihren Anfang nahm. Der Terror gegen die Juden in Nazi-Deutschland erreichte seinen ersten Höhepunkt. Die sogenannte Reichskristallnacht wurde dem geehrten Reformator

**als Geburtstagsgeschenk gewidmet. Die Hasstriaden Luthers gegen die Juden wurden in die Tat umgesetzt:**

Mindestens 91 Juden wurden bei Übergriffen durch die Straßen geprügelt und getötet. Weitere 30.000 Juden verschleppt und in Konzentrationslager inhaftiert.Jüdische Häuser, Krankenhäuser und Schulen wurden geplündert und von den Nazis mit Vorschlaghammer zerstört.

**Über 1.000 Synagogen wurden verbrannt.**

**Über 7.000 jüdische Geschäfte zerstört und beschädigt.**

**>„An Luthers Geburtstag brennen in Deutschland die Synagogen. Als die Synagogen in Schutt und Asche liegen, veröffentlicht die evangelische-lutherische Kirche eine Neuauflage von Luthers Hetzschriften „Von den Juden und ihren Lügen"!< Das Vorwort verfasst der evangelische Landesbischof Martin Sasse. Er triumphiert mit den Worten:**

**>„Am 10. November 1938, an Luthers Geburtstag, brennen die Synagogen in Deutschland"!<**

**In dieser Stunde muss die Stimme des Mannes gehört werden, der als der deutsche Prophet im 16. Jahrhundert einst aus Unkenntnis als Freund der Juden begann, der, getrieben von seinem Gewissen, getrieben von Erfahrungen und der Wirklichkeit, der größte Anti semit seiner Zeit geworden ist, der Warner seines Volkes wider die Juden.** Quelle: © 23.11.1938 im Vorwort zur Neuauflage; Kirchliches Amtsblatt für Mecklenburg Nr. 17, Jahrgang 1938, Bekanntmachung, 249 G. Nr. /24/II 5 h ein Mahn Wort zur Judenfrage

**In der Nachkriegszeit brauchte der Reformator Luther dringend ein neues Image. Der Antisemit Luther als Kirchengründer war nicht mehr salonfähig. >„Die lutherische Kirche änderte seine Biographie!!!< Wir kommen zurück zu den Fragen, die unsere Gesellschaft bewegen:**

**Wie konnte das geschehen? Warum sind wir nicht früher aufmerksam geworden?** Quelle: © Bundeskanzlerin Angela Merkel am 23. 2. 2012. Im Berliner Konzerthaus

**Und warum wurde von der Deutschen Regierung für das Jubiläums-Jahr 2017 - 500 Jahre Reformation mehrere Jahre vorher jähr-**

**lich 5 Millionen Euro für diese Feier ausgezahlt, obwohl die Reformation zwar begonnen wurde aber nie zu Ende geführt wurde!!!**

**Das Ende steht noch aus!!! Wie konnte man bloß solch eine destruktive (zerstörende und niederreißende) Reformation feiern???**
Adelheid Sonnenschein

**Martin Luther hat seinen hochgradigen Antisemitismus aus seinem geistigen (kein geistliches) Vaterhaus, mit der selbstverständlichen Voraussetzung aus der römisch, katholischen Kirche voll und ganz übernommen.** Denn der Antisemitismus war und ist eine selbstverständliche Voraussetzung gestern wie heute und morgen in der römisch-katholischen Kirche. Sowie in der römisch, katholischen Kirche so ist auch seit Jahrhunderten der hochgradige Antisemitismus in der Evangelisch protestantischen lutherische Kirche nachweisbar vorhanden. Da beide Großsekten keine „geistliche" Grundlage auf den echten Sohn Gottes YAHUSHUA (YAHUschuWAH) HA MASCHIACH aus Nazareth haben, und weltweit wohl überhaupt keine Existenzberechtigung haben, so haben die Juden wirklich recht zu sagen, was wollt ihr: Unser Blut klebt an euren Händen!! Martin Luther hat wie in seinem Großsekten-Vaterhaus römisch-katholische Kirche, die Juden als böse und verschlagen abqualifiziert, und auf schimpflichste gebrandmarkt!** Adelheid Sonnenschein

Martin Luther glaubte durch seine nicht vollendete Reformation z. B. in Fragen der unbiblischen Säuglingsbefeuchtung (Beträufelung) die Juden zu seinen weitverbreiteten Irrlehren der neuen zukünftigen Sekte Evangelische, protestantische, lutherische Kirche zu bekehren. **Naja der Mohammed des Islams, der satanische Prophet der Antisemitsmus-Religion, wollte ja auch schon die Juden zu seiner Satans Religion bekehren! Denn die Muslime beten ja einen toten Mondstein-Gott-Götzen an!** Martin Luther hätte erst einmal seine Häserienlehren biblisch selber aufs Korn nehmen sollen, anstatt sich unflätig über das Volk Gottes in abartiger Weise auszulassen. **Denn der echte Sohn Gottes YAHUSHUA (YAHUschuWAH) HA MA-**

# SCHIACH war und ist auch Jude!!!

## Wie kam es zu dem Antisemitismus bei Martin Luther?

Bereits in seiner frühreformatorischen Zeit, etwa von 1513 bis 1516, warf Luther den Juden „Unbußfertigkeit und Selbstgerechtigkeit" vor. Schließlich war er doch in der Tradition der katholischen Kirche groß geworden, in der der Antijudaismus zu den selbstverständlichsten Voraussetzungen des Denkens und Fühlens gehörte, in einem Umfeld also, in dem Juden wieder als böse und verschlagen abqualifiziert und als angebliche Gottesmörder aufs schimpflichste gebrandmarkt wurden. Freilich darf nicht übersehen werden, dass Luther nur deshalb zum Judenfreund geworden war, um die Juden für das Christentum zu gewinnen. Denn immer, wenn Luther davon sprach, brüderlich mit den Juden zu handeln, folgte der Nachsatz, „ob wir etliche bekehren möchten". Sein Verhalten Juden gegenüber war also alles andere als zweckfrei.

## Der Sohn Gottes YAHUSHUA HA MASCHIACH war nie Gott und wird auch nie Gott sein, er ist und war immer Sohn Gottes!

## Luthers Rechnung ging nicht auf

**Luthers taufemsiges Werben um die Juden war nahezu vergeblich. Als diese dann nicht, wie erwartet, in großen Scharen konvertierten, warf Luther ihnen Halsstarrigkeit vor und behauptete: „Wer beharrlich der Wahrheit des Evangeliums die Anerkennung verweigert, der ist von bösem Willen beseelt". Nachdem selbst persönliche Begegnungen mit jüdischen Gelehrten ergebnislos geblieben waren, vollzog sich abermals ein Umbruch in Luthers innerer Einstellung zu den Juden. Sein Verhalten ihnen gegenüber wurde nun ausgesprochen unchristlich. Luther war, so schrieb Thomas Mann Jahrhunderte später, „ein mächtiger Hasser, zum Blutvergießen von ganzem Herzen bereit"!**

**Entspricht das einer Gottes-Kindschaft oder dem Willen des einen monotheistischen Gottes YAHUWAH?**

Im Jahre 1543 veröffentlicht Luther seine Abhandlung „Von den Juden und ihren Lügen" mit brutalen Ratschlägen, wie man sie bekämpfen und vernichten sollte. Von den Juden sagte er: „Sie sind unsere öffentlichen Feinde, wenn sie uns alle töten könnten, täten sie es gern! Sie nennen Maria eine Hure, Jesus ein Hurenkind. Ihr sollt sie nicht leiden, sondern vertreiben". Er bezichtigte die Juden der Verstocktheit, der Proselytenmacherei, warf ihnen vor, sie seien elende Lügner und Bluthunde, rachgierig und mörderisch. Er gebot, Synagogen und Schulen von Juden in Brand zu stecken, ihre Häuser zu zerstören und ihnen den Talmud wegzunehmen, in dem der Reformator ohnehin nur ein Buch „voller Lügen und Verdrehungen" sah. Den Rabbinen möge man, schrieb Luther weiter, bei Leib und Leben verbieten, hinfort zu lehren. Man solle ferner den Juden das Geleit aufheben, man solle sie „wie die tollen Hunde aus jagen" – „denn sie haben nichts auf dem Land zu schaffen", ihnen alle Barschaft nehmen, sie Brot verdienen lassen im „Schweiß der Nasen". **Luther hat die einzelnen Punkte in einer Ausdruckweise, in der es von Fäkalmetaphern nur so wimmelte, und in einem Stil begründet, die der Goebbelschen Hetzpropaganda in der Tat in nichts nachstand!**

Der Nationalsozialismus konnte Luthers Ratschläge zur Bekämpfung und Ausrottung des Judentums daher fast wörtlich übernehmen. Luthers verzerrte Auslegungen des Evangeliums, dass Juden unter Gottes Zorn und außerhalb seiner Gnade stünden, bedeutete, bei Licht betrachtet, ihre Ausgrenzung aus der menschlichen, „christlich begnadeten" Gemeinschaft. Die letzte Konsequenz hieraus zog vierhundert Jahre später das nationalsozialistische Deutschland.

In seiner Streitschrift mit dem Titel „Schem Hamphoras" nahmen die Verwünschungen Luthers einen noch leidenschaftlicheren Ton an als in seiner Schrift „Von den Juden und ihren Lügen". **„Er wollte nicht die Juden bekehren, betonte Luther jetzt, sondern die Deutschen belehren". Der Deutsche müsse wissen, was ein Jude sei. Dieser sei unbelehrbar wie der Teufel. „Denn ein Jude oder jüdisch Herz ist so stock-, eisen-, teufelshart, dass es mit keiner Weise zu bewegen ist. Summa, es sind junge Teufel, zur Hölle verdammt. „Ihr Gott „nennt sich Teufel und böser Geist"!???**

Das Psalmenwort „Darum wird dich Gott auch ganz und gar zerstören" bezog Luther generell auf das Psalm Wort und ihr jüdisches Schicksal, an dem die Juden seiner Meinung nach, weil sie Jesus als Messias ablehnten, selber schuld wären.

### >„Hier kann mit Recht gesagt werden, alle Deutschen und die ganze Welt soll es wissen, Martin Luthers Herz ist und war stock-, eisen-, teufelshart, denn er war ein geliebter Sohn Satans"!< Adelheid Sonnenschein

## Was löste bei Luther den Judenhass aus?

Was indessen hat Luthers Wandel erzeugt und den übertrefflichen Judenhass ausgelöst? Warum hat sich seine Haltung gegenüber Juden so verhärtet? War es nur die Enttäuschung darüber, dass seine Missionsversuche misslungen waren? Diese liegen vielschichtig und liegen tiefer.

Die neue lutherische Lehre hatte mittlerweile an Durchsetzungskraft gewonnen und war zu einem politischen Faktor geworden. In den lutherischen Territorien hatte sich das neue Kirchenwesen zur Staatskirche entwickelt. **Luther fühlte sich von diesem Zeitpunkt an nicht mehr als mutiger Einzelkämpfer, als Prediger, sondern als verantwortlicher Kirchenmann und Dogmenwächter, so dass in dieser Phase seines Lebens nicht die Theologie, sondern der auf die Landeskirche über gegangene Staatsschutz für die allein wahre Religion zum Nährboden für seine Intoleranz gegenüber Juden wurde.** Bei der Durchsetzung der von ihm aus in der Bibel erschlossen Glaubenswahrheiten auf politscher Ebene standen ihm im eigenen Umkreis, so glaubte Luther jedenfalls, vor allem die Juden im Wege. Luther argumentierte nun nicht mehr exegetisch, sondern nahm die alte mittelalterliche Judenfeindschaft wieder auf. Selbst vor Anspielungen auf „Ritualmorde" scheute er nicht zurück, obwohl er früher derartigen Anschuldigungen selbst energisch entgegengetreten war. Wider besseren Wissens regte er sich über jüdische Brunnenvergiftung und darüber, dass Juden christliche Kinder gestohlen und ermordet haben sollen, um deren Blut für religiöse Zwecke zu gebrauchen. So bleiben sie gleichwohl im Herzen unsere täglichen Mörder und blutrünstigen Feinde. Solches beweisen ihr beten und fluchen und sowie Historien, da sie Kinder gemartert und allerlei Laster geübt, darüber sie oft verbrannt und verfolgt sind. „Zu Unrecht fürchtet Luther eine Judaisierung der christlichen Gemeinden. Die eigene Unsicherheit gegenüber glaubensstarken Juden weckte bei ihm allem Anschein nach eine unbändige Ablehnung des einst von ihm bewunderten jüdischen Volkes. Hinzu kam, dass im Frühjahr 1542 eine jüdische Schrift veröffentlicht worden war, in der die Christen ihrerseits zum Übertritt zur jüdischen Religion aufgefordert wurden. **Luther sah dadurch sein Lebenswerk gefährdet und erging sich erneut in wüsten Verfluchungsarien über alle Menschen, die sich der Annahme seines Glaubens widersetzten.** Diese Anfälle waren beileibe keine Ausbrüche individueller Emotionen oder Symptome von Alters-Starrsinn – obwohl spätere Krankheiten den alten Luther immer wieder schwankende Stimmungen unterwarfen -, **vielmehr war wohl dogmatisches Verantwortungsbewusstsein und landeskirchliche Religions-Politik ausschlaggebend für Luthers neuerliche Entgleisungen in die Judenfeindschaft. Der Gedanke, dass Juden ihre berechtigten theologischen Gründe dafür haben könnten, seinem Drängen nicht nachzugeben, ist Luther offensichtlich nie gekommen! Das nachbiblische Judentum in seiner Eigenständigkeit wurde weder von ihm noch von seinen Nachfolgern jemals richtig wahrgenommen! Keiner von ihnen unterzog sich der Mühe, das Judentum kennenzulernen, wie es sich selbst verstand, und wie es sich in der Geschichte zeigt, nämlich als Volk Gottes, als das Volk der Heiligen Schrift! Im Grunde hat Luther gegen ein Judentum gekämpft, das es so, wie er es im Feindbild dargestellt wird, überhaupt nicht gab!!!** Dem Judentum der Reformationszeit einen „Absolutheitsanspruch, Unbeirrbarkeit, ja Unbelehrbarkeit" zu unterstellen, geht haarscharf an der jüdischen Wirklichkeit vorbei, da das Judentum niemals in jenem Sinne Absolutheitsansprüche erhoben hat, wie sie für die christliche Lehre über Christus und seine Kirche selbstverständlich geworden waren. Diese Unkenntnisse haben im Laufe der Geschichte oft mit dazu geführt, dass unzählige Menschen ihr Leben verloren und an vielen Orten Angst, Schrecken und Grausamkeit regierten.

## Luther blieb Juden gegenüber unversöhnlich bis in den Tod

Bis in seine Todesstunde hinein hat Luther es nicht verkraftet, dass die Juden die Messianität YAHUSHUA (YAHuschuWAH) HA MASCHIACHs ablehnten. Am 1. Februar 1546, achtzehn Tage vor seinem Tod, schrieb er aus Eisleben seiner Frau Katharina in Wittenberg: „Ich bin gar schwach gewesen auf dem Weg hart vor Eisleben, das war meine Schuld. Aber wenn du da gewesen wärest, so hättest du gesagt, es wäre der Juden oder ihres Gottes, des Teufel, schuld gewesen. Denn wir mussten durch ein Dorf hart vor Eisleben, darinnen viel Juden wohnen, vielleicht haben sie mich so hart angeblasen. In seiner letzten Predigt, drei Tage bevor er starb, hat er in seiner Geburtsstadt Eisleben die Christen noch einmal aufgefordert, die Juden zu vertreiben, falls sie sich nicht bekehren ließen. Wir wollen sie dann, so sagte Luther wörtlich, „bei uns nicht dulden noch leiden". Sein Eifer für das Evangelium war blind geworden. Es war ein Eifer ohne Vernunft und ohne Verstand. Sicherlich muss man Luthers Äußerungen über Juden aus ihrem geschichtlichen Kontext (Gedanken – bzw. Sinnzusammenhang) heraus betrachten. Denn genau genommen hat sich der Reformator mit seiner Judenfeindlichkeit durchaus in Gesellschaft mit dem Geist seiner Zeit befunden, allerdings in keiner guten. **Aber es kann und darf uns nicht trösten, dass Bevölkerung und Obrigkeit damals oft noch intoleranter über Juden dachten und noch grausamer mit ihnen verfuhren als Luther!!!** Die volle Übereinstimmung mit dem Zeitgeist entschuldigt ihn jedoch keineswegs. Mit christlicher Ethik wären schon damals seine „wutgeborenen" Ratschläge, wie Juden zu behandeln seien, nicht zu begründen gewesen. **Luther in all seinen Denk- und Handlungsweisen zu verstehen und freizusprechen, fällt schwer. Gerade ein Mann wie er, sollte an seiner individuellen Intelligenz, Einsichtsfähigkeit und seinen eigenen moralischen Ansprüchen gemessen werden.** So bleibt Trauer, dass ein großer Mensch nicht weiser war, weil er nicht erkannt hat, dass der Absolutheitsanspruch seiner Religionsauffassung mit der Freiheit des Menschen, die er so gerne für Christen in Anspruch nahm, nicht zu vereinbaren ist und war.. Luther war eben nicht nur genial und ein großer Erneuerer auf kirchlichem Gebiet. Er war auch rechthaberisch und fand selten Zwischentöne, wenn er über andere urteilte. „Luther war in seiner Grundeinstellung der Verkörperer der religiösen Intoleranz. Er konnte es nicht verkraften, dass jemand die Messianität YAHUSHUA (YAHUschuWAH) HA MASCHIACH ablehnte. Dennoch gab und gibt es immer noch Versuche, dieses Kapitel in seinem Leben als eine schlimme Entgleisung aus der Beurteilung seines theologischen Werkes auszuklammern!

Man muss Luther infolgedessen auch von seinen Wirkungen, Reflexen und schädlichen Folgen in den Blick nehmen. Dazu gehört ebenfalls die berüchtigte Obrigkeitshörigkeit des deutschen Protestantismus. **Luther gab für die nachfolgenden Generationen für den Antisemitismus die geistige Legitimation und ein „gutes Gewissen".** Die Folgen dieses Selbst- und Sendungsbewusstseins ist unüberschaubar. Schon zu Luthers Lebzeiten veranlassen seine judenfeindlichen Pamphlete den Kurfürsten seines Landes, die dort ansässigen Juden aus dem Territorium auszuweisen. Ähnlich reagierte Landgraf Philipp von Hessen. Auch in anderen protestantischen Hochburgen war die jüdische Existenz damals lange Zeit ernsthaft gefährdet, und es gehört keineswegs zu Luthers Verdiensten, dass die dunklen Wolken, die er mit heraufbeschworen hat, an den meisten Juden vorbeizogen, ohne eine größere Katastrophe auszulösen.

Gleichwohl wurden die Stellungnahmen Luthers zum Judentum entscheidend für den Weg, den der Protestantismus nach ihm beschritt. Sie prägten auf Jahrhunderte hinaus das Verhältnis zwischen Christen und Juden. Noch 1789, zweihundert Jahre nach der ersten Niederlassung der Juden in Hamburg, versuchte die dortige evangelische Geistlichkeit (man denke, im Zeitalter der Spätaufklärung), den Bau der ersten Synagoge zu verhindern. Das Erbe Luthers warf, wie man sieht, einen langen Schatten. Als man die Juden nicht verdrängen konnte, bemühte man sich, sie zur Taufe zu überreden. Zum Glück für die Hamburger Juden bestimmten aber nicht allein die rigiden Vorstellungen orthodoxer Lutheraner die politische Kultur Hamburgs, sondern ebenso nüchterner Kaufmannssinn, der früh erkannt hatte, welche Vorteile der Überseehandel und die Finanzerfahrungen der aus Spanien eingewanderten Juden der Hansestadt boten.

## Viele in den Kirchen müssen noch selbstkritischer werden

So viel Fortune (Schicksal, Glück) hatten die Juden freilich unter Hitler nicht. Heute muss daher nach den furchtbaren Judenverfolgungen des 20. Jahrhunderts **auch in den Kirchen, noch viel selbstkritischer als bisher, nach den Ursachen und den geistigen Wegbereitern der furchtbaren Judenfeindschaft gefragt werden sowie nach dem Grund der anfänglichen Verdrängung des Holocaust in der lutherischen Nachkriegstheologie.**

Selbst fünfzig Jahre nach Auschwitz fehlen, von Ausnahmen abgesehen, immer noch angemessene positive Darstellungen des Judentums. Von der Gottes- und Nächstenliebe als Zentrum jüdischer Existenz oder von Wertschätzung der Thora ist außerhalb der evangelischen und katholischen Akademien, bei Christen selten die Rede. Wenn auf das jüdische im Christentum hingewiesen wird, geschieht das oft so, dass das Jüdische seinen Eigenwert verliert oder zur Vorstufe des Christentums degradiert wird.

Noch auf dem Deutschen Evangelischen Kirchentag in Stuttgart 1999 sorgte die Debatte um ein „Nein zur Judenmission" für Spannungen. Und wie denken Juden über christliche Judenmissionierungen? Hierzu eine Aussage von

>„Rabbiner Dr. Alexander Karlebach aus Jerusalem: „Es ist für uns Juden eine unerhörte Beleidigung und Herausforderung, dass Christen aus so genannten christlichen Ländern, die 2000 Jahre für das jüdische Leiden, besonders auch für die Ermordung von 6 Millionen Juden in Europa verantwortlich sind, sozusagen mit blutigen Händen zu uns kommen und uns ihren Glauben anbieten"!!!

Quelle: © Walter Bienert: Martin Luther und die Juden. Frankfurt am Main 1982. Rudolf Hirsch/Rosemarie Schuder: Der gelbe Fleck. Wurzeln und Wirkungen des Judenhasses in der deutschen Geschichte. Berlin 1987. Reinhold Lewin: Luthers Stellung zu den Juden". Berlin 1911, Neudruck Aalen 1973. Heinz Kremers (Hrsg): Die Juden und Martin Luther. Neukirchen 1985. Heinz Zahrnt: Matin Luther in seiner Zeit für unsere Zeit. München 1983. Quelle: © http://www.ursula homann.de/MartinLuther UndDieJuden/komplett.html Martin Luther und die Juden

## Martin Luther „Quelle des Antisemitismus in Deutschland"!!!
## Menschenverachtung in Deutschland

Es ist still im Berliner Konzerthaus. Eine beklemmende Atmosphäre erfüllt den Ort. Gefühle von Hilflosigkeit und Enttäuschung breiten sich unter den Anwesenden aus. Viele Menschen sind am 23. Februar 2012 zusammengekommen, um der Opfer zu gedenken, die von Neonazis ermordet wurden. Ihr Leben wurde ausgelöscht und damit auch ihre Träume. Vielen stehen die Tränen in den Augen. Die Stille wird durchbrochen. Es spricht der Vater, der seinen Sohn verloren hat. Ismail Yozgat tritt hinter das Pult. Er erklärt, er erwarte keine materiale Entschädigung. Sein Wunsch ist, dass die Täter bestraft werden und dass die Straße, in der sein Sohn geboren und ermordet wurde, nach ihm benannt wird.

Nicht jeder lässt sich mit Geld kaufen. Der Schmerz über den Verlust eines geliebten Menschen und die anschließenden massiven falschen Verdächtigungen durch deutsche Behörden könne nicht mit Geld wiedergutgemacht werden. Dann fragt unsere Bundeskanzlerin Angela Merkel im Rahmen ihrer Rede:

Wie konnte das geschehen? Warum sind wir nicht früher aufmerksam geworden? Warum konnten wir das nicht verhindern? Die Menschenverachtung der rechtsextremistischen Mörder ist letztlich unbegreiflich. Und doch müssen wir versuchen zu ergründen, wie und durch wen sie so geworden sind, wie sie geworden sind. Wir müssen alles tun, damit nicht auch andere junge Männer und Frauen zu solcher Menschenverachtung heranwachsen!

Quelle: © Bundeskanzlerin Angela Merkel am 23. Februar 2012 im Berliner Konzerthaus

## Die Antwort liegt auf der Hand!!!

**Sofortige staatlich angeordnete Schließung der Martin Luther-Sekte mit Namen EKD Evangelische Kirche in Deutschland, bzw. Evangelische, lutherische, protestantische Kirche bzw. Vereinigte Evangelische Lutherische Kirche VELK. Sofortige Einstellung des Kirchensteuereinzuges auf Grund von hochgradigen, gefährlichem Sektentums und sofortige Einstellung der Zahlungen von Subventionen an die Evangelische Kirche in Deutschland und Zurückforderung bis zum Jahre 1803 zurück!!!** Adelheid Sonnenschein

## Wie konnte das geschehen?

Um genau diesen Fragen auf den Grund zu gehen, müssen wir (im Sinne von Notwendigkeit) einen Blick auf die maßgeblichen Quellen des Antisemitismus in Deutschland werfen. Antisemitismus existiert nicht erst seit der Zeit des Nationalsozialismuses.

Wir schreiben das Jahr 1483. Es ist die Übergangszeit vom Mittelalter zur Neuzeit – eine Zeit der großen Veränderungen. Kurz vor Mitternacht, am 10. November, erblickt ein Kind das Licht der Welt. Niemand ahnt, dass dieser neugeborene Junge später als finstere Lichtgestalt wie bei keinem anderen, Deutschland entscheidend verändern würde. Das Kind wird Martin Luder getauft. Im Jahre 1517 beginnt der selbsternannte „Luther" sein öffentliches wirken. Aus seiner Begegnung entsteht die Institution der lutherischen Kirche. Unterschiedliche Legenden wurden über das Leben und Wirken von Martin Luther verbreitet. Sie ändern nichts an der Tatsache, dass Luther durch und durch ein Hassprediger war. Seine eigenen Veröffentlichungen bestätigen das in schockierender Weise. >„In der gesamten deutschen religiösen Szene gab es keinen

<u>Prediger vor ihm und keinem nach ihm, der ihm darin das Wasser reichen konnte"!!!<</u>

Ein Martin Luther kann sich ja mit den Hasspredigern des Islam die Hände schütteln, denn durch Martin Luther ist später der Antisemitismus in die islaimschen Länder getragen worden!!! Adelheid Sonnenschein

Die Theologie seiner eigenen Art der Nächstenliebe krempelte das Gedankengut der Deutschen um. Die Deutsche Geschichte lehrt uns, was mit Luthers Glauben alles möglich wurde.

<u>>„Die Theologie von Martin Luder (Luther) ist gar keine Theologie, sondern es sind alles verderblich, dämonisch und satanische Irrlehre"!!!<</u> Adelheid Sonnenschein

Luther – Der Pionier des Antisemitismus

<u>Luther war, ist und bleibt der Pionier des Antisemitismus in Deutschland!!!</u> Seine Schriften zeugen von seiner destruktiven (niederreißenden und zerstörender) Reformation. Luther hat es gesagt – so klingt es in den Ohren der Deutschen.

Luther zu den Juden: „Ihr sollt allein die Bibel lesen, die der Sau unter dem Schwanz steht und die Buchstaben, die da herausfallen, fressen und saufen".

Luther: „Darum, wo du einen rechten Juden siehst, magst du mit gutem Gewissen ein Kreuz für dich schlagen und frei und sicher sprechen: Da geht ein leibhaftiger Teufel".

Luther: „Ein solch verzweifeltes, durchbostes, durchgiftetes, durchteufeltes Ding ist´s um diese Juden, welche diese 1400 Jahre unsere Plage, Pestilenz und alles Unglück gewesen sind und noch sind. Summa, wir haben rechte Teufel an ihnen".

Luther: Wer vom Juden hört, soll es der Obrigkeit anzeigen oder mit Saudreck auf ihn werfen, sofern er ihn sieht und von sich jage. Und sei hierin niemand Barmherzigkeit noch gütig, denn es trifft Gottes Ehre und unser aller (der Juden auch) Seligkeit an.

Luther: Hierher zum Kusse! Der Teufel hat in die Hosen geschissen und den Bauch abermals geleert. Das ist ein rechtes Heiligtum, das die Juden und was Jude sein will, küssen, fressen, saufen und anbeten sollen, und wiederum soll der Teufel auch fressen und saufen, was solche Jünger speien, oben und unten auswerfen können. Der Teufel frisst nun mit seinem Engelsrüssel und frisst mit Lust, was der Juden unteres und oberes Maul speit und spritzt. Quelle: © Martin Luthers Werke. Kritische Gesamtausgabe, Abteilung 1: Schriften, Weimar 1883ff, Band 53, 537 u. 587

In einer Tischrede antwortete Luther auf die Frage, ob man einen Juden schlagen dürfe. Aber ja! Ich wollte einem eine Maulschelle geben! Wenn ich könnte, so würde ich ihn niederstrecken und in meinem Zorn mit dem Schwert durchbohren. Quelle: © Martin Luthers Werke. Kritische Gesamtausgabe, Abteilung 2: Tischreden, Weimar 1912ff., Nr. 5257.

Verbrenne ihre Synagogen... zwinge sie zur Arbeit, und gehe mit ihnen nach aller Unbarmherzigkeit um! Quelle: © Martin Luthers Werke. Kritische Gesamtausgabe, Abteilung 1: Schriften, Weimar, 1883ff., Band 53, 541f

Luther ergoss seinen cholerischen Menschenhass nicht nur über die Juden, deren Glauben er nicht bestimmen konnte, sondern auch gegen jede andere gesellschaftliche Gruppe, die seiner Theologie widerstand. Wer versuchte, Luthers Antisemitismus und Menschenverachtung mit dem fadenscheinigen Argument „es war damals ebenso" zu entschuldigen, der entschuldigt gleichzeitig die Verbrechen Hitlers – „denn damals war es ja auch so"!
Quelle: © http://www.glory-international.net/hope-germany/luther-quelle-des- Quelle: © Zitate aus: Von den Juden und ihren Lügen", von Prof. Dr. Luther, Wittenberg 1543. Quelle: © http://www. neo-lutheraner.de/juden.html. Gesellschaft zur Verbreitung von Informationen über Glaubens- und Sittenlehren Martin Luthers. Die Neolutheraner, Online Dokumentation.

Was die Evangelische Kirche Deutschland in ihrem toten, religiösen Betrug betreibt, kann man nur mit einem sofortigen Austritt beantworten!

Welche Verantwortung trägt die evangelische Lehre und die evangelische Kirche für den Völkermord an den Juden? Hierfür trägt Martin Luther die Verantwortung vor dem lebendigen Gott!!!

Der evangelisch-lutherische Landesbischof Martin Sasse erklärt: Martin Luther sei der „größte Antisemit seiner Zeit gewesen"!
Im Jahre 1542 verfasste Luther die Schrift: **„Von den Juden und ihren Lügen".**
Heute wird diese Schrift oft mit einem angeblichen Altersstarrsinn" des 59-jährigen Luther als psychologische Ursache entschuldigt. Dies kann jedoch nicht stimmen. Wäre dies nämlich der Grund, so müsste dieser Altersstarrsinn ja auch in anderen Schriften ab 1542 spürbar sein. Doch dies ist nicht der Fall.
Seine Verhaltensweise und seine Theologie unterscheiden sich nicht von denen der vergangenen Jahrzehnte. Sein Motto ist weiterhin eindeutig, klar und unverwässert. Wenn es um die Juden geht, so findet man in seinen Schriften wieder die bekannten und bewährten Verfolgungs- und Ermordungsanordnungen Luthers.

**Luther zu den Juden: „Ihr seid nicht wert, dass ihr die Heilige Schrift von außen ansehen solltet, geschweige dass ihr darin lesen sollt".**
**Luther: „Juden sind giftige, bittere, rachgierige, hämische Schlangen, Meuchelmörder und Teufelskinder".**

**Halten wir hier klar und deutlich fest, an Hand des Wortes Gottes: Der Sohn Gottes YAHUSHUA (YAHUschuWAH) HA MASCHIACH war und ist auch ein Jude! Dann ist gemäß den dämonisch, teuflischen Lehren des Martin Luthers, der echte Sohn Gottes YAHUSHUA (YAHUschuWAH) HA MASCHIACH aus Nazareth wohl eine Plage, eine Pestilenz, ein Unglück, ein rechter Teufel, ein Böser, ein Durchgifteter, ein Bitterer, ein Rachgieriger, ein Meuchelmörder und ein Satanssohn. Martin Luther meint wohl, was ich selber denk und tu, schieb ich dem echten Sohn Gottes YAHUSHUA HA MASCHIACH in die Schuh. >„Hier ist der Beweis erbracht das der Jesus Christus des Martin Luthers, ein falscher Sohn Gottes ist"!< Und zwar der falsche Jesus Christus seines Groß-Sekten-Vaterhauses Römisch-Katholische Kirche!**
**Martin Luther war und ist so dämonisch, und tief geistig umnachtet, dass er die Titulierungen die er über die Juden ausspricht, eigentlich sich selber als Titulierung um den Hals hängen sollte: >„So wäre es korrekt, wenn er geschrieben hätte: Ich, der gottlose und Satanssohn Martin Luder (Luther) bin eine hämische Schlange,**

**ein Meuchelmörder (mittelbarer Täter, gemäß § 25 Abs. 2 StGB) und ein leibhaftiger Teufelssohn. Ich habe unter der Satanssau gelegen, und habe die Buchstaben die herausfallen gefressen und gesoffen"!<** Adelheid Sonnenschein

Ausgangspunkt des lutherischen Antisemitismus ist die grundlegende Schrift Martin Luthers „Von den Juden und ihren Lügen" im Jahre 1543. Die Judenverfolgung ist eines der wichtigsten Anliegen von Martin Luther in seinen letzten Lebensjahren. Sie ist auch das Thema seiner letzten Kanzelabkündigung 3 Tage vor seinem Tode am 15. Februar 1546 ins Eisleben, wo er z. B. fordert: Darum sollt ihr Herren sie nicht leiden, sondern wegtreiben. „Und auch in seinem letzten Brief, den er von Eisleben aus an seine Frau schreibt, kündigt er die Vertreibung der Juden an. Die Staatsmänner seiner Zeit erfüllten die Forderung Martin Luthers aber nicht!

## So forderte es Martin Luther – so taten es die Nationalsozialisten!

Martin Luther erklärte den Bürgern, die Juden seien ihr „Unglück": „Ein solches verzweifelt durchböstes, durchgiftetes, durchteufeltes Ding ist´s um diese Juden, so diese 1400 Jahre unsere Plage, Pestilenz und alles Unglück gewesen sind und noch sind. Summa, wir haben rechte Teufel an ihnen. Das ist nichts anderes. Das ist kein menschliches Herz gegen uns Heiden. Solches lernen sie von ihren Rabbinern in den Teufelsnestern ihrer Schulen". Quelle: © Der achte und letzte aller Bücher und Schriften des teuren seligen Mannes Gottes, Doktor Martin Luther, Tomos 8, Jena 1562, S. 95 **Der Satz „Die Juden sind unser Unglück" wird zu einer der schlagkräftigsten Parolen der Nazi-Zeit!!!**

## Martin Luther empfiehlt, jüdische Mitbürger zu meiden

„Wenn du siehst oder denkst an einen Juden, so sprich bei dir selbst also: Siehe, das Maul, das ich das sehe, hat alle Sonnabende meinen lieben Herrn Jesus verflucht, vermaledeit und verspeist, dazu gebetet und geflucht vor Gott, dass ich, mein Weib und Kind und alle Christen erstochen und aufs jämmerlichste untergegangen wären. Er wollte es selber gern tun, und, wo er könnte, unsere Güter besitzen. Hat auch vielleicht heute dieses Tages vielmal auf die Erde gespeit über dem Namen Jesu (wie sie pflegen), dass ihm der Speichel noch in Maul und Bart hängt, wo er Raum hätte zu speien. Ich sollte mit einem solchen verteufelten Maul essen, trinken oder reden? So möchte ich aus der Schüssel oder Kannen mich voller Teufel fressen und saufen, so mache ich mich gewiss damit teilhaftig aller Teufel, die in den Juden wohnen".
Martin Luther zit. nach: Landesbischof Sasse, Martin Luther über die Juden: Weg mit ihnen! Freiburg 1938, S. 11 Anmerkung: die Vorwürfe gegen die jüdischen Bürger sind Lügen. Die Nazis verbieten 1941 Freundschaften zwischen Deutschen

und Juden. In öffentlichen Einrichtungen dürfen Juden nicht bei Deutschen sitzen.

## „Martin Luthers Rat zur Judentaufe"

„Wenn ich einen Juden taufe, will ich ihn an die Elbbrücke führen, einen Stein an den Hals hängen und ihn hinabstoßen und sagen: Ich taufe dich im Namen Abrahams"! (Tischreden Nr. 1795 zit. nach Landesbischof Sasse, Martin Luther über die Juden: Weg mit ihnen! Freiburg 1938, S. 14).

Die Nazis demütigen jüdische Mitbürger auf vielfache Weise bis hin zu Ermordung bei den Pogromen (Gewalttätigkeiten) und später in den KZ´s. **Eine katholische oder evangelische Taufe ist kein Schutz vor dem Holocaust!!!**

## Martin Luther fordert den Staat dazu auf, die jüdischen Mitbürger zu verfolgen!!!

**Zum ersten** forderte Martin Luther auf: „Man soll ihre „Synagogen oder Schulen mit Feuer anstecken bzw. verbrennen, und was nicht brennen will, mit Erde überhäufen und beschütten, das kein Mensch ein Stein oder Schlacken davon sehe ewiglich! Und werfe hierzu, wer da kann, Schwefel und Pech. Wer auch höllisch Feuer könnt zuwerfen, wäre auch gut! Unserem Herrn und der Christenheit zu Ehren, damit Gott sehe, dass wir Christen seien"! Quelle: © Von den Juden und ihren Lügen, Tomos 8, S.88ff

Das tun die Nazis z. B. in der Reichspogromnacht 1938, an Luthers Geburtstag.

Mit diesem Aufruf des Judenmörders Martin Luther, bekam der Gott Satan und seine Diener die Ehre. Das hat mit dem lebendigen Gott YAHUWAH der Heiligen Schrift und dem echten wahren Gläubigentums überhaupt nichts mit zu tun.

Welch ein Ehrentag 1938 der Judenpogrom (Verfolgung) zu Luthers Geburtstag (9. November) bzw. 10. November zu Ehren des Massenmörders Martin Luther! Adelheid Sonnenschein

**Zum zweiten** forderte Martin Luther auf: „dass man ihre Häuser desgleichen zerbreche und zerstöre. Dafür mag man sie etwa unter ein Dach oder einen Stall tun".

Die Nazis ziehen die Juden zunächst ab 1938 in bestimmten Häusern zusammen, ab 1939 teilweise in Gettos. Später werde sie – vergleichbar einem Viehtransport – in Eisenbahnwaggons gepfercht und in die Konzentrationslager gefahren. Dort müssen sie in Baracken wohnen.

Zum dritten forderte Martin Luther auf: „dass man ihnen nehme alle ihre Bücher, ihre Betbücher, Talmudisten auch die ganze Bibel und nicht ein Blatt ließe".
Die Nazis lassen 1933 die jüdischen Schriften verbrennen.

Zum vierten forderte Martin Luther auf: „dass man ihnen verbiete, bei uns öffentlich Gott zu loben, zu danken, zu beten, zu lehren bei Verlust des Leibes und Lebens, dass ihnen verboten werde, den Namen Gottes vor unseren Ohren zu nennen". Sondern wer es vom Juden hört, dass man es der Obrigkeit anzeige oder mit Sau Dreck auf ihn werfe, sofern er ihn sieht und von sich jage. Und sei hierin niemand barmherzig noch gütig, denn es trifft Gottes Ehre und unser aller Seligkeit an.
Die Nazis nehmen den Juden das Leben. Sie werden meist erschossen oder vergast, ihre Leichen in Massengräbern verscharrt oder verbrannt – allerdings unabhängig davon, ob der jüdische Bürger zuvor Gott öffentlich lobte oder nicht. Die ersten Pogrome erfolgen bereits 1933, die Massenmorde beginnen 1939.

Zum fünften forderte Martin Luther auf: „dass man den Juden das Geleit auf der Straße ganz und gar aufhebe. Sie sollen daheimbleiben".
Die Nazis veranlassen, dass die Juden ihren Wohnort nur mit polizeilicher Genehmigung verlassen dürfen. Später gilt das auch für die Gettos (ab 1939). Wer sich nicht daran hielt, wurde verhaftet.

Zum sechsten forderte Martin Luther auf: „dass man...nehme ihnen alle Barschaft und Kleinod an Silber und Gold".
Da tun die Nazis ebenfalls. 1938 wird der Besitz „zwangsarisiert", 1939 der Schmuck eingezogen, später das Geld.

Martin Luther kennt das 8. Gebot des lebendigen Gottes nicht!!
„Du sollst nicht stehlen"! 2. Mose 20, 15. Der Beweis, dass der Herr und Meister von Luther, Satan ist und war! Adelheid Sonnenschein

<u>Zum siebten</u> fordert Martin Luther auf: „dass man den jungen und starken Juden und Jüdinnen in die Hand gebe Flegel, Axt, Karst, Spaten, Rocken, Spindel und lasse sie ihr Brot verdienen mit Schweiß der Nasen".
Während der Nazi-Zeit wurden die „jungen und starken Juden und Jüdinnen" von Deutschen Firmen zum Teil als Zwangsarbeiter eingesetzt. In den Konzentrationslagern werden die Arbeitsfähigen vor allem sei 1938 von den Schwächeren getrennt. Die einen müssen unter dem Motto „Arbeit macht frei" Zwangsarbeiten leisten und werden erst hingerichtet, wenn sie nicht mehr gebraucht werden. Die anderen werden gleich umgebracht.

Hier spielt sich Martin Luther in seiner Selbstherrlichkeit zum Pharao von Ägypten auf, indem er die Juden zur Zwangsarbeit verpflichtet!!! Adelheid Sonnenschein

<u>Zum achten</u> fordert Martin Luther auf: „Summa: dass ihr und wir alle der teuflischen Last der Juden entladen werden".
Die Nazis vernichten bzw. ermorden sechs Millionen Juden beim Holocaust. Von den Überlebenden wandern die meisten bis 1951 in die USA oder nach Israel aus.

Martin Luther fasst sein Anliegen der Judenverfolgung folgendermaßen zusammen.
Keine Barmherzigkeit wolle man gegen diese elenden Leute üben, wie droben gesagt, ob es noch etwas (wiewohl es misslich ist) helfen wollte. Wie das die treuen Ärzte tun, wenn das heilige Feuer in die Beine gekommen ist, fahren sie mit Unbarmherzigkeit und schneiden, sägen, brennen Fleisch, Adern, Bein und Mark ab. Also tue man hier auch, verbrenne ihre Synagogen, verbiete alles, was ich droben erzählt habe, zwinge sie zur Arbeit und gehe mit ihnen um nach aller Unbarmherzigkeit wie Mose tat in der Wüste und schlug dreitausend tot, dass nicht der ganze

Haufen verderben musste". Will das nicht helfen, so müssen wir sie wie die tollen Hunde aus jagen, damit wir nicht ihrer gräulichen Lästerung und aller Laster teilhaftig mit ihnen Gottes Zorn verdienen und verdammt werden. Ich habe das meinige getan, ein jeglicher, sehe wie er das Seine tue. Ich bin entschuldigt". <small>Quelle: © von den Juden und ihren Lügen/ Doktor Martin Luther 1543</small>

## Einige töten, um andere zu retten? Was aber soll nach Luthers Überzeugung geschehen, wenn ein Massaker (Blutbad) z. B. an 3000 Juden (6 Millionen das 2000-fache) aus seiner Sicht nicht das gewünschte Ergebnis bringen würde, nämlich die Bekehrung der Juden zum evangelischen, kirchlichen Glauben? Zeichnet sich auch bei Luther schon die so genannte „Endlösung" der Judenfrage ab! Auch der satanische Prophet Mohammed mit seiner puren Satans-Religion wirkt ja in seinen Irrgläubigen bis heute. Judenhass im Islam pur! Und wer sich nicht zum Isalm bekehren will, den bringen wir um. <small>Adelheid Sonnenschein</small>

## Martin Luther kennt die Bibel nicht! Diese Bibelstelle aus 2. Mose 32, 28 wird von ihm voll und ganz aus dem Zusammenhang gerissen, damit beweist er das er Häresie-Irrlehrer ist. <small>Adelheid Sonnenschein</small>

Quelle: © Landesbischof Sasse, Martin Luther über die Juden: Weg mit ihnen! Freiburg 1938; von den Jüden und ihren Lügen von M. Luther 1542, als Volksausgabe herausgegeben von H. L. Parisius, München o. J; der achte und letzte aller Bücher und Schriften des treuen seligen Mannes Gottes, Doctoris Martini Lutheri vom 42. Jahr an (= Tomos 8); zit. nach: Hans Jürgen Böhm, Die Lehre M. Luthers – ein Mythos zerbricht; kostenlos erhältlich beim Verfasser. Buch: „Prof. Dr. Martin Luther – ein Massenmörder und Christenverfolger, S. 51.

## Der Philosoph Karl Jaspers stellt 1962 fest: Luthers „Ratschläge gegen die Juden hat Hitler genau ausgeführt". <small>Quelle: © Der philosophische Glaube Angesichts der Offenbarung, München, 1962, S. 90</small>

## Adolf Hitler selbst rechtfertigt die Judenverfolgung damit, „dass er gegen die Juden nichts anderes tue als das was die Kirchen in 1500 Jahren gegen sie getan habe"! <small>Quelle: © Friedrich Heer, Gottes erste Liebe, Berlin 1981, S. 406) Quelle: © DER THEOLOGE Nr. 4 veröffentlicht bisher wenig bekannte Dokumente und Hintergrundinformationen und vergleicht sie mit einigen Fakten der Gegenwart. Quelle: © www. projekt-j.ch/Die Verantwortung Martin Luther.htm Quelle: © www. nua.de/html/luther.html</small>

## Folgst du Martin Luther oder dem echten Sohn Gottes YAHUSHUA HA MASCHIACH? Der besagte Theologie-Professor und Doktor will also: „Dass die Juden nicht nur gehasst, vertrieben, verfolgt und

totgeschlagen werden, sondern meint, sonst könne man seine See-le nicht vor dem Teufel erretten. Solange du voll, hinter dem stehst was Luther sagte und befohlen hatte, und nicht aus dieser satanischen Großsekte der evangelischen, protestantischen, luthe-rischen Kirche austrittst, und dann rechtschaffende Frucht der Her-zenbuße tust, und dann YAHUSHUA HA MASCHIACH nachfolgst, bist du genauso ein Verbrecher mit Martin Luther!!! Adelheid Sonnen-schein

Diese Inhalte der Volksverhetzung, der Anstiftung zum Mord, der Anstiftung zum Landfriedensbruch und der Anstiftung zur schwe-ren Brandstiftung sind in keiner Weise die Inhalte des echten Evan-geliums der Heiligen Schrift von dem echten Sohn Gottes YAHU-SHUA HA MASCHUACH (worauf sich der Theologieprofessor be-ruft). Der echte Sohn Gottes YAHUSHUA HA MASCHIACH forderte vielmehr dazu auf die Feinde zu lieben! Der falsche Jesus Christus des Martin Luthers war und ist ein falscher Christus!!! Es ist schon mehr als schizophren, dass eine deutsche Regierung das mit Milli-arden finanziert, aus Steuergeldern, was sie auf der anderen Seite als schwerste Straftaten verurteilt! Die Deutsche Regierung finan-ziert also aus Steuergeldern gefährlichste Sekten-Kriminalität!!! Adelheid Sonnenschein

Die deutsche Bundesregierung steht solange in Solidaritätsgemein-schaft (Verbundenheit, Zusammengehörigkeit) mit den sektiereri-schen Straftaten der Großsekte der evangelischen, protestantisch-en, lutherischen Kirche, wie sie diese mit Milliarden von Steuergel-dern subventioniert bzw. für diese höchstgefährliche, kriminelle Sekte noch die Zwangsabgabe Kirchensteuer einzieht! Der Bürger wird also in mehrfacher Weise belogen und betrogen!!! Adelheid Son-nenschein

### Adolf Hitler sagte: „Luther war ein großer Mann"

Martin Luther entwickelte sich zum „größten Antisemiten seiner Zeit" so sagt es der lutherische Landesbischof Sasse im Jahre 1938, und die meisten seiner Forde-rungen gegen die Juden haben erst die Nationalsozialisten erfüllt.

Adolf Hitler der in seiner Jugend noch kein Antisemit war, er las diese Schrift Lut-hers und ließ sich davon maßgeblich beeinflussen!!! In einem Gespräch äuß-erte sich Hitler 1923 schließlich voll des Lobes über den evangelischen Gründer-vater: „Luther war ein großer Mann, ein Riese… wir beginnen ihn erst heute so zu sehen"!

**Das Schizophrene daran ist, dass ausgerechnet die Verantwortlich-en der evangelischen Kirche sich dabei hervortun, manchen ande-ren – vielfach zu Unrecht – „Antisemitismus" zu unterstellen, wäh-rend sie die Mitschuld ihrer eigenen Kirche am Holocaust schönre-den oder schlicht ausblenden.** Quelle:© www.das-weisse pferd.com/de/ ausgaben/03 _12 /luther.html, Ausgabe: Ein Film lügt Martin Luther als Kino Held

### Der Kinofilm: Martin Luther, eine einzige Lüge
Ausgerechnet die letzten 15 Jahre Lebensjahre Luthers hat man im Film mit dem Kommentar weggelassen, in dieser Zeit hätte Luther noch viel für das „Wort Gott-es" tun können.

**Was für ein vorsätzlicher Betrug. Der Gott Mammon hilft dabei, die Menschen nach Strich und Faden zu belügen! Auch wenn wich-tige Tatsachen vorsätzlich, wie in diesem Falle verschwiegen wer-den, so werden die Menschen indirekt (über Umwege) belogen und betrogen, das hat mit dem lebendigen Gott und seinem ech-tem Wort überhaupt nichts mit zu tun. Die Evangelische Kirche ist also eine Betrüger Kirche!** Adelheid Sonnenschein

Es wäre schön für die evangelische-lutherische Kirche, wenn ihr Gründervater so gewesen wäre, wie er im Film dargestellt wurde. Um die Gläubigen weiter bei der Stange zu halten, wird die Wahrheit jedoch bewusst verfälscht oder verschwie-gen. Geld macht´s möglich! In diesem Fall ca. 10 Millionen Dollar, mit denen sich die Lutheraner in den USA an der Finanzierung des 30 Millionen Dollar teuren Werbefilms beteiligten. Quelle: © www.das-weisse-pferd.com/de/ausgaben/03_12/luther.html, Ausgabe: Ein Film lügt Martin Luther als Kino Held

**Die deutsche Regierung beteiligte sich indirekt (auf einem Umweg) an dem Lügen-Kino-Film: Martin Luther! Denn auch die Evangeli-sche, lutherische, protestantische Kirche erhält jährlich neben den Kirchensteuereinnahmen, Milliarden-Beträge als Subventionen für die satanischen Lügereien. Damit wird der deutsche Bürger vom**

**Staat vorsätzlich betrogen!**
**Nach heutiger Rechtslage war Luther am Ende seines Lebens ein Krimineller, den jeder Staatsanwalt sofort verhaften ließe, wenn er seiner habhaft würde!!!**
**1.) wegen Volksverhetzung § 130 StGB**
**2.) wegen Anstiftung zum Mord § 26 u. 211 StGB**
**3.) Anstiftung zum Landesfriedensbruch § 26 u. 125 StGB**
**4.) Anstiftung zur schweren Brandstiftung § 26 u. 306 StGB**
**5.) Anstiftung zum schweren Völkermord § 6 VStGB**

Quelle: © Informationsschrift Nr. 2 (3. Auflage) – Mai 2002, V. i. S. d. P.: Freie Christen für den Christus der Bergpredigt, Dieter Potzel, www.freie-christen.com

**Denk - - - Mal!  Denk - - - Mal!**
**Wann wird das deutsche Volk vom geistigen Anstifter zu Hitlers Völkermord an den Juden befreit??? Wann gibt es endlich keine Martin Luther-Straßen, Martin-Luther-Denkmäler, Martin Luther Biere, Martin-Luther-Souvenirs und Martin-Luther-Schulen in denen der Ungeist des Volksverhetzers aus Wittenberg an die Jugend weitergegeben wird???**
**Der geistige Anstifter zu Hitlers Völkermord an den Juden hat hingegen weiterhin großen Einfluss auf die nach ihm benannten Organisationen und Institutionen und deren Wirken in Schulen, an Universitäten, in Gesellschaft und Politik.**
**Wenn man das geschichtliche Erbe eines Martin Luthers pflegen will, dann bitte auch das, des Adolf Hitlers! Oder??? Deutschalnd wach auf!!! Aber wir brauchen keine lutherische Tradition zu bewahren als eine kulturelle und geistige Heimat.** Adelheid Sonnenschein

**So wie noch heute, die Bilder von Martin Luther, eines notorischen Straftäters, immer noch in den Amtsstuben lutherischer Pfarrer und Bischöfe hängen, so huldigten lutherische Bischöfe dem braunen Diktator und halfen ihm bei der Judenverfolgung durch Öffnung der Kirchenregister.** Quelle: © Informationsschrift Nr. 2 (3. Auflage) – Mai 2002, V.i.S.d.P.: Freie Christen für den Christus der Bergpredigt Dieter Potzel www.freie-christen.com

Will die deutsche Regierung weiterhin die satanische Irrlehren-Sekte bzw. Volkskirche mit Namen Evangelische Kirche Deutschland durch Milliarden Subventionen weiter unterstützen, dann sollten sie doch auch die Nationalsozialisten unterstützen! Oder ??? Adelheid Sonnenschein

Quelle: Bild-Autor: © Adelheid Sonnenschein; Bild-Titel: Kloster oder Galgen für Martin Luther; Herstellung: Januar 2014; Mal-Technik: Deckfarbe auf Karton; Format: DIN A 3

# Martin Luther war ein zweifacher Todschläger, – also Galgen oder Klostereintritt – ???

**Am 7. Januar 1505, im Alter von 21 Jahren, 1 Monat u. 28 Tagen wird Martin Luder zum Totschläger! Ganz nach dem Vorbild seines Vaters.**

**Luthers Duell mit seinem Studienfreund Conradus Wigant in der Nähe von Stotternheim.**

Der Sinn eines Duells wird wie folgend definiert: Das Duell dient nicht dazu, andere körperlich zu verletzten, sondern ganz alleine um den gestörten alten Frieden zwischen zwei Menschen wieder herzustellen! Dabei ist das Duell die allerletzte noch verbleibende Möglichkeit den bestehenden Streit zu beenden; denn alle anderen Versuche, um einen Meinungskonsens herzustellen, blieben erfolglos. Voraussetzung für das Duell ist ein allgemein anerkannter Verhaltenskodex, gegen den man erst einmal verstoßen muss, damit die Forderung zum Duell überhaupt registriert werden kann.

Es wird auch noch lange nicht jeder zum Duell zugelassen; denn nur satisfaktionsfähige (nach einen bestimmten Ehrenkodex berechtigte Personen) dürfen daran teilnehmen. Dabei entspricht die Satisfaktionsfähigkeit unter den sich möglicherweise Duellierende in etwa der Kreditwürdigkeit unter Geldgebern (die Voraussetzung für eine Genugtuung besitzen). Martin Luder war anscheinend satisfaktionsfähig; denn sonst hätte er gar nicht zum Zweikampf mit blanken Stahl antreten dürfen. Und der vorausgegangene Streit mit seinem Gegenüber war derart heftig, dass man keine Möglichkeit fand diesen aus der Welt zu schaffen. Darum wählte man den friedenstiftenden Weg über ein Gottesgericht.

Dieses Gottesgericht hatten sich alle Duellierenden total zu unterwerfen. Mit dem Ende des Zweikampfes war der Friede wiederhergestellt; schließlich endeten viele Duelle unblutig. Bei Martin Luder brachte der Tod des Studienfreundes Conradus Wigant den Frieden!

**Und ihm selbst brachte es nach eigenen Worten, „durch einen unglücklichen Zufall die Verletzung der Hauptschlagader am Unterschenkel ein, wo er sich angeblich schwer mit seinem Degen verletzt haben sollte. Doch dieses ist eine damals typische Schutzbehauptung und Notlüge gewesen. In Wahrheit hat ein Zweikampf stattgefunden mit den Studienfreund Conradus Wigant, dessen Spur sich**

von da an verliert – er musste die Fakultät wegen des verbotenen Duells verlassen. **Luder selbst war exkommuniziert und holte sich die vermeintliche Lossprechung von seiner Sünde offenbar im Schwarzen Kloster der Bettelmönche.** Quelle: © http://www. hans-pueschel.info/gedichte/hinterherige-weisheit.htm. Hinterlistige Weisheit/Hans Püschel

**Aufschlussreich ist in diesem Zusammenhang zunächst eine Tischrede Luthers vom November 1531, in der es heißt: „Als er (Luther) nach Hause wanderte von (Erfurt nach Mansfeld), verletzte er sich mit der Spitze seines Degens durch einen unglücklichen Zufall an der Schlagader des Unterschenkels. Diese Bemerkung Luthers, dass er sich mit der Spitze seines Degens, der in einer harten Lederscheide steckte, „durch einen unglücklichen Zufall die Schlagader des Unterschenkels" verletzt habe, ist nach den Kriterien der Gerichtspsychologie als schlichte Schutz-behauptung oder Nutzlüge zu bewerten.**
Quelle: © Abschied von Luther, Psychologische und theologische Reflexionen zum Lutherjahr von Albert Mock, Luthe Verlag, Köln, Seite 42. Weitere Quelle: © U. Undeutsch, a.a.O. Seite 26-107. Aussagepsychoogie. In: Ponsold, Lehrbuch der gerichtlichen Medizin. Seite 191-219, Stuttgart 1957

Mit an Sicherheit grenzender Wahrscheinlichkeit ging dieser Verletzung ein Zweikampf voraus, **bei dem Luther der fast tödlich verletzt wurde, als ein eindeutiger Verlierer hervor.** Sein Kontrahent war höchstwahrscheinlich sein Studienfreund und Landsmann Conradus Wigant. Es war eine einsame Stelle, etwa so weit wie von Erfurt nach Eutzsch von Wittenberg.
Es gibt viele Studien und Bücher dazu. Sehr ausführliche und fundiert vor allem Dietrich Emme. Martin Luther – Seine Jugend und Studentenzeit 1483-1505 – Eine dokumentarische Darstellung, Bonn 1983. **Dietrich Emme spricht von „mit an Sicherheit grenzender Wahrscheinlichkeit" davon, dass Luther ihn getötet hat.**
Quelle: © 4. Auflage. Regensburg 1986, Vorwort; www.siewerth-akademie.de/dokumente/1-ML-SEI-NE-JU-GEND.- pdf

Oder die teilweise auf Emme aufbauende Studie des Theologen und Psychologieprofessor Albert Mock, Abschied von Luther, Köln 1985. So führt Prof. Dr. Mock zunächst eine Tischrede von Luther vom November 1531 an, wo Luther berichtete, wie er sich „durch einen unglücklichen Zufall die Schlagader seines Unterschenkels" durch seinen Degen schwer verletzt habe. **Doch dies sei eine damals typische Schutzbehauptung und Notlüge gewesen (S. 40). In Wahrheit habe ein Zweikampf stattgefunden mit dem Studienfreund Conradus Wigant, dessen Spur sich von da an verliert – er musste die Fakultät wegen des verbotenen Duells verlassen. Luther selbst war exkommuniziert (ausgeschlossen) und holte sich die vermeintliche Lossprechung von seiner Sünde offenbar im Schwarzen Kloster der Bettelmönche. Hier liegt wohl der erste persönliche Kontakt mit den Augustinern.** Oeulle: © Zeitschrift Einsicht, Ausgabe Nr. 3, September 2011

## Martin Luder wird mit 22 Jahren ein Totschläger

Und was den Tod (Totschlag) von Buntz betrifft: Am 7. Januar 1505 hatten 17 Studenten, darunter Martin Luder und Hieronymus Buntz, in Erfurt ihr Magister-Examen der sieben freien Künste bestanden – dem Grundstudium, das damals nötig war, um nun in einer Spezial-Disziplin weiter studieren zu können. Bei solchen Prüfungsdisputationen ging es „um Kopf und Kragen, denn das Abschneiden bei den Disputationen entschied nicht nur über bestehen und nichtbestehen der Prüfung, sondern auch um die Rangordnung (lacatio) innerhalb der Fakultätshierachie und die davon abhängige Erlangung von Pfründen, Stipendien und Kollegiatruen, kurz: über mehr Geld und höheres Ansehen. Nicht selten wurden Wortgefechte der Studenten, insbesondere im Anschluss an Examen Disputationen mit Waffen fortgesetzt. Es konnte dann geschehen, dass die handgreiflichen Auseinandersetzungen einen tödlichen Ausgang nahmen. Deshalb mussten die Examenskandidaten vor Ablegung der Prüfung schwören, sich nicht wegen ihrer Platzierung im Anschluss an eine Prüfung zu rächen.

Quelle: © Abschied von Luther, Psychologische und theologische Reflexionen zum Lutherjahr von Albert Mock, Luthe Verlag, Köln, Seite 41. Weitere Quelle: D. Emme, a. a. O. Seite 224

Im Anschluss an das Magisterexamen, an dem auch Martin Luder teilnahm, starb noch vor der feierlichen Einführung in das Magisteramt Hieronymus Buntz, einer der siebzehn Kandidaten und Freund Luders. Im Dekanarsbuch der Artistenfakultät wurde durch den Prüfungsvorsitzenden Maternus Pistoris hinter dem Namen „Hieronoymus Buntz de Winßheim" vermerkt: „Nicht promoviert, weil er unmittelbar nach der Zensur an einer Pleuritis (Ripppenfellentzündung, Seitenstiche) erkrankt und nicht viel später eines natürlichen Todes starb, gelehrt und fromm.

Quelle: © Abschied von Luther, Psychologische und theologische Reflexionen zum Lutherjahr von Albert Mock, Luthe Verlag, Köln, Seite 42. Weitere Quelle: © E. Kleineidam, Universitas Studii Erffordensis. 2. Bd, 1. Seite 390, Leipzig 1964/1969; Erfurter Theologische Studien Bd 14/22

Nach G. Oergel hat Luder den Tod des Hiernnymus Buntz „nie vergessen und später seinen Freunden und Tischgenossen öfter(!) davon erzählt. **Hieronymus Buntz ist an den Folgen von „Seitenstichen" gestorben, aber nicht an einer normalen Pleuritis, sondern an dem eines Dolches.** Dieser Kampf hatte die Qualität einer zorneswütigen Messerstecherei. Da der Tod des Hieronymus Buntz nicht unmittelbar erfolgte, konnte er verschleiert und als mehrdeutige Pleuritis deklariert werden. **Nur eingeweihte wussten, dass er im Affekt durch „Ungeschicklichkeit" hervorgerufen worden war. Nach und nach sickerten die wahren Umstände über die „Rippenfellentzündung" oder „Seitenstiche" durch, zumindest im engsten Bekanntenkreis und brachten Luder in äußerst schwere Bedrängnis.** Aller Wahrscheinlichkeit nach war Luder nach der Magisterprüfung mit Hieroymus Buntz in ein Wortgefecht geraten und hatte aufgrund seiner leichten Erregbarkeit zum Dolch gegriffen und dabei im Affekt den Freund so unglücklich zwischen die Rippen getroffen, dass dieser lebensgefährlich verletzt wurde und bald darauf an den Folgen dieser Verwundung starb. **Dies ist die in jeder Hinsicht wahrscheinlichste und psychologisch stimmigste Erklärung sowohl der Vorfälle um den Tod von Hieronymus Buntz als auch des überstürzten Klostereintritt Luders, sowie seiner von da an stark einsetzenden Selbstvorwürfe und bedrückenden Erinnerungen an den Tod des Freundes.** Erhärtet wird dies klar und deutlich durch die Bemerkung Luthers aus einer Tischrede des Jahres 1532, die von Veit Dietrich aufgezeichnet wurde und in dergleichen es heißt: „Singular!" Dei consilio factus sum monachus, ne me caperent. Alioqoui essem facillime captus. Sie autem non po-terant, quia es nham sich der gantz orden mein an.

Quelle: © Abschied von Luther, Psychologische und theologische Reflexionen zum Lutherjahr von Albert Mock, Luthe Verlag, Köln, Seite 43. Weitere Quelle: © WA T 1, 326, Seite 134, zitiert aus D. Emme. Warum ging Luther ins Kloster. Emme weist auch darauf hin, dass die „Weimarer Ausgabe" beginnt mit der kirchenrechtlichen Abhandlung „Tractatulus Doctoris Martini Luttherii, Ordinarii Universitatis Wittenbergensis: De his qui ad Ecclesias confugiunt...(Eine kurze Abhandlung von Doktor Martin Luthers, Ordinarii der Universität Wittenberg: Über diejenigen, die in die Kirche fliehen, sehr nützlich für weltliche Richter, kirchliche Führer und Prälaten der Klöster). In diesem 1517 anonym und 1520 unter Luthers Namen veröffentlichten Traktat heißt es: „Zwei Dinge hat ein in die Kirche Fliehender sich hauptsächlich zu vergegenwärtigen: 1. Dass er mit Gewalt nicht herausgeholt werden darf; 2. Dass er wegen des Deliktes nicht mehr zum Tode oder zu einer anderen Körperstrafe bzw. Körper Misshandlung verurteilt werden darf".

## Nach einem einzigartigen Ratschluss Gottes bin ich Mönch geworden, (besser: dazu gemacht worden), damit sie mich nicht gefangen nehmen. Andernfalls wäre ich nämlich sehr leicht gefasst worden. So aber konnten sie es nicht, weil sich der ganze Orden meiner annahm. Ein sehr aufschlussreiches Bekenntnis Luthers!

Quelle: © Abschied von Luther, Psychologische und theologische Reflexionen zum Lutherjahr von Albert Mock, Luthe Verlag, Köln

Doch der Student Hiermoimus Buntz starb „im Anschluss an das Magisterexamen noch vor der feierlichen Einführung in das Magisteramt" (S. 41f.). „Aller Wahrscheinlichkeit nach war Luther nach der Magisterprüfung mit Hieronymus Buntz in ein Wortgefecht geraten und hatte aufgrund seiner leichten Erregbarkeit zum Dolch gegriffen und dabei im Affekt den Freund so unglücklich zwischen die Rippen getroffen, dass dieser lebensgefährlich verletzt wurde und bald darauf an den Folgen dieser Verwundung starb". Hintergrund des Streits seien wohl die Examensnoten und der damit verbundene Rang und die Karrieremöglichkeiten der Kandidaten gewesen. Dr. Mock weiter: „Dies ist die in jeder Hinsicht die wahrscheinlichste und psychologische stimmigste Erklärung sowohl der Vorfälle um den Tod von Hieronymus Buntz als auch des überstürzten Klostereintritts Luthers sowie seiner von da an stark einsetzenden Selbstvorwürfe und bedrückenden Erinnerungen an den Tod des Freundes" (S. 43). Und dies würde auch den Inhalt einer Tischrede Luthers aus dem Jahre 1532 erklären, in der Martin Luther selbst sagte:

„Nach dem einzigartigen Ratschluss Gottes bin ich Mönch geworden, damit sie mich nicht gefangen nehmen. Andernfalls wäre ich nämlich sehr leicht gefasst worden. So aber konnten sie es nicht, weil sich der ganze Orden meiner annahm" Quelle: © Zit. nach Mock, S 43f.. Das ist im Prinzip ein Geständnis.

Und so ist es wohl auch kein Zufall, dass Martin Luther auch ein juristisch-theologisches Traktat über das kirchliche Asylrecht schrieb (1517; 1520; Regensburg 1985, Verlag Dietrich Emme; lat. Text: WA, Abteilung Werke, Band 1, S. 3-7), wo Luther die Situation aus juristischer und kirchlicher Sicht beurteilt, wenn z. B. ein „nichtvorsätzlicher" Totschläger oder ein „vorsätzlicher" in eine Kirche oder in ein Kloster flieht bzw. einige weitere „Fallbeispiele". **Es lieg nahe, dass Martin Luther damit seinen eigenen Fall aufarbeitete.**

Eine psychologische Schlüsselfrage für das Verständnis Luthers ist die Frage nach dem Motiv seines plötzlichen Ordenseintritts. Sie ist nur zu beantworten aus der Kenntnis seines vorhergehenden Erlebens und Verhaltens. Das immer wieder von allen Biographen angeführte Gewitter-Erlebnis von Stotternheim hat psychologisch gesehen keinen Motivcharakter, sondern lediglich die Qualität eines auslösenden Anlasses, einer den Kreis schließenden Situation. Vorausgegangen sind Erlebnisse und Verhaltensgewohnheiten, die aktualigenetisch diese letzte Entscheidung vorbereitet haben. Luther dachte als Student nicht im Entferntesten daran, Mönch zu werden; dafür identifizierte er sich viel zu sehr mit der Einstellung und den Plänen seines Vaters, der zudem Mönche nicht gut leiden mochte. Luther permissives (nachgiebiges, weiches, willenloses) Studentenleben war ebenfalls nicht dazu angetan, als Vorbereitung für ein Leben hinter Klostermauern zu dienen. Das Studium stand außer Frage. Sein Vater hatte ihm noch im Jahr seines Ordenseintritts nach dem Magisterexamen das teure „Corpus iuris civilis" gekauft, und er selbst war noch kurz zuvor in Gotha gewesen und hatte sich dort angeblich Bücher für sein Jura-Studium gekauft, wie Jonas in einer handschriftlichen Notiz bezeugt. Quelle: © Abschied von Luther Psychologische und theologische Reflexionen zum Lutherjahr von Albert Mock, Luthe-Verlag, Köln, Seite 36 + 37. Weitere Quelle: D. Emme, a.a.O. Seite 251

Den entscheidenden Anstoß zu seinem plötzlichen Eintritt ins Kloster erhielt Luder jedoch ungewollt durch die Tötung eines Studienfreundes im Zweikampf, die ihn der Verfolgung durch die Justiz aussetzte, zumal auf Totschlag im Allgemeinen die Todesstrafe stand. In seiner dokumentarischen Darstellung der Jugend- und Studienzeit Martin Luder hat D. Emme die These vertreten, dass Luther am 17. Juli 1505 in das Erfurter Kloster der Augustiner-Eremiten eintrat, weil er mit an Sicherheit grenzender Wahrscheinlichkeit einen Studienkameraden getötet hatte.

Quelle: © Abschied von Luther Psychologische und theologische Reflexionen zum Lutherjahr von Albert Mock, Luthe-Verlag, Köln, Seite 38 u. 39. Weitere Quelle: © D. Emme, a.a.O. Seite 8

Lange, lange hat Martin Luder seinem Ordensoberen und großen Förderer v. Staupitz und mit der ständig quälenden Frage gerungen und geklagt: Wie finde ich einen gnädigen Gott? "O meine Sünde, Sünde, Sünde". In einem Schreiben von Martin Luther an Melanchthon in Augsburg schrieb er: Wenn wir einmal der Gewalt (drohenden Verfolgung) entronnen sind, werden wir unser Schliche (Lügen) und Fehltritte leicht wieder gut machen. Quelle: © Abschied von Luther Psychologische und theologische Reflexionen zum Lutherjahr von Albert Mock, Luthe-Verlag, Köln, Seite 44. Weitere Quelle: © H. Grisar, Walther Köhler über Luther und die Lüge. a.a. Seite 239

## In einer Predigt aus dem Jahre 1523 sagt Luther über das Motiv seines Eintritts ins Kloster:

"Denn ich habe nicht Lust dazu von Herzen, sondern ich bin dazu gezwungen und muss es tun, angesehen die helle Strafe oder Schande, und ist nicht möglich, dass ich es frei und fröhlich kundtue. Quelle: © Abschied von Luther Psychologische und theologische Reflexionen zum Lutherjahr von Albert Mock, Luthe-Verlag, Köln, Seite 44. Weitere Quelle: © Ph. Melanchthon, a.a.O. Seite 46

Wenn Luder auch infolge von "Ungeschicklichkeit" den Tod seines Freundes verursacht hatte, so war nicht sicher, ob er sich nicht des Tatbestandes des mit der Todesstrafe drohenden Totschlags schuldig gemacht hatte; auf jeden Fall suchte man ihn festzunehmen. Überdies wäre er auch ein nicht gerade glaubwürdiger Prediger gewesen, wenn seine Zuhörer von ihm gewusst hätten, dass er seinen Freund im Affekt erstochen habe. Ein entscheidender Grund mehr, den wahren Sachverhalt zu verschleiern und zu umschreiben, keinesfalls aber zuzugeben. Darüber ganz zu schweigen vermochte er nicht, da es ihn zu tief bewegte. Darum die wiederholten Andeutungen.

Die Nachforschungen Kardinal Peraudis nach den mysteriösen Umständen des gewaltsamen Todes seines Günstlings um Ostern 1505 könnten Luder wohl insofern in arge Bedrängnis gebracht haben, als in diesem Zusammenhang auch seine "Ungeschicklichkeit" so nebenbei mit aufgedeckt wurde, da ja alle ähnlichen Todesfälle unter die Lupe genommen wurden und erst dieser Umstand des Bekanntwerdens der todbringenden "Seitenstiche" Luder in das Augustinerkloster "flüchten" ließ. Wie der zu befürchtende Prozess auch ausgegangen sein würde – zumal es sich um einen wiederholten Zweikampf Luthers handelte -, die Tatsache des Duells mit tödlichen Ausgang hatte Luder die Exkommunikation (Ächtung, Ausschluss, Bann) eingebracht und den sicheren Verweis von der Universität und damit das Ende aller Pläne seines Vaters, der ihn "zu etwas Größeren machen wollte".

In dieser aufgewühlten seelischen Verwirrung und Verstrickung trifft nun überdies noch ein zufälliger Blitz bei Stotternheim, der ihn zu dem verzweifelten Ausruf veranlasst: „Heilige Mutter Anna, hilf mir, ich will ein Mönch werden"! Die Frage ist hier: Bittet er um Hilfe vor dem Blitz oder aus seiner ausweglosen seelischen Not? Auf jeden Fall konnte Luther nun auch seinen Vater ein plausibles Motiv für seine Abkehr vom Jura-Studium und seinen Eintritt ins Kloster liefern, was der Vater äußerst ärgerlich quittierte mit den Worten: „Gott gebe, dass es nicht ein Betrug und teuflisch Gespenst sei! Quelle: © Abschied von Luther Psychologische und theologische Reflexionen zum Lutherjahr von Albert Mock, Luthe-Verlag, Köln, Seite 45 + 46. Weitere Quelle: © WA 8, 573, 19 ff; vgl. dazu: H Grisar, Luther I, Seite 11

Und gerade wegen dieses Hintergrundes der zurückliegenden Ereignisse, den der Vater nicht kannte, hat dieser Ausspruch des Vaters Luder, ihn so empfindlich getroffen, wie selten ein Wort von ihm. Er erklärte seinen Vater später: „Du trafst mich wieder so geschickt und passend, dass ich in meinem ganzen Leben von einem Menschen kaum ein Wort gehört habe, das kräftiger in mir geklungen und fester gehaftet hat. Quelle: © Abschied von Luther Psychologische und theologische Reflexionen zum Lutherjahr von Albert Mock, Luthe-Verlag, Köln, S. 46. Weitere Quelle: © WA 26, 509, 9-12 u. 30

Luther hatte seinen Eltern nichts mitgeteilt von seiner Absicht, Mönch zu werden, sondern sie damit unvorbereitet überrascht. Die Tatsache, dass bereits sein Vater ein Totschläger war, mag ihn vor allem daran gehindert haben; ebenfalls die bekannte Abneigung seines Vaters gegenüber Mönchen sowie dessen völlig anders laufenden Pläne mit ihm. Jetzt war er wieder auf der Flucht vor seinen Vater, den er so enttäuschen musste, um sich selbst zu retten. Wieder wurde das Kloster zum Asyl für ihn, aber auch zur einzigen Möglichkeit, doch noch etwas Großes aus sich zu machen, wenn auch anders, als sich beide vorgestellt hatten. Aus dieser Not hat Luder dann versucht, eine Tugend zu machen. „Ich bin ein Mönch gewesen, der mit Ernst fromm sein wollte"! Oder wie er in einer anderen Predigt bekannte: „Das ist unsere Lehre gewesen, das wen einer getauft wäre und nach seiner Taufe eine Todsünde hätte, so wäre Christus ihm nichts nütze. Willst du aber selig und durch Buße fromm werden, so hebe an und werde ein Mönch und matere dich mit fasten und beten, bis du an Gott wieder Freunde hast. Daraufhin bin ich ins Kloster gegangen. Quelle: © Abschied von Luther Psychologische und theologische Reflexionen zum Lutherjahr von Albert Mock, Luthe-Verlag, Köln, Seite 46 u. 47. Weitere Quelle: © WA 47, 575, 37

## Die Lügenbiographen gehen mit keinem oder irgendeinem Wort auf die wahren Motive von Luder ein. Ein Eingehen auf die Wahrheit und Echtheit der Tatsachen wird bewusst vermieden!

Die Luther Biographen, geben als Anlass für den Eintritt in das Kloster, angeblich den entscheidenden Beweggrund das Gewitter von Stotternheim an, welches aber nur Anlass-Charakter aufweist und zudem nicht moralisch bindend gewesen

wäre. Das wusste auch Luder sehr genau und vor allem sein Vater, der die Un
echtheit des vorgegangenen Motivs spürte. **Aus dem Blitz bei Stotternheim haben dann einige Biographen auch so etwas wie ein Damaskus Erlebnis und die
Hypothese einer Erscheinung ableiten wollen, um damit zusätzlich die Sendung
Luthers „von oben" zu dokumentieren.**

Diese höchste Wahrscheinlichkeit, die Emme in den ersten drei Auflagen seines
Buches vertritt, wurde durch zusätzliche Belege aus Luthers Tischreden verifiziert
(beglaubigt, bejaht, bescheinigt) auf die Emme gestoßen ist. Da diese wieder ans Tageslicht geförderten Zitate aus Luthers Tischreden nur im Zusammenhang mit den
bisher bekannten Stellen verständlich werden, muss erst noch auf diese zurück-
gegriffen werden, zumal Luther ja diese Tötung nicht klar und direkt im Sinnes eines gerichtlichen Geständnisses mit Nennung des Namens und der Umstände zugegeben hat, sondern im Sinne einer Gewissensentlastung und der Begründung
seines Ordenseintritts. Genauere Angaben waren ihm verwehrt aus Gründen ge-
richtlicher Verfolgung und wegen seines Vorbildverlustes gegenüber seinen Anhängern. Obwohl Luther eine unhaltbare Lügentheorie vertrat. „Was wäre es, ob
einer schon um Besseres und der christlichen Kirche willen einen guten stand hätte. Quelle: © Abschied von Luther Psychologische und theologische Reflexionen zum Lutherjahr von
Albert Mock, Luthe-Verlag, Köln, Seite 38 u. 39. Weitere Quelle: © H. Grisar, Walther Köhler über Luther und die Lüge. In: Historisches Jahrbuch der Görres-Gesellschaft. Seite 239. 34/1913

Oder: Gegen die Betrügerei und Schlechtigkeit des Antichristen-Papsttums halten
wir uns alles wegen des Heils der Seele erlaubt.
Quelle: © Abschied von Luther Psychologische und theologische Reflexionen zum Lutherjahr von Albert Mock, Luthe-Verlag, Köln, Seite 38 u. 39. Weitere Quelle: © H, Grisarn a. a. O, Seite 239

Von der Nutzlüge sagt Luther, dass sie Pflicht sei – debet fieri – , von der Scherz-
lüge, dass sie geschehen darf – potest fieri, konnte er doch nur sehr schlecht etwas verschweigen. Wo er etwas verschwieg oder verschleierte, ist er im Grunde
viel beredeter und enthüllender als auf vielen hundert Seiten seines Redeflusses.
Alles, was ihn beeindruckte und bewegte, wurde bei ihm sofort zur Sprache; er
hatte „das Herz auf der Zunge", am meisten dort, wo er etwas nicht wahrhaben
wollte, aber doch irgendwie verarbeiten musste. Quelle: © Abschied von Luther Psychologische und theologische Reflexionen zum Lutherjahr von Albert Mock, Luthe-Verlag, Köln, S.38 + 39

# Martin Luther ein Gotteshasser nach dem Willen Satan

## Martin Luther war ein Gotteshasser!!!

### Luthers vergebliche suche nach einem „gnädigen" Gott!

Über seinen eigenen, von der römischen Lehre geprägten geistigen Zustand und Ausgangspunkt vor seinem Engagement (Arbeit, Hingabe) als „Reformator" schrieb Luther selbst Quelle: © Zitate nach Mauerhofer/Sessler, S. 19ff

>**„Ich glaube nicht an Christus, sondern hielt ihn für nichts anderes als für einen strengen, schrecklichen Richter, wie man ihn malt, auf dem Regenbogen"!!!<**      Wie bitte?

Diese Vorstellung trieb ihn dann zum Hass gegen Gott, da M. Luther sah, dass er diesem Richter nicht genügen könnte:

>**„Ich aber liebte den gerechten und die Sünder strafenden Gott nicht; ja ich hasste ihn; denn ich fühle mich vor Gott als Sünder mit einem ganz und gar ruhelosen Gewissen. So zürnte ich Gott, wenn nicht in geheimer Lästerung, so doch mindestens mit gewaltigem Murren…; so raste ich mit wütendem und verstörtem Gewissen umher"!!!<**      Wie bitte?

Hierbei ist bemerkenswert, dass Luther wusste, dass Gott gerecht war, wenn er den Sünder seiner Sünden wegen strafte. Demnach hasste Luther Gott nicht, weil er ihn für ungerecht hielt, sondern gerade deshalb, weil er wusste, dass Gott gerecht war und somit auch er selbst, **Luther, als Sünder dem gerechten Gericht Gottes unterlag.** Luther selbst war also ungerecht, wenn er Gott hasste. **Anstatt nun sich selbst wegen seines ungerechten Hasses zu verurteilen und nach wahrhaftiger Gerechtigkeit zu suchen gemäß Römer 10, 20, suchte Luther die Lösung des Problems einfach in einer anderen Sicht von Gott. Luther suchte also nach einer Lösung seiner Not, die von vornherein ausklammerte, dass sich bei ihm selbst, dem Sünder, etwas ändern müsse – abgesehen von seiner Sicht Gottes.**

**Martin Luther suchte eine Lösung für seine Sündennot! Jedoch suchte er sie nicht bei sich selber, einem dreckigen und hochgradigen verdorbenen Sünder. Er blieb zeitlebens ein halsstarriger,**

**arroganter Sünder, dem es im Traum nicht einfiel, dass er sein Leben von Grund auf, laut dem Worte Gottes und dessen Forderungen zu ändern hätte.** So bleiben die ganzen Irrlehren die er in die Welt gesetzt hat, ein Produkt eines unbußfertigen Sünders der nie im Leben, ein wahrer echter biblischer Gläubiger nach dem Worte Gottes war!!! Er ist durch seine verkopfte Intellektualität in seinen Sünden gestorben, und hat Milliarden Menschen durch seine gottlosen, heidnischen, widergöttlichen Irrlehren mit in die Hölle, in das ewige Verderben mit hineingezogen! Seine gesamte Lebensentwicklung und seine zu verantwortenden Taten in seinen späteren Jahren (Judenmörder, Bauernmörder, Christenmörder u.v.a.m.! Ein Martin Luther befindet sich bis zu seinem Gericht über sein Leben, von nach seinem leiblichen Tod bis zum Tage des Gerichtes von YAHUSHUA HA MASCHIACH mit voller Garantie in der Hölle!

Adelheid Sonnenschein

Angeblich trieb ihn dann die Frage: „Wie kann ich vor diesem Gott bestehen"? – im Alter von ca. 22 Jahren ins Augustinerkloster. Trotz allem religiösen Eifer, den er dort entwickelte, merkte er, wie er nach und nach, nur noch weiter davon weg kam, auf seine Frage eine Antwort zu erhalten, bis er schließlich glaubte, zur ewigen Verdammnis vorherbestimmt zu sein, was ihn noch mehr in die Verzweiflung trieb und seinen Hass gegen Gott nur noch mehr steigerte:
„Ich vergesse alles, was Christus und Gott ist, wenn ich diese Gedanken (=über die Vorherbestimmung) bekomme, und komme wohl dahin, dass Gott ein Bösewicht sei! Beim Nachdenken über die Prädestination (-Lehre = Vorherbestimmungslehre) vergessen wir Gott; dass laudate (=Lobet Gott) hört auf, und das blasphemate (die Lästerung Gottes) fängt an".

**Das ganze Leben des Martin Luther war eine Gotteslästerung!!! Denn indem er satanische und dämonische Irrlehren in die Welt setzte, und letztendlich doch am Ende die Abgötterei und den Götzendienst (die Idolatrie) der römisch, katholischen Satan-Kirche für gut hieß. Er richtete das eigene Leben nicht wirklich nach Gott aus und blieb ein arroganter Blasphemieker! Martin Luther, hat Zeit seines Lebens nicht die Herzensbusse in wiederholter Weise getan, wie es das Wort Gottes fordert. Er blieb zeit seines Lebens ein gott-**

**loser Möchtegern, im Dienste Satans!!!** Adelheid Sonnenschein
**Martin Luther blieb auch weiterhin ein Gotteslästerer, auch wenn er der irrenden, menschlichen Meinung war, nun einen „gnädigen" Gott entdeckt zu haben.**

### Die erste Irrlehre von Martin Luther entsteht im Jahre 1513

Erst 8 Jahre nach seinem Eintritt ins Augustinerkloster hat Luther der Überlieferung nach schließlich im Römerbrief seine neue Definition der Gerechtigkeit Gottes „entdeckt", die es ihn erlaubte, sich von Gott als gerecht gesprochen anzusehen, **jedoch ohne im Weiteren sein sündiges Leben nun ändern zu müssen.** Um zu dieser Entdeckung zu gelangen, soll ihn der Generalvikar der Augustiner von Staupitz (dessen Professorenstuhl in Wittenberg schließlich Luther übernahm), sehr behilflich gewesen sein, von welchem es heißt, **dass er ein „von augustinischer Theologie und Mystik geleitetes Christentum" vertrat und für Luther „von kaum zu überschätzender Bedeutung" gewesen sei,** so dass Stadler weiter kommentiert: „Luther ist sich der theologischen und psychologischen Führungskraft von Staupitz zeitlebens dankbar bewusst geblieben, ja, er hat später versichert, er verdanke seine ganze Theologie nur ihm. Staupitz selbst blieb allerdings der Alten Kirche (Römisch, katholische Kirche) treu". Quelle: © Stadler, S. 157

**In diesen Eingeständnissen von Martin Luther wird wieder klar und deutlich, dass er der alten Kirche, der satanisch, römisch, katholischen Kirche letztendlich im aller tiefsten Herzen treu geblieben war. Das was er, seinerzeit geistig aber nicht geistlich beurteilte und als Irrlehren ansah, versuchte er mit neuen Irrlehren zu verbessern. <u>Doch aus einem Herzen, das die tiefste biblisch, geforderte Herzensbuße und vollständige Umkehr vom alten zum Neuen Leben nie kannte. Also die geistliche Wiedergeburt aus Gott dem Vater in YAHUSHUA HA MASCHIACH zum neuen Leben, hat er nie erlebt. Er hat sich nie auf das Erlösungswerk YAHUSCHUA HA MASCHIACH biblisch taufen lassen!</u> Aus solch einem Herzen, kann nur ein verderbliches Unkraut von falschen Lehren wuchern!!!** Adelheid Sonnenschein

Durch diesen augustinischen Generalvikar von Staupitz hatte also Luther die „Entdeckung" seines „Evangeliums" gemacht. Ein Evangelium, das von Staupitz keineswegs veranlasste, seine Führungsposition in der römischen „Kirche" in Frage zu stellen oder gar aufzugeben. So berichtet nun Luther über seine „Entdeckung":

„Da begann ich die Gerechtigkeit Gottes zu verstehen und zu lernen als die Gerechtigkeit, in der der Gerechte durch Gottes Geschenk lebt, und zwar aus dem Glauben, und ich fing an zu verstehen, dass dies die Meinung ist, es werde durchs Evangelium die Gerechtigkeit Gottes offenbart, nämlich die passive, durch welche uns der barmherzige Gott gerecht macht durch den Glauben". Quelle: © Mauerhofer/ Sessler, S. 20

**Damit, dass Luther die Gerechtigkeit Gottes, die dem Sünder zuteilwerde, als eine ausschließlich „passive" definierte, hatte er nun, wie er meinte, sein Problem gelöst: der gerechte Gott richte Luther nicht, weil er ihn, den Sünder, einfach um Jesu willen für ewig gerecht erklärte – selbst wenn er weiterhin ungerecht lebt und handelt -, weil er, der Sünder, nunmehr eben an diese „passive" Rechtfertigung glaube. Nun hatte Luther einen „gnädigen" Gott und brauchte in seinem Leben nichts zu ändern!!! Die „Gnade" Gottes besteht nach dieser Auffassung darin, dass das Evangelium lehrt, dass Gott gar nicht erwarte, dass sich der Sünder von seinen Sünden bekehre, um dann gerecht zu handeln, sondern Gott erwarte nur, dass der Sünder die Lehre von der „passiven" Rechtfertigung annehme, so dass sich der Sünder also nur zu dem „Glauben" bekehren brauche, dass Gott um Jesus willen gar nicht vom Sünder erwarte, dass er gerecht handle!** **Wie bitte???**

Nun 500 Jahre nach dem satanischen Irrlehrer Martin Luther haben wir jetzt noch einen hochgradigeren satanischen Irrlehrer, der die Menschen mit seiner Hyper-Gnaden (Über-Gnade) nun noch mehr in voller Garantie in die Hölle führt!!!

**Es ist wohl offensichtlich, dass Luther erst in der Schrift hineinliest, was er dann herausholt, nämlich, dass Gott den Sünder schon dadurch für ewig gerecht spreche, dass er die Lehre von der „passiven" Rechtfertigung annehme!!!** Dementsprechend schrieb er dann in seiner des Galaterbriefes Quelle: © „S. Paulus Epistel an die Galater", Teil 1/1552, S. 19

**„Darum, so du ein Sünder bist, wie wir denn in der Wahrheit alle sind, so bilde dir bei Leib und Leben von Christus nicht ein, wie er auf dem Regenbogen sitzt und Richter ist, sonst wirst du erschreck-**

en und verzweifeln müssen, sondern fasse ihn in seinem rechten und eigenen Bilde, als nämlich in dem, da du ihn siehst und erkennst als einen Sohn Gottes und der Jungfrau Maria. In derselben Person schreckt er niemand, viel weniger aber martert und plagt er, ja verachtet auch nicht uns arme Sünder, fordert keinerlei Rechenschaft von uns über unser Leben, das wir so böswillig hingebracht haben". Extreme Irrlehre pur!!!

Der zutiefst gottlose Martin Luther, produziert hier eine billige, zum verspotten billige, zum Gott verlästernde billige Gnade! Diese totale Irrlehren-Gnade die aus seinem geistig umnachteten, satanisch bzw. dämonisch regierten Gehirn entsprang, macht die Gnade der Heiligen Schrift zu einem zutiefst gotteslästernden Objekt (Gegenstand) aber nicht zur Errettung vor Bestrafung! Martin Luther hat vergessen bzw. überhaupt gar nicht begriffen, was die biblische Gnade kostet. Denn diese ist unbezahlbar. Denn für unsere Sündenschulden, also die Strafe für unsere Sündenschulden, übernahm der lebendige Gott die Tilgung! Die aller, aller teuerste Bezahlung, nämlich die seines Sohnes YAHUSHUA HA MASCHIACHs. Denn wenn ich zum Tode verurteil bin, dann kann nur die höchste Autorität (Begnadigung) Gnade aussprechen!

Nach diesen dämonischen Irrlehren die Martin Luther von seinem Vater Satan in dem Kopf gesetzt bekommen hat, braucht man ja nur an die „Passive Rechtfertigung" glauben, und Zeit seines Lebens fröhlich weiter drauf los sündigen. Und mit jeder Sünde YAHUSHUA HA MASCHIACH wieder weitere Geiselhiebe und Todesschmerzen verpassen kann. Darin liegt die hochgradigste, satanischste Gotteslästerung! Denn jeder Sünder der an diese Irrlehre glaubt, darf ja YAHUSHUA HA MASCHIACH indirekt weiter foltern. So etwas ist dem Satan ein herzlichstes Wohlgefallen. So kann der Teufel weiter, durch jeden frechen, religiösen Sünder, YAHUSHUA immer wieder und immer wieder neu foltern in jeder erdenkbaren Hinsicht. Damit ist unter allervollster Garantie bewiesen: dass die gesamten Lehren von Martin Luther, dämonisch und satanisch

**sind. Es ist auch auf das genaueste dadurch bewiesen, dass Martin Luther ein Sohn Satans gewesen ist, der zur Ehre Satans, Milliarden von Menschen in die Hölle in das ewige Verderben gerissen hat bis zum heutigen Tage!!!** Adelheid Sonnenschein

**Dieses Bild von Christus, das er sich nun in seinen Gedanken gemalt hatte, forderte nicht nur in Bezug auf das vergangene Leben des Sünders keinerlei Rechenschaft, sondern dieser lutherische Christus fordert wohl auch keinerlei Rechenschaft über das weitere Leben als Pseudo-Christ,** obwohl es doch heißt, dass wir bezüglich unserer Sünden umdenken und des Umdenkens würdige Werke tun müssen, gemäß Apostelgeschichte 26, 20. Liegt hier vielleicht die Wurzel dafür, dass Luther nie mehr zum Umdenken bezüglich seiner gräulichen Sünden kam, in welchem er sein „reformatorisches" Leben zubrachte, zumal er ja dann aus der Buße ein „Sakrament" gemacht hatte, das an seine beiden anderen „Sakramente" angelehnt war?

**Denn es ist offensichtlich, dass Luther hier die Erscheinung des Herrn Jesus als Richter – z. B. gemäß Matthäus 25 und der Offenbarung – gänzlich verleugnete, indem er sich keinerlei Rechenschaft ihm gegenüber schuldig glaubt. So heißt es beispielsweise in Offenbarung 1, 17: „Und als ich ihn sah, fiel ich zu seinen Füssen wie tot". Und in Hebräer 10, 30f lesen wir: „Der Herr wird sein Volk richten. Es ist furchtbar, in die Hände des lebendigen Gottes zu fallen"!** Luther hat also mit dieser Lehre offenbar die Gottesfurcht verworfen, von welchen es heißt, dass sie der Weisheit Anfang ist gemäß Sprüche 9, 10, und welche einst Noah zum handeln bewegte Hebräer 11, 7. **Auch die Gleichnisse von den Talenten bzw. Pfunden zeigen doch schon, dass der Sohn Gottes durchaus Rechenschaft von seinen Knechten fordert!**

Es ist zwar richtig, dass die Schrift die Rechtfertigung des Sünders durch den Glauben an den Sohn Gottes lehrt, aber wo steht denn, dass der Sünder schon dadurch gerechtfertigt ist, dass er solch eine Rechtfertigungslehre – selbst, wenn sie biblisch wäre, annimmt? Das wäre dasselbe, wie wenn man folgere: Ich glaube, dass es ewiges Leben gibt, also habe ich es! Genauso könnte man sagen: Ich glaube, dass man an Christus glauben muss (im Sinne von Notwendigkeit), und dadurch, dass ich dies glaube, glaube ich an ihn!

Bei der Tauflehre Luthers ist es nicht anders, denn dort kann man dasselbe Denkmuster erkennen: Dort lehrte er z. B., dass derjenige errettet werde, der laut Markus 16, 16 glaube, dass er errettet werde, der glaubt und getauft sei. **Einfach formuliert geht es bei dem Glauben Luthers bestenfalls nur um ein für wahrhalten dessen, was geschrieben steht. Reicht das aus für eine ewige Errettung? Nein!!!**

Und selbst wenn Luther lehrt, dass man an Christus als Stellvertreter glauben muss, wo steht denn dann, dass der Glaube an Christus, den Gott dem Sünder zu

seiner Rechtfertigung gibt, keine gerechten Werke mit sich bringen? Der entscheidende Unterschied der Rechtfertigungslehre Luthers zu der als römisch bekannten ist der Wechsel von einer Rechtfertigungslehre, innerhalb welcher sich der Mensch die Gnade Gottes mühevoll verdienen muss (aktive Rechtfertigung = Werksgerechtigkeit), zu einer Rechtfertigungslehre, innerhalb welcher der Mensch absolut nicht zu tun habe, als nur („passiv" zu glauben „passive" Rechtfertigung = Stellungsgerechtigkeit), wobei sich diese Art von Glaube ausschließlich auf das innere des Menschen bezieht und im Rahmen der Rechtfertigung jeden Bezug auf die Werke des Menschen verleugnet, und zwar derart, als ob Gott niemals gesagt hätte, dass er auch sein Volk nach den Werken richtet. **Luther lehrt also, dass die Rechtfertigung des Sünders ausschließlich durch einen passiven Glauben erfolge.** In der Folge dieser Rechtfertigungslehre hat er dann den Glauben entgegen der Lehre von Jakobus 2 gänzlich von allen Werken isoliert. **Hieraus erklärt es sich auch, dass er später den Empfang des ewigen Lebens sogar auf das Festhalten an sein Glaubensbekenntnis reduzierte!!!** **Wie bitte???** Den menschlichen Versuchen der römischen, der Gerechtigkeit Gottes aus eigener Kraft zu genügen, **stellte Luther die absolute Passivität des Menschen in puncto Rechtfertigung gegenüber, so dass jeder, der noch meinte, den Willen Gottes tun zu müssen, um in Ewigkeit zu bleiben gemäß 1. Johannes 2, 17 bald als ein dem Todesurteil verfallener „Ketzer" galt, welchen die Obrigkeit entsprechend zu verfolgen und auszurotten hatte! Damit hatte Luther eigentlich jegliches Tun des Menschen völlig von seinem Heil getrennt, was ihn jedoch nicht daran hinderte, alle, die entgegen dem taten, was er lehrte, aufgrund ihrer (gerechten) Werke für ewig verflucht und verloren zu erklären, selbst wenn sie glaubten und bekannten, das der Sohn Gottes für sie gestorben ist! Denn der „Glaube", durch welchen Luther die Gerechtigkeit Gottes empfangen zu haben meinte, war ausschließlich der „Glaube des Sakraments", das heißt, der Glaube an die Sakramente.**
**Bis heute halten alle Lutherischen an der Absolutheit dieser von Luther gelehrten Passivität fest und beschimpfen jeden als „werksgerecht", der z. B. 1. Johannes 2, 17 B wörtlich zitiert und dabei nichts anderes meint als was da steht, nämlich: Wer den Willen Gottes tut, bleibt in Ewigkeit. Es heißt hier nicht: Wer den Willen Gottes durch Christus für getan hält, bleibt in Ewigkeit, sondern: Wer ihn tut.** Dementsprechend muss sich z. B. jeder, der in den himmlischen Wohnungen als Sohn bzw. Tochter Gottes aufgenommen werden will, von aller Gesetzlosigkeit (=Verwerfung des Gesetzes) und Finsternis (= Bruderhass), von Belial (=falsche Christusse) und Ungläubigen (=Ungehorsamen) und von allen Götzenbildern (=buchstäblich, und in Gedanken gemalte Gottesvorstellungen von Menschen) schen) trennen und aus der Mitte derer ausgehen, wo solche Dinge gelten gemäß 2. Korinther 6, 14 – 7, 1.

# Martin Luther ein gottloser, heuchelnder Kriegstreiber im Dienste seines Herrn und Meisters Satans

## Kriegstreiber Anno 1518 und 1520 und 1529

### Aufruf zu Krieg gegen Rom

Dass Luther am liebsten gleich von Anfang an bei seiner „Pseudo-Reformation" den amtierenden (wirkenden) Papst mit Gewalt abgesetzt hätte, geht klar aus der folgenden Schrift aus dem Jahre 1518 hervor. Im Gegensatz zu YAHUSHUA HA MASCHIACH, dessen Land in seinen Erdentagen ebenfalls unter der römischen Herrschaft (einschließlich Kaiserkult) zu leiden hatte, hätte Luther, wenn er gekonnt hätte, lieber zur Waffe als zur Heiligen Schrift gegriffen, um sein eigentliches Ziel, die politische Unabhängigkeit von Rom, zu erreichen:

Zwei harte ernstliche Schriften Dr. Martin Luthers aus Quelle: © Tomos 1, Punkt II., S.24 u. 24 b

„Nun fahre hin du unseliges, verdammtes und lästerliches Rom; der Zorn Gottes ist endlich über dich gekommen wie du es verdient hast, weil du durch so viel Gebete, die so lange Zeit für dich geschehen sind, ohne Unterlass betrachtet hast, nun ärger zu werden. Wir haben Babel geheilt, aber sie will ihr (=sich) nicht helfen lassen, so lasst sie fahren, dass sie eine Behausung der Drachen, ein Behältnis aller unreinen Geister und aller feinseligen Vögel, Sträußen, Geier, Eulen etc. und ein Behältnis der Marder, Feldteufel, Kobolde, Igel und ihrem Namen nach einer ewigen Verwirrung sei und bleibe, voller geiziger Götzen, meineidiger Apostaten, Sodomiten, Priapisten, Mörder, Simonister und anderer unzähliger Ungeheuer bis über die Ohren und ein neues Hurenhaus aller Götzen wie Pantheon vorzeiten war".

„Wo aber ihr (=der Römischen Kirche) rasendes Wüten so einen Fortgang sollte haben, dünkt mich, **es wäre schier kein besserer Rat und Arznei ihm zu steuern, denn dass Kaiser, Könige und Fürsten mit Gewalt dazu täten, sich rüsteten und griffen diese schädlichen Leute an, so alle Welt vergiften (mit beidem, mit ihrer Teufelslehre und schändlichem, gräulichem Wandel) und machten einmal des Spiels ein Ende mit Waffen, nicht mit Worten!!!** Denn was lallen die verdammten Leute, die auch des gemeinen Sinns beraubt sind, anders, denn das verkündigt ist, dass der Antichrist tun sollte, ob sie uns noch einst für Narren, unverständiger denn Klötze halten.

**So wir Diebe mit Strang, Mörder mit Schwert, Ketzer mit Feuer strafen, warum greifen wir nicht vielmehr an die schädlichen Lehrer des Verderbens als Päpste, Kardinäle, Bischöfe und das ganze Geschroürm (soll wohl „Geschwür" heißen) der Römischen Sodoma (die Gottes Kirche ohne Unterlass vergiften und zu Grunde verderben) mit allerlei Waffen und waschen unsere Hände in ihrem Blut, als die wir beide, uns und unsere Nachkommen, aus dem allergrößten gefährlichstem Feuer gern wollten erretten?**

Aber Gott, der da spricht: Die Rache ist mein, wird diese Feinde zur rechten Zeit wohl finden, die zeitliche Strafe nicht wert sind, sondern müssen ewiglich im Abgrund der Hölle ihre Strafen haben".

**Es kommt Luther also in erster Linie nicht darauf an, dass er selbst gottselig lebt und andere hierin unterweist, sondern darauf, der „römischen Sodoma" zu „steuern", d. h. den Papst und seine Herrschaft zu stürzen – am liebsten kurzerhand mit Gewalt. Wer einer herrschenden Gewalt „steuern" will, der hat keine geistlichen, sondern politischen Ziele.** Doch um 1518 waren die politischen Verhältnisse noch nicht so, dass ein militärischer Angriff auf Rom realistisch schien.

So konzentrierte sich Luther vorerst auf die Verbreitung, mit seiner die Menschen politisch von Rom ablösenden Lehre, und verweist bezüglich seiner politischmili-tärischen Ziele auf Gott, der „die rechte Zeit" zur Rache finden werde die – wie noch zu sehen sein wird – gemäß Luther 1539 gekommen war.

Andere „Reformatoren", wie z. B. der lutherisch ausgebildete Theologe Müntzer oder auch die Bauern in Schwaben, nahmen solche Äußerungen Luthers vom Krieg gegen Rom mit Freuden auf, wollten aber die Geduld nicht aufbringen zu warten, bis sich die herrschende Obrigkeit (Kaiser, Könige, Fürsten) gegen Rom erhebt. **Solche wurden dann von Luther bald als „Aufrührer" gekennzeichnet und dem Henker anbefohlen, um sich selbst von jedem Verdacht in diese Richtung zu reinigen; denn schon sagten die Römischen, Luther nach – z. B. auf Grund der Schriften –, dass er den Aufruhr schüre.**

Man beachte hier auch, dass es für Luther im Jahre 1518 normal und offensichtlich richtig ist, dass „Ketzer" mit dem Feuer bestraft wurden. Denn hieraus zieht er wie selbstverständlich die Legitimation für einen Angriff gegen Rom, da ja der Papst selbst ketzerisch sei.

Dass dieser von Luther gepredigte Krieg gegen Rom nicht sofort zustande kam (1547) fand die erste Schlacht zwischen lutherischen Fürsten und dem romgläubigen deutschen Kaiser statt, lag daran, dass Luther einen Krieg ohne die Machthaber für aussichtslos hielt und zu diesem Zeitpunkt noch dachte, den deutschen Kaiser und die Mehrheit der Fürsten für seine Lehre gewinnen zu können. Zwar blieb dann der deutsche Kaiser, welcher übrigens den Titel „Kaiser des Römischen Reiches" führte, romgläubig, doch schon 21 Jahr später (1539) hatten sich so viele Fürsten der lutherischen Lehre zugewandt und sich 1530 auf den Reichstag öffentlich gegen den Papst gestellt (da sie hierdurch – mit der Bibel in der Hand – von Rom unabhängig wurden), dass ernsthaft die Gefahr bestand, dass Rom mit Hilfe des deutschen Kaisers zu einem militärischen Schlag gegen die Lutheraner ausholen würde.

Wie aus einen Brief Luthers an den Papst aus dem Jahre 1520 zu sehen ist, arbeitet er mit allen Mitteln, um die römische Herrschaft in Deutschland abzuschütteln, - wenn es sein muss sogar mit einer scheinbaren Anerkennung des Papstes und des Papsttums (schmeichelnde Heuchelei), zumal es nun schon bald um seine eigene Haut ging.

Quelle: © Buch: Die Lehre Martin Luthers – ein Mythos zerbricht! Bekannte und unbekannte beliebte und verleugnete Schriften von Prof. Dr. Martin Luther im Lichte der Bibel. Ein gebürtiger Lutheraner entdeckt den ganzen Luther von Hans-Jürgen Böhm, Seite 73 – 75.

### Der Türke als Strafe Gottes

Im Jahre 1520 ist der „Türke" noch weit weg von Luther. Jedoch die päpstlichen Vasallen (Gefolgsmann, Anhänger) in Ungarn sind schon in Kämpfe mit den Türken verwickelt. Luther konzentrierte sich ganz darauf, den Papst anzugreifen und benutzt in dieser politischen Situation auch „den Türken" als Argument gegen Rom:

„Wider die Türken streiten, ist nichts anderes, denn wider Gott strebt, der durch den Türken unsere Sünde straft".

So lautet einst der 34. Artikel Luthers in seiner Stellungnahme zur Bannandrohungs-Bulle, den er wie folgt ausführte („Grund und Ursache aller Artikel, so durch römische Bulle unrechtlich verdammt sind", AW2, S. 373):

**„Ach, wie schädlich hat uns der Papst mit dem Türkenstreit nun lange Zeit an der Nase geführt, <u>ums Geld gebracht, so viele Christen vertilget und Unglück angerichtet! Wann wollen wir doch einmal des Teufels aller ernsthaftesten Affenspiele im Papst erkennen"</u>?**

Doch schon knapp 10 Jahre später hatte sich die politische Lage so geändert, dass Martin Luther einen Vormarsch der Türken nach Mitteleuropa befürchten musste. **In dieser Situation ruft auch Luther zum Krieg gegen den Türken auf und hält dazu an, deshalb Zahlungen zu leisten. Selbstverständlich wird Luther auch diese 180-Grad-Wendung mit der Bibel begründen, ohne dabei zu widerrufen, was er selbst diesbezüglich früher gelehrt hatte.** Vielmehr entschuldigt er sich sogar ausdrücklich mit den Zeitumständen für seine wechselhaften Auslegungen (in: „Vom Krieg wider den Türken").

### Der Türke kommt: „wer mordet am besten"?

Nachdem aber inzwischen die Sache der lutherischen verbreitet und befestigt, war, kommt der Türke für die frommen Lutherischen nicht mehr von Gott als Strafe für die Sünden, sondern vom Teufel, um die „Heiligen" (=„Lutherischen") im Falle einer Niederlage zu „Märtyrern" zu machen:

## A) Eine Heerpredigt wider die Türken

Martin Luther, Anno 1529 Quelle: © Tomos 4, S. 494 b – 496; S. 495

„Solches alles rede ich für die, so Christen sind oder gern wären, dass sie wissen, wie sie sich zu dieser Zeit richten und trösten sollen, dass sie nicht erschrecken vor dem Türken, noch vor dem Teufel, seinem Gott"!

**An dieser Stelle hat Martin Luther in aller Wahrheit recht: „Der Gott der Türken bzw. Islamisten ist der Teufel persönlich"!!!** Adelheid Sonnenschein

Denn wenn der Türke die Christen (so es möglich wäre) schon allzumal fräße, hätte er damit nichts gewonnen, denn dass seine Verdammnis desto größer würde und desto eilender käme, und die Christen desto eher gen Himmel führen. Er sei so zornig und wütig als er immer will mit allen Teufeln dazu, so muss er Knecht und Diener sein der Christen und eben damit zu ihrem besten helfen, damit er sie meinet zu verderben.

**Der geistig umnachtete Martin Luther der die Bibel nie richtig verstanden hat, weil er nie ein echter, biblischer, geistlicher wiedergeborener Gläubiger gewesen ist, gemäß dem Worte Gottes, ist so beschränkt in seiner verblendeten Irrlehre, dass er die als Christen oder als Heilige bezeichnet, die zu seiner Zeit gelebt haben. >„Das Pseudo-Christsein der Irrgläubigen in der Evangelischen Kirche bemängeln die Türken bzw. Islamisten mit gutem Recht bis zur heutigen Zeit oder heutigen Tag!** Denn diese Pseudo-Christen nehmen ja das was sie zum Schein glauben, ja gar nicht ernst! Adelheid Sonnenschein**

Denn da stehet Daniel und spricht, es seinen Heilige, die er schlägt und würget. So spricht Petrus: „Und wer ist es, der euch schaden kann, so ihr dem Guten nachstrebet"?

David auch im 116. Psalm: „O wie köstlich ist für den Herrn der Tod seiner Heiligen. Und ihr Blut ist teuer vor seinen Augen.

**Wieder einmal beweist der Irrlehrer und Sektierer Martin Luther, dass er durch herausreißen aus dem Zusammenhang der Bibelstellen, sie so in seine Reden platziert, dass es für sein satanisch, dämonisches Reden passt. Psalm 116, 15: Der Tod seiner Heiligen, wiegt schwer vor dem Herrn.**
**Psalm 72, 14: Er wird sie aus Bedrückung und Frevel erlösen, und ihr Blut ist wert geachtet vor ihm. In der ersten Bibelstelle geht es um David selber, in der David Gott dankt, weil er ihn aus Todesgefahr gerettet hat, wegen seiner Verfolger. In der zweiten Bibelstelle geht es um den Friedefürsten YAHUSHUA HA MASCHIACH und sein Reich.**

**Was für eine Verführung der Menschen zurzeit Martin Luthers die den sektiererischen Irrlehren des Diener Satans mit Namen Martin Luther geglaubt haben.** Der Türke war also überhaupt kein Heiligenmörder, sondern höchstens Mörder von Gottlosen Menschen. Adelheid Sonnenschein

„Solche und dergleichen tröstliche herrliche Sprüche machen ein solch Urteil, dass der Türke sei ein Heiligenmörder und tue ihm (=sich) selbst damit den größten Schaden ewiglich. Wiederrum, dass sein Zorn und Morden müsse zeitlich dienen und helfen den Christen zu großer ewiger Herrlichkeit, ohne seinen Dank, ohne seinen Willen und Wissen.
Wer täuscht und mordet nun hier den anderen am besten: Der Türke mordet die Christen zum ewigen Leben, aber eben in dem selbigen mordet er sich selbst zum ewigen, höllischen Feuer mit allen Teufeln (Dämonen). Denn die Christen haben zu herrliche, mächtige Sprüche, wie gehört, und Daniel heißt sie Heilige und den Türken einen Heiligenmörder.
Es steht geschrieben Daniel 7, 18: Die Heiligen des Höchsten werden das Reich empfangen und werden es immer und ewig besitzen! Hier geht es um das wahre echte wahrheitsmäßige prophetische Wort von Daniel, wo es um die Wiederkunft von YAHUSHUA HA MASCHIACH geht.
>**„Wenn Martin Luther ein Heiliger gewesen ist, dann müssten alle Mörder in den Himmel kommen"!<**
**Da Luther aber mit seinen gravierenden Irrlehren (Verführungslehren) und der Verkündigung eines falschen Sohnes Gottes Milliarden von Menschen verführt hat, so sind seine widersinnigen Aussagen auf das tiefste zu bezweifeln.** Adelheid Sonnenschein
Da wird er nicht viel gewinnen und die Christen nicht viel verlieren. Aber so soll der Mahomet (Mohammed) mit den seinen bezahlt werden und die Christen an sich selbst rächen und seinen Lohn vor sich selber empfangen. Darum halte ich das nicht für ein Meisterstück, dass der Türke die Christen zu schrecken ihr Kindlein zerhaut, zersticht und auf die Zaunstecken spießt und was sonst nicht fort kann, alles erwürgt und grausam behandelt. Es ist mehr ein großes Narrenstück auch vor der Welt. Denn damit würde kein frommer Mann sich schrecken lassen, dass er sehe sein Kind und Weib zerhackt und zerspleißt, sondern viel mehr zornig und bitter werden und vollends hin ansetzen und wagen Stumpf und Stiel und was da noch übrig wäre. Und ob er tot wäre, würde oder sollte je die anderen Übrigen desto bitter und zorniger werden, auch alles vollends an die Teufelsglieder zu wagen.
Aber für den Christen ist solche Wüterei viel weniger schrecklich. Denn sie wissen, dass solche gespießten und zerhackten elenden Kindlein und fromme Leute eitel Heilige sind und dass ihnen der Türke das hundertste Teil nicht könnte so viel Gutes tun, wenn er ein jegliches auch zum türkischen Kaiser selbst machte als er

**64**

damit tut, dass er sie aus des Teufels Zorn so grausam behandelt. Denn er opfert sie damit Gott in dem Himmel. Und könnte auch alle Welt sich nicht so reichlich und herrlich an ihm rächen als er an sich selbst solche Leute rächt. Denn er stößt sich selbst damit in den Abgrund der Hölle.

**Was für eine Borniertheit** (Dummheit und Beschränktheit) **dass Martin Luther glaubt, dass die Säuglinge und Kinder Heilige sind, geschweige denn alle anderen Erwachsen Schein-Heuchelei-Christen, Heilige seien. Milliarden von Menschen sind durch diesen Irrlehrer um ihre Ewigkeit im Reiche Gottes gebracht worden.**
Adelheid Sonnenschein

„Wird Daniels Schrift verachtet, so liegt nichts daran, ob unsere Schrift auch verlacht werde. **Wir haben den Text, der uns nicht belügt noch betrügt, dass Gottes Heilige sind, wider welche der Türke streitet.** Sind es Heilige Gottes, so fragt ein Christ nicht groß danach wie Grausam der Türke oder der Teufel mit den Kindlein und Christen äußerlich am Leibe umgehe. Es müssen doch Engel da sein, die auf ihre Seele warten und sie auf den Händen tragen und gen Himmel bringen.

**Denn es steht geschrieben in Psalm 91, 11 + 12: Denn er hat seinen Engeln befohlen, dass sie dich behüten auf allen deinen Wegen, dass sie dich auf den Händen tragen, und du deinen Fuß nicht an einen Stein stoßest. Und abermals steht geschrieben: Matthäus 18, 10: Seht zu, dass ihr nicht einen dieser Kleinen verachtet. Denn ich sage euch: Ihre Engel im Himmel sehen allezeit das Angesicht meines Vaters im Himmel, sagt YAHUSHUA HA MASCHIACH!**

Martin Luther, Martin Luther, er verfälscht das Wort Gottes, reißt es aus dem sachlichen Zusammenhang um seine dämonischen Irrlehren missbräuchlich mit dem Wort Gottes zu untermelieren (unterzumischen). Da spricht YAHUSHUA HA MASCHIACH von dem, wer der größte sein will im Himmelreich, und weist darauf hin, dass jeder Mensch so einfältig wie ein Kind sein sollte.

Martin Luther als Professor und Doktor der Theologie, begreift in seiner Hochintellektualität (Hochgeistigkeit) nicht, dass er den Heiligen Geist benötigt, wenn er das Wort Gottes lesen will.

Da Martin Luther jedoch kein echter, biblischer, geistlich wiedergeborener Gläubiger gewesen ist, kann er auch logischer Weise nicht den Heiligen Geist in sich gehabt haben. Aber selbst ein Kind hätte den logischen Zusammenhang begriffen. Denn der Vers 10 bezieht sich auf Vers 6: Und hier hat sich Martin Luther zum aller, aller besten qualifiziert, dass er Milliarden Menschen bis zum heutigen Tage zum Abfall verführt hat, durch die Irrlehren die er in die Welt gesetzt hat. Das Wort Gottes und das Urteil YAHUSHUA HA MASCHIACH was im Vers 6 steht gilt auch heute noch, für alle Mitarbeiter der Sekte der evangelischen, lutherischen Kirche! Adelheid Sonnenschein

Der Türke mordet also die Christen im Krieg, während die Christen nicht den Türken morden, vielmehr morde sich der Türke selbst(!). Und während die Türken im

Kriegsgemetzel „Heiligenmörder" seien, seien die Christen in demselben Gemetzel „Heilige" – so stehe es klar bei Daniel geschrieben. Tut der Türke Böses an Weib und Kind, so opfere er sie damit Gott in dem Himmel, während es einem frommen Mann gezieme, deshalb zornig und bitter zu werden und seine Feinde umso mehr zu hassen. **Wer die Schrift nur halbwegs kennt, der merkt auch, wie Luther alles Mögliche aus der Bibel heranzieht, es verdreht und aus dem Zusammenhang herausreißt**, um das Töten der Feinde – von welchen YAHUSHUA HA MASCHIACH geboten hat sie zu lieben – als ein frommes, gottseliges Werk hinzustellen. Da ergibt sich langsam die Frage: Welche Feinde soll nun der Christ überhaupt noch lieben? **Laut Luther die aufständischen Bauern nicht (denn es waren innerpolitische Feinde), die Römischen und die „Wiedertäufer" nicht („Glaubensfeinde") und auch die Türken nicht (außerpolitische Feinde).**

**In allen Aggressor Schriften (Kriegstreiberschriften) des Martin Luthers beweist sich durch seine ganze Herzensgesinnung: Martin Luther ist wie sein Herr und Meister Satan, ein Mörder gewesen. Denn YAHUSHUA sagt klar und deutlich: Es steht geschrieben: Johannes 8, 44:**

**Ihr habt den Teufel zum Vater, und nach eures Vaters Gelüste wollt ihr tun. Der ist ein Mörder von Anfang an und steht nicht in der Wahrheit; denn die Wahrheit ist nicht von ihm. Wenn er Lügen redet, so spricht er aus dem Eigenen; denn er ist ein Lügner und der Vater der Lüge!**

**Martin Luther stand nicht in der Wahrheit und seine gegründete Großsekte die Evangelisch, lutherische, protestantische Kirche auch nicht!** Adelheid Sonnenschien

Martin Luther fährt fort: „Wir lesen in 2. Könige 6, 17 vom Propheten Elisa, wie er den Berg voll feuriger Rosse und (Reiter) Wagen um sich und seinen Diener sah, (und zeigt wider die Syrer). So dazumal so viel Engel um die Stadt waren zum leiblichen Schutz, wie viel mehr meinst du wohl, dass hier in solchem Streit die Engel da sind, empfangen, und beschützen die Seelen der Gläubigen oder wie Daniel sagt, der Heiligen Gottes.

**Auch hier beschribt der Bibelfälscher Luther die Sache nach seiner eigenen Interpretation (Auslegung)! Statt Wagen sind es dann Reiter und es wird auch nicht auf die Syrer, hingewiesen. Der leibliche Schutz ist auch nicht beschrieben, sondern dass Elisa in der Kraft des Heiligen Geistes, den lebendigen Gott darum bat, die Aramäer mit Blindheit zu schlagen. Es ist auch hier wieder der Beweis erbracht, dass Luther das Wort Gottes immer für seine Belange so hindrehte wie es dann für ihn passend zu sein hatte. Der Beweis des sektiererischen Irrlehrentums ist mal wieder erbracht. Wie auch schon oben beschrieben, hat er die Bibelstelle aus Daniel 7, 18 für seine Aggressorhaften (Kriegstreiberhaften) Interessen und rein satanischen Zielsetzung missbraucht!!!** Adelheid Sonnenschein

Dass aber die Christen nicht allezeit werden geschützt leiblich von den Engeln wie
Dass aber die Christen nicht allezeit werden geschützt leiblich von den Engeln wie

im Alten Testament, habe ich droben angezeigt, **dass Christus will und muss hier auf Erden leiden, schwach sein und sich töten lassen,** auf dass sein Reich eilends gemehrt und voll werde. Denn sein Reich ist nicht leiblich auf Erden. Darum ist sein Streit am stärksten, wenn viel Leiden da ist und viele Märtyrer werden wie er Paulus antwortet in 2. Korinther 12, 9: Lass dir genügen an meiner Gnade, denn meine Kraft wird vollkommen in Schwachheit.

**Das der geistig umnachtete und dämonisch inspirierte Martin Luther auch noch YAHUSHUA HA MASCHIACH für seinen falschen Sohn Gottes missbraucht, gipfelt nicht nur in Blasphemie (Gotteslästerung), sondern beweist den tiefsten Gehorsam gegenüber seinem Vater, nämlich dem Vater der Lüge, Satan!**
**Weiterhin hat Martin Luther durch die Innewohnung der Geister des Irrtums auch nicht das innigste Gebetsleben und die Pein (Qual, Leid) von Paulus gesehen, der sich für diese rein persönliche Lebenslage von YAHUSHUA HA MASCHIACH sagen lassen muss: Lass dir an meiner Gnade genügen.**

Also tun in diesem Fall die Christen auch, lassen ihnen (=sich) begnügen an der Gnade, dass sie Christen und Gottes Heilige sind durch unseren Herrn Christum wie Daniel sagt. Und wenn es nicht anders sein will, lassen sie den Türken immerhin siegen, rühmen und pochen, bleiben sie schwach und lassen sich martern. Denn sie sehen, dass gleich wie bei ihrem Sterben eitel Engel sind, die auf ihre Seele warten, also wiederum ins Türken Heer eitel Teufel sind, die auf der Türken Seele warten und sie in den Abgrund der Hölle stoßen. **Nicht dass sie Waffen und Wehre von sich werfen und sich also von den Türken wehrlos ermorden lassen sollten wie die Märtyrer außer den Kriegshändeln getan haben und noch tun sollen, sondern weil die Christen mit Leib und Gut weltlicher Obrigkeit unter worfen sind und sie alle, ein jeglicher von seiner Obrigkeit, zum Streit wider den Türken gefordert und berufen werden, sollen sie tun als die treuen und gehorsamen Untertanen (wie sie denn gewisslich tun, so sie rechte Christen sind) und mit Freuden die Faust regen und getrost dreinschlagen, morden, rauben und Schaden tun so viel sie immer mögen, weil sie eine Ader regen können.** Denn solches gebietet ihnen ihre weltliche Obrigkeit, welche sie Gehorsam und solchen Dienst schuldig sind und Gott von ihnen will haben bis in den Tod hinein, Römer 13, 1 - 7; Titus 3, 1 + 2.**

**Martin Luther erweist sich als reiner Verstandes (Intellektueller) – Mensch, so wie Epheser 4, 18 sagt: Ihr Verstand ist verfinstert, und sie sind entfremdet dem Leben, das aus Gott ist, durch die Unwissenheit, die in ihnen ist, und durch die Verstockung ihres Herzens.**
**Martin Luther hat als Sohn Satans nie erlebt und erfahren, wie ein Leben ist, das aus Gott, in YAHUSHUA HA MASCHIACH ist.** So vertröstet er die Schein-Christen zu seiner Zeit und durch seine Irrlehren bis zum heutigen Tage, dass die Engel

Gottes auf ihre Seelen warten. **Was für ein fataler Irrtum und Irrglaube, von Satan belogen zu sein, und letztendlich von Dämonen, bösen Geistern, Mächten und Gewalten in der Hölle empfangen zu werden.**

**<u>Ein echter, biblischer wahrer geistlich wiedergeborener Gläubiger ist nicht nur ein überzeugter und echter Pazifist sondern eine Person die Gott mehr gehorcht als den Menschen. Denn auch für jede Obrigkeit gilt höchstpersönlich die Bibel, das Wort Gottes und die Gebote und Gesetze YAHUSHUA HA MASCHIACH!</u>** Adelheid Sonnenschein

Gleichwie vor Zeiten die heiligen Märtyrer, wie droben gesagt, getan haben, wenn sie vom Kaiser etwa wider einen Tyrannen oder anderen Feind gefordert wurden, warfen sie freilich nicht die Waffen und Wehr von sich und ließen sich ermorden wie der Tyrann wollte; denn damit hätten sie ihrem Kaiser nicht wohl gedient, ja viel Schaden getan, sondern sie haben treulich die Faust geregt und nach ihres Herrn Gebot fröhlich drein gestochen und gehauen als die freilich wohl gewusst haben und gedacht haben, dass sie auf das mal nicht als Christen, sondern als Diener und Untertanen des Kaisers mit Leib und Gut gefordert waren zu streiten, zu würgen und den Feinden Schaden zu tun.

Und welche darüber sind erschlagen, sind eitel Heilige geworden als die nicht allein rechte Christen, sondern auch als fromme, gehorsame, treue Untertanen erfunden worden sind. Also sollen jetzt die Christen auch tun. Denn der Türke ist ein Feind und Tyrann, nicht allein wider Christum, sondern auch wider den Kaiser und unsere Obrigkeit. Fordert nun die Obrigkeit, sollen sie ziehen und drein schmeißen wie gehorsame Untertanen. Werden sie darüber erschlagen, wohlan, so sind sie nicht allein Christen, sondern auch gehorsame, treue Untertanen gewesen, die Leib und Gut in Gottes Gehorsam bei ihrem Oberherrn zugesetzt haben. Selig und heilig sind sie ewiglich wie der fromme Urias.

**Martin Luther zitiert hier Uria, das ist so was von Schräg und schief, und so aus der Luft gegriffen, dass es einen nicht nur die Sprache verschlägt, sondern sich auch hier wieder bis auf das Äußerste beweist, wie Martin Luther das Wort Gottes für seine gottlosen, kirchen-politischen Zwecke missbraucht! Hier wird von Luther unbiblisch unterstellt, dass Uria ein frommer Mann war.** Adelheid Sonnenschein

„Das sei genug vom ersten Teil dieser Predigt, nämlich die Gewissen zu unterrichten und trösten. Nun wollen wir das andere für uns nehmen, auch die Faust zu vermahnen, dass ist, dass man Leib und Gut dran wagen und willig dran strecken solle. Und wo die Obrigkeit zu diesem Streit Schätzung fordert, dass man dieselbigen gebe, wie man schuldig ist zum Römer am 13. Kapitel. Desselbigen gleichen, wo sie die Person oder Leib fordert, soll man auch zulaufen, denn da hat Gott Gehorsam geboten".

**Nun fordert also Luther nicht nur Geld für den Türkenkrieg, sondern auch Leib und Leben, das dies alles gemäß Römer 13 dem Kaiser zu geben sei.** Es sei darauf hingewiesen, dass das menschliche „Leben" dasselbe ist wie die „Seele" des Menschen. Vergleichen wir dazu 3. Mose 17, 10 – 14!
**Es steht geschrieben Matthäus 16, 26: „Was wird es einem Menschen nützen, wenn er die ganze Welt gewönne, aber seine Seele (=Leben) einbüßte? Oder was wird ein Mensch als Lösegeld geben für sein „Seele" (=Leben)?**

Elf bis zwölf Jahre später schreibt Luther zum Thema „Türkenkrieg": Martin Luther erklärt den Türkenkrieg für die „Christen" zu einem „gottseligen Krieg", da sie damit das Evangelium verteidigen würden. Dabei scheut er sich nicht, ein militärisches Unterliegen im Gemetzel als „Schwachheit" gemäß 2. Korinther 12, 9f auszugeben, in welcher Kraft Gottes vollbracht werde, wobei das erschlagen werden im Kampf die „Leiden Christi" seien. <u>Würde man ernsthaft glauben, was Luther hier predigt, käme man immer wieder zu dem Schluss, dass YAHUSHUA HA MASCHIACH irgendetwas falsch gemacht haben müsste in seinem Leben und Sterben!!! Jedenfalls wäre es dann Sünde, so zu handeln, wie YAHUSHUA HA MASCHIACH gehandelt hat!!!</u>
<u>Durch das widersinnige, paradoxe, intellektuell verkopfte, völlig ungeistliche und unbiblische Gerede eines geistig umnachteten Schwätzers, wird sich nichts an Gottes Wort ändern! Was hier an Gedankenkot völlig ohne Hand und Fuß zusammen geschrieben ist von einem Professor und Doktor dem nie diese Titel gebührten, beweist, dass er unter vollster Garantie und mit aller Sicherheit ein Sohn seines Herrn und Meisters Satan war.</u> Adelheid Sonnenschein

Indem man jedoch „diesmal nicht als Christ", sondern als Untertan weltlicher Obrigkeit gegen das Gebot der Feindesliebe YAHUSHUA HA MASCHIACH handelt, verteidige man gemäß dem Willen Gottes das Evangelium und werde schließlich sogar zum „Märtyrer", selbst wenn man aus dem Grund stirbt, dass man gegen die erklärten Gebote YAHUSHUA HA MASCHIACH verstoßen hat. (Vergleiche dazu: Matthäus 5, 43 – 48; 28, 19 + 20; Lukas 6, 27 – 35; 1. Thessalonicher 3, 12)
Da stellt sich doch die grundsätzliche Frage: Wann lebt man nun denn gemäß dem Evangelium? Etwa wenn man gegen die Lehre (Gebote) des HA MASCHIACH handelt, - oder aber wenn man tut, was er sagt? (Vergleiche Matthäus 7, 21 und Lukas 6, 46!) <u>Freilich gelten für Luther hier die Gebote des Sohnes Gottes nichts, wenn die Obrigkeit befiehlt, sie zu verachten, wobei ja auch der Christ gemäß der „Zwei-Reiche-Lehre" „mit Leib und Gut" der Obrigkeit unterworfen sei und also alles zu tun habe, was die Obrigkeit befiehlt, - es sei denn, es richtet sich gegen die lutherische Lehre (!).</u> Offensichtlich kann man gemäß der Lehre Luthers nur dadurch für das Evangelium kämpfen, dass man ständig dagegen verstößt.

Die hochgradigste Paradoxie (Widersinnigkeit) des Luzifer-Sohnes Martin Luther, beweist dass er ein falsches Evangelium verkündigte, wie es die satanische Volkskirche bis zum heutigen Tage tut. Denn Luther hat trotz aller intellektueller Verkopftheit, noch nicht einmal Zeit seines Lebens begriffen was Evangelium heißt! Das biblische Evangelium ist eine gute Nachricht die dem Menschen erklärt wie er zurück zu Gott YAHUWAH kommen kann durch den echten Sohn Gottes YAHUSHUA HA MASCHIACH!

„Das ungültig erklären der Gebote" YAHUSHUA HA MASCHIACH wie Luther es tat, gibt dann auch den Freibrief auf Lebzeiten dagegen zu widerstoßen. Ganz im Sinne der alten Schlange Satan!!! Adelheid Sonnenschein

>„Was ist das für ein „Evangelium", das ein ständiges Verwerfen der ausdrücklichen Lehre des HA MASCHIACH fordert? Es ist das „Evangelium Luthers. Wer nach diesem „Evangelium" leben und für dieses „Evangelium" kämpfen will, der muss gegen das Evangelium Gottes handeln und damit gegen die Lehre YAHUSHUA HA MASCHIACH streiten. Wer jedoch in irgendeiner Situation „nicht als Christ", sondern in irgendeiner anderen Funktion handeln will oder „muss" – und sich somit nach Belieben von Christsein beurlauben lassen kann -, der sollte sich bewusst werden, dass er sein Leben YAHUSHUA HA MASCHIACH noch nicht wirklich übergeben hat – geschweige denn sein Sterben -, sondern wohl nur einige Sonntage, an welchen er meint, Gott zu dienen, wobei er sich gewöhnlich doch nur von einer staatskirchlichen Institution um sein Seelenheil betrügen lässt.

Du liebe Menschenseele, fliehe, fliehe, vor dem falschen Lügen-Evangelium des Martin Luther! Es bringt dich in keiner Weise in den Himmel! Es bringt dich in keiner Weise zu Gott dem Vater! Du bist auch in keiner Weise ein Christ, wenn du diesen Irrlehren dieser Sekte glaubst! Du wirst um dein Seelenheil auf allerniederträchtigste betrogen und belogen, denn diese Volkskirche die sich Evangelisch, lutherische, protestantische Kirche nennt, ist eine Institution Satans!!! Adelheid Sonnenschein

Doch zurück zu Luthers „gottseligem Krieg": Wieder muss also das Wort Gottes für die politischen Interessen Luthers herhalten. Wen wundert es da, dass auch die lutherischen Pfarrer und Bischöfe in allen Kriegen die Gewehre und Kanonen „geweiht" und „gesegnet" und schließlich sogar den Antisemiten Hitler kräftig als „Bollwerk gegen den Kommunismus" unterstützt haben? Führten etwa die Lutheraner unter Hitler auch einen „gottseligen Krieg" gegen den Kommunismus?Lutherische, von Hitler begeisterte Prediger wie Ernst Modersohn – haben dies jedenfalls verkündigt („Er führt mich auf rechter Straße – Erinnerungen von Ernst Modersohn", Harfe-Verlag 1940) und werden heute noch gern gehört und geehrt.

Und obwohl man in einem solchen Krieg „nicht als Christ" handle, sondern ledig-lich im Zuge des Obrigkeitsgehorsam, sei jeder, der dabei fällt, so er nur gerne Christ sei, selbstverständlich als „Märtyrer" gestorben. Erinnert uns das nicht an die römischen Kreuzzugparolen? (Übrigens ist der römische Legat Cajetan tatsäch-liche schon 1518 auf dem Augsburger Reichstag für einen Kreuzzug gegen die Tür-ken eingetreten. Im Anschluss an diesen Reichstag wurde Luther von Cajetan ver-hört; Stadler: „Martin Luther und die Reformation", Econ Verlag, S. 85) **Sind denn vielleicht auch die lutherischen Hitlerknechte gleich den Türkenschlächtern als „Märtyrer" Gottes gestorben? Das sei ferne!** Wie viele Menschen aber wurden wohl auf diese Weise durch Luther schon um ihr ewiges Seelenheil betrogen?! **Gottes Wort gibt klare Maßstäbe an, woran ein Antichrist zu erkennen ist! Ich ver-urteile sie nicht als Menschen, sondern dass was Satan mit ihnen durchge-führt hat, und wie er sie vollständig besessen hat!** Adelheid Sonnenschein

## „Vermahnung zum Gebet wider den Türken, Anno 1541"

Denn wir streiten nicht darum, dass wir wollen Land und Leute, Gut und Ehre ge-winnen oder Abgötterei stiften und ausbreiten, sondern Gottes Wort und seine Kirche erhalten, sonderlich für unsere Jugend und Nachkommen, und gedenken zu wehren dem Türken, dass er seinen Teufelsdreck und lästerlichen Mahmet (Mohammed) nicht an unsers lieben YAHUSHUA HA MASCHIACH statt setze!!! Darum führen wir einen gottseligen Krieg wider den Türken und sind heilige Chri-sten und sterben seliglich". (Tomos 7, S. 452)

Quelle: © Buch: Die Lehre M. Luthers – ein Mythos zerbricht! Ein Beitrag zur Vertiefung des Reformati-onsverständnisses; Bekannte und unbekannte, beliebte und verleugnete Schriften des Prof. Dr. Lut-hers im Lichte der Bibel; von einem gebürtigen Lutheraner entdeckt den ganzen Luther Hans-Jürgen Böhm, Seite 140 – 143 u. 145-147

Quelle: Bild-Autor: © Adelheid Sonnenschein; Bild-Titel: Der nicht vollzogene Thesenanschlag; Herstellung: Januar 2014; Maltechnik: Deckfarbe auf Karton; Format: DIN A 3

72

# Das Hirngespinst vom Thesenan-schlag des Martin Luther, ist eine Volksverdummungslüge

## Die Wahrheit!!!

### Wahrheit – Tatsachen – Fakten

>„Martin Luther hat nie in seinem Leben irgendwelche verfassten Thesen an die Schlosskirche zu Wittenberg oder an einem anderen Ort angenagelt"!!!<

>„Martin Luther sagte selber, dass er keine Thesen an die Kirchentüre der Schlosskirche angenagelt hat"!!!<

Auch wurde bei Luthers Begräbnis nicht der Thesenanschlag erwähnt und auch nicht die Schlosskirche!!!

Martin Luther beteuerte wiederholt, dass er die Thesen nicht verbreitet haben wollte!!!

Martin Luther hat keine Thesen handschriftlich geschrieben hinterlassen!!!

Also alles ein Phantom, ein Märchen, eine Lügengeschichte, eine Einbildung, eine Fantasie, eine Phantasmagorie also ein Scheinbild, eine Sinnestäuschung, Trug, Wahn, Utopie, ein Betrug am Volk, eine Volksverdummung!

Als Augustinischer Mönch und Erz-Katholik schreibt er lediglich an den Erzbischof von Magdeburg-Mainz und an den Kurfürsten am 31. Oktober 1517 in Wittenberg.

Diesem Schreiben legt er lediglich als Anhang die Thesen zur Kenntnisnahme anbei. Dieser Brief ist im Original erhalten!!!

Er wurde von den Räten Albrechts laut Kanzleivermerk am 17. November in Calbe/Saale geöffnet und ist vor dem 13. Dezember in die Hände des Erzbischofs gelangt, der damals auf seiner Residenz in Aschaffenburg weilte. Mit den 31. Oktober 1517 als den Tag der Übersendung der Ablassthesen an den Erzbischof haben wir demnach ein sicheres Datum!

Quelle: © Buch Luthers Thesenanschlag Tatsache oder Legende? Institut für Europäische Geschichte Mainz Vorträge von Erwin Iserloh, Franz Steiner Verlag GmbH, Wiesbaden. Vortrag gehalten am 8. Nov. 1961 in Auditorium Maximum der Johannes Gutenberg-Universität zu Mainz. S. 12 + 13. Weitere Quelle: © WA Br1, 110ff: Übersetz. Nach: Luther, Ausgewählt von K. G. Steck, Frankfurt 1955, S. 30 ff.

**In einem Schreiben an den Papst Leo X. schreibt Martin Luther am 1. Mai 1518 u. a.: Deshalb gab ich einen Disputationszettel heraus und lud damit nur gelehrte Männer ein, ob welche mit mir disputieren wollten.**

**An den Kurfürsten Friedrich den Weisen schreibt Martin Luther am 21. November 1518: „Von meiner Disputations-Absicht wusste keiner auch meine besten Freunde nicht, sondern nur der hochwürdigste Herr Erzbischof von Magdeburg und der Herr Bischof Hieronymus von Brandenburg; denn, weil ihnen ja daran gelegen sein musste, derartige Ungereimtheiten zu unterbinden. Habe ich sie in Privatschreiben – und zwar bevor ich die Disputationsthesen veröffentlichte benachrichtigt.**

Quelle: © Buch Luthers Thesenanschlag Tatsache oder Legende? Institut für Europäische Geschichte Mainz Vorträge von Erwin Iserloh, Franz Steiner Verlag GmbH, Wiesbaden. Vortrag gehalten am 8. Nov. 1961 in Auditorium Maximum der Johannes Gutenberg-Universität zu Mainz. Seite 14. Weitere Quelle: © WA 1,528, übersetzt nach Volz S. 19. U. WA Br 1, 245; Volz S 20.

**Luther schreibt in seinem lateinischen Werk von 1545, 1. Band in dem auch der Brief an Albrecht abgedruckt ist: Also missachtete ich es und gab einen Zettel mit Disputation Thesen heraus.**

Ähnliches berichtet der Gothaer Superintendent Friedrich Myconius, der darüber direkte Mitteilung von Luther haben konnte, in seiner 1541 verfassten Chronik bzw. seiner „Geschichte der Reformation": „Da Dr. Martinus Luther sah, dass die Bischöfe auch nichts dazu tun wollten, da schrieb er etliche Propositionen vom Ablass! Und ließ die selbigen drucken und wollte nur mit den Gelehrten der hohen Schule Wittenberg davon disputieren.

Quelle: © Buch Luthers Thesenanschlag Tatsache oder Legende? Institut für Europäische Geschichte Mainz Vorträge von Erwin Iserloh, Franz Steiner Verlag GmbH, Wiesbaden. Vortrag gehalten am 8. Nov. 1961 in Auditorium Maximum der Johannes Gutenberg-Universität zu Mainz. Seite 16. Weitere Quelle: © F. Myconius, Gesch. d. Ref., herausgegeben v. O. Clemen, Leipzig o. J. S. 32.

## >„Noch einmal: Es hat auf dieser Welt keinen Thesenanschlag am 31. Oktober 1517 gegeben an der Schloss-Kirche zu Wittenberg"!<

Hat aber Luther, wie es in unseren Büchern steht und wie es die Festreden und Festpredigten zum Reformationsfest uns als selbstverständlich nahebringen wollen die Thesen an der Schlosskirche zu Wittenberg angeschlagen; dann hat er den Bischöfen keine Zeit gelassen, zu antworten, wie er so oft behauptet. Er hätte unmittelbar nach dem Ereignis, wo noch keine Gedächtnistäuschung möglich war, den Papst wie seinen Landherren Friedrich den Weisen belogen und hätte bis zum

Ende seines Lebens dieses gefälschte Bild von den Ereignissen aufrechterhalten. Die Lutherforschung scheint mit einer solchen Unwahrhaftigkeit Luthers zu rechnen, wenn sie an diesem Problem nicht überhaupt vorbeigeht. Und woher nimmt man das Recht, anzunehmen, oder andersherum gefragt, was zwingt uns anzunehmen, dass wir seit langem den Famulus Johannes Schneider genannt Agricola zugeschriebene autobiographische Notiz falsch übersetzt hätten. Dort heißte es: Anno 1517 proposuit Lutherus Witenbergae, quae urbs es ad Albim sita, pro veterie scholarum more themata Quaedam disuptanda, me teste guidem citra ullius hominis aut notam aut iniuriam, d. h.!

**Im Jahre 1517 legte Luther in Wittenberg an der Elbe nach alten Scholaren Brauch gewisse Sätze zur Disputation vor, ohne damit, wie ich bezeugen kann, jemand Schimpf oder Unrecht antun wollte!**

Quelle: © Buch Luthers Thesenanschlag Tatsache oder Legende? Institut für Europäische Geschichte Mainz Vorträge von Erwin Iserloh, Franz Steiner Verlag GmbH, Wiesbaden. Vortrag gehalten am 8. Nov. 1961 in Auditorium Maximum der Johannes Gutenberg-Universität zu Mainz. Seite 16. Weitere Quelle: © A. Brecher, Neue Beiträge zum Briefwechsel der Reformation: Zeitschrift f. Hist. Theol. 42 (1872) 323-410. S 326

Hier ist kein Tag angegeben, auch nicht von einem Anschlage der Thesen an der Schlosskirche, ist die Rede, und dass „me teste" wird nicht auf den Vorgang selbst, sondern auf die Luther dabei bewegenden Motive bezogen. Ja, dass „me teste" ist nicht nur missverstanden worden, sondern wahrscheinlich nur auf Grund eines Lesefehlers existent.

Quelle: © Buch Luthers Thesenanschlag Tatsache oder Legende? Institut für Europäische Geschichte Mainz Vorträge von Erwin Iserloh, Franz Steiner Verlag GmbH, Wiesbaden. Vortrag gehalten am 8. Nov. 1961 in Auditorium Maximum der Johannes Gutenberg-Universität zu Mainz. Seite 18. Weiter Quelle: © „Agricola" in: Wörterbuch der Sage, herausgegeben v. W. E. Peuckert, Göttingen 1961, Bd I. Sp. 171 Anm. 5.

Wie Hans Volz neuerdings mitteilt, steht in der Wittenberger Handschrift nicht „me teste" sondern „modeste", womit jeder Grund wegbliebe, eine Augenzeugenschaft Agricolas anzunehmen. Was sagt Luther selbst? Neben den schon angeführten Texten, wo von einem Thesenanschlag keine Rede ist, kommen noch zwei Äußerungen des Reformators in Frage, auf Grund derer Hans Völz in seiner gründlichen Studie über „Luthers Thesenanschlag und dessen Vorgeschichte" den Anschlag der Thesen auf den 1. November festsetzten möchte. Einen Blick aus dem Jahre 1527 an den ehemaligen Kanoniker des Wittenberger Allerheiligenstiftes Nikolaus Amsdorf datiert der Reformator: Wittenberg am Allerheiligentage 1527, zehn Jahre nachdem die Ablässe vernichtet wurden; in der Erinnerung daran trinken wir beide getröstet in dieser Stunde.

Quelle: © Buch Luthers Thesenanschlag Tatsache oder Legende? Institut für Europäische Geschichte Mainz Vorträge von Erwin Iserloh, Franz Steiner Verlag GmbH, Wiesbaden. Vortrag gehalten am 8. Nov. 1961 in Auditorium Maximum der Johannes Gutenberg-Universität zu Mainz. Seite 18. Weitere

Quelle: © Wittenbergae die omnium Sanctorum. Anno de-cimo Indulgentiarum conculca rtarm, qua-um memoria hac hora bibmus utring-que consolatie, MDXXXVII", WA br 4, 275; Volz S. 31.

Hier sagt Luther, dass er am Allerheiligentag – das kann der Nachmittag des 31. Oktober so gut sein wie der 1. November – den entscheidenden Schlag gegen Ab-lässe getan habe. Dem ist genüge getan, wenn wir annehmen, dass Luther am 31. Oktober die Thesen den zuständigen Vertretern der Kirche zugesandt hat. Damit stimmt überein, wenn Luther in einer Tischrede aus der Zeit zwischen Januar und März 1532 sagt: „Im Jahre 1517 begann ich am Feste Allerheiligen zuerst gegen den Papst und die Ablässe zu schreiben.

Quelle: © Buch Luthers Thesenanschlag Tatsache oder Legende? Institut für Europäische Geschichte Mainz Vorträge von Erwin Iserloh, Franz Steiner Verlag GmbH, Wiesbaden. Vortrag gehalten am 8. Nov. 1961 in Auditorium Maximum der Johannes Gutenberg-Universität zu Mainz. Seite 19. Weiter Quelle: © Volz S. 33: WA Tr 2, 467 Nr. 2455 a: Anno 17, in die ominum sancotrum incepi primum sci-bere contra papmet indulgentias". Nr. 2455 b heißt es „ in festo" statt in die", was nach Aland noch mehr die Möglichkeit gibt, den Nachmittag des 31. Oktobers mit einzubeziehen, weil das Allerheiligfest mit seiner 1. Vesper am 31. Oktober begann (Aland, a. a. O. S. 243).

## Vom Schreiben gegen den Ablass und von der Herausgabe oder Vorlage spricht Luther auch sonst, >>„niemals aber von einem An-schlag der Thesen an der Schlosskirche<<"!!!

Auch die zahlreichen anderen Quellen, die bis zu Luthers Tod über seine Ablass-thesen und seines Auftretens gegen die Ablasspredigt Tetzels und die Instructio Albrechts von Mainz berichten, wissen nichts von einem Anschlag der Thesen, erst recht nichts von diesem Ereignis am 31. Oktober oder 1. November. Es han-delt sich um die Chronisten Christoph Scheurl, Johann Carion, Friedrich Myconis, Georg Spalatin und Johannes Sleidanus auf protestantischer, und Kilian Leib, Jo-hannes Cochläus und Hieronymus Emser auf altkirchlicher Seite.

Quelle © Buch Luthers Thesenanschlag Tatsache oder Legende? Institut für Europäische Geschichte Mainz Vorträge von Erwin Iserloh, Franz Steiner Verlag GmbH, Wiesbaden. Vortrag gehalten am 8. Nov. 1961 in Auditorium Maximum der Johannes Gutenberg-Universität zu Mainz. Seite 20. Weitere Quelle: © Ursprung und Anfang der Lutherischen Handlung, in Geschichtsbuch der Christenheit von 1511 bis 1521, herausgegeben von J.K.F. Knaake in Jahrbüchern des deutschen Reiches und der deut-schen Kirche im Zeitalter der Reformation, Bd. I Leipzig 1872, S 111 ff. Johanes Carion: Nach Volz. Die von ihm S 93 anm. 107 angeführte Belegstellen handeln nicht über die „Chronica" des Johann Ca-rion. Vgl. NDB 3, 138, Friedrich Myconis: S. o. Anm. 23. Georg Spalatin: Spalatin, der schon 1517 in en-ger Beziehung zu Luther stand, erwähnt in keiner seiner verschiedenen chronikalischen Arbeiten den Thesenanschlag (Volz S. 93 Anm. 10). Johannes Sleidanus: In den „Commentarii, die 1555 erschienen, aber schon vor 1545 begonnen wurden, fehlen Faktum und Datum des Thesenanschlages. Kilian Leib: Chiliani Leibii, Historiarum... Annales, i : J. Chr. v. Aretin, Beiträge z. Gesch. u. Lit. VII (München 1806) S. 665f.: !Id cum persensisset Martin Luther qui tunc Wittenbergae agebat, Problemata scriberge coepit, quae vacant Propositiones de Indugenties, de carum valore deque romaine ponitficis potestate, quae omnia revabat in dubium; nescio an ducis Friderici principis iussu, an impulse daemonis hostpitis sue, an suwopte ingenio". Vgl. J. Deutsch, Kilian Leib, Münster 1910, 162 f. In seinen „Diarien" bemerkt Leib nur unter 1518: „Hoctemore martini Lutheri haeretici Wittenbergii propstiones theologicae sermonesque ser sermo alter quidam Latine, alius vulgato editio eloquio circumferebatur, quibus praesertim de indulgentiis, quas pontifices solent, disserebtur", J. Schlecht, Kilian Leibs Brief-wechsel und Diarien, Münster 1906, S. 85. Johannes Cochläus: In den Commentaria" erwähnt er den Brief an Albrecht von Mainz vom 31. Oktober 1517 und fährt fort: „ille taamen non contentus privatam misisse epstolam, in publiucum quoque emulgavit 95 (quamquam in prima scheda posuerrit 97) pro-postitiones". Zitiert nach Volz S. 93 Anm. 108. Vgl. A. Herte. Die Lutherkommentare des J. C., Münster 1935, S. 276. Hieronymus Emser: Er schreibt in: „Auf des Stieres zu Wittenberg wieteende replica" (1521). ...dass er (Luther) von aller erst seyne ketzerischsen conclusiones auff eym Tzedelt trucken lassen, allen Theologen damit trotz geboten und vor ynen hat vortedinen wollen". I. Ender, Luther und Emser II, Halle 1891, S. 31.

Es wird ein weiteres Zeugnis für den Thesenanschlag angeführt, weil man mit einer vorgefasster Meinung an den Text herangeht. In der Tischrede berichtet der Gothaer Superintendent Friedrich Myconius über Luthers schwere Krankheit 1537 in Schmalkalden und Gotha. Danach hat der sich dem Tode nahefühlende Reformator über seinen Tod und sein Begräbnis in Gotha gesprochen, Myconius aber entgegnete, so schlimm stände es nicht um ihn. Im Falle seines Todes aber wolle er dafür sorgen, dass Luther in Wittenberg in der Kirche begraben werde, von der aus der Quell des göttlichen Wortes sich in den Erdkreis ergossen habe.

Quelle: © Buch Luthers Thesenanschlag Tatsache oder Legende? Institut für Europäische Geschichte Mainz Vorträge von Erwin Iserloh, Franz Steiner Verlag GmbH, Wiesbaden. Vortrag gehalten am 8. Nov. 1961 in Auditorium Maximum der Johannes Gutenberg-Universität zu Mainz. Seite 21. Weitere Quelle: © WA Tr, 394 Nr. 3543 ...wollen curare, ut Vitebergae in ecclesia, in qua fons vitae prfluxisset in orbem terrae, sepliretur"; ARG 31 (1934) 259 bringt die Leseart: „...si moreretur, wille se curare ut Wittenbergea in ecclesia, ex qua fons verbi divini proflusisset in orbem terrarum, sepel-iretur".

## Es ist aber in dem Text weder von der Schlosskirche noch vom Thesenanschlag die Rede! Wenn aber die Schlosskirche gemeint war, weshalb muss dann Bezug auf den Thesenanschlag genommen sein? In vielen Berichten über Luther Begräbnis wird der Thesenanschlag nicht erwähnt und nicht als Motiv für die Wahl der Schloßkirche genannt!

Quelle: © Buch Luthers Thesenanschlag Tatsache oder Legende? Institut für Europäische Geschichte Mainz Vorträge von Erwin Iserloh, Franz Steiner Verlag GmbH, Wiesbaden. Vortrag gehalten am 8. Nov. 1961 in Auditorium Maximum der Johannes Gutenberg-Universität zu Mainz. Seite 22. Weitere Quelle: © z. B. Bericht des Justus Jonas, Michael Cölius und Joh. Aurifaber. Und ist also das teuer organum und werkzeug des hl. Geistes, der leib des ehrwürdigen D. Martini alda im Schloß zu Wittenberg nicht fern vom Predigtstuhl, da er am Leben manche gewaltige christliche predigen vor den chur- und Fürsten zu Sachsen getan..." (ebd. S. 68).

## Wenn aber Luther und nicht die zahlreichen Zeugen zu seinen Lebzeiten, wer spricht denn zuerst von einem Anschlag der Thesen an die Türen der Schlosskirche zu Wittenberg? Aber immerhin ist fest-

**zuhalten, dass Melanchthon 1517 noch in Tübingen war, also von den Ereignissen in Wittenberge zunächst nur vom Hörensagen wusste. Von einem Thesenanschlag scheint er „bis 1546" selbst kein Wissen gehabt zu haben. Denn bis dahin nimmt er in Datierungen von am 31. Oktober geschriebenen Briefen auf den Thesenanschlag nie Bezug, während er es nach 1546 stets tut.**

Quelle: © Buch Luthers Thesenanschlag Tatsache oder Legende? Institut für Europäische Geschichte Mainz Vorträge von Erwin Iserloh, Franz Steiner Verlag GmbH, Wiesbaden. Vortrag gehalten am 8. Nov. 1961 in Auditorium Maximum der Johannes Gutenberg-Universität zu Mainz. Seite 24. Weitere Quelle: © Volz S. 36; 95 Anm. 118; 100 Anm. 137.

## Vor allen zeigt sich Melanchthon auch sonst über die Geschehnisse vor 1517 in Wittenberg schlecht unterrichtet!

Im Entwurf einer Vorrede zur Confessio Augustana vom Mai 1530 behauptet er z. B. in den sächsischen Landen sei der Ablass gepredigt worden, wo wir doch wissen, dass sowohl Kurfürst Friedrich der Weise, wie auch Herzog Georg von Sachsen in ihren Landen die Tetzelsche Ablassverkündigung nicht zugelassen hatten.

Quelle: © Buch Luthers Thesenanschlag Tatsache oder Legende? Institut für Europäische Geschichte Mainz Vorträge von Erwin Iserloh, Franz Steiner Verlag GmbH, Wiesbaden. Vortrag gehalten am 8. Nov. 1961 in Auditorium Maximum der Johannes Gutenberg-Universität zu Mainz. Seite 24. Weitere Quelle: © Bekenntnisschriften der evgl.-luth. Kirche, Göttingen 1959. S 41. u. A. Schulte. Die Fuger in rom I, 142f.; Volz s. 101 Anm 141.

**Dazu hat Melanchthon in der Vorrede zum 2. Band der Lutherausgabe die Legende aufgebracht. „Dieses und andere Irrtümer beweisen dass Melanchthons Bericht als eine haltlose Legende zu betrachten sei". Weshalb verweisen wir aber dann nicht auch Melanchthons Erzählungen vom Thesenanschlag, von dem sonst niemand etwas weiß und gegen den so klare und häufige Aussagen von Luther selbst stehen, in das Reich der Legenden!!!**
**Es bestehen noch eine Reihe weitere Tatsachen die gegen einen Thesenanschlag sprechen!!!**

### Faktisch hat keine Disputation stattgefunden!!!

Es ist nicht so, dass Luther eine solche Disputation in Wittenberg gewollt hat, aber seine Gegner sind nicht angetreten. Wenn er als Magister eine Disputation ansetzte, dann konnte er auch den Oponens und Respondens bestimmen bzw. vom Dekan der Fakultät bestimmen lassen. Luthers Gegner saßen ja gar nicht in Wittenberg. Deshalb auch die für eine Schulddisputaion ungewöhnliche Aufforderung zur schriftlichen Gegenäußerung in der Überschrift der Thesen, während die sonst üblichen Angaben fehlen. „Quare petit, ut, qui non possunt verbis presents nobisum disceptare, agant id litteris absentes"!

78

Quelle: © Buch Luthers Thesenanschlag Tatsache oder Legende? Institut für Europäische Geschichte Mainz Vorträge von Erwin Iserloh, Franz Steiner Verlag GmbH, Wiesbaden. Vortrag gehalten am 8. Nov. 1961 in Auditorium Maximum der Johannes Gutenberg-Universität zu Mainz. Seite 24. Weitere Quelle: © WA I, 233; vgl. Volz S 106 Anm. 152.

## >„Es hat keine Disputation stattgefunden, weil keine angesetzt war und Luther von vorneherein an eine schriftliche Klärung der Fragen oder an eine Disputation, wie sie 1519 in Leipzig gehalten wurde, gedacht hat"!<

Quelle: © Buch Luthers Thesenanschlag Tatsache oder Legende? Institut für Europäische Geschichte Mainz Vorträge von Erwin Iserloh, Franz Steiner Verlag GmbH, Wiesbaden. Vortrag gehalten am 8. Nov. 1961 in Auditorium Maximum der Johannes Gutenberg-Universität zu Mainz. Seite 26. Weitere Quelle: © Vergl. Ernst Wolf, Zur wissenschaftlichen Bedeutung der Disputation an der der Wittenberger Universität im 16. Jahrh. 450 Jahre Martin-Luther-Univ. Halle-Wittenberg Bd. I Wittenberg 1502-1817 (1952) 335344: Das Luther seine Thesen zunächst in einer solchen Zirkulardisputation vorgelegt habe, ist ganz unwahrscheinlich! Und die Tatsache das seien mit dem Anschlag des Thesendruckes erfolgte öffentliche Herausforderung keinen unmittelbaren Erfolg hatte, lehrt, dass er die Disputation um den Ablass selbst kaum in einen statutengemäßen Disputationsgang eingeordnet hat, sondern ähnlich wie später etwa die Leipziger Disputation als eine Veranstaltung außergewöhnlicher Art gedacht hat! Ob Luther eine solche (d. h. Quartalsdisputation) bei dem Thesenanschlag vor Augen hatte, ist unwahrscheinlich". S. 336. Wären die Thesen für eine Zirkluardisputation, die freitags gehalten wurden, bestimmt gewesen, dann wären sie nicht am 31. Oktober 1517 einen Samstag, angeschlagen worden. Denn nach den Statuen (s. u. Anm. 48) sollten Disputationsthesen an den Wochentag, der dem Tag der Disputation vorausging, angeschlagen werden.

## Die von den Statuten der Universität Wittenberg vorgesehenen Disputationen forderten die Bekanntgabe der Thesen durch den Dekan an den Türen der Kirchen – also nicht allein der Schlosskirche – und in der Universität selbst.

Quelle: © Buch Luthers Thesenanschlag Tatsache oder Legende? Institut für Europäische Geschichte Mainz Vorträge von Erwin Iserloh, Franz Steiner Verlag GmbH, Wiesbaden. Vortrag gehalten am 8. No-v. 1961 in Auditorium Maximum der Johannes Gutenberg-Universität zu Mainz. Seite 26. Weitere Quellen: © Zu den Pflichten des Dekans der Theol. Fakultät gehört es: Promotiones similiter et disputationes intemet valuis exxlesiarum feria praecedenti speciivcando nomina promotoiris, promo-vendi, praesidentis eet

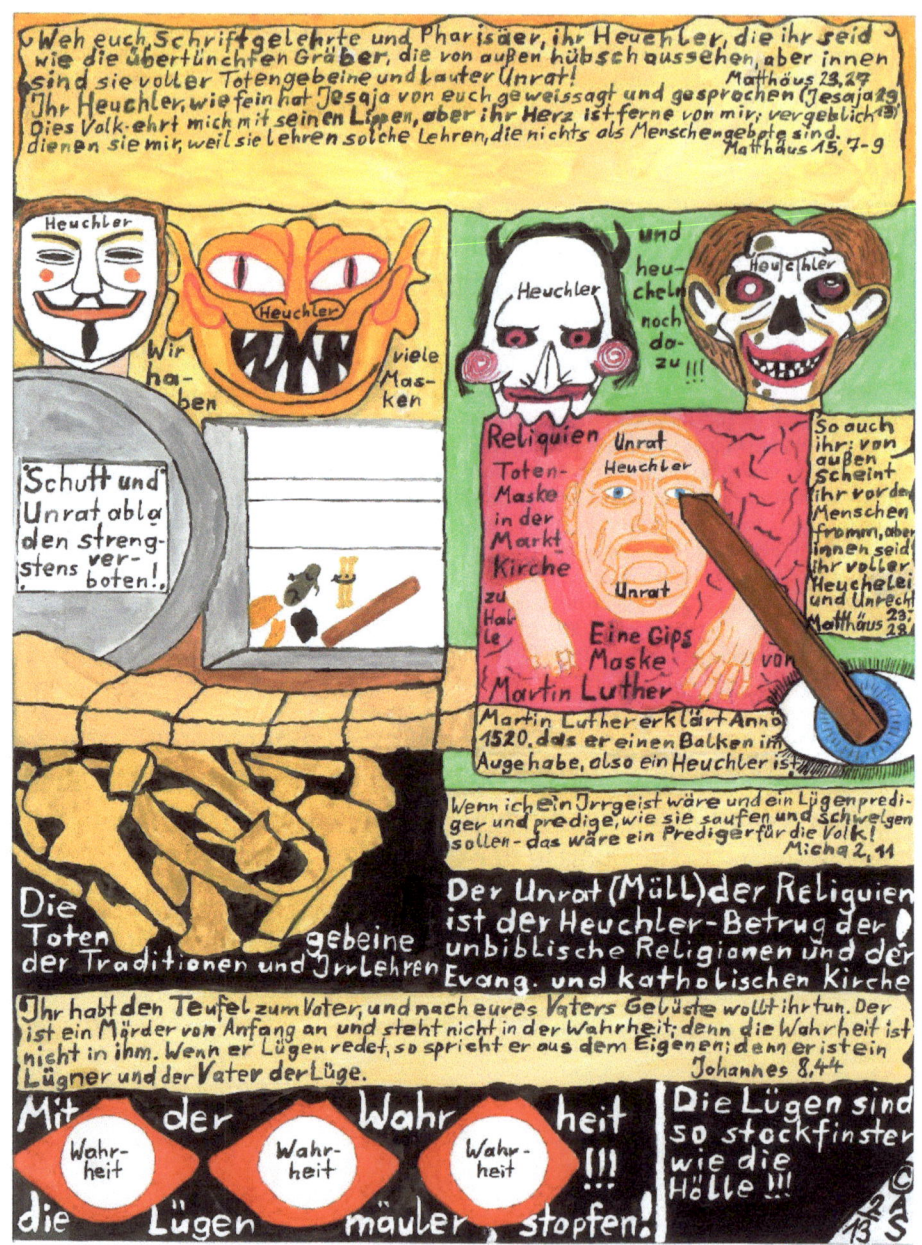

Quelle: Bild-Autor: © Adelheid Sonnenschein; Bild-Titel: Der Heuchler Martin Luther; Herstellung: Februar 2013; Mal-Technik: Deckfarbe auf Karton; Format: DIN A 3

# Martin Luther war nach seinen eigenen Angaben ein Heuchler – ein Gaukler und Betrüger

„Martin Luther erklärt sich selber als Heuchler im Jahre 1520"!!! Damit ist der Beweis erbracht, dass alle Wort-Erklärungen die unter dem Wort Heuchler tituliert werden, voll und ganz auf ihn zutreffen!

MARTIN LUTHER IST ALSO EIN:

Scheinheiliger, Verlogener, Lügner, Falscher, Schwindler, Schaumschläger, Lügenmaul, Pfaffe, Unaufrichtiger, Pharisäer, Falsch-Zeugnis-Redner, Schmeichler, Versteller, Fabelhans, Wolf im Schafspelz, falschen Fünfziger, Täuscher, falscher Hund, Doppelzüngiger, Frömmelnder, Glattzüngiger, Falschherziger, Schlangenzüngiger, Schleimer, Simulant, Schauspieler, Täuscher, Falsch-Gläubiger, Gaukler, Betrüger, Scharlatan, Gauner, Bauernfänger, Etikettenschwindler, Preller, Mogeler, Schummler, Preller, Leimer. Quelle: © Die Wortbedeutungen sind aus dem Wörterbuch Synonyme, Deutscher Taschenbuch Verlag GmbH u. Co. KG, München Originalausgabe Februar 1999, 2. Auflage Juni 2000 entnommen, S. 382 u. 470 u. 156

**Martin Luther-Gläubige - und Folger, benennen die Heuchelei und die Lügen, ihres Meister und Herrn: „Diplomatie"!??? Wie bitte???** Martin Luther heuchelte wo er nur konnte! Heuchelei über Heuchelei!!!

Luthers Heuchelei beim Aufruf zum Krieg gegen Rom, Anno 1518

Dass Luther am liebsten gleich von Anfang seiner „Reformation" an den amtierenden (wirkenden) Papst mit Gewalt abgesetzt hätte, geht klar aus der folgenden Schrift aus dem Jahre 1518 hervor. Im Gegensatz zu YAHUSHUA HA MASCHIACH, dessen Land in seinen Erdentagen ebenfalls unter der römischen Herrschaft (einschließlich Kaiser-kult) zu leiden hatte, hätte Luther, wenn er gekonnt hätte, lieber zur Waffe als zur Bibel gegriffen, um sein eigentliches Ziel, die politische Unabhängigkeit von Rom, zu erreichen: Zwei harte ernstliche Schriften Martin Luthers aus (Tomos 1, Punkt II., S. 24 u. 24b): „Nun fahre hin du unseliges, verdammtes und lästerliches Rom; der Zorn Gottes ist endlich über dich gekommen wie du es verdient hast, weil du durch so viele Gebete, die so lange Zeit für dich geschehen sind, ohne Unterlass betrachtet hast, nun ärger zu werden. Wir haben Babel geheilet, aber sie will ihr (=sich) nicht helfen lassen, so lasst sie fahren, dass sie eine Behausung der Drachen, ein Behältnis aller unreinen Geister und aller feinseligen Vögel, Sträußen, Geier, Eulen etc. und ein Behältnis der Marder, Feldteufel, Kobolde, Igel und ihrem Namen nach eine ewige Verwirrung sei und bleibe, voller geiziger Götzen, meineidiger Apostaten, Sodomiten, Priapisten, Mörder, Simonister und anderer unzähliger Ungeheur bis über die Ohren und ein neues Hurenhaus aller Götzen wie Pantheon vorzeiten war". „Wo aber ihr (=der Römischen Kirche) rasendes Wüten so einen Fortgang sollte haben, dünkt mich, es wäre schier **kein besserer Rat und Arznei ihm zu steuern, denn dass Kaiser, Könige und Fürsten mit Gewalt dazu täten, sich rüsteten und griffen diese schädlichen Leute an, so alle Welt vergiften (mit beidem, mit ihrer Teufelslehre und schändlichen, gräulichen Wandel und machten einmal des Spiels ein Ende <u>mit Waffen</u>, nicht mit Worten.** Denn was lallen die verdammten Leute, die auch des gemeinen Sinns beraubt sind, anders, denn das verkündigt ist, dass der Antichrist tun sollte, ob sie uns noch einst für Narren, unverständiger denn Klötze halten.

**So wir Diebe mit Strang, Mörder mit Schwert, Ketzer mit Feuer strafen, <u>warum greifen wir nicht vielmehr an</u> die schädlichen Lehrer des Verderbens als Päpste, Kardinäle, Bischöfe und das ganze Geschwür der Römischen Sodoma** (die Gottes Kirche ohne Unterlass vergiften und zu Grund verderben) **mit allerlei Waffen <u>und waschen unsere Hände in ihrem Blut</u>, als die wir beide, uns und unsere Nach kommen, aus dem allergrößtem gefährlichstem Feuer gern wollten erretten?**

Aber Gott, der da spricht: Die Rache ist mein, wird diese Feinde zur rechten Zeit wohl finden, die zeitlicher Strafe nicht wert sind, sondern müssen ewiglich im Abgrund der Hölle ihre Strafen haben".

**Es kommt Luther also in erster Linie nicht darauf an, dass er selbst gottselig lebt und andere hierin unterweist, sondern darauf, der „römischen Sodoma" zu „steuern", d. h. den Papst und seine Herrschaft zu stürzen – am liebsten kurzerhand mit Gewalt.** Wer einer herrschenden Gewalt „steuern" will, der hat keine geistlichen, sondern politischen Ziele. Doch im Jahr 1518 waren die politischen Verhältnisse noch nicht so, dass ein militärischer Angriff auf Rom realistisch schien. So konzentrierte sich Luther vorerst auf die Verbreitung seiner die Menschen politisch von Rom ablösenden Lehre und verweist bezüglich seiner politisch-militärischem Ziele auf Gott, der „die rechte Zeit" zur Rache finden wird, die – wie noch zu sehen sein wird – gemäß Luther 1539 gekommen war.

Andere „Reformatoren", wie z. B. der lutherisch ausgebildete Theologe Müntzer oder auch die Bauern in Schwaben, nahmen solche Äußerungen Luthers vom Krieg gegen Rom mit Freuden auf, wollten aber die Geduld nicht aufbringen zu warten, bis sich die herrschende Obrigkeit (Kaiser, Könige, Fürsten) gegen Rom erhebt. Solche wurden dann von Luther bald als „Aufrührer" gekennzeichnet und dem Henker anbefohlen, um sich selbst von jedem Verdacht in diese Richtung zu reinigen; denn schon sagten die Römischen Luther nach – z. B. aufgrund der Schriften –, dass er den Aufruhr schüre.

Man beachte hier auch, dass es für Luther im Jahre 1518 normal und offensichtlich richtig ist, dass „Ketzer" mit dem Feuer bestraft werden. Denn hieraus zieht er wie selbstverständlich die Legitimation für einen Angriff gegen Rom, da ja der Papst selbst ketzerisch sei.

Dass dieser von Luther gepredigte Krieg gegen Rom nicht sofort zustande kam (1547) fand die erste Schlacht zwischen lutherische Fürsten und dem romgläubigen deutschen Kaiser statt, das lag daran, dass Luther einen Krieg ohne die Machthaber für aussichtlos hielt und zu diesem Zeitpunkt noch dachte, den deutschen Kaiser und die Mehrheit der Fürsten für seine Lehre gewinnen zu können. Zwar blieb dann der deutsche Kaiser, welcher übrigens den Titel „Kaiser des Römischen Reiches" führte, romgläubig, doch schon 21 Jahr später (1539) hatten sich so viele Fürsten der lutherischen Lehre zugewandt und sich 1530 auf den Reichstag öffentlich gegen den Papst gestellt (da sie hierdurch – mit der Bibel in der Hand - von Rom unabhängig wurden), dass ernsthaft die Gefahr bestand, dass Rom mit Hilfe des deutschen Kaisers zu einem militärischen Schlag gegen die Lutheraner ausholen würde.

Wie aus einem Brief Luthers an den Papst aus dem Jahre 1520 zu sehen ist, arbeitet er mit allen Mitteln, um die römische Herrschaft in Deutschland abzuschütteln, - wenn es sein muss sogar mit einer scheinbaren Anerkennung des Papstes und des Papsttums (schmeichelnde Heuchelei), zumal es nun schon bald um seine eigene Haut ging.

Quelle: © Buch: Die Lehre Martin Luthers – ein Mythos zerbricht! Bekannte und unbekannte beliebte und verleugnete Schriften von Prof. Dr. Martin Luther im Lichte der Bibel. Ein gebürtiger Lutheraner entdeckt den ganzen Luther von Hans-Jürgen Böhm, Seite 73 – 75.

## Luthers hochgradigste, schleimhaftige Heuchelei gegenüber dem Papst, Anno 1520!

Martin Luther benutzte gleichzeitig das Ketzerverbrennen als Legitimation (Rechtmäßigkeit, Ausweis) für einen Angriffskrieg gegen Rom: Martin Luther schrieb schon im Jahre 1518: „So wir Diebe mit Strang, Mörder mit Schwert, Ketzer mit Feuer strafen, **warum greifen wir nicht viel mehr an, diese schädlichen Lehrer des Verderbens also Päpste, Kardinäle, Bischöfe und das ganze „Geschwür) der Römischen Sodoma** (die Gottes Kirche ohne Unterlass vergiften und zu Grund verderben) **mit allerlei Waffen und waschen unsere Hände in ihrem Blut**, als die wir beide, uns und unsere Nachkommen, aus dem allergrößten, gefährlichsten Feuer gern wollten erretten"? Quelle: © „wo harte ernstliche Schriften Dr. Martin Luther an den Christlichen Leser", 1518

Im Jahre 1520 (<u>Anfang Oktober in Wittenberg eingetroffen</u>) wurde die päpstliche Bannandrohungsbulle gegen Luther und Karlstadt verhängt, wodurch Luther zunächst die Isolierung drohte, schließlich aber auch die Verfolgung und Eliminierung (Aussonderung, Ausschluss) als „Ketzer (Abtrünniger, Irrlehrer)". In dieser Situation versuchte Luther noch einmal, den Papst durch einen Brief wie folgt für sich zu gewinnen:

**<u>Daraufhin schrieb Martin Luther einen Brief mit gefälschten Datum zurückdatiert auf den 6. September 1520 an den Papst, in welchem er sich wie folgt als dessen liebster Freund präsentierte:</u>**

„Ein Sendbrief an den Papst Leo den Zehnten" Quelle: © AW 2, S. 257-265

## „Dem Allerheiligsten Vater in Gott, Leo X., Papst zu Rom, alle Seligkeit in Christo Jesu, unserm Herrn, Amen! Allerheiligster Vater in Gott!

Es zwingt mich der Handel und Streit, in welche ich mit etlichen wüsten Menschen dieser Zeit gekommen bin, zuweilen nach dir zu sehen und dein zu gedenken; ja, dieweil es dafürgehalten wird, du seiest die einzige Hauptsache dieses Streites, so kann ich es nicht lassen, dein ohne Unterlass zu gedenken. Denn wiewohl ich von etlichen deiner unchristlichen Schmeichler, welche ohne alle Ursache auf mich erhitzt sind, gedrungen bin, mich auf ein christliches, frei in dem Konzil (Versammlung) vor deinem Stuhl und Gericht in meiner Sache zu berufen, so habe ich doch meinen Mut noch nie also von dir entfremdet, dass ich nicht aus allen meinen Kräften **dir <u>und deinem römischen Stuhl</u> das Beste allzeit gewünscht** und mit fleißigen, herzlichen Gebet, so viel ich vermocht, bei Gott gesucht habe.

## Dieses gottlose, abartige Gesabber des Herrn Luther, ist so hochgradig schleimig, dass man auf jeden Fall, auf diesem Gaukelwerk dieses Betrügers ausrutscht! Er hat nicht zu dem lebendigen Gott gebetet, sondern zum gleichen Gott dieser Welt, der Luzifer bzw. Satan heißt!!! Adelheid Sonnenschein

**<u>Vergleichen wir diese Einleitung mit den Worten Luthers von 1518 – so ist es oberflächlich betrachtet kaum zu glauben, dass da ein und derselbe Mann spricht. Dass Luther den Papst und Papsttum „das Beste allzeit gewünscht hat, ist jedenfalls gelogen. Nach dieser geheuchelten Anrede lügt Luther weiter: „Ich will aber frei und öffentlich bekennen, dass mir nichts anderes bewusst ist, denn</u>**

dass ich, so oft ich deiner Person habe gedacht, allzeit das Ehrlichste und Beste von dir gesagt habe, und wo ich das irgend nicht hätte getan, könnt ich es selbst keineswegs loben und müsste meiner Kläger Urteil mit vollem Bekenntnis bekräftigen und wollte nicht Lieberes denn solches meines Frevels und Bosheit Widerspiel singen und meine sträflichen Wörter widerrufen. Ich habe dich genannt einen Daniel zu Babylon und wie ich deine Unschuld so fleißig habe beschützt wider deinen Schädiger Sylvester, kann ein jeglicher, der es liest, überflüssig verstehen.

Es ist ja dein Ruf und deines guten Lebens Name in aller Welt berufen,… Ich bin nicht so närrisch, dass ich allein den angreife, den jedermann lobet, dazu habe ich allzeit die Weise gehabt und fortan sie haben will, auch die nicht anzutasten, die sonst vor jedermann ein böses Geschrei haben. Mir ist auch nicht wohl mit der anderen Sünde, der ich doch wohl weiß, wie ich auch einen Balken in meinem Auge habe und freilich der erste nicht sein kann, der den ersten Stein auf die Ehebrecherin werfe".

## Martin Luther hatte unter vollster Garantie saftige Balken in seinen Augen!!!

Des Weiteren spricht Luther den Papst noch insgesamt neunmal mit „Heiliger Vater" an, davon zweimal als **„mein Heiliger Vater",** wobei er auch noch folgendes schreibt: „Also komm ich nun, **Heiliger Vater Leo,** und, **zu deinen Füssen liegend,** bitte ich, so es möglich ist, wolltest du deine Hände dran legen, den Schmeichlern, die des  Friedens Feinde sind und doch Frieden vorgeben, einen Zaum einlegen".

Hatte Luther nicht selbst 1518 zum Krieg gegen Rom aufgerufen und täuscht nun schmeichlerisch Frieden vor? Schließlich beendet Luther diesen Brief an den Papst mit den Worten:

Dieweil ich denn weiß, wie **deine Heiligkeit webt und schwebt zu Rom,**… und in solchem Jammer lebt und arbeitet, dass ihr auch wohl Not ist des allergeringsten Christen Hilfe, so habe ich es für ungeschickt angesehen, dass ich **deiner Majestät** so lange vergesse, bis ich **brüderlicher Liebe Pflicht ausrichte.** Ich mag nicht schmeicheln in solcher ernsten, gefährlichen Sache; wenn mich in dieser etliche nicht wollen verstehen, wie ich **dein Freund und mehr denn Untertan** sei, so wird der sich wohl finden, der es versteht. Am Ende, dass ich nicht leer komme vor **deine Heiligkeit,** so bring ich mit mir ein Büchlein, unter meinem Namen ausgegangen, daraus **deine Heiligkeit** schmecken mag, mit was für Geschäften ich gerne wollt und auch fruchtbar möchte mit umgehen. **Damit ich mich deiner Heiligkeit befehle, die sich erhalte ewig Jesus Christus, Amen".** Quelle: © „Ein Sendbrief an den Papst Leoden Zehnten", 1520

Ist es nötig angesichts der Reden Luthers 2 Jahre vorher, hierzu noch irgendetwas zu sagen??

Auch die Übertretungen des Gebotes YAHUSHUA HA MASCHIACH in Matthäus 23, 9 sollten hier klar und deutlich bedacht werden.

**Es steht geschrieben: Matthäus 23, 9: Und ihr sollt niemanden unter euch Vater nennen auf Erden; denn einer ist euer Vater, der im Himmel ist.**

Entweder hat man seinen geistlichen Vater auf der Erde oder im Himmel! Jedenfalls ist es nicht verkehrt, wenn man sagt, dass der Papst – und nicht Gott – der geistliche Vater Luthers war. Luther ist ein heuchelnder Lügner, wenn er selbst den Papst „mit Heiliger Vater" anredet.

**>„Mit seiner Aussage an den Papst im Jahre 1520, in welcher Luther selber sagt: dass er „einen Balken in seinem Auge habe, verurteilt er sich selbst als Heuchler"!!!<**

Denn YAHUSHUA HA MASCHIACH gebietet solchen, zuerst den Balken aus dem eigenen Auge zu ziehen, bevor sie andere korrigieren wollen (Matthäus 7, 5). Im Übrigen ist hier anzumerken, dass Luther diesen Brief an den Papst absichtlich falsch auf den 6. September datiert hat, um den Eindruck zu erwecken, dass er dem Papst ohne Kenntnis der Bannandrohungsbulle geschrieben habe (Anhang AW 2). Ein Luther verehrender Theologe kommentiert hierzu:

„Der junge sächsische Edelmann Karl von Miltitz (ca. 1490-1529), der bereits seit zwei Jahren als päpstlicher Gesandter eine kaum ernstgenommene Vermittlerrolle spielte, (glaubte) durch einen diplomatischen Handstreich noch etwas retten zu können. Er erreichte, dass Luther in Begleitung seines Mitarbeiters Melanchthon und unter dem Schutz des Kurfürsten am 12. Oktober zu einem Gespräch nach Lichtenberg an der Elbe kam, und überredet ihn doch noch zu einer schriftlichen Aktion. Luther sollte einen auf den 6. September zurückdatierten „Sendbrief an den Papst Leo X." abfassen und diesem Widmungsschreiben eine Schrift (ein Büchlein) über sein Glaubensverständnis beifügen".

Quelle: © Beintker, „die Reformatorischen Grundschriften", Band 4, dtv 1983 S. 101.

Dieser lutherische Theologe hat freilich den Sendbrief an den Papst nicht mit abgedruckt, da dieser ein „diplomatischer" Text sei, „der sich außerdem historisch (geschichtlich) als völlig irrelevant (unwichtig) erwies".

Den lutherischen Theologen interessiert offensichtlich nur, was die „Reformation" vorangebracht hat, nicht aber aus welcher Quelle sie in Wahrheit kam und mit welchen Mitteln Luther arbeitete.

Als Luther aber sah, dass sich der Papst von seiner Schmeichelei nicht beeindrucken ließ, nahm Luther in dem Aufsatz: „Grund und Ursache aller Artikel, so durch römische Bulle unrechtlich verdammt sind" inhaltlich zur päpstlichen Bannbulle Stellung. In diesem Aufsatz finden wir z. B. folgende Worte über den Papst, den er eben noch „heilig" nannte und dessen gutes Leben er lobte:

„Sag an, du Heiliger Vater Papst, wir wollen dir zuhören. O du Wolf der Christenheit,…". (Seite 331).

„Hüte Dich also vor den Endchrist, dem Papst,…". (Seite 333)

„Es ist endchristlich Wesen mit Papst und Päpstlichem". (Seite 336)

„Oh, es wird am Ende mit dir sein, du Kind des Verderbens und Endchrist! Hör auf, Papst, du machst es zu grob und zu viel"! (S. 337)

„Aber der Lästerer Gottes zu Rom, der Papst, wollt uns diesen Glauben gerne vertilgen und verführen, dass wir seiner Gewalt mehr als Gottes Sakrament vertrauten. Als könnte er, ohne unseren Glauben, aus lauter Gewalt Sünde vergeben. Behüte Gott alle christlichen Herzen vor dem Endchrist und Satans-Aposteln"! (S. 340) Quelle: © Martin Luther: „Ausgewählte Werke", Band 2, Christian Kaiser Verlag München

In diesem letzten Zitat ist übrigens wieder deutlich zu sehen, dass Luther durch seine Lehre von Glauben an die „Sakramente" nicht das unbiblische, römische „Sakrament" als solches verwarf, sondern durch seine Betonung des Glaubens (= Vertrauens auf die Sakramente) lediglich eine Machtverschiebung vom päpstlichen Stuhl (dem Sakramentsspender) auf den „Gläubigen" (Sakramentsempfänger) – nicht aber auf YAHUSHUA HA MASCHIACH – vornahm indem er die angeblich „göttliche" Kraftwirkung von der Autorität des Sakramentsspenders auf den Glauben an das „Sakrament" – und damit auf den Sakramentsempfänger – verlagerte! **Der Glaube an die rettende Macht des Papstes wurde also durch den Glauben an die rettende Macht des „Sakramentsglaubens" ersetzt.** Somit war also die Lehre vom „Glaube des Sakraments" (ein falsches „Evangelium") der eigentliche Hebel, den Luther zur Entmachtung des Papstes ansetzte, wobei Luther einen Teil der allumfassenden päpstlichen Macht dem Volk und den Fürsten austeilte und einen nicht unerheblichen Teil davon (die übergeordnete Führung) für sich selbst beanspruchte.

**Martin Luther hat dem Volk an und für sich seine römische Religion nicht weggenommen. (Denn der Götzendienst der römisch-katholischen Kirche mit seinen „Sakramenten", der Werke vermeintlicher Gottesverehrung, der römische Ablass, die römischen Rosenkranzgebet u. ä., das Fegefeuer, die römische Kopie des Judentums, das alles konnte beibehalten und weiterbetrieben werden, sofern er nur „aus Glauben" getan wurde), gleichzeitig aber die politische (zum Teil finanzielle) Freiheit vom Papst brachte, war er bald ein Volksheld.** Im Weiteren nennt er „Freund und mehr denn Untertan" des Papstes, Luther, in seiner Stellungnahme zur Bannbulle des Papstes z. B. noch: - „den rechten Blutschwären", „den Ölgötzen zu Rom" (S. 341); „die rechte Grundsuppe aller Ketzerei", „des Teufels aller ernsthaftestes Affenspiel" (S. 373); „den heiligen Ketzermacher" und „den römischen Blindenführer" (S. 374). **Indem also Luther die Bannandrohungsbulle bereits in der Hand hatte und den Papst zunächst noch mit „mein Heiliger Vater, zu deinen Füßen liegend", usw. anschrieb und ihm sagte: „Es ist**

**ja dein Ruf und deines guten Lebens Name in aller Welt berufen…", hinterher aber die bösesten Dinge über den Papst sagte, ist es erwiesen, das Luther Lüge und Heuchelei (unter den Lutheranhängern unter dem Begriff „Diplomatie" behandelt) als legitime Mittel betrachte, seine „Reformation" zu betreiben.**

Quelle: © Buch: Die Lehre M. Luthers – ein Mythos zerbricht! Bekannte und ungekannte, beliebte und verleugnete Schriften Prof. Dr. Luthers im Licht der Bibel, ein gebürtigen Lutheraner entdeckt den ganzen Luther Hans-Jürgen Böhm, Seite 75 -78. Und Buch: Martin Lut-her – ein Massenmörder und Christenverfolger? S. 51.

Die Heilige Schrift sagt zu solchen Menschen wie es Martin Luther in seinem Schriftgelehrtentums und Pharisäertums war: Es steht geschrieben Matthäus 23, 27 + 28: Weh euch, Schriftgelehrte und Pharisäer, ihr Heuchler, die ihr seid wie die übertünchten Gräber, die von außen hübsch aussehen, aber innen sind sie voller Totengebeine und lauter Unrat! So auch ihr, von außen scheint ihr vor den Menschen fromm, aber innen seid ihr voller Heuchelei und Unrecht.

Auf das neue beweist Martin Luther wieder seine Heuchelei im Jahre 1539 in welchen er folgende Aussagen trifft: „Mag man dem Papst Widerstand tun, so mag man auch allen widerstehen, die ihn verteidigen und schützen! Das ist Not, dass man allem seinem Kriegsvolk,… entgegen ziehe und zulaufe auch durch einen Aufruhr…! Der Papst ist der Teufel, könnte ich den Teufel umbringen, warum wollte ich es nicht tun, auch mit Gefahr meines Lebens" (Etliche Schlussreden Doktor Martin Luthers im öffentlichen Disputationen (Streitgesprächen) verteidigt! (Anno 1539") Quelle: © Schrift von Hans-Jürgen Böhm; zum Thema: Glaubst du wie Luther? Buch: „Prof. Dr. Martin Luther - ein Massenmörder und Christenverfolger?" S. 51

## Luthers scheinheilige, abartigste Heuchelei in der Befürwortung des Ehebruches, der Bigamie (Doppelehe) Polygamie (Mehrehe) und Pädophilie (Kinderschänder)!

Martin Luther erlaubte die Bigamie und die Pädophilie. Auch in Puncto Ehe schreitet er im Bösen fort, so dass er im Jahre 1539 (!) – wie immer, offensichtlich aus politischen Gründen (Papstkrieg) – der Doppelehe des lutherischen Landgrafen Philipp von Hessen mit dessen 17-jährige Konkubine (Beischläferin)!
Diese Aussagen und die nachfolgenden historischen Daten folgen dem Aufsatz von T. Schirrmacher: „Luther und die Polygamie des Landgrafen von Hessen",

Quelle: © Bibel und Gemeinde 2/ 1993, S, 124 ff

Eine „Konkubine" ist wohlgemerkt eine außereheliche Beischläferin. Wurde also bereits die Hurerei (Prostitution, Unzucht) des hessischen Landgrafen mit Minderjährigen (Pädophilie) von Martin Luther geduldet (wer weiß wie lange schon), so unterschreibt er am 10. Dezember 1539 den sogenannten „Beichtrat", den – wie so oft – Prof. Dr. Melanchthon (auch In Luthers und Bucers Namen) formuliert hatte, obwohl damals auf Bigamie strafrechtlich die Todesstrafe stand. („Peinliche

Halsgerichtsordnung" Kaiser Karl V, Anno 1532, welche die Polygamie (Mehrehe) im ganzen Reich unter Todesstrafe stellte). Bei einem solchen Unternehmen durften sich die Wittenberger also nicht erwischen lassen, ohne völlig in Verruf zu kommen, was dann auch geschah, zumal der Landgraf bereits seine erste Ehe gebrochen hatte.

Das Ganze sollte also heimlich von statten gehen und – wie so oft mangels Bibelstellen – schließlich mit den „Naturrecht" begründet werden. Am 4. März 1540 fand die fürstliche-bigamie Hochzeit statt, wobei Bucer und Prof. Dr. Melanchthon als Trauzeugen fungierten (mitwirkten). Der lutherische orientierte Theologe Schirrmacher berichtet heutzutage kritisch über die Hintergründe: „Luther gab offen zu, 1539 eine engere Position in der Frage der Polygamie vertreten zu haben, als vorher. In seiner Schrift „von der babylonischen Gefangenschaft der Kirche" von 1520 im Abschnitt „Vom Sakrament der Ehe" ebenso wie in einem Gutachten für denselben Landgrafen Philipp von Hessen 1526 hielt Luther die Polygamie nur für Nichtchristen für möglich, für Christen nur in Notfällen bei gleichzeitigem Verzicht auf sexuellen Verkehr. 1527 kommt er in den Genesispredigten auf die Polygamie zu sprechen. Er sieht zwar keine Notwendigkeit für die Einführung der Einehe, meint aber, etwas, was Gläubige des Alten Testamentes getan haben, könne heute nicht grundsätzlich verkehrt sein.

**„Ich kann es nicht verteidigen, dass man nicht erlauben will, mehrere Frauen zu haben".**

1531 erstellte Luther ein Gutachten für Heinrich VIII von England (1509-1549), ob dieser seine unfruchtbare Gattin Katharina verstoßen dürfe. Luther lehnt dies ab und **will dem König lieber gestatten, „eine andere Königin zu heiraten oder zu machen und nach dem Beispiel der Väter und Könige zwei Ehefrauen oder Königinnen zu haben".** 1535 äußerte er sich in einem weiteren Gutachten über Heinrich VIII ähnlich. (Dies zeigt übrigens auch, dass seine Entscheidung im Fall des Landgrafen kein Einzelfall und kein Verlegenheitslösung war)".

Nun ist aber die Sache im Fall Heinrich VIII. die, dass dieser bereits im Jahre 1503 vom Papst dem „Dispens" (Befreiung) (=staatskirchliche Erlaubnis u. a. gegen ein Gebot der Schrift zu handeln) erhalten hatte, um Katharina von Aragon zu heiraten, da diese nämlich vorher die Frau seines Bruders gewesen war. Anstatt mit Johannes dem Täufer zu sagen: „Es ist dir nicht erlaubt sie zu haben"! (Matthäus 14, 4), hat Luther also nicht nur den Gräuel Heinrichs VIII geduldet (3. Mose 18, 16 + 27), welcher sogar nach dem Neuen Testament verboten ist (Apostelgeschichte 15, 20 + 29 und 1. Korinther 5, 1), sondern zusätzlich dazu auch noch den „Gnaden-Dispens" für die Doppelehe eingeführt, der sogar dem Papst ein Gräuel war. **Hatte Luther Rom 1518 „die Römische Sodoma" genannt, so ist spätestens seit diesem Zeitpunkt, das Wittenberger (Gomorra) ein historisches Faktum.** Da das Ganze aber – wie gesagt – heimlich vonstattengehen musste, wurde der Landgraf verpflichtet, niemanden etwas von dieser Doppelehe zu sagen und seine zweite Frau weiter als Konkubine(!) auszugeben. Die Hurerei der lutherischen Fürsten war also offensichtlich ohne weiteres tragbar. Heuchelei über Heuchelei! Dass Luther die Bigamie zwar grundsätzlich für möglich hielt, jedoch nur je nach politischen Erfordernissen erlaubte, zeigen auch noch folgende Ausführungen Schirrmachers:

„Luther folgt den ethischen Vorstellungen seiner Zeit, der einen Fürsten Sonderrechte zubilligte, unseres Erachtens ein Ergebnis seiner Sicht des Naturrechts. Dies wird vor allem deutlich, als Luther ein Gutachten für den Kurfürsten erstellen musste, weil ein Untertan auf Rat des Pfarrers Karlstadt in Orlamünden um Erlaubnis bat, zwei Frauen haben zu dürfen, das seine erste Frau aussätzig sei. Zwar war Luther auch hier der Meinung, dass es ein direktes Verbot der Polygamie nicht gäbe und forderte, **„>auf jeden Fall müsse das Beichtkind im eigenen Gewissen sicher sein, dass dieser Ausweg ihm erlaubt sei<"**, aber er wollte doch nicht zur Bigamie raten, einmal um Ärgernis zu vermeiden und zum anderen weil Gott, der die Krankheit geschenkt hätte, dem Mann auch die Gnade der Enthaltsamkeit schenken könne. Warum konnte Gott diese aber dann nicht auch einem Kurfürsten schenken, der ja zudem eine sexuelle Beziehung zur ersten Frau unterhielt? Ähnlich war Melanchthon energisch gegen die Einführung der Polygamie 1534 in Münster. Sicher ging es hier um eine offizielle, nicht heimliche Einführung, aber dennoch: wieso wurde einem Fürsten gestattet, was man den Täufern bei Androhung der Todesstrafe verbot"!

Das Luther wider besseren Wissens nicht dem Worte Gottes folgte, sondern seinen eigenen kirchenmachtpolitischen Interessen, wobei das „Naturrecht" besonders dann gezielt von Luther geltend gemacht wurde, wenn er genau wusste, dass die Schrift seinen Interessen zuwiderläuft und sein Vorhaben nicht einmal mit weltlichen Recht vereinbar war (denken wir nur an das 1539 geltend gemachte „Naturrecht von der „Gegenwehr", das er 1525 den Bauern ausdrücklich absprach). Dass dem tatsächlich so ist, beweist auch eine Schrift Prof. Dr. Melanchthons aus dem Jahre 1528 gegen die „Wiedertäufer". Denn dort heißt es: „Und wiewohl es den Juden nachgelassen ist, viel Weiber zu haben, so ist es doch wider das Gesetz der Natur, wie denn auch bei den Heiden solches für unehrlich und wider die Natur geachtet ist". Quelle: © „Etliche Propositiones Phil. Melanchthon, wider die Lehre der Wiedertäufer" Teil 2/1551, S. 282 b.

Wer also sagt, mit Luther sei das „Evangelium" wieder auf den Leuchter gestellt worden, der muss alles aus dem Evangelium streichen, was Luther – wie bisher dargelegt – verachtet hat, einschließlich der biblischen Aussagen über die Ehe und den Ehebruch, und er darf auch an die Gnade, mit welcher YAHUSHUA HA MASCHIACH z. B. der Ehebrecherin begegnete, nicht mehr denken.

Sollte gemäß Luther 1522 schon der Ehebrecher durch die Obrigkeit getötet werden, wie viel mehr 21 Jahre später gewisse Huren, obgleich er selbst – wie gesagt – den Ehebruch, die Hurerei und die Bigamie der Fürsten unterstützten.

Quelle: © Buch: Die Lehre Martin Luthers – ein Mythos zerbricht! Bekannte und unbekannte beliebte und verleugnete Schriften von Martin Luther im Lichte der Bibel. Ein gebürtiger Lutheraner entdeckt den ganzen Luther von Hans-Jürgen Böhm, Seite 155-157.

## Das Wort Gottes, die Heiligen Schrift warnt ausdrücklich vor Heuchlern!!!

### Die Heilige Schrift, das Wort Gottes sagt zu Heuchler:

>>>„Du Heuchler, zieh zuerst den Balken aus deinem Auge; und dann wirst du klar sehen, um den Splitter aus dem Auge deines Bruders zu ziehen"!<<< Matthäus 7, 5

>>>„Ihr Heuchler, treffend hat Jesaja von euch geweissagt, wenn er spricht: Dies Volk naht sich zu mir mit seinen Mund und ehrt mich mit den Lippen, aber ihr Herz ist fern von mir. Vergeblich aber verehren sie mich, weil sie Lehren vortragen, die Menschengebote sind"!<<< Matthäus 15, 7 – 9 (Jesaja 29, 13)

>>>„Aber wehe euch, ihr Schriftgelehrten und Pharisäer, ihr Heuchler, daß ihr das Reich der Himmel vor den Menschen zuschließt! Ihr selbst geht nicht hinein, und die hinein wollen, die laßt ihr nicht hinein. Weh euch, Schriftgelehrte und Pharisäer, ihr Heuchler, daß ihr die Häuser der Witwen freßt und zum Schein lange betet. Darum werdet ihr ein schwereres Gericht empfangen! Wehe euch, ihr Schriftgelehrte und Pharisäer, ihr Heuchler, daß ihr Meer und Land durchzieht, um einen einzigen Proselyten zu machen; und wenn er es geworden ist, macht ihr ein Kind der Hölle aus ihm, zweimal mehr, als ihr es seid"!<<< Matthäus 23, 13

>>>>„Weh euch, ihr Schriftgelehrte und Pharisäer, ihr Heuchler, daß ihr getünchten Gräber gleicht, die von äußerlich zwar schön scheinen, inwendig aber voller Totengebeine und aller Unreinheit sind!"!< << Matthäus 23, 27

>>>„Und wird ihn entzweihauen lassen und ihm seinen Teil mit den

Heuchlern geben. Da wird das Heulen und Zähneknirschen sein"!<<<
Matthäus 24, 51

**Die Bibel das Wort Gottes sagt zur Heuchelei:**
>>>„Sie erzählen Lügen, jeder seinen Nächsten; mit schmeichelnder
Lippe, mit hinterhältigen Herzen reden sie, YAHUWAH möge ausrot-
ten alle schmeichelnden Lippen, die Zunge, die großtuerische redet
"!<<< Psalm 12, 3 + 4

>>>„Denn der gemeine Mensch redet Gemeinheit, und sein Herz be-
reitet Böses vor, indem er ruchlos handelt und irreführendes ausspricht über YAHUWAH, indem er die hungrige Seele leer läßt und
dem Durstigen das Trinken verwehrt"!<<< Jesaja 32, 6

>>>„So erscheint auch ihr äußerlich vor den Menschen als gerecht,
inwendig aber seid ihr voller Heuchelei und Gesetzlosigkeit"!<<< Matthäus 23, 28

>>>„Da er aber ihre Heuchelei erkannte, sprach er zu ihnen: Wes-
halb versucht ihr mich? Bringt mir einen Denar, damit ich ihn anse-
he"!<<< Markus 12, 15

>>>„Als sich inzwischen das Volk zu tausenden gesammelt hatte, so
daß sie aufeinander traten, begann er zuerst zu seinen Jüngern zu
sprechen: Hütet euch vor dem Sauerteig der Pharisäer, welcher die
Heuchelei ist"!<<< Lukas 12, 1

>>>„So legt nun ab alle Bosheit und allen Betrug und Heuchelei und
Neid und alle Verleumdungen"!<<< 1. Petrus 2, 1

>>>„Die Weisheit von oben aber ist erstens rein, sodann friedfertig,
gütig; sie läßt sich sagen, ist voll Barmherzigkeit und guter Früchte,
unparteiisch und frei von Heuchelei"!<<< Jakobus 3, 17

# Die Lügengeschichten von der Martin Luther Bibel und seiner Übersetzung ins Deutsche

**Das Märchen (die Lügengeschichte) von der der ersten deutschen Bibelübersetzung**
**Eine der bekanntesten Aussagen in der lutherischen Geschichtsschreibung ist wohl, dass Martin Luther „endlich" die Bibel ins Deutsche übersetzt hätte. Selbst wenn dabei nicht ausdrücklich gesagt wird, dass seine Bibelübersetzung ins Deutsche die erste gewesen sei, so wird doch wenigstens so getan, als sei es so gewesen.**

Mit dieser Lüge will man die Kritiker Luthers zur Dankbarkeit ermahnen, so dass zuweilen sogar zu hören ist: Ohne Luther würde man in Deutschland womöglich noch nicht einmal heute die Bibel lesen – geschweige denn glauben – können. Menschen, die solches sagen, geben damit deutlich Zeugnis davon, dass sie Gott für so schwach halten, dass er uns ohne Luther keine Bibel hätte geben können, wobei ja zudem deutlich wird, dass sie ihre „Errettung" (oder was sie dafür halten) eigentlich Luther verdanken. Denn sie sind davon überzeugt, dass sie ohne Luther noch völlig in „Finsternis" und damit ewig verloren wären.

**Die Wahrheit ist freilich ganz anders. Erstens weiß Gott immer die Gottseligen zu erretten – vor allem ohne Luther – , und zweitens verhält sich die Sache mit der Bibelübersetzung ganz anders!!!**

Mit folgenden Worten würdigte Johannes Aurifaber 1566 in der Vorrede zu seiner Ausgabe von Luthers Tischreden des Verdienstes um die Bibel in deutscher Sprache. (Zitat) „Es ist eine Wohltat Gottes an uns anzusehen, dass Martin Luther ernstlich die Bibel oder die Heilige Schrift so zuvor unter der Bank gelegen und gar voll Staubes gewesen, wieder herbei gezogen und aus dem Latein ja ex ipsis fontibus (unmittelbar aus den Quellen) ganz klarlich und verständlich ins Deutsche gebracht, das sie von jedermanniglich nun kann gelesen und verstanden werden.

Jedoch spätestens ein Gang durch die Göttinger Gutenberg-Ausstellung und die Lektüre des zugehörigen Katalogs machen deutlich, dass unter der Bank und im Staub – von unzähligen Handschriften abgesehen – neben den mehr als 100 latei-

nischen Bibeldrucken des 15. Jahrhunderts immerhin nicht weniger als 18 gedruckte Ausgaben der kompletten Heiligen Schrift in deutscher Sprache lagen,
davon 4 niederdeutsche und 14 hochdeutsche Drucke. Quelle: © Christine Wulf, Göttingen; Die Bibel im Spannungsfeld zwischen Laienemanzipation und Bibelverbot; Deutsche Bibeldrucke vor Luther

## Luther war wahrlich nicht der Erste welcher die Heilige Schrift übersetzte!!!

**Um 1330 saß irgendwo im heutigen Österreich ein besonders ehrgeiziger und
hartnäckiger Mann in seiner Stube. Er las, forschte und schrieb lange, bis er die
gesamte Bibel eingedeutscht und kommentiert hatte. 200 Jahre vor Luther. Leider kennen nur Theologen und Altgermanisten und eine Handvoll Historiker seinen österreichischen Vorgänger.
Keiner weiß wie er hieß, auch nicht wie er aussah. Und dass er in Österreich lebte, ist auch nur eine Vermutung, weil man die wichtigsten Handschriften seiner
Übersetzung in einem österreichischen Kloster gefunden hat. Der anonyme Autor beschreibt sich selbst als einen Ungeweihten zum Predigen nicht ordinierten,
nicht an einer hohen Schule ausgebildeten Laien!
War er vielleicht ein Lehrer? Vielleicht ein Adeliger? Eine Frau? Es handelt sich
nicht um ein Auftragswerk, sonst wäre der Auftraggeber erwähnt worden.
Aber irgendjemand muss den Mann für seine aufwendige Arbeit freigestellt und
finanziert haben. Kühe melken, Ländereien verwalten und nebenbei die Bibel
übersetzen? Unwahrscheinlich. Klar ist auch: Er muss ein Bücherwurm gewesen
sein, er hatte Zugang zu Bibliotheken und kannte die neuesten Schriften.** Seine
Texte wurden benutzt und machten die Runde. Allein von der Übersetzung des
Neuen Testaments gibt es 60 Abschriften. Dieser österreichische Übersetzer war
wie später Luther, ein Antisemit. Doch Luther bleibt der erste, der die Bibel übersetzt hat, aus dem griechischen und dem hebräischen. **Eine von den 60 Abschriften der um 1330 entstandenen Österreichischen Bibelübersetzung wird in der
Stadtbibliothek Schaffhausen ausgestellt!** Luther war nicht bei null angefangen
mit seiner Bibelübersetzung. Seit dem sich im achten Jahrhundert aus Dialekten
die deutsche Sprache formte, haben Gelehrte, Teile der Heiligen Schrift eingedeutscht. Mal einige Psalmen, mal das Buch Hiob oder ein Evangelium. Im drei-
zehnten und vierzehnten Jahrhundert wollten immer mehr einfache Menschen
wissen: Was steht da eigentlich in der Bibel? Sie wollten sich nicht mehr abspei-
sen lassen mit Auszügen und Zitaten, die ihnen die Pfarrer vorgaben, sondern
selbst lesen. Immer größere Teile der Heiligen Schrift wurden übersetzt.
Quelle: © 200 Jahre vor Luther: Bibelübersetzung? Ein Österreicher war der Erste – Wissen- Tagesspie-
gel. http://tagesspiegel.de/wissen/200-jahre-vor-luther-bibelübesetzung-ein-oesterreicher-war-der-
erste.de. 19. März 2016 von Claudia Keller

94

# Folgende Bibeln gab es in Deutschland schon vor Martin Luther

1.) Anno 850 Biblia Pauperum. Armenbibel in Ostmittel-Deutsch (Blockbuch). Ansgar von Bremen.

2.) Anno 1390 – 1400 Wenzels Bibel. Die erste deutsche Pracht-handschrift der Bibel. Wenzel IV. von Böhmen, Sohn des Kaisers Karl IV.

3.) Anno 1420 Deutsche Historienbibel. Niederalemannische Papierhandschrift (Elsässisch). Diebold Lauber.

4.) Anno 1425 – 1430 Ottheinrich-Bibel NT. Eine der kostbarsten Bibelhandschriften und <u>die Königin der Deutschen Bibeln in frühneuhochdeutscher Sprache</u>. Ludwig VII von Bayern, Ottheinrich von der Pfalz, Matthias Gerung (Holzschnitt).

5.) Anno 1468 – 1472 Furtmeyr-Bibel. Ottheinrich-Bibel (NT) mit Rorer – AT. G. Rorer Schreiber des AT, Berhold Furtmeyr.

6.) Anno 1466 Mentelin-Bibel. 1. Deutsche Bibel (Hieronymus Vulgata). <u>Erste Druckbibel in Volkssprache (Oberdeutsch)</u> + Textbibel ohne Abbildungen) Transkript. Johannes Mentelin, Druck Ort: Straßburg.

7.) Anno 1468 Netzer / Eggestein-Bibel. 2. Deutsche Bibel Nachdruck der Mentelin-Bibel. Heinrich Eggestein. Druck Ort: Straßburg

8.) Anno 1475 Pflanzmann-Bibel. 3. Deutsche Bibel (Illustrierte Eggestein-Bibel. Jodocus Planzmann. Druck Ort: Augsburg

9.) Anno 1475 – 1476 Zainer-Bibeln. 4. + 6. Deutsche Bibel (Überarbeitete Eggestein-Bibeln). Günther Zainer. Druck Ort: Augsburg.

10.) Anno 1476 Schweizer / Sensenschmidt-Bibel. 5. Deutsche Bibel (Schweizer Zainer Bibel). Andreas Frisner u. Johannes Sensenschmidt. Druck Ort: Nürnberg.

11.) Anno 1477 – 1480 Sorg-Bibeln. 7. + 8. Deutsche Bibel (Überarbeitete Zainer-Bibeln). Anton Sorg. Druck Ort: Augsburg.

12.) Anno 1478 Kölner Bibeln. 1. + 2. Niederdeutsche Bibel (Niederrheinisch + Niedersächsich) mit 123 Holzschnitten. Heinrich Quentell u. Bartholomäus von Unckel. Druck Ort: Köln.

13.) Anno 1483 Koberger Bibel. 9. Deutsche Bibel (Überarbeitete Zainer-Bibel) mit den 123 Holzschnitten der Kölner Bibeln in 1500 Auflagen. Anton Koberger. Druck Ort: Nürnberg.

14.) Anno 1485 Grüninger-Bibel. 10. Deutsche Bibel (Überarbeitete Koberger Bibel) Johann Grüninger. Druck Ort: Straßburg.

15.) Anno 1487-1490 Schönsperger-Bibeln. 11. + 12. Deutsche Bibel (Überarbeitete Koberger–Bibeln) mit 109 Holzschnitten ähnlich der Kölner Bibel. Johann Schönsperger. Druck Ort: Augsburg.

16.) Anno 1494 Lübecker Bibel. 3. Niederdeutsche Bibel (Niedersächsisch). Stephan (Steffen) Arndes. Druck Ort: Lübeck.

17.) Anno 1507-1518 Otmar-Bibeln. 13. + 14. Deutsche Bibel (Überarbeitete Schönsperger-Bibeln). Johann Otmar und Silvan Otmar. Druck Ort: Augsburg.

18.) Anno 1522 Halberstädter Bibel. 4. Niederdeutsche Bibel (Niedersächsisch) mit Bildern aus der Kölner Bibel + 6 Holzschnitten). Lorenz Stuchs. Sohn des Nürnberger Druckers Georg Stuchs. Druck Ort: Halberstadt.

>>> Lutherbibel/Biblia Germanica Deutschlands Reformationsbibel (Mittelostdeutsch) (Grundtext, z. T. Vulgata + Mentelin) Transkript 1522/1546, Transkript 1545 Letzte Hand. Martin Luther (Übersetzung), Lucas Cranach (A…), Philipp Melanchthon, Melchior Lotter…, Christian Döring, Hans Lufft. Also Anno 1522 – 1534 – 1545!<<<

Quelle: © Bibel-Portal Schatz Heiliger Schriften. Übersicht in Biblia >Germanische Bibelwerke<; http//enominepatris.com/apokryhen/. Quelle: © htpp://de.wikipedia.org/wiki/ Vorlutherische_deutsche _ Bibeln

<u>Achtung!! Halten wir der reinen Wahrheit wegen klar und deutlich fest!!! Die älteste hochdeutsche Vollbibel wurde im Jahr 1466 – also 56 Jahre vor dem Erscheinen von Luthers Protestantischer Reformationsbibel herausgegeben. Also 56 Jahre vorher wurde in</u>

**Straßburg die Mentelin gedruckt. Es ist auch nicht zu vergessen, dass der erste deutsche Bibeldruck im Jahre 1455 als Gutenberg-Bibel gedruckt wurde in der Lateinischen Vulgata. Also 67 Jahre vor Luthers Reformations-Bibel.**

Die Mentelin Bibeln umfassen in ihrer Ausgabe das alte und das Neue Testament einschließlich der Prologe des Hieronymus, die zum Textbestand der lateinischen Bibel des Mittelalters gehörten. Die Übersetzung beruht auf der Vulgata, also der lateinischen Bibel, der hebräische oder der griechische Urtext sind nicht hinzugezogen worden. Der Vulgata Text wird Wort für Wort ins Deutsche umgesetzt, vielfach ohne Rücksicht auf die grammatischen Strukturen und die syntaktischen Erfordernisse der Zielsprache. An schwierigen Stellen hat dies zuweilen einen Text hervorgebracht, den man oft nur mit einem Blick in das lateinische Original verstehen kann.

**Ein paar Missstände dürfen auch der Wahrheit halber nicht übersehen werden. Erstens hat um ca. 400 n. d. Zw. Hieronymus die Bibel aus dem griechischen und hebräischen Urtext ins Lateinische übersetzt!!!** Leider wurde von Johannes Mentelin der Bibeldruck an der Vulgata angepasst, und nicht der neuen volkssprachigen Nutzungssituation.

Zusammenfassend kann gesagt werden: Die früheren deutschen Bibeldrucke haben sich nicht aus der ursprünglichen, immer noch am Lateinischen orientierten Gebrauchssituation herausgelöst und waren in erster Linie für eine den lateinischen Text begleitende Rezeption geeignet.

**Im Jahr 1475 oder 1476 beginnt eine neue Phase im deutschen Bibeldruck.** Zu dieser Zeit hat der Augsburger Drucker Günter Zainer den Mentelinischen Bibeltext gründlich an der lateinischen Bibel revidieren lassen und außerdem erhebliche Neuerungen in der typographischen und illustrativen Gestaltung eingeführt. Hauptziel der Zainer-Bearbeitung war es, die Übersetzung dem deutschen Sprachgebrauch anzunähern, ohne den engen Bezug zur lateinischen Vorlage ganz aufzugeben. Aber tatsächlich ist Zainers erste Ausgabe mit deutlichem Abstand die umfangreichste unter den vorlutherischen deutschen Bibeln mit 130 Blättern mehr als die Mentelin-Bibel.

Der Zainer-Bibel lag also eine verbesserte Übersetzung vor, worauf die Schlussbemerkung selbstbewusst hinweist: „Dieses durchleuchtete Werk der ganzen heiligen Schrift, genannt die Bibel, vor allen anderen vorher gedruckten Bibeln lauterer, klarer und wahrer, nach rechtem allgemein Deutsch dann gedruckt, hat hier ein Ende". Martin Luther soll bei seiner Übersetzungsarbeit auch die Zainer-Bibel benutzt haben!!!

Von Anton Kobergers deutschen Bibeln wurden etwa 1500 Exemplare produziert, von denen heute noch 150 erhalten sind.

**Ein neues Bibelformat begründete Johann Grüninger 1485 in Straßburg. Die zehnte deutsche Bibel war der erste deutsche Bibeldruck, der so handlich war, dass er sich zur persönlichen Bibellektüre eignete.** An diesem Format orientierten sich die Bibeln von Anton Schönsperger (1487 und 1490), Johann und Silvan Otmar (1507 und 1518), die in Augsburg gedruckt wurden. Neben der Handlichkeit war besonders der niedrige Preis Garant für einen Verkaufserfolg. Bei der Papierqualität wurde gespart.

Es sei nicht verleugnet, das mit Martin Luther durch die Übersetzung der Ursprachen griechisch und hebräisch ins deutsche, und indem er den Menschen auf den Mund schaute, eine neue Basis für die zwei Zielgruppen schaffte. Zum einen waren es die Laien und zum anderen wurde seine Übersetzung von den gegnerischen Theologen ernst genommen. Die Luther-Bibel war für den Laien noch besser lesbar. Mit dem Beginn dieser neuen Ära waren die vorlutherischen Bibeln nicht mehr verkäuflich. Quelle: © http://www.die-bibel.de/bibelwissen/bibelübersetzung/die -geschi...; Michael Landgraf

## Resümee nach Mittlerweile acht deutschen Bibeldrucken. Keiner der Drucker ist nach dem durch den Druck einer deutschen Bibel in Konkurs gegangen, obwohl allein in Augsburg innerhalb von zwei Jahren in drei verschiedenen Offizinen – Pflanzmann, Zainer und Sorg – immerhin fünf verschiedene Bibelausgaben gedruckt worden sind.

Mit beiden Kölner Bibeldrucken war zum ersten Mal eine gedruckte deutsche Bibelausgabe entstanden, die in Ausstattung, Übersetzung und texterschließenden Elementen den Erfordernissen einer Lesebibel für Laien genügen konnte. Eine solche zu schaffen war auch das in der Vorrede der Kölner Bibeln erklärte Ziel der Redaktoren. Dort heißt es, alle Christen sollten die Bibel mit großer Andacht und mit großem Eifer lesen. Wenige Zeilen weiter heißt es: Also haben alle Menschen, Gelehrte und Ungelehrte, Geistliche und Weltliche die Möglichkeit in diesem Buch zu lesen, jeder so wie es ihm gemäß ist, um darin das Heil seiner Seele und Trost zu finden (wörtlich „zu lernen").

## Achtung!! Halten wir der reinen Wahrheit wegen, klar und deutlich fest!!! Die Laiengerechte erste deutsche Bibel kam 44 Jahre vor der Luther-Bibel heraus!!!

Nach Kobergers Riesenauflage wurde die Bibel in den süddeutschen Städten des Reiches bis 1518 noch insgesamt fünfmal gedruckt.

## Achtung!! Halten wir der reinen Wahrheit wegen, klar und deutlich fest!!! Die Laien-Bibel in verständlicher deutscher Sprache wurde

**schon 39 Jahre von der Luther-Bibel in großen Auflagen gedruckt, bzw. fünfmal nachgedruckt!**

Zwei Monate vor Luthers September-Testament im Jahre 1522 wird in Halberstadt noch einmal eine niederdeutsche Vollbibel gedruckt. Quelle: © Christine Wulf, Göttingen; Die Bibel im Spannungsfeld zwischen Laienemanzipation und Bibel-verbot; Deutsche Bibeldrucke vor Luther

Ein Zitat aus folgendem Buch von Mauerhofer/Sessler Seite 74f gibt einen ungefähren Einblick in die damalige vorlutherische Verbreitungssituation der Schrift im deutschen Reich:

„Die Anfänge der volksprachigen Aneignung der Heiligen Schrift reichen allerdings bis in die Anfänge der deutschen Literaturgeschichte in der Karolinger Zeit zurück. In zahlreichen Übersetzungen und Buchtypen (z. B. Evangelienharmonie, Historienbibeln, Perikopen Bücher, Vollbibeln) waren deutschsprachige Bibeltexte schon im Mittelalter verbreitet. Zwischen 1466 und 1522 wurden alleine in Deutschland 18 deutschsprachige Vollbibeln gedruckt. Das Interesse von Seiten des einfachen Klerus und des Bürgertums stieg jedoch. Die katholische Kirche hatte eine volkssprachliche Übersetzung einer Bibel nicht geduldet. **Ihre Verlagsorte (Straßburg, Augsburg, Köln, Nürnberg, Lübeck u. a.) zählen zu den bedeutendsten Zentren der frühen Buchdruckerkunst. Die Drucker dieser vorlutherischen Bibeln (Mentelin, Zainer, Koberger, Sorg, Arndes u. a. m. zählten zu den leistungsfähigsten Vertretern ihres Gewerbes.** Die 18 vor lutherischen Bibeln kann man in zwei Gruppen unterteilen: in 14 oberdeutsche (meist süddeutschen Dialektformen verwandte Textfassungen) und in 4 niederdeutsche. Die Halberstädter Bibel (1522), die letzte deutsche Bibel vor Luthers Übersetzung, stammt wohl von der Kölner Vollbibel (um 1478) als auch von der Lübecker Übertragung (1494) ab. Es wird angenommen, dass diese frühen Bibelausgaben direkte Übertragungen aus dem lateinischen Text in den jeweiligen deutschen Dialekt waren". **In Köln wurde von der katholischen Kirche sehr strenge Zensur ausgeübt, so das Auftraggeber und Drucker dagegen anonym blieben.** Quelle: © Buch „Um des Glaubens willen", von Mauerhofer/Sessler, ClV Christlicher Literatur-Verlag, Bielefeld 1990, Seite 74 f.; Quelle: © http://de.wikipedia.org/wiki/Vorlutherische_deutsche_ Biblen

Viele dieser vorlutherischen Bibeln sind angeblich heute noch erhalten, z. B. von der vorlutherischen Koberger Bibel 150 Exemplare. Außer diesen 18 deutschen Vollbibeln, die seit 1466 herstellt wurden, waren ja noch Bibeln von früher im Umlauf, die nicht mehr nachgedruckt wurden oder heute nicht mehr erhalten sind. Dementsprechend schätzen andere die Zahl vorhandener deutscher Bibelübersetzungen vor Luther auf ca. 30.

Was bei Luthers Übersetzung das Besondere war, ist, dass er die Bibel nicht – wie die anderen Übersetzer – in irgendeinen Dialekt (welche ja die eigentlichen Muttersprachen der Deutschen sind) übersetzt hat, sondern in die sächsische Kanzleisprache (eine Amtssprache), woran bereits zu sehen ist, dass er seine „Reformation" von Anfang an mit Hilfe der Obrigkeit (d. h. Staatsgewalt) von oben herab durchführen wollte, zumal er ja auch seine Übersetzung unter obrigkeitlicher Beschirmung (1521 auf der Wartburg) begann. Und da er die Gesetzlosigkeit lehrte, dementsprechend die Bibel verfälschte und das Evangelium zum politischen Kampf gegen die römische Vorherrschaft benutzte (missbrauchte), hat sich seine Übersetzung (wie auch seine Schriften) schneller als alle anderen verbreitet und durchgesetzt. Dementsprechend konnten andere Verkündiger des Wortes Gottes zurzeit Luthers das Evangelium noch so treu und richtig gelehrt, ja sogar ihr Leben für das Wort gegeben haben, so fragten dennoch die meisten weder damals noch heute nach ihnen.

Quelle: © Buch „Die Lehre M. Luthers ein Mythos zerbricht! Ein Beitrag zur Vertiefung des Reformationsverständnisses, Bekannte und unbekannte, beliebte und verleugnete Schriften Prof. Dr. Martin Luthers im Lichte der Bibel, von Hans Jürgen Böhm, Seite 314-318 u. 322-323. Ein gebürtiger Lutheraner entdeckt den ganzen Luther

## >„Was hat uns Martin Luther mit seiner Bibelübersetzung hinterlassen??? Gravierende Fälschungen: Martin Luther war ein Bibelfälscher!!!

# Der Bibelfälscher Martin Luther mit einem dämonisch, teuflischen, falschen Evangelium

**Die Bibelfälschungen des Martin Luther**
**>„Um seinen nutzlosen Credo Glauben zu betonen, und um ihn biblisch zu machen, fälscht er Bibelsätze, wohl ohne sich Sorgen um sein Heil zu machen"!<**

Beispiel: Johannes 3, 36 heißt es in der revidierten (überprüften und korrigierten) Lutherbibel (LB): „wer an den Sohn glaubt, der hat das ewige Leben. Wer aber den Sohn nicht gehorcht, der wird das Leben nicht sehen, sondern der Zorn Gottes bleibt auf ihn". Luther aber als Junker Jörg auf der Wartburg versteckt, das Neue Testament übersetzend, übersetzt er die Stelle so: „Wer an den Sohn glaubt, der hat das ewige Leben. Wer dem Sohn __„nicht glaubt"__, der wir das Leben nicht sehen, sondern der Zorn Gottes bleibt auf ihm"!

**Luther war da bestimmt nicht alkoholisiert, sondern hat sicher ganz bewusst zweimal „glauben" gewählt.** Denn bei ihm komm es nur auf das Glauben an. Keinesfalls auf das gehorchen!

**Denn, wie schon gesehen, gehorchte er YAHUSHUA WAH HA MASCHIACH am allerwenigsten.**

__Schon wer YAHUWAHs Wort verfälscht, wer die Heilige Schrift unheilig behandelt, der gehorcht YAHUWAH keinesfalls.__ „Wer dem Sohn nicht glaubt" zieht außerdem die Frage nach sich: Was sollte man dem Sohn nicht glauben? Richtig müsste es also heißen: Wer an den Sohn nicht glaubt,..." Luther hat aber tatsächlich dem Gottessohn nicht geglaubt – dass dieser alles, was er in Auftrag seines himmlischen Vaters lehrte, ganz ernst meinte! **Luther fälschte auch etliche Bibelstellen in Bezug auf Judas Ischariot.** So heißt es in Markus 14, 10 im originalen Luther-Text: „Und Judas Ischariot, einer von den Zwölfen, ging hin zu den Hohepriestern, dass er ihn verriete". So hat man es auch in der revidierten Fassung gelassen. Jesuit Heiner Geißler bemerkt in seinem Buch „Was würde Jesus heute sagen"? Auf Seite 142 an: Und er (Jesus) würde auch sagen, dass Judas ihn nicht verraten hat, sondern dass er selber Judas aufgefordert habe, ihn den Römern auszuliefern, weil er durch seinen Tod die Menschen erlösen wollte. Das griechische Wort paradidonei heißt eben nicht „verraten", sondern übergeben". Und die guten Bibel wählen dementsprechend: „Er wollte Jesus ausliefern".

Einheitsübersetzung der Bibel – Einh. B.) Oder: „um ihn an sie zu überliefern".
(Elberfelder Bibel – Elb. B).
Im Lukas 22, 6 sagt auch Luther: Dass er ihn überantwortete ohne Lärmen". Das
entspricht dem „Überliefern". Der Evangelist Johannes spricht an vier Stellen vom
überliefern. Johannes 6, 64; 13, 11; 13, 21; 18, 2. Luther aber vom verraten, bzw.
bei Johannes 13, 11 und 18, 2 vom Verräter – da war ihm selbst das verraten noch
zum mild. Im Johannes 13, 27 sagt YAHUSHUA zu Judas: was du tust, tu schnell"!
(Luther: „bald") Johannes, als Theologe, sieht YAHUSHUA am Kreuz als notwendig
an. Aber nicht wegen der Sündenvergebung, denn er berichtet ja gar nicht vom
„Abendmahl", sondern weil der Sohn zum himmlischen Vater zurückkehren will,
um seinen Jüngern die himmlische Wohnung zu bereiten und den Heiligen Geist
schicken. Vielleicht hat er sich ja auch schon damals die Frage gestellt, die auch
Frau Prof. Uta Ranke-Heinemann in ihrem Buch „Nein und Amen" stellt, und die
inzwischen sogar die Kardinäle im Vatikan beschäftigen: Was wäre wohl geworden, wenn es sich Judas plötzlich anders überlegt und YAHUSHUA nicht überliefert hätte? Heiner Geißler verweist auf Markus 14, 49: „Täglich war ich bei euch,
lehrte im Tempel, und ihr habt mich nicht ergriffen". (Ebenso Matthäus 26, 35).
Verraten hat Judas den nächtlichen Aufenthalts-Ort YAHUSHUAs und seiner Jünger. Da man sich bei Tage nicht traute YAHUSHUA zu ergreifen. Wäre es durchaus
möglich gewesen, dass YAHUSHUA noch viele Jahre oder gar Jahrzehnte gelehrt
hätte. Bis vielleicht an Altersschwäche ganz natürlich gestorben wäre. Quelle: ©
Kscholze.Ks.funpic.de/.../der%entzauberte%20Luther%20und%20Agn...PDF Doppeltext: „der entzauberte Luther" – die ganze Wahrheit über Luther

>>>„Sondern wir lehnen die schändlichen Heimlichkeiten ab; wir ge-
hen nicht mit Hinterlist um und fälschen auch nicht das Wort Gottes; sondern indem wir die Wahrheit bekanntmachen, empfehlen
wir uns jedem Gewissen vor dem Angesicht Gottes. Wenn aber unser Evangelium verhüllt ist, so ist es bei denen verhüllt, die verlor-
engehen; bei den Ungläubigen, denen der Gott dieser Weltzeit die
Sinne verblendet hat, so dass sie das helle Licht des Evangeliums
von der Herrlichkeit des HA MASCHIACH nicht aufleuchtet, welcher
Gottes Ebenbild ist. Ihr irret, weil ihr weder die Schriften noch die
Kraft Gottes kennt"!<<< 2. Korinther 4, 2 – 4 u. Matthäus 22, 29 B

**<u>Der Bibelfälscher Martin Luther hat das Wort Gottes, massiv und
extrem gefälscht! Sämtliche Textstellen, wo im Urtext „Gesetzlosigkeit oder gesetzlos steht, hat einfach anders übersetzt. In seiner</u>**

**Übersetzung kommt nicht ein einziges Mal das Wort „Gesetzlosigkeit" vor. Darüber hinaus gibt es weitere Beweise über seine Fälschungen. Mit seinen Fälschungen, Lügen und Wort-Gottes-Betrügereien verdeckt er das echte Evangelium der Heiligen Schrift!!!** Durch seine Verdeckung handelte er in Sinne Satans dem Gott dieser Weltzeit, damit die Menschen nicht sehen das helle Licht des echten Evangeliums der Heiligen Schrift"! Adelheid Sonnenschein

>>>„YAHUWAH zögert nicht die Verheißungen hinaus, wie etliche es für ein Hinauszögern halten, sondern er ist langmütig gegen uns, weil er nicht will, dass jemand verlorengehe, sondern das jedermann Raum zur Buße habe"!<<< 2. Petrus 3, 9

**Der Verdienst Martin Luther besteht lediglich darin das er die Bibel massiv verfälscht hat in seine eigene Version. In Wahrheit hat er die Bibel selber überhaupt nicht übersetzt, denn es gab schon viele Jahre vor ihm qualifizierte Übersetzungen. Die Märchen-Lüge, dass uns Luther die Bibel ermöglicht hat, ist purer Betrug.** Adelheid Sonnenschein

>>>„So bringt nun Früchte, die der Buße würdig sind"!<<< Matthäus 3, 8

**Tue Buße darüber, dass du bisher der Betrüger-Bibel mit Namen Luther Bibel vertraut hast. Tue Buße darüber, dass du in der Irrlehren-Sekte der Evangelischen, Protestantischen Kirche Mitglied bist und warst und den blinden Blindenleitern vertraut hast! Tue Buße über dein gesamtes Leben, und nehme die zusätzliche Geduld und Gnade von Gott YAHUWAH dem Vater, und YAHUSHUA HA MASCHIACH deines Retters an. Lasse dir nicht weiter, etwas von den gesamten Lügen des Betrug Systems verkaufen. Gott YAHUWAH will nicht das du verloren gehst!** Adelheid Sonnenschein

>>>„Denn das Geheimnis der Gesetzlosigkeit ist schon am Wirken, nur muss der, welcher jetzt zurückhält, erst aus dem Wege sein; und dann wird er Gesetzlose geoffenbart werden, den YAHUSHUA HA

MASCHIACH verzehren wird durch den Hauch seines Mundes, und den er durch die Erscheinung seiner Wiederkunft beseitigen wird. Wehe denen, die Frevel ersinnen und Böses vorbereiten auf ihren Lagern! Am Morgen, wenn es Licht wird, führen sie es aus; weil es in ihrer Macht steht"!<<< 2. Thessalonicher 2, 7 + 8 u. Micha 2, 1 + 2

>>>„Wir sind aus Gott YAHUWAH. Wer Gott YAHUWAH erkennt, hört auf uns; wer nicht aus Gott YAHUWAH ist, hört nicht auf uns! Daran erkennen wir den Geist der Wahrheit und den Geist des Irrtums"! Es gab aber auch falsche Propheten unter dem Volk, wie auch unter euch falsche Lehrer sein werden, die heimlich verderbliche Sekten einführen, indem sie sogar YAHUSHUA HA MASCHIACH, der sie erkauft hat, verleugnen; und sie werden ein schnelles Verderben über sich selbst bringen. Denn wir sind nicht wie so viele, die das Wort Gottes verfälschen, sondern aus Lauterkeit, von Gott aus reden wir vor dem Angesicht Gottes in YAHUWAH in HA MASCHIACH"!<<< 1. Johannes 4, 6 u. 2. Petrus 2, 1 u. 2. Korinther 2, 17

**Martin Luther war nicht nur ein falscher Prophet sondern auch ein gravierend falscher Lehrer, er hat YAHUSHUA HA MASCHIACH mit seinen Irrlehren bewusst verleugnet. Er ließ sich von den Söhnen Satans den Freimaurern manipulieren. Letztendlich war er nur eine Puppe oder Marionette, in den Diensten der Satanssöhne. Letztendlich hat Philipp Melanchthon als Freimaurer und Sohn Satans die Reformation bewirkt, welches jedoch keine Reformation war, denn Reformation heißt Erneuerung! Und diese Reformation hat nicht im sechszehnten Jahrhundert stattgefunden, sondern liegt als Aufgabe vor uns!!!** Adelheid Sonnenschein. Letzter Satz: Klaus Douglas zum Thema neue Reformation

>>>„So spricht YAHUWAH, dein Erlöser, der dich vom Mutterleib an gebildet hat: Ich bin YAHUWAH, der alles vollbringt – ich habe die Himmel ausgespannt, ich allein, und die Erde ausgebreitet durch mich selbst - , der die Zeichen der Schwätzer vereitelt und die Wahrsager zu Narren macht; der die Weisen zum Widerruf zwingt und ihr

Wissen zur Torheit macht. Denn die Teraphim (leicht transportable Götzenfigur) haben leere Versprechungen gemacht, und die Wahrsager haben Lügen geschaut, und sie erzählen erlogene Träume und spenden leeren Trost. Und die Seher sollen zuschanden werden und Wahrsager schamrot dastehen; sie werden alle ihren Bart verhüllen, weil es keine Antwort von Gott mehr gibt"!<<< Jesaja 44, 24 + 25 u. Sacharja 10, 2 A + B u. Micha 3, 7

>>>„Du bist müde geworden von der Menge deiner Beratungen. So lasse sie doch herzutreten und dich retten, die den Himmel einteilen, die Sternseher, die jeden Neumond ankündigen, was für dich kommen soll! Sie sind geworden wie Stoppeln, die das Feuer verbrannt hat; sie werden ihre Seele nicht von der Gewalt der Flammen erretten, denn es wird keine Kohleglut sein, an der man sich wärmen, und kein Ofen, an dem man sitzen könnte. So sind die für dich geworden, um die du mich bemüht hast, sie, mit denen du Handel getrieben hast von Jugend auf: jeder von ihnen irrt auf seinen eigenen Weg davon, und keiner hilft dir"!<<< Jesaja 47, 13 - 15

**„Das Martin Luther ein Astrologie-Gläubiger war, beweist zusätzlich, das er kein entschieden Gläubiger war, und auch nicht die echte Taufe auf Grundlage der Heiligen Schrift erlebt hat, geschweige denn, das er die Geistestaufe von YAHUSHUA HA MASCHIACH erhalten hat. Dass er mit der Freimaurerei dem Werk Luzifers diente ist ein weiterer Beweis. Mit 44 Jahren hat er in ernsthafter Weise mit einem Horoskop-Ersteller zusammengearbeitet, dem er ebenfalls vertraute wie den Freimaurern, den Söhnen Satans. Martin Luther war blinder Blindenleiter. Luther war ein Horo-kopgläubiger sein Leben lang. Letztendlich war er ja auch in bester Gesellschaft von Astrologie-Gläubigen wie Melanchthon und Lichtenberger umgeben"!** Adelheid Sonnenschein

### Die sektiererische, „sakramentale" Austeilung der Gnade
Nachdem also Luther die römischen „Sakramente" von ihrer „missbräuchlichen Anwendung gereinigt" und den ursprünglichen römisch-augustinischen „Glauben

des Sakraments" wiederhergestellt hatte, wurden diese zum Kern und eigentlichen Inhalt des „Evangeliums", das Luther verkündigte. **Luther lehrte ausdrücklich, dass kein Mensch der Gnade Gottes teilhaftig werden könne, es sei denn durch seine „Sakramente". Damit erhalten die „Sakramente" einen zentralen Stellenwert im Evangelium von Martin Luther.** **Wie bitte???????**
**Will ich nun meine Sünde vergeben haben, so muss ich nicht zum Kreuze laufen, denn da finde ich sie noch nicht ausgeteilt; ich muss mich auch nicht zum Gedächtnis und Erkenntnis halten des Leidens Christi,** wie Karlstadt alfanzt, denn da finde ich sie auch nicht; sondern zum Sakrament oder Evangeliums, (Sakrament= Evangelium) da finde ich das Wort, das mir solche erworbene Vergebung am Kreuz austeilet, schenkt, darbietet und gibt. **Darum hat auch Luther recht gelehrt, dass, wer ein böses Gewissen hat von Sünden, der solle zum Sakrament gehen und Trost holen, nicht am Brot und Wein, nicht am Leib und Blut Christi, sondern am Wort, das im Sakrament mir den Leib und Blut Christi als für mich gegeben und vergossen, darbietet, schenkt und gibt. Ist das nicht klar genug"**? (1525)
„Das aber unsere Klüglinge, die neuen Geister, vorgeben, der Glauben mache allein selig, die Werke aber und äußerlich Ding tun nichts dazu, antworten wir: Dass freilich nichts in uns tut denn der Glaube wie wir noch weiter hören werden. **Das wollen aber die blinden Leiter nicht sehen, dass der Glaube etwas haben muss, das er glaube, das ist, daran er sich halte und darauf stehe und fuße. Also hängt nun der Glaube am Wasser und glaubt, dass es die Taufe sei, darinnen eitel Seligkeit und Leben ist,** nicht durchs Wasser (wie gesagt), sondern dadurch, dass es mit Gottes Wort und Ordnung verbleibet und sein Name darinnen klebet". (1538).

Martin Luther hat immer, wenn er vom „Glauben" sprach, letztlich von dem „Glauben des Sakraments" gesprochen, da er den „Sakramenten" in mystisch-heidnischer Weise die lebendig machende Kraft Gottes zuschrieb:
**„Denn nicht die Sakramente, sondern der Glaube an die Sakramente macht lebendig und gerecht,..."!** (1520). **Wie Bitte???**
Wer diesen Sakramentsglauben ablehnte, den achtete er nichts als Bruder, sondern hielt ihn für ewig verloren:
„Denn ich, als der ich nun auf die Grube gehe, will dies Zeugnis und diesen Ruhm mit mir vor meines lieben Herrn und Heilands Jesus Christi Richterstuhl bringen, dass ich die Schwärmer und Sakramentsfeinde, Karlstadt, Zwingel, Oekolampad, Stenckefeld und ihre Jünger zu Zürich und wo sie sind, mit ganzem Ernst verdammt und gemieden habe, nach seinem Befehl, Titus 3, 10 f: „Einen Ketzer sollst du meiden, wenn er ein- oder zweimal vermahnt ist, und wisse, dass ein solcher verkehrt ist und sündigt, als der schlechthin will verdammt sein". (1544)
Welch Christenherz kann oder will auch glauben, dass der Heilige Geist **und nicht** viel mehr der leidige Teufel nochmals und immerfort in ihnen sei, weil sie die hel-

len Worte des Herrn: „nehmet, esset, das ist mein Leib" deuten aus eigener Will-
kür und Frevel auf ihren Traum, dass sie Ketzer und abgeschnittene Gliedmaßen
von der Gemeinde Gottes seinen". (1545)
Dass etwa ein Sakrament, und doch zur Seligkeit nicht nötig sei, wird ganz gottes-
lästerlich und überaus schmählich **wider Christus** geredet". (1545)
**Das „Wort im Sakrament" heißt also die tödliche Formel der lutherischen Theo-
logie** (siehe „Augsburger Bekenntnis" (1530) – tödlich für den, der sie glaubt (ewiges Verderben) und tödlich für den, der sie nicht glaubte (da kamen die lutherischen Henker). **„Wort im Sakrament" bedeutet aber, dass letztlich das gesamte
Wort Gottes auf die „Sakramente" bezogen wird bzw. vermeintlich ausschließlich in den „Sakramenten" seine Wirksamkeit entfalte.** „Glaube allein" bedeutet
somit bei Luther in Wahrheit immer: „die lutherischen Sakramente allein"; denn
der Glaube Luthers ist letztlich immer der „Glaube des Sakraments". **Spätestens
aber dadurch, dass Luther seine unbiblischen, ja heidnischen Sakramente für alleinseligmachend erklärte und jeden, der diesen nicht folgte, als verfluchten Ketzer verurteilte und schließlich sogar töten ließ, trat das Böse, das solchen Lehren
innewohnt, deutlich zu Tage.**

## Perfekte dämonische Irrlehre des Martin Luthers!
**Luther lehrte ausdrücklich, dass kein Mensch der Gnade Gottes
teilhaftig werden könne, es sei denn durch seine „Sakramente.
Will ich nun meine Sünde vergeben haben, so muss ich nicht zum
Kreuze laufen, denn da finde ich sie nicht ausgeteilt; ich muss mich
auch nicht zum Gedächtnis und Erkenntnis halten des Leidens Christi! Ich finde die Gnade nicht am Kreuz und auch nicht in den Leiden Christi, sondern ich muss zum Sakrament-Evangelium gehen,
da finde ich das Wort, das mir solche erworbene Vergebung am
Kreuz austeilet, schenkt, darbietet und gibt! Darum hat auch Luther recht gelehrt, dass, wer ein böses Gewissen hat von Sünden,
der solle zum Sakrament gehen und Trost holen, nicht am Brot und
Wein, nicht am Leibe und Blut Christi, sondern am Wort, das im
Sakrament mir den Leib und Blut Christi als für mich gegeben und
vergossen, darbietet, schenkt und gibt. Also hängt nun der Glaube
am Wasser und glaubt, dass es die Taufe sei, darinnen eitel Seligkeit und Leben ist, nicht durchs Wasser (wie gesagt), sondern dadurch, dass es mit Gottes Wort und Ordnung verbleibet und sein
Name darinnen klebet". „Denn nicht die Sakramente, sondern der**

**Glaube an die Sakramente macht lebendig und gerecht! <u>Luther be-</u>
<u>zeugte selbst, dass allein der Glaube, dass CHRISTUS für den Sün-</u>
<u>der gestorben sei, nicht ausreiche, um ewig errettet zu werden.</u>
<u>Satanischer kann die Irrlehre wohl nicht sein!?!?</u>**

<u>**Andernfalls hätte er auf seine „Sakramente" als heilsentscheidendes „Gnaden-**</u>
<u>**mittel" verzichten müssen.**</u> **Luther hat niemals eine andere Rechtfertigung ge-**
**lehrt als die ausschließliche Rechtfertigung durch den Glauben an seine „Sak-**
**ramente", wobei es heißt, dass das Taufsakrament zu preisen und sein Abend-**
**mahlssakrament anzubeten sei!**        **Wie bitte???**
Die tödliche Formel der lutherischen Theologie bedeutet, dass das ganze Wort
Gottes auf das Sakrament bezogen wird. „Glaube allein" bedeutet somit bei Luther in Wahrheit immer: „die lutherischen Sakramente allein"!

>>>„Und aus eurer eigenen Mitte werden Männer aufstehen, die
verkehrte Dinge reden, um die Jünger abzuziehen in ihre Gefolg-
schaft"!<<< Apostelgeschichte 20, 30

Offensichtlich war es dieses festhalten Luthers an den (römischen) „Sakramenten", was ihn zu einem Verständnis vom Glauben führte, das jegliche Werke einschließlich des Glaubensgehorsams gegen die Gebote CHRISTI, zu welchem das
Evangelium verkündigt, wir ausklammern müssten.

>>>„Durch welchen wir Gnade und Aposteldienstes empfangen ha-
ben zum Glaubensgehorsam für seinen Namen YAHUSHUA unter
alle Heiden"! Das jetzt aber geoffenbart und durch prophetische
Schriften auf Befehl des ewigen Gottes gekanntgemacht worden ist
zum Glaubensgehorsam für alle Heiden"!<<< Römer 1, 5 u. 16, 26

**Luther hat also mit seiner Glaubenslehre qualitativ niemals einen anderen Glau-**
**ben verkündigt, als den an die „Sakramente".** Wann immer Luther von „Glauben" sprach, meinte er letztlich den „Glauben des Sakraments". <u>**Damit bezeugte**</u>
<u>**Luther selbst, dass allein der Glaube, dass CHRISTUS für den Sünder gestorben**</u>
<u>**sei, nicht ausreiche, um ewig errettet zu werden!!!**</u> Andernfalls hätte er auf seine
„Sakramente" als heilsentscheidendes „Gnadenmittel" verzichten müssen. Es ist
folglich nicht richtig, Luthers Rechtfertigungslehre von seiner Sakramentslehre zu
trennen. Denn ohne die sakramentale Austeilung der Gnade – sagt er – bedeute
das Kreuz für mich so viel, wie wenn es nicht für mich geschehen wäre. Deshalb
hat Luther – wie gesagt – niemals eine andere Rechtfertigung gelehrt als die aus-

schließliche Rechtfertigung durch den Glauben an seine „Sakramente", wobei es heißt, dass das Taufsakrament zu preisen und sein Abendmahlssakrament anzubeten sei!???

**Der Mensch wird nur alleine selig durch das Evangelium nach Martin Luther, also nach dem Sakrament des Evangeliums nach Martin Luther. >„Die tödliche Formel der lutherischen Theologie bedeutet, dass das ganze Wort Gottes auf das Sakrament bezogen wird"!< „Glaube allein" bedeutet somit bei Luther in Wahrheit immer: „die lutherischen Sakramente allein"! Luther erklärte sein unbiblisches, ja heidnisches Sakraments für alleinseligmachend und jeder, der diesem nicht folgte, wurde als verfluchter Ketzer verurteilt und schließlich ließ er sogar die Personen töten. Hier tritt die dämonische Lehre deutlich zu Tage. Allein hierin hat er schon bewiesen, dass er kein Reformator war sondern ein echter Antichrist ist und war!!!** Adelheid Sonnenschein

**>„Martin Luther war ein Bibelfälscher, denn er hat Teile der Bibel völlig abgelehnt, an anderen Stellen hat er den richtigen Wortlaut durch andere Worte ersetzt, oder Worte die ihm nicht in den Kram passten, ganz einfach weggelassen. Denn eine Irrlehre die auf Kosten des reinen Wortes Gottes geht, kann niemals das echte Evangelium sein! Martin Luther stellte sich über Gott, indem er ihm die Worte vorschrieb die er gesagt haben sollte"!<** **Wie bitte???**

### Die praktische Anwendung des lutherischen „Evangeliums"

**>„Martin Luther war ein Bibelfälscher pur"!<**
Von seiner Rechtfertigungslehre felsenfest überzeugt, ging Luther zunächst her und änderte das Wort Gottes gemäß der Überzeugung, so dass er in Römer 3, 28 das Wörtchen „allein" einfügte. Luther setzte absichtlich in seiner Übersetzung ein, dass der Mensch nicht durch Gesetzeswerke gerechtfertigt werde, sondern „allein" durch den Glauben".
**Durch diese kleine Hinzufügung des Wörtchens „allein" begann**

Luther nunmehr, Gott die Worte vorzuschreiben, die er gesagt haben sollte. Selbstverständlich merkte Luther schon bald den Widerspruch zu Jakobus, der durch seine willkürliche Hinzufügung im Römer 3, 28 entstanden war.

Luther hat sich für seine Hinzufügung, das heißt für seine Theologie entschieden und dafür Jakobus verworfen. Luther nannte den Jakobusbrief auch „eine stroherne Epistel", was ja allgemein bekannt ist.

Abraham sei aus seinen Werken gerechtfertigt worden, da er seinen Sohn opferte, obwohl doch Paulus Römer 4 entgegengesetzt lehrt, dass Abraham ohne Werke, ehe er denn seinen Sohn opferte, gerechtfertigt worden sei, allein durch seinen Glauben, und das mit 1. Mose 15, 6 beweist.

Luther zerreißt die Schrift und widersteht damit Paulus und aller Schrift, will´s mit Gesetz treiben ausrichten, was die Apostel mit Anreizen zur Liebe ausrichten.

Gleicherweise stellte er auch den Judas – und Hebräerbrief und die Offenbarung als Wort Gottes in Frage!!!

Eine weitere schwerwiegende, bewusste Bibelfälschung leistete sich Luther darin, dass er im Zuge der „Rechtfertigung aus Glauben „allein" die Wörter „Gesetzlosigkeit" und „Gesetzloser" nahezu vollständig aus der gesamten Bibel verbannte, obwohl diese Begriffe allein im NT insgesamt schon über 20-mal vorkommen, im AT weit über 200-mal, jedoch unmöglich von der Frage der Rechtfertigung zu trennen sind.

Das Sakramentsevangelium Martin Luthers mit seiner rein seelischen Annahme des Stellvertretungsgedankens umgeht gezielt das gebotene Tun des Willens Gottes und verleugnet die heilsnotwendige Herrschaft des Geistes über den Leib.

Indem aber Luther den Gekreuzigten in seinen Werken verleugnet – indem er das halten seiner Gebote ihm selbst zuschiebt („Er allein erfüllet") und sich im Besitz eines „Simul justus et peccator" (Gerecht und Sünder zugleich) – Freibriefes glaubt – kann er nicht nur tun, was er will, sondern er muss auch jede Lücke, die durch das verleugnen eines Gebotes Gottes entsteht, durch Menschengebote ausfüllen, da andernfalls jeder tut, was er will, und in der Folge davon keinerlei Zusammenleben mehr möglich ist. <u>Martin Luther lehrte, dass das Gesetz nicht wirklich getan und als verbindlich gelehrt werden müsse und dass es keinerlei Bedeutung für die Stellung des Christen im Reich der Himmel habe.</u>     <u>Wie bitte?</u>?? <u>Martin Luther lehrte, dass keine äußere Sünde, mit dem Leibe getan, jemals etwas mit der Frage der Gerechtigkeit eines Menschen oder mit seiner Rechtfertigung zu tun habe, so dass niemand wegen Sünden, die er mit dem Leibe tut, in die Hölle geworfen werde.</u>

### Die lutherische Bibelfälschung

Von seiner Rechtfertigungslehre felsenfest überzeugt, ging Luther zunächst her und änderte das Wort Gottes gemäß der Überzeugung, so dass er in Römer 3, 28 das Wörtchen „allein" einfügte. **Heißt es nämlich im eigentlichen Text des Wortes Gottes, dass der Mensch nicht durch Gesetzeswerke gerechtfertigt werde, sondern durch den Glauben, <u>so schrieb Luther absichtlich in seiner Übersetzung, dass der Mensch nicht durch Gesetzeswerke gerechtfertigt werde, sondern „allein" durch den Glauben.</u> Durch diese kleine Hinzufügung des Wörtchens „allein" begann Luther nunmehr, Gott die Worte vorzuschreiben, die er gesagt haben solle.** Hiervon ließ er sich auch nicht durch andere Schriftworte abhalten, die solches verurteilen.

>>>„Tue nicht zu seinem Worten hinzu, damit er dich nicht bestraft und du als Lügner dastehst"!<<< Sprüche 30, 6

**Das nämlich diese Hinzufügung des Wörtchens „allein" in Römer 3, 28 nicht richtig sein konnte, zeigt nämlich Jakobus ausdrücklich an, indem er schreibt:**

>>>„So seht ihr nun, dass der Mensch durch Werke gerechtfertigt wird und nicht durch den Glauben allein"!<<< Jakobus 2, 24

Selbstverständlich merkte Luther schon bald den Widerspruch zu Jakobus, der durch seine willkürliche Hinzufügung im Römer 3, 28 entstanden war. Hierdurch wurde eine zweite Entscheidung fällig. **Entweder musste die Hinzufügung Luthers in Römer 3, 28 weichen oder Jakobus, der Knecht „Gottes".** Luther hat sich für seine Hinzufügung, das heißt für seine Theologie entschieden und dafür Jakobus

**verworfen.** So schrieb er z. B. Anno 1520 in seiner Abhandlung „Vom babylonisch-en Gefängnis der Kirche" betreffs des Jakobusbriefes: ...dass diese Epistel nicht des Apostels Jakobus sei, auch nicht würdig eines apostolischen Geistes,..."!
Anderweitig nannte Luther den Jakobusbrief auch „eine stroherne Epistel", was ja allgemein bekannt ist. Quelle: © Buch: Die Lehre M. Luthers – ein Mythos zerbricht! Ein Beitrag zur Vertiefung des Reformationsverständnisses. Bekannte und unbekannte beliebte und verleugnete Schriften Prof. Dr. Martin Luthers im Lichte der Bibel. Ein gebürtiger Lutheraner entdeckt den ganzen Luther, Hans-Jürgen Böhm, Seite 305.

## Martin Luther lehnte Teile der Heiligen Schrift ab!!!

Über den Jakobusbrief schreibt Martin Luther in seinen Lehren:
Den Brief des Jakobus, obwohl er von den Alten verworfen ist, lobe ich und halte ihn doch für gut, und zwar deshalb, weil er gar keine Menschenlehre aufstellt und Gottes Gesetz eifrig treibt. Aber, auf dass ich meine Meinung darüber begründe, jedoch ohne irgendjemandes Nachteil: Ich erachte ihn für keines Apostels Schrift. Und dies ist meine Ursache dafür: Aufs erste, dass er stracks wider Paulus und alle andere Schrift den Werken die Rechtfertigung zuschreibt und sagt, Abraham sei aus seinen Werken gerechtfertigt worden, da er seinen Sohn opferte, obwohl doch Paulus Römer 4 entgegengesetzt lehret, dass Abraham ohne Werke, ehe er denn seinen Sohn opferte, gerechtfertigt worden sei, allein durch seinen Glauben, und das mit 1. Mose 15, 6 beweist. Wenn nun diesem Brief vielleicht geholfen und für solche Rechtfertigung der Werke ein erklärender Zusatz gefunden werden möchte, kann man ihn doch darin nicht schützen, dass er den Spruch 1. Mose 15, 6 – welcher allein von Abrahams Glauben und nicht von seinen Werken sagt, wie ihn Paulus Römer 4, 3ff anführt – doch auf die Werke bezieht. Darum ergibt dieser Mangel, dass er von keinem Apostel stamme. Aber dieser Jakobus tut nicht mehr, als zu dem Gesetz und seinen Werken treiben, und wirft eins so unordentlich ins andere, das mich dünkt, es sei irgendein guter, rechtschaffener Mann gewesen, der etliche Sprüche von den Jüngern der Apostel aufgenommen und so aufs Papier geworfen hat, oder (es) ist vielleicht nach seiner Predigt von einem andern geschrieben. Er nennt (z. B.) das Gesetz der Knechtschaft, des Zorns, des Todes und der Sünde nennt.
Aufs zweite, das er Christenleute lehren will und gedenkt nicht einmal in solcher langen Lehre des Leidens, der Auferstehung, des Geistes Christi: er nennet Christus etliche Male, aber er lehret nicht von ihm, sondern spricht vom allgemeinen Glauben an Gott. Denn das Amt eines rechten Apostels ist´s, dass er von Christi Leiden und Auferstehen und Amt predige und für diesen Glauben den Grund lege, wie Christus selbst sagt Johannes 15, 27: „Ihr werdet von mir zeugen". Und darin stimmen alle rechtschaffenen, heiligen Bücher überein, dass sie allesamt Christus predigen und treiben. Das ist auch der rechte Prüfstein, alle Bücher zu beurteilen, wenn man sieht, ob sie Christus treiben oder nicht. Sintemal alle Schrift Christus

zeiget, Römer 3, 22f, und Paulus nichts als Christus wissen will, 1. Korinther 2, 2. Was Christus nicht lehret; umgekehrt, was Christus predigt, das ist apostolisch, wenn es gleich Judas, Hannas, Pilatus oder Herodes täte.
Darüber hinaus zitiert er die Sprüche 1. Petrus 4, 8: „Die Liebe bedeckt der Sünden Menge", ferner 1. Petrus 5, 6: „Demütigt euch unter die Hand Gottes", ferner das Wort des Paulus Galater 5, 17: „Den Geist gelüstet wider das Fleisch", obwohl doch Jakobus bereits früh von Herodes zu Jerusalem (und zwar) vor Petrus getötet worden war, so dass sicher scheint, dass der (Verfasser des Briefes) lange nach Petrus und Paulus gelebt habe.
Luther beruft sich hier irrtümlicherweise auf Apostelgeschichte 12, 1 - 2, wo es aber nicht um den Autor des Jakobusbriefes, den Herrenbruder" – vermutlich ein Cousin Jesu – geht, sondern um den Apostel Jakobus, den Sohn des Zebedäus, den Bruder des Johannes.
In Summa: er hat denen wehren wollen, die sich auf den Glauben ohne Werke verließen und ist für diese Sache an Geist, Verstand und Worten schwach gewesen. Er zerreißt die Schrift und widersteht damit Paulus und aller Schrift, will's mit Gesetz treiben ausrichten, was die Apostel mit Anreizen zur Liebe ausrichten. Darum will ich ihn nicht in meiner Bibel in der Zahl der rechten Hauptschriften haben, will aber damit niemand wehren, dass er ihn stelle und hochhalte, wie es ihn gelüstet, denn es sind sonst viele gute Sprüche darinnen. „Ein Mann ist kein Mann in weltlichen Sachen" (sagt das Sprichwort): wie sollte dann dieser Einzelne nur allein wider Paulus und alle andere Schrift gelten?
Es würde den Rahmen dieser Abhandlung sprengen, auf alle Details dieses Zitats einzugehen. Deshalb nur eine Anmerkung zu einem wesentlichen Punkt. Luther nimmt hier nicht zur Kenntnis, dass Jakobus und Paulus den Begriff „Werke" unterschiedlich verwenden. Paulus lehnt die Gesetzeswerke ab. Jakobus geht es aber um die Werke der Liebe, die nicht vernachlässigt werden sollen.
Quelle: © Vorrede zum Jakobusbrief, 1522: Luther Deutsch, Bd. 5, S. 62 – 64, Vgl. WA DB 7, 384-386.
Quelle: © www.was-christen-glauben. Info/deutsch/Martin Luthers Lehre

## **Martin Luther war kein entschiedener echter Gläubiger, d. h. die geistliche Wiedergeburt hat er nie erlebt! Die geistliche Wiedergeburt auf Grundlage der Heiligen Schrift hat nichts zu tun mit der dämonischen, satanischen Irrlehre der Taufwiedergeburts-Irrlehre!**

>>>„Wahrlich, wahrlich, ich sage dir: Wenn jemand nicht von neuem geboren wird, so kann er das Reich Gottes nicht sehen! Nikodemus spricht zu ihm: Wie kann ein Mensch geboren werden, wenn er alt

ist? Er kann doch nicht zum zweitenmal in den Schoß seiner Mutter eingehen und geboren werden? YAHUSHUA antwortete: Wahrlich, wahrlich, ich sage dir: Wenn jemand nicht aus Wasser und Geist geboren wird, so kann er nicht in das Reich Gottes eingehen"!<<< Johannes 3, 3 – 5

## Martin Luther war in keiner Weise ein geistlicher Mensch nach den Maßstäben der Heiligen Schrift! Er war ein natürlicher (gottloser) Mensch und ein fleischlicher (religiöser) Mensch, gemäß der Heiligen Schrift!!!

>>>„Der natürliche (gottlose) Mensch aber nimmt nicht an, was vom Geist Gottes ist; denn es ist ihm eine Torheit, und er kann es nicht erkennen, weil es geistlich beurteilt werden muss"!<<< 1. Korinther 2, 14

>>>„Denn ihr seid noch fleischlich. Solange nämlich Eifersucht und Streit und Zwietracht unter euch sind, seid ihr da nicht fleischlich und wandelt nach Menschenweise? Denn wenn einer sagt: Ich gehöre zu Paulus! der andere aber: Ich zu Apollos! – seid ihr da nicht fleischlich"?<<< 1. Korinther 3, 3 + 4

**Luther hat nicht begriffen, dass in erster Linie bei Gott gilt: Voll und ganz zu glauben und auf Gott zu vertrauen, auch wenn ich von der göttlichen Verheißung (Zusage) nichts sehe, bzw. auch wenn ich nichts sehe, doch von ganzem Herzen glaube, bzw. mein ganzes Vertrauen auf Gott setze. Bei der Opferung des Isaaks wollte der lebendige Gott noch einmal einen sehr harten Glaubenstest bei Abraham machen. Hier entschied sich der Prüfungsschwerpunkt darin, vertraue ich dem lebendigen Gott auch aus lauter Liebe zu ihm. Der Beweis bei Luther ist hier klar und deutlich erbracht, dass er keine lebendige Glaubensbeziehung wie bei Abraham war! In diesem Sinne war Martin Luther ein gut studierter, religiöser, gottloser Mensch, dessen Verstand verfinstert war!** Adelheid Sonnenschein **Durch diese kleine Hinzufügung des Wörtchens „allein" begann des die massive Irrlehre von Martin Luther!**

>>>„Deren Verstand verfinstert ist und die entfremdet sind dem Leben Gottes, wegen der Unwissenheit, die in ihnen ist, wegen der Verhärtung ihres Herzens"!<<< Epheser 4, 18

**Die lutherische Rechtfertigungslehre ist also von Anfang an wissenschaftlich auf Kosten des Jakobusbriefes – sprich auf Kosten des Wortes Gottes – formuliert worden. Gleicherweise stellte er auch den Judas – und Hebräerbrief und die Offenbarung als Wort Gottes in Frage!** **Wie bitte???**
**Eine Lehre, die auf Kosten des Wortes Gottes geht, kann niemals das reine Evangelium sein, sondern nur eine Irrlehre!!! Dementsprechend konnte bis heute kein Vertreter dieser Lehre den Widerspruch „allein aus Glauben" (Luther) – „nicht aus Glauben allein" (Jakobus) auflösen, was ja auch nicht möglich ist, da dieser Widerspruch erst durch Luther entstanden ist.**
**Eine weitere schwerwiegende, bewusste Bibelfälschung leistete sich Luther darin, dass er im Zuge der „Rechtfertigung aus Glauben allein" die Wörter „Gesetzlosigkeit" und „Gesetzloser" nahezu vollständig aus der gesamten Bibel verbannte,** obwohl diese Begriffe allein im NT insgesamt schon über 20-mal vorkommen, im AT weit über 200-mal, jedoch unmöglich von der Frage der Rechtfertigung zu trennen sind. So heißt es – stets im Gegensatz zu den Gerechten – z. B. „Die Gesetzlosen sind wie Spreu, die der Wind dahintreibt. Darum werden die Gesetzlosen nicht bestehen im Gericht, noch die Sünder in der Gemeinde der Gerechten" (Psalm 1, 4 – 5). „Es wird abgeschnitten die Zukunft der Gesetzlosen" (Psalm 37, 38). „Eine Flamme verzehrte die Gesetzlosen" (Psalm 106, 18). „Das Opfer der Gesetzlosen ist YAHUWAH ein Gräuel" (Sprüche 15, 8). „YAHUWAH ist fern von den Gesetzlosen" (Sprüche 15, 29). „Kein Friede den Gesetzlosen! spricht YAHUWAH" (Jesaja 48, 22; 57, 21). Und ihr werdet die Gesetzlosen zertreten"! (Maleachi 4, 3)

## Die Verwerfung der Lehre des Sohnes Gottes

**Das Sakramentsevangelium Martin Luthers mit seiner rein seelischen Annahme des Stellvertretungsgedankens umgeht gezielt das gebotene Tun des Willens Gottes und verleugnet die heilsnotwendige Herrschaft des Geistes über den Leib, die sich an den Geboten YAHUSHUA HA MASCHIACH zu orientieren hat, wobei Martin Luther diese gleich den Pharisäern faktisch alle aufgelöst und durch Menschengebote ersetzt hat.**

>>>„Ihr Heuchler! Trefflich hat Jesaja von euch geweissagt, wenn er spricht: Dieses Volk naht sich zu mir mit seinem Mund und ehrt mich mit den Lippen, aber ihr Herz ist fern von mir. Vergeblich aber

verehren sie mich weil sie Lehren vortragen, die Menschengebote sind"!<<< Matthäus 15, 7 – 9 Grundlage Jesaja 29, 13

**Die Stellvertretung des echten Sohnes Gottes YAHUSHUA HA MASCHIACH für den Sünder am Kreuz ermöglicht wohl die Sühnung, Vergebung, Versöhnung und Erlösung des Menschen. Um aber in jeder Hinsicht wirksam zu werden, fordert sie die völlige Identifikation (Einsmachung) des Sünders mit dem Gekreuzigten, so dass der Sünder das Gericht Gottes, das er auf Golgatha über alle Schuld und Sünde vollzogen hat, auch selbst bezüglich der Sünde in seinem täglichen Handeln verwirklicht und also nicht mehr der Sünde dient (vgl. Markus 9, 43 – 50), sondern Gerechtigkeit wirkt (vgl. Römer Kap. 6). Das Kreuz des echten Sohnes Gottes YAHUSHUA entbindet uns also nicht davon, praktische Gerechtigkeit zu üben, sondern YAHUSHUA HA MASCHIACH verpflichtet und befähigt uns dazu. Indem aber Luther den gekreuzigten in seinen Werken verleugnet – indem er das halten seiner Gebote ihm selbst zuschiebt („Er allein erfüllet") und sich im Besitz eines „Simul justus et peccator" (Gleichzeitig Gerechter und Sünder) – Freibriefes glaubt – kann er nicht nur tun, was er will, sondern er muss auch jede Lücke, die durch das Verleugnen eines Gebotes Gottes entsteht, durch Menschengebote ausfüllen, da andernfalls jeder tut, was er will, und in der Folge davon keinerlei Zusammenleben mehr möglich ist.** Vergleicht man aber nur einmal z. B. die Bergpredigt YAHUSHUA HA MASCHIACH mit den von Martin Luther gelehrten Werken, so ist die gewalttätige Gesetzlosigkeit Martin Luthers leicht zu erkennen.

>>>„Denn wahrlich, ich sage euch: Bis Himmel und Erde vergangen sind, wir nicht ein Buchstabe noch ein einziges Strichlein vom Gesetz vergehen, bis alles geschehen ist. Wer nun eines von diesen kleinsten Geboten auflöst und die Leute so lehrt, der wird der Kleinste genannt werden im Reich der Himmel; wer sie aber tut und lehrt, der wird groß genannt werden im Reich der Himmel"!<<< Matthäus 5, 18 – 19

**Martin Luther lehrte, dass das Gesetz nicht wirklich getan und als verbindlich gelehrt werden müsse und dass es keinerlei Bedeutung für die Stellung des Christen im Reich der Himmel habe. Des Weiteren lehrte er, dass das Evangelium keinerlei Forderungen (Gebote) an den Gläubigen richte! Das ist pur dämonische Irrlehre bzw. Antichrist-Irrlehre!!!**

>>>„Ihr habt gehört, dass zu den Alten gesagt ist: Du sollst nicht töten, wer aber tötet, der wird dem Gericht verfallen sein. Ich aber sa-

ge euch: Jeder, der seinem Bruder ohne Ursache zürnt, wird dem Gericht verfallen sein. Wer aber zu seinem Bruder sagt: Raka, der wird dem Hohen Rat verfallen sein. Wer aber sagt: Du Narr! – der wird dem höllischen Feuer verfallen sein"!<<< Matthäus 5, 21 – 22

Im Weiteren ermahnt YAHUSHUA zur Versöhnung. Martin Luther lehrte, dass derjenige, der nicht an seine „Sakramente" glaube, kein Bruder sei. Im Weiteren beschimpft er die Brüder YAHUSHUAs auf übelste Art und Weise (auch als „Narren"), ist völlig unversöhnlich und verfolgt und ermordet die Brüder schließlich durch das Schwert der Obrigkeit. Wie Kain den Abel hasste, so hat auch Luther die Brüder YAHUSHUA HA MASCHIACH gehasst, deren Werke gerecht waren.

>>>„Ihr habt gehört, dass zu den Alten gesagt ist: Du sollst nicht ehebrechen! Ich aber sage euch: Wer eine Frau ansieht, um sie zu begehren, der hat in seinem Herzen schon Ehebruch mit ihr begangen"!<<< Matthäus 5, 27 + 28

Martin Luther lehrte, bzw. legitimierte (beglaubigte oder erklärte es als rechtmäßig) mit Konkubinen (Beischläferinnen) und sogar die Bigamie (Doppelehe) und schwieg dazu, dass ein König die Frau seines Bruders hatte, obwohl er ihn ausdrücklich in Ehefragen zu beraten hatte.

**Hier und an dieser Stelle ist wieder der klare Beweis, dass Martin Luther kein biblisch echter Gläubiger gemäß Johannes 3, 3 + 5 war. Martin Luther war lediglich ein religiöser, gut studierter, gottloser Mann. Er hatte überhaupt gar keine völlige Identifikation (völlige Einsmachung) mit YAHUSHUA HA MASCHIACH, sondern er hatte eine Identifikation mit Luzifer dem Satan. Wäre er aus Gott in YAHUSHUA HA MASCHIACH zu einem neuen Leben geboren gewesen, durch die Kraftwirkung des Heiligen Geistes, dann hätte er sich genauso verhalten Johannes der Täufer. Denn es steht geschrieben Markus 6, 17 + 18: Denn er, Herodes, hatte ausgesandt und Johannes ergriffen und ins Gefängnis geworfen um der Herodias willen, der Frau seines Bruders Philippus; denn er hatte sie geheiratet. Johannes hatte nämlich zu Herodes gesagt: Es ist nicht recht, dass du die Frau deines Bruders hast.**

>>>„Wenn dir aber dein rechtes Auge ein Anstoß zur Sünde wird, so reiß es aus und wirf es von dir! Denn es ist besser für dich, dass eines deiner Glieder verloren geht, als dass dein ganzer Leib in die Hölle geworfen wird. Und wenn deine rechte Hand für dich ein Anstoß zur Sünde wird, so haue sie ab und wirf sie von dir! Denn es ist besser für dich, dass eines deiner Glieder verlorengeht, als dass dein ganzer Leib in die Hölle geworfen wird"!<<< Matthäus 5, 29 – 30

**Martin Luther lehrte, dass keine äußere Sünde, mit dem Leibe getan, jemals etwas mit der Frage der Gerechtigkeit eines Menschen oder mit seiner Rechtfertigung zu tun habe, so dass niemand wegen Sünden, die er mit dem Leibe tut, in die Hölle geworfen werde. >„Auch das ist wieder totale satanische Irrlehre bzw. die Irrlehre des Antichristes"!!!<**

>>>„Wer sich von seiner Frau scheidet, der gebe ihr einen Scheidebrief<. Ich aber sage euch: Wer sich von seiner Frau scheidet, ausgenommen wegen Unzucht, der macht, dass sie die Ehe bricht. Und wer eine Geschiedene heiratet, der bricht die Ehe"!<<< Matthäus 5, 31 - 32

Martin Luther lehrte, dass eine Scheidung erlaubt sei, wenn z. B. der Ehepartner unfruchtbar ist oder sich der ehelichen Pflicht entzieht. Im Übrigen könnten auch aufgrund von Hurerei entlassene in fremden Ländern wieder anderweitig heiraten.

>>>„Wiederrum habt ihr gehört, dass zu den Alten gesagt ist (3. Mose 19, 12; 4. Mose 30, 3): „Du sollst nicht falsch schwören; du sollst aber YAHUWAH deine Schwüre halten. Ich aber sage euch, dass ihr überhaupt nicht schwören sollt, weder bei dem Himmel, denn es ist Gottes Thron"!<<< Matthäus 5, 33 - 34

Martin Luther lehrte, dass jeder Mensch schuldig sei, seiner Obrigkeit einen Treueeid zu leisten.

>>>„Ihr habt gehört, dass gesagt ist: (2. Mose 21, 24): >Auge um Auge, Zahn um Zahn<. Ich aber sage euch: ihr sollt dem Bösen nicht widerstehen, sondern: wenn dich jemand auf deine rechte Backe schlägt, so biete ihm auch die andere dar"!<<< Matthäus 5, 38 – 39

Martin Luther lehrte, dem Bösen zu widerstehen, notfalls auch durch einen Aufruhr gegen die Obrigkeit, so z. B. wenn der deutsche Kaiser zwecks Verteidigung der römischen Religion die Lutherischen angreife. Ja, auch wenn man privat auf der Straße überfallen werde, sei man seit 1539 verpflichtet, den Dieb oder Mörder zu töten, dass solches (auch) die (christliche) Obrigkeit befehle, insbesondere wenn es sich dabei um einen Aufrührer handle. Nur wenn die Herrschaft der lutherischen Fürsten bzw. der Aufbau und Erhalt der lutherischen Staatskirche gefährdet erscheint (wie z. B. 1525 bei den Bauernaufständen), dann müsse man als Bauer in jedem Fall tun, was der Christus lehrt, während die Christen in Obrigkeit auf keinen Fall nach dieser Lehre des Christus handeln dürften, sondern schuldig seien, allezeit dem Bösen zu widerstehen so dass sie selbst zu „Erzmördern" würden, so sie nicht alles töten, was Luther befiehlt (z. B. Aufrührer, Türken, Täufer, Wucherer, Huren, Juden).

**Hier wird wieder der sehr, sehr klare Beweis erbracht, dass Martin Luther ein Sohn Satans gewesen ist, denn er lehrt und handelt genau nach dem Herzen seines Herrn und Meisters Satan. Denn es steht geschrieben Johannes 8, 44: Ihr habt den Teufel zu Vater, und nach eures Vaters Gelüste wollt ihr tun. Der ist ein Mörder von Anfang an und steht nicht in der Wahrheit; denn die Wahrheit ist nicht in ihm. Wenn er Lügen redet, so spricht er aus dem Eigenen denn er ist ein Lügner und der Vater der Lüge. Martin Luther war ein Diener Satans, denn er verbreitete nicht die biblische Wahrheit, sondern dämonische, teuflische, antichristliche Irrlehren. Und bei dämonischen, teuflischen Lehren geht es immer um Lehrmeinungen. Die Heilige Schrift hat aber nichts mit Lehrmeinung zu tun, sondern ist das Wort der Wahrheit. Aus diesem Grunde ist klar festzustellen, dass die Evangelische, protestantische, lutherische Kirche in keiner Weise eine christliche Kirche ist, sondern eine Antichrist-Kirche, eine satanische Sekte, deren Oberhaupt Satan ist!!!**

>>>„Ihr habt gehört, dass gesagt ist (3. Mose 19, 18): >Du sollst deinen Nächsten lieben< und deinen Feind hassen. Ich aber sage euch: Liebt eure Feinde, segnet, die euch fluchen, tut wohl denen, die euch hassen, und bittet für die, welche euch beleidigen und verfol-

**119**

gen, damit ihr Söhne eures Vaters im Himmel seid. Denn er lässt seine Sonne aufgehen über Böse und Gute und läßt es regnen über Gerechte und Ungerechte. Darum sollt ihr vollkommen sein, wie euer Vater im Himmel vollkommen ist"!<<< Matthäus 5, 43 – 45 + 48

**Martin Luther lehrte, dass alle Arten von Feinden (aufständische Bauern, Papst, Türken, Täufer, Wucherer, Juden usw.) nötigenfalls zu töten seien, da man andernfalls seinen Nächsten nicht liebe. Das Praktizieren der gebotenen Feindesliebe aber sei Aufruhr gegen die Obrigkeit, wenn diese (womöglich erst auf die Anordnung Martin Luthers hin) die Feinde töten.** Im Übrigen habe das Üben der Feindesliebe niemals etwas damit zu tun, dass man ein Sohn des himmlischen Vaters sei, obwohl ausdrücklich geschrieben steht: „Liebet eure Feinde, damit ihr Söhne eures Vaters seid,…". Die Verheißung in Verbindung mit dem geistgewirkten üben der Feindesliebe vollkommen zu werden, lehnte Luther somit ab, zumal auch Werke der Liebe – aus Gauben geübt – sowieso nichts zur Vervollkommenheit des Gläubigen beitragen könnten, da sich die lutherische Vollkommenheit allein in einem inneren (seelischen Sakraments-) Glauben vollziehe, faktisch aber nur einem eingebildeten „Sim-ul-justus-et-peccator" – Freibrief besteht (Diese Irrlehre steht im Gegensatz zum Worte Gottes gemäß Hebräer 5, 8 + 9 u. 1. Thessalonicher 5, 23 – 24).

<u>**Martin Luther löste also buchstäblich sämtliche Gebote des Sohnes Gottes YAHUSHUA HA MASCHIACH auf.**</u> **Und indem er alle Werke des ersten Gebotes zuließ – wie „Orgeln, Messehalten, Metten, Vesper und andere Gezeiten beten, Kirchen, Altäre, Klöster stiften und schmücken, Glocken, Kleinode, Kleider, Geschmeide, auch Schätze sammeln, nach Rom, zu den Heiligen laufen. Danach, wenn wir bekleidet uns bücken, Kniee beugen, Rosenkranz und Psalter beten und alles nicht vor einem Abgott, sondern vor dem Heiligen Kreuz Gottes oder seiner Heiligen Bilder".**

Auch den römischen Ablass hat er nicht wirklich verworfen, er duldete aber den römischen Götzendienst mit seinen Werken, so er nur aus „Glauben" und in der Meinung geübt wurde, Gott wohlzugefallen, und löste damit auch alle restlichen Gebote des Sohnes Gottes auf, die das Geben von Almosen, das Beten, Fasten, Schätze sammeln und den Mammon Dienst betreffen (gemäß Matthäus 6).

>>>„Richtet nicht, damit ihr nicht gerichtet werdet! Denn mit demselben Gericht, mit dem ihr richtet, werdet ihr gerichtet werden; und mit demselben Maß, mit dem ihr anderen zumeßt, wird auch auch euch zugemessen werden"!<<< Matthäus 7, 1 + 2

**Für Martin Luther freilich gilt auch dieses Gebot offensichtlich nicht, so dass er sich leisten kann, seitenweise und jahrzehntelang gerichtliche Todesurteile über Menschen zu fällen und dieselben der Obrigkeit zwecks Ausführung zu schicken, wobei er es noch nicht einmal für nötig befindet, den Balken, der laut eigener Aussage in seinem Auge sei, herauszuziehen.**

>>>„Denn die Gnade Gottes ist erschienen, die heilbringend ist für alle Menschen; sie nimmt uns in Zucht, damit wir die Gottlosigkeit und die weltlichen Begierden verleugnen und besonnen und gerecht und gottesfürchtig leben in der jetzigen Weltzeit, indem wir die glückselige Hoffnung erwarten und die Erscheinung der Herrlichkeit des großen Gottes YAHUWAH und unseres Retters YAHUSHUA HA MASCHIACH, der sich selbst für uns hingegeben hat, um uns von aller Gesetzlosigkeit zu erlösen und für sich selbst ein Volk zum Besonderen Eigentum zu reinigen, das eifrig ist, gute Werke zu tun"!<<

< Titus 2, 11 - 14

**Luther sah die Erlösung in der Gesetzlosigkeit („christliche Freiheit"), verkündigt die Schrift die Erlösung von aller Gesetzlosigkeit? Also ein sprachlich feiner, aber inhaltlich großer Unterschied, woran wiederum zu sehen ist, dass Martin Luther der Heiligen Schrift direkt widerspricht.**

>>>„Wer den Gottlosen gerechtspricht und wer den Gerechten verurteil, die sind beide YAHUWAH ein Gräuel"!<<< Sprüche 17, 15

Wer aber heute noch in lutherischer-darbystischer Manier meint, die Unverbindlichkeit der Bergpredigt theologisch begründen zu können (die Bergpredigt sei „nur für die Juden") verbindlich, nicht für die Gläubigen aus den Nationen, der sollte darauf achten, dass alle Gebote der Bergpredigt nicht nur in der Bergpredigt stehen, sondern auch in den anderen drei Evangelien verstreut und auch in den Lehrbriefen zu finden sind.

**Alles in allem ist es wohl in keiner Weise übertrieben, wenn man sagt, dass Martin Luther alle Gebote des Sohnes Gottes übertritt, sie durch Menschengebote ersetzt und damit die Menschen systematisch lehrt, gegen die Gebote Gottes zu handeln.** Martin Luther ist ein falscher „Prophet" und verderblicher Irrlehrer, vor welchem man sich hüten muss, zumal er sich zwar äußerlich zuweilen demütig und biblisch gibt, inwendig aber ein reißender Wolf ist. Luther ist ein falscher Prophet, das hat er sogar selber geschrieben:

**Nachfolgende Aussage zeigt wessen Geistes Kind Martin Luther war: „Ich will auch ein Prophet sein, wiewohl ein Heide, wie Bileam gewesen ist...“!** Quelle: © „Schrift Martin Luther an einen Juden 1537" Teil 12/1559, S. 203. Quelle: © Buch: Die Lehre M. Luthers ein Mythos zerbricht! Ein Beitrag zur Vertiefung des Reformationsverständnisses. Bekannte und unbekannte, beliebte und verleugnete Schriften Prof. Dr. Martin Luthers im Lichte der Bibel. Ein gebürtiger Lutheraner entdeckt den ganzen Luther von Hans Jürgen Böhm, Seite 308 – 312.

>**„Martin Luther war ein falscher Prophet, wie er selber zugegeben und geschrieben hat!!! Zudem war er auch kein entschiedener echter Gläubiger gemäß dem Worte Gottes, sondern ein gottloser Heide, wie er selber zugeben und geschrieben hat. Er war ein falscher Prophet ganz im Sinne Bileams. Damit ist wiederum bewiesen das er ein Sohn Satans war der wie Satan sich verstellt hat, als Engel des Lichts! Wäre Luther doch besser auf einen Esel geritten, dann hätte der Esel wenigstens mit ihm reden können“!**< Adelheid Sonnenschein

### Das Gericht über Martin Luther steht schon fest

>>>„Wehe ihnen! Denn sie sind den Weg Kains gegangen und haben sich um Gewinnes willen völlig dem Betrug Bileams hingegeben und sind durch die Widersetzlichkeit Korahs ins Verderben geraten! Diese sind Schandflecken bei euren Liebesmahlen und schmausen mit euch, indem sie ohne Scheu sich selbst weiden; Wolken ohne Wasser, von Winden umhergetriebene, unfruchtbare Bäume im Spätherbst, zweimal gestorben und entwurzelt, wilde Wellen des Meeres, die ihre eigene Schande ausschäumen, Irrsterne, denen das Dunkel der Finsternis in Ewigkeit aufbewahrt ist“!<<< Judas 1, 11 – 13

### Mit Recht kann man über Martin Luther sagen:

>>>„O du Sohn des Teufels, voll von aller List und aller Bosheit, du Feind aller Gerechtigkeit, wirst du nicht aufhören, die geraden Wege YAHUSHUA HA MASCHIACH zu verkehren“?<<< Apostelgeschichte 13, 10

### Das lutherische „Evangelium" in der Politik

Dadurch dass Luther den Glauben auf ein seelisches Sich-für-gerechtefertigthalten bei gleichzeitigem Weiterleben in der Sünde reduzierte, und dabei den Glauben gegen die Werke und das Gesetz gänzlich gegen das Evangelium stellte, verlor er zwangsläufig jeden biblischen Maßstab zur Beurteilung der Werke eines Menschen. **Um das Halten der Gebote YAHUSHUA HA MASCHIACH (= die Bruderliebe) zu umgehen, hat Martin Luther schließlich im direkten Anschluss an seine Rechtfertigungslehre die „Zwei-Reiche-Lehre" entwickelt.** Dabei kommt die lutherische Zerrissenheit von innerem und äußerem Menschen, GEIST und Leib, Gesetz und Evangelium, Stellung und Zustand des Gläubigen, Glaube und Werke, Gnade und Wahrheit vollends in der Praxis zum Tragen, so dass es nur logisch ist, dass die Lutherischen schließlich auch buchstäblich das Malzeichen des Tieres annehmen werden, da dieses ja „nur äußerlich" am Leibe (Hand oder Stirn) ist und dadurch – wie sie lutherisch glauben – die Errettung ihrer Seele nicht beeinträchtigen könne.

**Welch eine Verführung!**

Von einer ausschließlich „passiven" Rechtfertigung ausgehend, die sich „allein" durch den Glauben ausschließlich im Bereich der Seele des Menschen abspiele – bei gleichzeitigem verleugnen der Notwendigkeit des Haltens der Gebote – kommt Luther schließlich dahin, indem er diese Lehre nun auf das Verhalten im öffentlichen Leben (politischen Bereich) anwendet, dass er auch den Glauben anderer Menschen mit Gewalt auf ihr Innenleben beschränken will, so dass er schließlich unter Androhung der Todesstrafe verbietet, aus Glauben im leiblichen Bereich zu tun, was YAHUSHUA HA MASCHIACH befiehlt (z. B. biblisch taufen lassen, nicht schwören, die Feinde lieben, sich absondern vom Bösen usw.!

**>„Spätestens an diesem Punkt hätte Luther erkennen müssen, dass seine Lehre falsch sein muss, wenn daraus folgt, dass derjenige böse sei, der tut, was YAHUSHUA HA MASCHIACH befiehlt. Denn damit verurteilt er den Sohn Gottes selbst, da er ja auch getan hat, was er lehrte"!<** Die „Zwei-Reiche-Lehre" von Martin Luther ist also die logische Anwendung der lutherischen Rechtfertigungslehre auf das Verhalten im öffentlichen Leben. Sie führt jedoch zwangsläufig zur Verurteilung derer, die faktisch nach den Geboten YAHUSHUA HA MASCHIACH leben, da diese den Gehorsam gegen Gott bedingungslos dem Gehorsam gegen irgendeine Obrigkeit (Menschen) vorziehen und dabei automatisch die lutherische Rechtfertigungslehre durch ihr Verhalten widerlegen.

Indem aber die wahrhaftig Heiligen und gerechten Brüder verurteilt werden, ist es offenbar, dass die Rechtfertigungslehre Luthers falsch ist, da ungerecht ist. **Anstatt aber seine Lehren zu korrigieren, verleumdete Luther die Heiligen Brüder (d. h. die wahren entschiedenen Gläubigen) bei der Obrigkeit als „Ketzer", Meuchler", „Aufrührer", „Mörder" und „vom Teufel Gerittene", usw. und betrieb hier-durch gezielt die Verfolgung und Ermordung derer, die nicht nur mit dem Mund, sondern auch mit ihrem Wandel den Glauben an YAHUSHU HA MASCHIACH bewiesen und gegen die lutherische Theologie zeugten. Er selbst, Luther, meinte freilich weiterhin, allein durch seinen Sakramentsglauben eine heilige** und gerechte Seele und durch seinen „Simul justus et peccator"- Freibrief die Stellung eines Gerechten zu haben – welch ein Selbstbetrug! Luther hat die echte Heilige Schrift nicht gelesen, oder er war so geistig umnachtet dass er folgende Bibelstellen nicht begriffen hat.

>>>„Wer sagt, dass er im Licht ist, und doch seinen Bruder hasst, der ist noch immer in der Finsternis. Wer seinen Bruder haßt, der ist in der Finsternis und wandelt in der Finsternis, und weiß nicht, wohin er geht, weil die Finsternis seine Augen verblendet hat"!<<< 1. Johannes 2, 9 + 11

# Das Glaubensbekenntnis nach Martin Luther
„Simul justus et peccator" „Gerecht und Sünder zugleich"
## >>>Freibrief<<<
>>„Martin Luthers Freibrief für die Selbstgerechten"!<<
„Ich halte mich passiv, „allein" durch den Glauben in meiner Seele für gerechtfertigt und sündige entschieden weiter"!
„Ich halte mich passiv in meiner Seele „allein" durch den Glauben für gerechtfertigt und brauche keine biblischen Maßstäbe, und sündige entschieden weiter"!
„Ich verlasse mich ausschließlich auf die Rechtfertigung, die sich „allein" durch den Glauben und ausschließlich in der Seele abspielt"!
„Ich verleugne die Notwendigkeit des Haltens der Gebote und beschränke meinen Glauben passiv, „allein" durch den Glauben auf mein Innenleben"!
„Allein durch meinen Sakramentsglauben bin ich heilig und gerecht und meine Seele hat die Stellung eines Gerechten"!
„Will ich meine Sünden vergeben haben, so muss ich nicht zum Kreuze laufen, denn da finde ich sie doch nicht ausgeteilt, denn der Glaube „allein" genügt"!
„Ich muss mich nicht zum Gedächtnis und Erkenntnis halten an das Leiden Christi, denn „allein" der Glaube genügt und das „Sakrament des Evangeliums"!

„Wenn ich ein böses Gewissen von Sünden habe, brauche ich nicht den Leib und das Blut Christi, sondern nur das Wort des Evangeliums-Sakramentes „allein" durch Glauben"!
„Ich „glaube allein" nur an das Sakrament, weil es eine mystisch, heidnische seligmachende Kraft Gottes hat"!
„Ich „glaube allein" an das Sakrament des Evangeliums welches lebendig und gerecht macht"!
„Ich „glaube allein" in Wahrheit an das Sakrament des Glaubens" welches alleinseligmachend ist"!
„Ich „glaube allein" an das Wort im Sakrament an das gesamte Wort das im Sakrament seine Wirkungskraft entfaltet"!

**Die dämonisch, satanische Irrlehre gemäß Martin Luther!**
Er hat den ursprünglichen römisch-augustinischen „Glauben des Sakraments" wiederhergestellt, und dieser wurde zum Kern und eigentlichen Inhalt seines falschen „Evangeliums"!
Er lehrte ausdrücklich, dass kein Mensch der Gnade Gottes teilhaftig werden könne, es sei denn durch seine „Sakramente". Damit erhalten die „Sakramente" einen zentralen Stellenwert seines dämonischen Evangeliums!
Will man nun seine Sünde vergeben haben, so muss man „nicht zum Kreuze laufen", denn da finde ich sie noch nicht ausgeteilt; ich muss mich auch nicht zum Gedächtnis und Erkenntnisse halten des Leidens Christi!
Er lehrt, zum Sakrament oder Evangelium, (Sakrament=Evangelium) da finde man das Wort, das einer solchen erworbenen Vergebung am Kreuz austeile, schenkt, darbietet und gibt.
Er lehrte, dass, „wer ein böses Gewissen hat von Sünden", der solle zum „Sakrament gehen und Trost holen", nicht am Brot und Wein, nicht am Leibe und Blut des Sohnes Gottes, sondern am Wort, das im „Sakrament ist".
Er lehrte dass der Glaube, das ist, woran man sich halte und darauf stehe und fuße. „Also hängt nun der Glaube am Wasser und glaubt, dass es die Taufe sei, darinnen eitel Seligkeit und Leben ist"! Das ist pure Irrlehre!!!
Martin Luther war ein blinder Blindenführer! Es ist schon mehr als naiv und dumm, selber vom Teufel geritten zu sein, und dann diejenigen, welche echte Söhne und Töchter Gottes sind, bzw. echte wahre Gläubige auf Grundlage der Heiligen Schrift sind, als vom Satan geritten dazustellen. Welche eine geistige Umnachtung! Oder ist es Geisteskrankheit???

>>>„Lasst sie; sie sind blinde Blindenleiter! Wenn ein Blinder den

anderen leitet, werden beide in die Grube fallen"!<<< <sub>Matthäus 15, 14</sub>

>>>„Bei den Ungläubigen, denen der Gott dieser Weltzeit (Satan) die Sinne verblendet hat, so dass sie das helle Licht des Evangeliums von der Herrlichkeit HA MASCHIACHs nicht aufleuchtet, welcher Gottes Ebenbild ist"!<<< 2. Korinther 4, 4

>>>„Deren Verstand verfinstert ist, und die entfremdet sind dem Leben Gottes, wegen der Unwissenheit, die in ihnen ist, wegen der Verhärtung ihre Herzens"!<<< Epheser 4, 18

Hier entpuppt sich der lutherische Glaube also lediglich als das heilsnotwendige Vorzeichen, das vor allem das Tun des Menschen stehen müsse. Was dann hinter diesem Vorzeichen steht – welche Werke der Mensch tatsächlich tut-, spiele zwar lehrmäßig keine Rolle mehr; allerdings wurden dann alle, die das lutherische lehrmäßige „Evangelium" nicht annehmen wollten, verfolgt und ermordet. **Denn alle bösen Werke der Lutheraner würden durch den lutherischen Glauben wohlannehmlich, auch der Krieg, Mord und Totschlag, während dagegen z. B. die größte Nächstenliebe und das Martyrium der Täufer um des Wortes Gottes willen (Gebote des Sohnes Gottes gem. 1. Petrus 2, 19 - 20) sündig seien und von Gott verworfen würden, da einfach der lutherische „Glaube" dabei fehle.** So erklärt es sich auch, dass Luther lehrte, dass sich ein Fürst mit Blutvergießen, ein Soldat mit Türkenmetzeln, jeder Christ mit dem Erstechen von „Aufrührern", ein Amtsmann mit der Christenverfolgung und ein Fürst mit dem Krieg gegen Papst und Kaiser, usw. „den Himmel verdienen" könne und ein „rechter Märtyrer" werde, so er dabei selbst umkomme, da der „falsche Christus" des Herrn Luther durch den lutherischen Glauben besonders solche Werke als gut annehme, ja zuweilen – wenn Luther bzw. die Fürsten hinter ihm solche Dienste benötigten – sogar ausdrücklich fordere. <u>**Die Blutlehren Luthers sind also nicht lediglich „Irrtümer", während seine Lehre und sein sonstiges Wirken biblisch seien, sondern die Blutslehren Luthers sind die logische Folge seines falschen, da anderen „Evangeliums", welches in Wahrheit kein Evangelium ist, weil es die Menschen faktisch nicht von ihren Sünden errettet, sondern nur zum weiteren sündigen verführt!**</u> **Martin Luther hat ein unbiblisches falsches Evangelium verbreitet, was in der Tatsache als solches überhaupt kein Evangelium ist!!!**

**Es sei unmissverständlich und klar und deutlich gesagt das Martin Luther überhaupt und nie ein entschiedener, echter Gläubiger nach den Maßstäben der Heiligen Schrift und dem Willen Gottes**

gewesen ist! Solcher Gotteslästerer (Blasphemiker) gebührte in keiner Weise einen Titel wie Professor oder Doktor, und das gilt für alle Professoren und Doktoren die diese satanischen Irrlehren auf den Fakultäten im Dienste Satans verbreiten! Adelheid Sonnenschein

**Der Sohn Gottes des Martin Luthers war und ist ein falscher Sohn Gottes welcher verkündigt wurde und noch verkündigt wird! Die gesamte Evangelische, protestantische, lutherische Kirche ist keine Christliche Kirche, sondern eine Blasphemiker-Kirche bzw. eine satanische Kirche, oder besser ausgedrückt eine Antichirst-Kirche in welcher ein falscher Sohn Gottes verkündigt wird!** Adelheid Sonnenschein

## Eines tut tiefgreifende Notwendigkeit!!!

>>>„Viele aber von denen, die Zauberkünste getrieben hatten, trugen die Bücher zusammen und verbrannten sie vor allen; und sie berechneten ihren Wert und kamen auf 50.000 Silberlinge*! So breitete sich das Wort YAHUSHUA HA MASCHIACH mächtig aus und erwies sich als kräftig"!<<< *50.000 Silberlinge sind 50.000 Drachmen (Silberstücke), = 6,4 Millionen Lepta, = 3.2 Millionen Euro. Apostelgeschichte 19, 19 + 20

# Martin Luther war kein Reformator, auch hat er keine Reformation auf Grundlage der Heiligen Schrift durchgeführt

Was bedeutet es ein Reformator(in) zu sein?
>>>„Ein Reformator(in) folgt dem reformatorischen Prinzip der freien, selbstständigen, von Autoritäten unabhängigen Prüfung"!
<<<
Es geht hier einzig und allein um die geistliche „Wiederherstellung" „Wiederbringung", aber auch „Neuordnung", „Herstellung" bzw. „Verwirklichung" des verlorenen Zustandes, hin zu einem Zustand der Versöhnung mit dem lebendigen monotheistischen Gott YAHUWAH, gemäß der einzigen Heiligen Schrift dieser Welt!!!
Denn jeder Mensch hat das Recht auf die „geistlichen Menschenrechte" welche ihm die objektive geistliche Wahrheit, frei von Irrlehren vermittelt! Denn sämtliche Unwahrheiten welche Betrug sind, sollen aufgedeckt werden! Es ist aufzudecken der „geistliche" Mord an Menschen und an ganzen Völkern!
Wäre Martin Luther ein Reformator gewesen, dann hätte die Reformation zuerst bei seiner Person angefangen!!!
Martin Luther war Zeit seines Lebens nie ein echter Gläubiger auf Grundlage der Heiligen Schrift gewesen!!!
Martin Luther war zeit seines Lebens ein mönchischer, erzkatholischer Rebell gewesen, der von seiner Kirche vorgeprägt war! Denn er ist ja Zeit seines Lebens nie aus der Römisch-Katholischen Kirche ausgetreten! Einmal Katholik immer Katholik!
Luther wollte die Katholische Kirche verbessern, das aber scheint völlig unmöglich zu sein! Und geändert hat er an den bestehende Irrlehren auch nichts!

Schließlich war eine Herausbildung der evangelischen Kirche von Martin Luther nicht geplant!
Martin Luther war kein Reformator, weil er die satanische Irrlehre der Säuglingstaufe nicht abgeschafft hat!
Luther ist in seinem Handeln inkonsequent gewesen! Er vollendete die Pseudo-Reformation nicht! Er hatte nicht das Rückgrat und die Stirn und die felsenfeste Konsequenz, die Irrlehre der Säuglingstaufe bzw. Kleinkindtaufe also den Tod und die Vernichtung dieses „Heiligen Goldenen Kalbs" herbeizuführen.
Zuerst entfernte Luther sich von der römischen-katholischen Tauf- und Sakramentslehre, blieb jedoch im römischen-katholischen Taufdenken stecken und kehrte später zu dieser Lehre zurück!!!
Martin Luther wusste sehr wohl und ganz genau, dass die Heilige Schrift nicht ein einziges Zeugnis oder gar den Befehl für die von ihm gelehrte Säuglingsbesprengung (Taufe) enthält:
„Ein Brief an zwei Pfarrherrn von der Wiedertaufe, Anno 1528":
„Das die Kinder glauben, das können wir auch mit keinem Spruch beweisen, der so hell und klar heraussage mit solchen oder dergleichen Worten: Ihr sollt die Kinder taufen, denn sie glauben auch. Wer uns auf solche Buchstaben zu beweisen dringet, dem müssen wir weichen und gewonnen geben, wir finden sie nirgends beschrieben"!!!

Quelle: © http://www.hauszellengemeinde.de/index.php/de/basics-hebraeer-; Die biblische Taufe

## Luthers Probleme mit der Säuglingstaufe bzw. Kleinkindtaufe

Luther spürte die Spannung zwischen seiner Rechtfertigungslehre und der allgemeinen Tauflehre. Er schrieb: „Vielleicht möchte meinen obigen Worten entgegen gesetzt werden die Taufe der kleinen Kinder, die die Verheißung Gottes nicht verstehen, auch den Glauben der Taufe nicht haben können, darum entweder der Glaube nicht erfordert würde oder die Kinder vergebens getauft werden". (Quelle: © WA Bd. 6, S 538,4)

Luther versuchte die Säuglings- bzw. Kindertaufe beizubehalten. Die Probleme waren ihm bekannt, wie seine Schriften zeigen. Luther bestand jedoch darauf, dass vor der Taufe Glaube da sein muss. „Stellvertretenden Glauben" lehnte er ab. In seiner Predigt am 3. Sonntag nach Epiphanias (Matthäus 8, 1 – 13) lesen wir: „Vor diesem Gift und Irrtum (als ob die Sakramente an sich die Kraft hätten, dem Menschen die Sünden zu vergeben) hüte dich, wenn es gleich aller (Kirchen=) Väter und Konzilen ausgedrückte Meinung wäre; denn sie besteht nicht, hat keinen Grund in der Schrift, sondern eitlen Menschendünkel und Träume"!

>„Martin Luther war kein Reformator, weil er den >„Namen"< Gottes nicht in seiner Bibel-Übersetzung veröffentlicht hat, denn Gott hat einen ganz persönlichen Eigen-Namen"!<

>„Martin Luther war kein Reformator, denn er hat die 1900 Jahre alte dämonische Häretiker-Irrlehre der Trinität nicht als höchstgefährliche giftige Irrlehre abgeschafft"!< Denn die Trinität-Irrlehre Ist eine Antichrist-Lehre!

>Martin Luther war kein Reformator, denn er hat den Polytheismus der satanischen Trinitäts-Irrlehre nicht ein Ende bereitet! Denn die Trinität-Dreifaltigkeits-Lehre ist die pure Gotteslästerung"!<

>Martin Luther war kein Reformator, denn er hat den Holocaust praktisch angeordnet, und hat sich damit am Augapfel Gottes vergriffen"!<

# Martin Luther war nie ein echter Gläubiger auf Grundlage der Heiligen Schrift gewesen, sondern er war ein Gottloser

Wenn man allein die wichtigsten Bibelstellen aufzählen würde, gegen die Luther verstoßen hat, oder die er gar nicht erst gewertet hat, würde dieses viele Seiten füllen.

**Luther lehrt mit der Rechtfertigungslehre eine Lehre, die total unbiblisch ist, die mit den Sohn Gottes YAHUSHUA HA MASCHIACH nichts mit zu tun hat, und die niemals in den Himmel führen kann. Er setzt auf den Glauben – ja, aber nicht auf den „durch" Liebe wirksamen Glauben.**

>>>„Denn in HA MASCHIACH YAHUSHUA gilt weder Beschneidung noch Unbeschnittensein etwas, sondern der Glaube, der durch die Liebe wirksam ist"!<<< Galater 5, 6

**Er behauptet zwar, dass er diesen im Sinn habe, aber er negiert diesen mit seiner Absicht, „dass man auch als Sünder in das Gottesreich kommen könne. Wie bitte!!! Denn das hat er in den Scholien (Randnotizen) zum Römerbrief so gesagt: „So sind wir also in uns Sünder und dennoch, sofern uns Gott als gerecht ansieht, gerecht durch den Glauben"! Gerecht durch den Glauben ist man, wenn der Liebesglaube gemeint ist und durch die Liebe wirkt. Denn wer den anderen liebt, hat das Gesetz erfüllt. Die Liebe tut den Nächsten nicht Böses, und ist somit die Erfüllung des Gesetzes.**

>>>„Seid niemand etwas schuldig, außer dass ihr einander liebt, denn wer den anderen liebt, hat das Gesetz erfüllt. Denn die Gebote: „Du sollst nicht ehebrechen, du sollst nicht töten, du sollst nicht

stehlen, du sollst nicht falsches Zeugnis ablegen, du sollst nicht begehren" – und welches andere Gebot es noch gibt –, werden zusammengefasst in diesem Wort, nämlich: „Du sollst deinen Nächsten lieben wie dich selbst"! Die Liebe tut dem Nächsten nicht Böses; so ist nun die Liebe die Erfüllung des Gesetzes"!<<< Römer 13, 8 – 10

### Die angeblichen Bekehrungs-Erlebnisse des gottlosen Martin Luther!

**Martin Luther war kein echter entschiedener Gläubiger gemäß den Maßstäben der Heiligen Schrift! Er hat nie eine geistliche Wiedergeburt erlebt! Er war ein völlig gottloser Heide!**

**Was sagte Martin Luther selber dazu?**

**„Ich liebte diesen gerechten Gott, der die Sünder straft „nicht", ich hasste ihn vielmehr"!!! Alles klar???**

**Mit einen unterdrückten, wenn nicht schon blasphemischen (gotteslästerlichen), so doch ungeheuren Murren, das mich gegen Gott aufbrachte, sagte ich: „Ist es nicht genug, dass die armen Sünder bedrückt sind, dass er uns noch durch das Evangelium seine Gerechtigkeit und seinen Zorn auflädt"?**

So raste ich mit wildem und verstörtem Gewissen. Aber ich pochte doch in meiner Not weiter an jene Stelle des Paulus an, in heißer Begierde zu wissen wünschend, was doch St. Paulus meine. Bis ich, grübelnd die Tage und Nächte, durch Gottes Barmherzigkeit auf den Zusammenhang jener Stelle achtete, nämlich: „Die Gerechtigkeit Gottes wir in ihm enthüllt wie geschrieben steht: der Gerechte lebt aus dem Glauben. Da fühlte ich mich wahrhaft wie neu geboren und wie durch die offenen Pforten in den höchsten Himmel eingegangen. Und sofort erschien mir das Gesicht der ganzen Schrift als neu. So wurde mir jene Paulusstelle wahrhaft zur Pforte des Paradieses.

Quelle: © Buch: Martin Luther Wegbereiter des Antichristen Teil 3: Der Tod Martin Luthers, Natürlicher Tod, Selbstmord oder Mord, Pro Fide Catholica. Verlag Anton A. Schmid, Postfach 22, D-87467 Durach. Anm.: Römer 1, 16 – 17: (16). Denn ich (Paulus) schäme mich des Evangeliums nicht: Kraft Gottes zum Heile ist es für jeden, der glaubt, für den Juden zuerst, aber auch für den Griechen (für alle Heiden). (17) Denn in ihm (dem Evangelium) wird Gottes Gerechtigkeit offenbart aus Glauben zum Glauben, wie geschrieben steht: Der Gerechte wird aus dem Glauben des Leben haben." (Quelle: © Übersetzung: Fr. Tillman, St. Benno-Verlag, Leipzig, 1951/63.) WA 54, 185, 14-186, 21.

### Hier findet sich die Schnittstelle für die späteren gravierenden Irrlehren. Adelheid Sonnenschein

Noch lange über sein angeblich so befreiendes „Turmerlebnis" hinaus hat Luther mit der ihn ständig quälenden Frage gerungen, „wie finde ich einen gnädigen Gott"? „O meine Sünde, Sünde, Sünde", klagt er seine Ordensoberen und großen Förderer von Staupitz. Sein Zwang zur häufigen Beichte, die oft Stunden dauerte (einmal sechs Stunden), seine beschwerliche Pilgerreise nach Rom, um „eyne gantze beychte vom jugent auf geschehen thuenb", ...weisen neben anderen Andeutungen in die gleiche Richtung und künden bereit den Ausdruck seiner Krankheit an.

### Luthers Bekehrungserlebnis
### Wer und wie war Martin Luther?

Da ist zunächst einmal für die Protestanten anfangs etwas befremdlich wirkende Tatsache, dass die Wurzeln ihrer Kirche tief ins römisch-katholische Erdreich hinabreichen, denn Luther war nicht nur katholisch, sondern katholisch hoch zwei: er war mönchisch-katholisch! Und er wäre der Mönch, der er war höchstwahrscheinlich auch geblieben, wenn da nicht der fatale, unaufhörliche, am Ende aber stets vergebliche und erfolglose Kampf gegen seine gewaltige Triebhaftigkeit gewesen wäre. Seine cholerische Triebnatur widersetzte sich den göttlichen wie den kirchlichen Geboten und Verboten, wollte sich ihnen nicht unterordnen.

Luther fühlte sich als Sünder, als Verworfener, denn seine urwüchsige, rohe Kraftnatur sündigte mächtig, um ihm dann nach vollbrachter Tat ebenso mächtige Gewissensbisse zu bescheren. Andere Mönche sündigten in ihren Klosterzellen auch, aber sie gehen demütig zu Beichte, jenem „herrlichen" sakramentalen Instrument, das die römisch-katholische Kirche für jene Seelen bereithält, denen sie vorher ein deprimierendes Schuldbewusstsein eingeimpft hat.

Nach der Befreiung durch das Bußsakrament geht das wackere sündigen dann von neuem los, bis zum Termin der nächsten Beichte (in vielen Klöstern jede Woche ein – bis zweimal, Zwischendurch-Besuche beim Beichtvater nicht ausgeschlossen!).

Doch Luther war nicht der Typ, der sich mit dieser Prozedur, dieser Automatik des unablässigen sündigen und losgesprochen werden zufriedengeben konnte. Sein Stolz, sein Hochmut, sein Ehrgeiz, seine Verliebtheit in sich selbst, sein Selbstbewusstsein ertrugen es auf die Dauer nicht, sich ständig als Sünder, als Scheiternden, als dem Anspruch des Gesetzes nicht Genügenden, als Minderwertigen zu empfinden. Lang litt er unter diesem Zwiespalt, der ihn fast neurotisch, fast schizophren werden ließ. Mächtig arbeitete es in ihm, in seinem Unterbewusstsein.

Aber irgendwann brach es aus ihm heraus, kam es wie eine Erleuchtung, ja wie eine Offenbarung durch Gott selbst über ihn, jetzt war er überzeugt: Auf das Tun des Willens Gottes, auf die Gesetzlichkeit, also die Konformität des Menschen mit dem Gesetzen Gottes und der Kirche in der Praxis, auf die „Werke", kommt es überhaupt nicht an. Die sind in den Augen Gottes, den er nach Maßgabe seiner eigenen Natur weitgehend als übermächtigen und despotischen Willkürgott auffasste, ein wahres Nichts. Gott vergibt, wem er vergeben will, und verhärtet, wen er verhärten will. Seine Macht und Gnade sind alles, der Mensch mit seinen in den Augen Gottes lästerlichen Tun ist in religiös-moralischer Hinsicht nichts und zu nichts fähig. Die Rechtfertigung des Sünders geschieht allein durch Gott, aus purer Gnade. Der Mensch kann dem nicht, aber auch nichts hinzufügen. Er muss lediglich fest an die Rechtfertigung durch Gottes Gnade und das stellvertretende Sühneleiden des Sohnes Gottes glauben. **Jetzt jauchzte Luther Seele, denn jetzt konnte er seine Natur freien Lauf lassen, konnte eifrige, mutig, schrankenlos sündigen, ohne seines Heils verlustig gehen zu müssen: „Simul iustus et peccator" (gleichzeitig Gerechter(Gerechtfertigter) und Sünder wurde zu höchsten Maxime seines Lebens und zum neuen Ur-Dogma der lutherischen Reformation.**

**„Hier war die extremste und gotteslästerliche Irrlehre von Martin Luther in die Welt gesetzt. Martin Luther schlug durch diese Irrlehre den Sohn Gottes YAHUSHUA HA MASCHIACH wieder neu ans Kreuz!!! Und die in der satanisch dämonischen Irrlehre lebenden Irrgläubigen des Herrn Luther schlagen den Sohn Gottes täglich immer wieder an Kreuz!!!** Adelheid Sonnenschein

**Hätte Luther seine Theorie des gleichzeitigen Sünder- und Gerecht seins nur an sich selbst ausprobiert, wäre er in seiner Mönchszelle geblieben, um dort nur für sich selbst unbeschwert zu sündigen und sich ebenso unbeschwert von allen Sünden freizusprechen, dann wäre dies weitgehend folgenlos geblieben.** Aber später glaubte er, wie wir noch sehen werden, dass er sich auch in gesellschaftlicher und religionspolitischer Hinsicht, in Bezug also auf die armen und ausgebeuteten Volksschichten sowie in Bezug auf andere religiöse Bewegungen keinerlei moralische Schranken aufzuerlegen brauche, was fatalste Folgen zeitigen sollte. Es war dann umso weniger ein Problem für Luther, seine Ordensgelübde zu brechen, sein Mönchgewand auszuziehen und eine aus dem Kloster entlaufene Nonne, nämlich Katharina von Bora, zu heiraten. Von der katholischen Mutterkirche wurde Luther jahrhundertelang als Abtrünniger, als Apostat, als Renegat, als Verräter u.s.w. bezeichnet und auch abgebildet. Ein durch und durch negatives Lutherbild wurde bis hoch hinauf ins 20. Jahrhundert den katholischen Volkmassen eingetrichtert.
**Im Raum der protestantischen Kirche und den Freikirchen wird dagegen die kat-**

holische-exkatholische Vorgeschichte Luthers mittlerweile meist schamhaft übergangen, werden die biographischen Auslöser seiner abstrusen (abwegig, dunkel, irrig, unklar, verworren) Lehre von der totalen Heillosigkeit, Sündhaftigkeit und ethischen Unfähigkeit des Menschen möglichst verschwiegen, wird kaum oder überhaupt nicht darauf eingegangen. Dass natürlich diese Lehre dadurch beeinflusst wurde, dass Luther mit der mönchischen Disziplin und Askese (streng enthaltsame und entsagende Lebensweise) partout nicht zurechtkam, dass er der von den Ordens-Gelübde geforderten Moral (der Armut, der Keuschheit, des Gehorsams) nicht zu entsprechen vermochte.

## Die angebliche Bekehrung des Martin Luthers auf dem Klosett

Es ist auch etwas peinlich, darüber zu reden, aber Luthers „Bekehrung", das Intationserlebnis zu Luthers Rechtfertigungslehre, geschah auf einem primitiven „Klosett". Protestantische Biographen sprechen beschönigend (und in geheimnisvollen Anklang an (Apostelgeschichte 12, 9 – 16), Befreiung des Petrus aus dem Gefängnis durch die Engel vom „Turmerlebnis" des Mönches zu Wittenberg.

**In den Türmen waren der Abtritte bzw. der Aborte eingebaut.**

Die Fäkalien fielen nach außen in den Graben. Unten und oben, Gott und Teufel waren wieder getrennt, der Mensch war gerechtfertigt.

Quelle: © Luther ohne Mythos. Der böse Reformator, von Hubertus Mynarek, AHRIMAN-Verlag GmbH, Postfach 6569, 79041 Freiburg, Seite 1- 3. Weitere Quelle: © Bei den Ordensrittern im Ostseeraum hießen solche oft recht markanten Türme „Dansker".

Dem Teufel blieb die Beziehung nur Analsphäre erhalten, Luther verjagte ihm mit dem berühmten Tintenfass; er furzte ihn auch an und streckte ihm den Hintern aus dem Bett entgegen. Der falsche, der gehasste Vater, der gebietende und verbietende Papst, er war vom Teufel und beschieß alle Welt und hieß Furzesel. Luthers Sprache wimmelte von Ausdrücken dieser Sphäre.

Quelle: © Luther ohne Mythos. Der böse Reformator, von Hubertus Mynarek, AHRIMAN-Verlag GmbH, Postfach 6569, 79041 Freiburg, Seite 1- 3. Weitere Quelle: © Ronner 1971, S. 103.

Luthers scheinbares Erleuchtungs- und Rechtfertigungserlebnis geschah also auf der Toilette (Turmabtritt, Abort)! Seine Schuldkomplexe waren immer stärker geworden. Die Oberen, die ihm die Schuldgefühle auszureden versuchten, mühten sich vergeblich. Aber schließlich war Luthers Körperlichkeit endlich stärker als die Krise. Während eines lustbetonten körperlichen Vorgangs kam ihn die Erleuchtung: Zwar konnte der Mensch die Sünde nicht besiegen, aber er brauchte das auch nicht – Gott hatte es bereits getan, für ihn getan im Opfer seines Sohnes. Wer daran glaubt, der war gerechtfertigt – und alsbald ward meine Seele gesund. Danach ist es Gottes Gerechtigkeit, die uns gerecht macht und uns rettet.

Uns diese Worte wurden mir eine süße Botschaft. Diese Erkenntnis gab mir der Heilige Geist auf dem Abtritt im Turm! Na? Fraglich!

Quelle: © Luther ohne Mythos. Der böse Reformator, von Hubertus Mynarek, AHRIMAN-Verlag GmbH, Postfach 6569, 79041 Freiburg, Seite 1-3. Weitere Quelle: © Brown 1962, S. 252. – TiWA II 177 (1681) Dieses Wort, gerecht und Gottes Gerechtigkeit, waren mir in meinem Gewissen wie ein Donnerschlag. Und mein Herz ward also zu Frieden. Darum ist Gottes Gerechtigkeit die, so uns gerecht und selig macht. Also werden mir diese Worte lieblich und tröstlich, schreckten mich nicht mehr. Diese hat mir der Geist auf dieser Cloaca (Fäkaliengrube) auf dem Turm gegeben. In der ihnen bei den eigenen heutigen Ungenauigkeit haben LW (Biographische Zeittafel) und Wikipedia (Luther) die Erleuchtung insbesondere Arbeitszimmer verlegt.

**Diese irrlehrenhafte Erkenntnis des gottlosen Herrn Martin Luther war auf keinen Fall durch den Heiligen Geist bewirkt, sondern durch den Geist des Irrtums! Denn die gesamte Rechtfertigungs-Irrlehre ist nicht nur vom Geist des Irrtums, sondern diese Irrlehre ist eine dämonische, teuflische Häretiker-Lehre!!!** Adelheid Sonnenschein

Das war von nun an der Kern von Luthers Glauben und des einheitlichen Ausgangspunktes seiner umfassenden Theologie: Wir sind wesenhaft Gefallene, ständig Scheiternde, total Verdorbene. Wir können nichts tun, Gott muss alles tun.

**Er tut es durch das Blut seines Sohnes, das uns zwar nicht rein-wäscht??????? Aber immerhin bewirkt, dass Gottvater versöhnt ist und uns unsere Schuld nicht mehr ankreidet!?!? Ein freier Wille, eine Entscheidungsfähigkeit zum Guten existiert nicht???????**

Martin Luther war nie reuig, denn Reue kannte Luther nicht! Er pocht auf sein Recht zum Testament, das ihm der Sohn Gottes vermacht hatte, keineswegs jedoch freigemacht hat, sowie wirklich erlöst und geheiligt worden ist.

Er ist kein Kind des himmlischen Vaters, trotz mancher „Abba-Seufzer", die aus seinem gut gebliebenen Kern hin und wieder hervorbrechen. Es ist kein Kind des Vaters, das – aus Gnade – von gleicher Art und Natur wie der Vater ist, Anteil an seinem göttlichen Leben erhalten hat und von ihm, aus ihm und auf ihn hinlebt und liebt, geborgen und glücklich ist. Quelle: © Buch Martin Luther – Wegbereiter des Antichristen, Teil 3: Der Tod Martin Luthers, Natürlicher Tod, Selbstmord oder Mord? Pro Fide Catholica, Verlag Anton A. Schmid, Postfach 22, 87467 Durach, Seite 70. Luthers Trinitäts- und Inkarnationslehre gestatten ihm keine „Teilhabe" an der göttlichen Natur; Vgl. dazu M. Habitzky. Um das wahre Sein „in Christus". In: Theologisches, Nr. 141, S. 4391-4403.

**Martin Luther war nie ein echter Gläubiger auf Grundlage der Heiligen Schrift, und auch „kein" tiefreligiöser Reformator, sondern ein von tausend Teufeln Besessener und Gerittener!!!**

**Er war zudem ein von tausend Teufeln des Hasses und der Mordlust getriebener klassischer Typ des Ketzer- und Sektenvernichters, ein Großinquisitor neuen Stils!** Quelle: Zitat von Hubertus Mynarek

Zitat von Hubertus Mynarek: Luther ohne Mythos. Das Böse im Reformator, Freiburg 2012, S. 29 + 30. Quelle: © Buch Die geschönte Reformation von Bernd Rebe. Warum Martin Luther uns kein Vorbild mehr sein kann. Ein Beitrag zur Lutherdekade. Tectum Verlag Marburg 2012, Seite 17.

**<u>Eine Kirche die sich von solch einer Gestalt wie Martin Luther herleitet, trägt eine riesenschwere, fatale Hypothek mit sich. Der düstere, blutrünstige, bluttriefende Schaden des „Reformators", lastet unheilschwanger über dieser Kirche und ihren Verkündigern und Anhängern!</u> Luther erfüllt ja auch fast jeden kriminellen Tatbestand inpuncto fünftes Gebot. Er müsste nach allgemeinen heute propagierten Rechtsbewusstsein und – empfinden, wenn dieses keine parteilichen Ausnahmen einbaut, ins Gefängnis oder in die Psychiatrie. Er ist das klassische, unüberbietbare Musterbeispiel grenzenloser Intoleranz. <u>An sich müsste jeder evangelische Christ, der sich das klarmacht, aus seiner Kirche austreten. An sich müsste auch eine Kirche wie die evangelisch-lutherische, die derart massgebend von Luther als ihren Stifter und Lehrer abhängt, als verfassungsfeindlich und kriminell eingestuft werden, nicht nur ihrer nie ausdrücklich widerrufenen Grundaussagen und Loyalitäten wegen.</u>**

Quelle: Zitat von Hubertus Mynarek: Luther ohne Mythos. Das Böse im Reformator, Freiburg 2012, S. 30. Quelle: © Buch Die geschönte Reformation von Bernd Rebe. Warum Martin Luther uns kein Vorbild mehr sein kann. Ein Beitrag zur Lutherdekade. Tectum Verlag Marburg 2012, Seite 18.

# Martin Luther war ein Handlanger des Antichristen und ein Totschläger wie sein Vater

>>>„Ihr habt den Teufel zum Vater, und was euer Vater begehrt, wollt ihr tun! Der war ein Menschenmörder von Anfang an und steht nicht in der Wahrheit, denn Wahrheit ist nicht in ihm. Wenn er Lüge redet, so redet er aus seinem Eigenen, denn er ist ein Lügner und der Vater derselben"!<<< Johannes 8, 44

**Wer einen anderen Menschen den Tod wünscht, hat bereits in seinem Herzen gemordet! Luther hat vorbildlich in seinem Herzen gemordet! Zu genüge!!!**

Drum soll hier zuschmeißen, würgen und stechen, heimlich oder öffentlich, wer da kann, und gedenken, dass nichts Giftigeres, Schädlicheres, Teuflischeres sein kann denn ein aufrührerischer Mensch, gleich als wenn man einen tollen Hund totschlagen muss: Schlägst du nicht, so schlägt er dich und ein ganz Land mit dir. (Quelle: © Wider die räuberischen und mörderischen Rotten der Bauern, 1525)

Der Esel will Schläge haben, und der Pöbel will mit Gewalt regiert sein. Das wusste Gott wohl; drum gab er der Obrigkeit nicht einen Fuchsschwanz, sondern ein Schwert in die Hand. (Quelle: © Wider die räuberischen und mörderischen Rotten der Bauern, 1525)

Wenn es rechtmäßig zugeht, hat die Obrigkeit mit ihren Untertanen nichts anderes zu tun, als das Recht zu bewahren, Gericht zu halten und Urteile zu fällen. Wenn sie sich aber empören und auflehnen, wie es jüngst die Bauern taten, ist es recht und billig, gegen sie mit Gewalt vorzugehen. (Ob Kriegsleute in seligem Stande sein können, 1526) Quelle: © https://www.klassegegenklasse.org/die-zehn-schlimmsten-zitate-von-martin-luther-wider-die-moerderischen-und-raeuberischen-rotten-der-bauern/.

**Luther fordert die Fürsten auf, die aufständigen Bauern zu töten. Luther: „Solch wunderliche Zeiten sind jetzt, dass ein Volk den Himmel eher mit Blutverhießen verdienen kann, denn anders sonst mit Beten. (Wider die stürmenden Bauern) Luther lästert mit folgender Aussage die höchste Majestät des lebendigen Gottes. Denn die Hand, die das Schwert führt und tötet, ist dann auch**

**nicht mehr eines Menschen Hand sondern Gottes Hand, und nicht der Mensch, sondern Gott henkt, rädert, enthauptet, tötet und führt den Krieg.**

>**„Über die Juden in Deutschland sagt Luther: „Das man ihnen Verbiete, bei uns öffentlich Gott zu loben, zu danken, zu beten bei Verlust des Leibes und Lebens". Und weiter: „Wenn ich könnte, so würde ich ihn den jüdischen Mitbürger niederstrecken und mit dem Schwert durchbohren"!< – Satan lässt grüßen!!!**

**Leider hat Luther wohl nicht gewusst, dass Gott YAHUWAH der Gott der Juden und der Heiden ist. Der Sohn Gottes YAHUSHUA HA MASCHIACH ist und war ebenfalls ein waschechter Jude!**

„Darum, wo du einen rechten Juden siehst, magst du mit gutem Gewissen ein Kreuz für dich schlagen und frei und sicher sprechen: Da geht ein leibhaftiger Teufel"!

**Demnach wäre der echte Sohn Gottes YAHUSHUA HA MASCHIACH auch ein leibhaftiger Teufel!??? Hier wird ein Antichrist verkündigt!!!** Wenn Luther dem Sohn Gottes als Wanderprediger begegnet wäre, und Luther ihn hätte taufen wollen, dann hätte er folgende getan! **Wenn ich einen Juden taufe, will ich ihn an die Elbbrücke führen, einen Stein an den Hals hängen und ihn hinabstoßen und sagen: Ich taufe dich im Namen Abrahams!??? Demnach hätte der Sohn Gottes nicht am Kreuz sterben brauchen, sondern er wäre von Martin Luther höchstpersönlich ersäuft worden!!! Das ist voll und ganz Antichrist!!!** Luther fordert auch auf die Wucherer zu Rädern und zu köpfen. (Anno 1540) Quelle: © https://www.akg-images.de/archive/Vollzug-der-Todesstrafe-ver-mittelst-des-Rades-2UM-DHULGB_S.html.

Luther fordert auch die Ehebrecher zu töten. „Es ist der Obrigkeit Schuld. Warum tötet man die Ehebrecher nicht"? (Anno 1522)

Was hat der Sohn Gottes YAHUSHUA HA MASCHIACH gesagt: Wer ohne Sünde ist, der werfe den ersten Stein"! **Die Kirche Luthers verkündigt sowieso einen falschen Sohn Gottes!** Am liebsten hätte Luther wohl selber den Henker gespielt. Wenn ich ein Richter wäre, so wollte ich eine solche französische giftige Hure Rädern und ädern lassen. (Anno 1543)

Hatte Luther doch in seinen jungen Jahren schon eine Vorliebe zum Töten. Praktisch hatte er es ja an seinen beiden Studienkollegen bewiesen, mit eigener Hand!

„Der Papst ist der Teufel: Könnte ich den Teufel umbringen, warum wollte ich´s nicht tun"? (Anno 1518)

**Alle diese Morde hat er mit willentlichen und vollen Herzen mit seinem Herzen begangen.** Quelle: © kscholze,ks.funpic.de/…/der%20entzauberte%20 lut- -er%20und%20agn…PDF. „Der entzauberte Luther" und Agnus Dei".

## Doch Gottes Wort sagt:

>>>„Denn von innen, aus dem Herzen des Menschen, kommen die bösen Gedanken hervor, Ehebruch, Unzucht, Mord, Diebstahl, Geiz, Bosheit, Betrug, Zügellosigkeit, Neid, Lästerung, Hochmut, Unvernunft"!<<< Markus 7, 21 + 22

# Die Lügen-Geschichten über Martin Luther dienen zur Volks-Verdummung in aller Welt"!<<<

### Lüge 1:
Die Reformation Martin Luthers am 31. Oktober 1517???
Gemäß den Lügen-Märchen-Schreibern und den Lügen-Denkmäler Produzenten, - soll Martin Luther folgendes getan haben:
Martin Luther war ein Reformator!
>„Diese Tatsache hat in keiner Weise stattgefunden, es ist eine Lügengeschichte"!!!<
„Die Reformation hat nicht im sechzehnten Jahrhundert stattgefunden, sondern liegt als Aufgabe vor uns"!!! Wer die Kirche reformieren möchte, muss bei den Inhalten ansetzen. Er darf dabei aber nicht stehen bleiben! Reformatorisch sind wir dann, wenn wir die Werke der Reformatoren weiter vorantreiben, und nicht, wenn wir sie lediglich konservieren!
Quelle: © Klaus Douglass (deutscher Schriftsteller und Theologe) sagt: Die Neue Reformation!!!

Die Lutherdekade von 1517 bis 2017 (Semi-Millennium) wude in bestätigender Rückbesinnung vertan, sie hätte als neue Glaubens-Befreiungszeit genutzt werden müssen. Die hier angemahnte Vollendung der Reformation ist deshalb im Kern „kein" Weiterschreiten auf den vor 500 Jahren begonnenen Wegen, sondern es ist der Aufruf zum Wagnis der eigentlichen Reformation, die sich in wesentlichen Fragen gegen Luthers Egomane (ichbezogene) Verirrungen durchsetzen muss. <u>Die fällige Neue Reformation des biblischen Glaubens, insbesondere aus den Glaubensverirrungen Martin Luthers, ist dringend notwendig!</u>
Quelle: © Bernd Rebe sagt: Vollendet die Reformation! Quelle: © www.tabvlarasa.de/36/Rebe1.php; Tabvla Rasa; Jenenser Zeitschrift für kritisches Denken Ausgabe 36; April 2009; Tabula Rasa, Die Kulturzeitung aus Mitteldeutschland. Quelle: © Buch: Tu´s Maul auf! Was Luther wirklich gesagt hat! Von Volkmar Joestel und Illustrationen von Marie Geißler, Evangelische Verlagsanstalt Leipzig, Seite 7.

### Lüge 2:
Anschlag der Thesen am 31. Oktober 1517???
Martin Luther, so die Lügen-Märchen-Schreiber und die Lügen-Denkmäler-Produzenten soll folgendes getan haben: Martin Luther

soll, so die Lügen, 95 Thesen an die Kirchentüre der Wittenberger Schlosskirche angeschlagen haben!

Diese Tatsache hat in keiner Weise stattgefunden, - es ist eine Lügengeschichte!

Das Wissen um diese Lügengeschichte und diesen Betrug gehört heute zum Bildungskanon! Luther hat nie erwähnt, dass er seine Ablassthesen an die Wittenberger Kirchentüren angeschlagen habe. Als erster sprach der notorische Lügner Philipp Melanchthon und Lügen-Hochgrad-Freimaurer erst 1547 also 30 Jahre später von dieser Lügenspekulation! Komisch das Melanchthon erst nach dem Tode von Martin Luther (18. Februar 1546) davon sprach!

Es ist auch mehr als komisch und unlogisch, dass beim Begräbnis nicht ein einziges Wort über die Lügengeschichte verloren wurde.

Quelle: Buch: © Tu´s Maul auf! Was Luther wirklich gesagt hat! Von Volkmar Joestel und Illustrationen von Marie Geißler, Evangelische Verlagsanstalt Leipzig, Seite 7

## Lüge 3:

Luthers Aussage auf dem Reichstag in Worms am 18. April 1521: „Hier stehe ich, ich kann nicht anders. Gott helfe mir! Amen"???

Martin Luther, so die Lügen-Märchen-Schreiber und die Lügen-Denkmäler Produzenten, soll folgendes getan haben:

Martin Luther soll, so die Lügen, diese Aussage getroffen haben!

Diese Tatsache hat in keiner Weise stattgefunden, - es ist eine Lügengeschichte!

Der authentische wahrheitsgetreue Wortlaut war jedoch laut den Reichstagsakten ganz anders! Luther hat lediglich folgendes am Schluss gesagt: Gott helfe mir, Amen! Diese Formulierung ist die deutsche Übersetzung des lateinischen: „Deus ad-juvet me"! Das war nichts anderes als eine alte Eidesformel des römischen Rechts! Mit diesem Ausspruch hat Luther also nur seinen Status als weltlicher Untertan des Kaisers dokumentiert.

Jeglichen Widerruf seiner Lehren lehnte Luther jedoch entschieden ab. Er beendete seine Rede mit der klaren Verweigerung des Widerrufes: Es sei denn, dass ich durch das Zeugnis der Schrift überwunden werde oder aber durch klare Ursachen; denn ich glaube weder dem Papst noch den Konzilen allein, weil es am Tag ist, dass dieselben mehrmals geirrt und wider sich selbst geredet haben. Ich bin überwunden durch die Schriften, so von mir geführt, und gefangen im Gewissen an dem Wort Gottes. Deshalb ich nichts mag, noch will ich widerrufen, weil wider das Gewissen zu handeln, beschwerlich, unheilsam und gefährlich ist. Gott helfe mir, Amen! Das ist der in den Reichsakten überlieferte authentische Wortlaut.

Erst 1546 wurden diese Worte im zweiten Band der Wittenberger Ausgabe von
Erst 1546 wurden diese Worte im zweiten Band der Wittenberger Ausgabe von
Luthers Schriften zu dem bekannten Ausspruch umgestellt. Von dort nahmen sie
ihren Lauf als geflügelte Worte! Quelle: © Buch: Tu´s Maul auf! Was Luther wirklich gesagt
hat! Von Volkmar Joestel und Illustrationen von Marie Geißler, Evangelische Verlagsanstalt Leipzig,
Seite 16 + 17.

## Lüge 4:

**Luthers Aussage: „Wenn ich wüsste, dass morgen die Welt unter-
ginge, würde ich heute noch ein Apfelbäumchen pflanzen"!
Martin Luther, so die Lügen-Märchen-Schreiber und die Lügen-
Denkmäler Produzenten, soll folgendes getan haben:
Martin Luther soll so die Lügen, diese Aussage getroffen haben!
Diese Tatsache hat in keiner Weise stattgefunden, - es ist eine Lü-
gengeschichte!**

Diese Ausspruch den Luther nie ausgesagt hat, er wurde erst nach dem 2. Welt-
krieg ins Leben gerufen, um das Jahr 1944. Dieser genannte Ausspruch wurde
Martin Luther aber erst in der schwierigen, zwischen Verzweiflung und Hoffnung
schwankenden Situation zu Ende des Zweiten Weltkrieges in den Mund gelegt.
Der erste schriftliche Nachweis des Spruches findet sich 1944! Quelle: © Buch: Tu´s
Maul auf! Was Luther wirklich gesagt hat! Von Volkmar Joestel und Illustrationen von Marie Geißler,
Evangelische Verlagsanstalt Leipzig, Seite 41.

## Lüge 5:

**Luthers Aussage: „Warum rülpset und furzet ihr nicht, hat es euch
nicht geschmecket"?
Martin Luther, so die Lügen-Märchen-Schreiber und die Lügen-
Denkmäler Produzenten soll folgendes getan haben: Martin Luther
soll so die Lügen, diese Aussage getroffen haben! Diese Tatsache
hat in keiner Weise stattgefunden, es ist eine Lügengeschichte!**

Auch diese Worte dürfen Martin Luther erst im Gefolge der Aufklärung im 18./19.
Jahrhundert in den Mund gelegt worden sein. Quelle: © Buch: Tu´s Maul auf! Was Luther
wirklich gesagt hat! Von Volkmar Joestel und Illustrationen von Marie Geißler, Evangelische Verlagsanstalt Leipzig.

## Lüge 6:

**Luther ist Mönch geworden, weil er bei Stotternheim sein Bekehr-
ungserlebnis hatte!**

**Martin Luther, so die Lügen-Märchen-Schreiber und die Lügen-Denkmäler Produzenten soll folgendes getan haben: Martin Luther soll so die Lügen, diese Aussage getroffen haben! Diese Tatsache hat in keiner Weise stattgefunden, es ist eine Lügengeschichte!**

Martin Luther hat zeit seines Lebens keine geistliche Wiedergeburt gemäß der Heiligen Schrift erlebt! Denn er hat nie in seinem Leben herzzerreißende Buße getan! Also eine Buße im Sinne von vollständiger Umkehr seines bisherigen Lebens! Diese von Gott geschenkte Buße und geistliche Wiedergeburt beinhaltet eine völlige Sinnesänderung! Der Gegenbeweis ist darin gegeben, das man Luther als einen hochgradigen Sünder bezeichnen kann. Als da sind: Hochgradantisemit, Kriegstreiber, Irrlehrer, Mörder, Unzüchtiger, Ehebrecher u.v.a.m.!

## Lüge 7:
**Luther hat sich durch einen unglücklichen Zufall mit seinem Degen die Hauptschlagader am Unterschenkel geöffnet!**

**Martin Luther, so die Lügen-Märchen-Schreiber und die Lügen-Denkmäler Produzenten soll folgendes getan haben: Martin Luther soll so die Lügen, diese Aussage getroffen haben! Diese Tatsache hat in keiner Weise stattgefunden, es ist eine Lügengeschichte!**

Martin Luther bedient sich mit Schutzbehauptungen und Lügen um den Tod seines Studien-Freundes Conradus Wigant zu vertuschen. Er hat sich angeblich mit der Spitze seines Degens, der in einer harten Lederscheide steckte, „durch einen unglücklichen Zufall die Schlagader des Unterschenkels" verletzt, das ist nach den Kriterien der Gerichtspsychologie als schlichte Schutzbehauptung oder Nutzlüge zu bewerten. Wer einen gesunden Menschenverstand hat erkennt selber dass das unmöglich ist! Auch seinen Studienfreund Hieronymus Buntz starb an den Folgen einer zorneswütigen Messerstecherei seitens Martin Luthers.

**Es könnten noch weiter Lügengeschichten aufgeführt werden!**

Quelle: Bild-Autor: © Adelheid Sonnenschein; Bild-Titel: Der Selbstmord des Martin Luther; Herstell-
Januar 2014; Mal-Technik: Deckfarbe auf Karton; Format: DIN A 3

# Ein zweifacher Totschläger und Sohn Satans Namens Martin Luther erhängte sich als Irrlehrer am Bettstollen

>>>„Ich bin YAHUWAH, das ist mein Name; und ich will meine Ehre keinem anderen geben, noch meinem Ruhm den Götzen! Wenn einer käme, der dem Wind nachliefe und euch Lug und Trug verkündete: „Ich will euch weissagen zum Wein und zum starken Getränk"! – das wäre ein Prediger für dieses Volk! Und YAHUSHUA antwortete und sprach zu ihnen: Habt acht, dass euch niemand verführt! Ihr habt den Teufel zum Vater, und was euer Vater begehrt, wollt ihr tun! Der war ein Menschenmörder von Anfang an und steht nicht in der Wahrheit, denn die Wahrheit ist nicht in ihm. Wenn er Lügen redet, so redet er aus dem Eigenen; denn er ist ein Lügner und der Vater der derselben"!<<< Jesaja 42, 8; u. Micha 2,11 u. Matthäus 24, 4 u. Johannes 8, 44

>>>„Darum, lassen wir uns nicht entmutigen, weil wir diesen Dienst haben gemäß der Barmherzigkeit, die wir empfangen haben, sondern wir lehnen die schändlichen Heimlichkeit ab; wir gehen nicht mit Hinterlist um und fälschen auch nicht Gottes Wort; sondern in dem wir die Wahrheit bekanntmachen, empfehlen wir uns jedem menschlichen Gewissen vor dem Angesicht Gottes. Der Geist (Heilige) aber sagt ausdrücklich, dass in späteren Zeiten etliche vom Glauben abfallen und sich irreführenden Geistern und Lehren der Dämonen zuwenden werden durch die Heuchelei der Lügenredner, die in ihrem Gewissen gebrandmarkt sind. Darum meine Geliebten, flieht vor dem Götzendienst"!<<< 2. Korinther 4, 1 + 2 u. 1. Timotheus 4, 1 + 2 u. 1. Korinther 10, 14

**Es ist eine historische Tatsache und es ist eindeutig geschichtlich**

erwiesen, dass Martin Luder (Martin Luther) seinem Leben selber ein Ende gesetzt hat in Form von Selbstmord. Weh denen, die durch geschönte abartige Lügengeschichten und durch verschweigen sowie vertuschend ihres Sektenoberhauptes Martin Luther in Form von Götzendienst und Abgötterei ihm eine unberechtigte Ehre erweisen. Denn Martin Luther war ein Sohn Satans und kein echter biblisch Gläubiger gewesen. Sondern er war ein gottloser Heide der nachweislich völlig dämonisiert, und ein Zeuge der Lüge war! Warum glaubst du an die Lügen Luthers? Adelheid Sonnenschein

>>>„Weh euch, wenn alle Leute gut von euch reden! Denn ebenso haben es ihre Väter mit den falschen Propheten gemacht"!<<<
Weh euch wenn ihr einem falschen Propheten wie Martin Luther verehrt und im glaubt, denn er hat ja selber zugeben das er ein falscher Prophet ist und sein wollte, wie Bileam. Seid doch einmal recht nüchtern, denn Martin Luther hat den Menschen nicht die reine biblische Wahrheit verkündigt, sondern er war in seinem ganzen Charakter nachweislich dämonisiert. „Denn kein Religionsstifter kann ihm bis heute das Wasser reichen, in seinen Hass-Triaden"! Willst du den Schönrednern glauben??? Lukas 6, 26 u. Adelheid Sonnenschein

>>>„YAHUWAH verzögert nicht die Verheißung (verbindliche Zusage) hinaus, wie etliche es für ein Hinauszögern halten; sondern er ist langmütig gegen uns, weil er nicht will, dass jemand verloren gehe, sondern dass jedermann Raum zur Buße finde"!<<<
Tue aufrichtige Buße des Herzens, über deinen Irrglauben an die Märchen und Lügengeschichten eines Menschen der in extremster Weise in geistiger Umnachtung gravierende Irrlehren in die Welt gesetzt hat, und damit seinem Herrn und Meister Satan gedient hat. Tuet Buße ihr Lügenprediger, die ihr das Volk mit verderblichen Häserienlehren in die Hölle führt. Jetzt ist noch Zeit aufrichtige Buße zu tun! 2. Petrus 3, 9 u. Adelheid Sonnenschein
**Martin Luther starb durch Suizid!**

**Am 17. Februar 1546 ermordete sich Martin Luther selber in Eisleben im Alter von 62 Jahren, 3 Monaten und 7 Tagen.**

<u>Der Selbstmord Luthers ist geschichtlich erwiesen! Es ist eine historische Tatsache!!! Luther hat sich also in einem Anfall der Verzweiflung selbst erhängt; das war seine letzte Tat. Das ist eine historisch erwiesene Tatsache!
Es ist die teuerste Pflicht um der ganzen echten, reinen Wahrheit willen, dass die Wahrheit völlig ungeschminkt gesagt wird, und nichts, aber auch gar nichts, verschwiegen, vertuscht noch beschönigt wird! Die Menschen haben ein Recht auf die offene, rückhaltlose Darstellung der authentischen geschichtlichen Tatsachen!</u>
Quelle: © Von Dr. Martin Honef (Dr. Wilhelm Hubert Wingerath), Liebfrauen-Druckerei in München ca. 1890, ohne Impr. (Pfarrer von 1896-1915 in Hennef, Dekanat Grevenbroich)

### Der Diener Luthers war Augenzeuge!

**Ein Diener Luthers namens Ambrosius Rudtfeld war unter denen, die Luther erhängt am Bettstollen fanden.**
Quelle: © Buch Martin Luther – Wegbereiter des Antichristen, Teil 3: Der Tod Martin Luthers, Natürlicher Tod, Selbstmord oder Mord. Pro Fide Catholica Verlag Anton A. Schmid, Postfach 22, D-87467 Durach S. Quelle: © Joh. Friedrich Mayr. („unsterblichen Luther", Hamburg 1698) hält Staphylus, einen Schüler Luthers für den Urheber des Gerüchtes, Luther habe sich erhängt. Aber dieser Staphylus, später Konvertit, war damals nicht in Eisleben und wurde bald nachher als Professor der evangelischen Theologie nach Königsberg berufen. In seinen Schriften findet sich, wie auch Cyrian in seiner „Schutzschrift vor der Reformation" (Frankfurt, Weidmann 1726), wo er ihn als Apostaten angreift, zugeben muss, keine solche Aussage. Wohl aber konnte er diese Nachricht von den Dienern und intimen Freunden Luthers erhalten, und da er sie seiner Stellung wegen nicht verwerten konnte, mündlich verbreitet haben. Auch als Konvertit dürfte er um seiner früheren Beziehungen willen von dem traurigen Ende Luthers schriftlich nichts verlautbart haben.

Er war damals noch im jugendlichen Alter, aber selbstverständlich Protestant. Das schreckliche Ende seines Herrn machte auf ihn einen gewaltigen Eindruck und er kehrte in der Folge zur katholischen Kirche zurück. Er bekannte und bezeugte als Konvertit, was er als Augenzeuge gesehen; sein Zeugnis wurde in dem Werk des gelehrten Oratorianers Thomas Bozius: de signis Ecclesiae, über die Merkmale der Kirche (Rom und Köln 1592 u. 1593) im Druck veröffentlicht, aber längst vorher in Abschriften verbreitet. Dieser ehemalige Diener Luthers bezeugt nun, sein Herr sei am Vorabend des 18. Februar berauscht zu Bett gebracht worden, früh morgens fanden ihn die Diener an der Bettstelle erhängt. Sofort habe er mit den anderen Lärm gemacht und die Zechgenossen Luthers von dem traurigen Falle verständigt. Diese eilten erschrocken herbei und geboten vor allem den Dienern strenges Stillschweigen. Der Leichnam des Erhängten wurde dann ins Bett gelegt, damit es den Anschein hat, Luther sei einem plötzlichen und natürlichen Tod gestorben.

Es geschah, so erzählt er, dass Martin Luther eines Tages mit hohen Herren seinem Gelüste allzu sehr nachgab und von uns in ganz trunkenen Zustand ins Bett gebracht werden musste. Ihm eine gute Nacht wünschend, gingen wir in unser Zimmer und schliefen ruhig ein, nichts Schlimmes befürchtend. Am anderen Morgen kamen wir wieder zu meinem Herrn, dem wir beim Aufstehen behilflich zu sein pflegten, ins Zimmer: Das sahen wir, ach, unseren Herrn Martin neben seinem Bett hängen, jämmerlich erwürget. Bei diesem schrecklichen Anblick des Erhängten waren wir von ungeheurem Entsetzen befallen. Doch ohne zu zaudern, stürzten wir zu seinen gestrigen Tischgenossen und fürstlichen Herren, um ihnen das schreckliche Ende Luthers mitzuteilen. Diese, nicht von geringen Entsetzen erfüllt als wir, fingen an, uns zu beschwören und alles zu versprechen, zunächst, dass wir über die Sache getreulich schweigen und nichts davon verlauten ließen. Dann befahlen sie, dass wir den scheußlichen Leichnam vom Strick befreien und ins Bett legen sollen und dass wir unter den Leuten ausstreuten, mein Herr Martin sei eines plötzlichen Todes gestorben. Das waren wir auch auf Bitten der fürstlichen Herren zu tun willens, wenn nicht die unbezwingliche Macht der Wahrheit einem etwas anderes geraten hätte, die zwar eine Zeit lang aus Menschenfurcht oder aus Gewinnsucht verstummen, aber wegen des Stachels des Gewissens und der Religion nicht auf immer unterdrückt werden kann.

Soweit das Zeugnis des Ambrosius, des Dieners Martin Luthers. Es wurde bisher von keinem protestantischen Geschichtsschreiber näher gewürdigt, geschweige denn widerlegt. Dieser Ambrosius war Protestant gewesen, ein treuer Anhänger des Reformators, sein ehemaliger Diener, der also die Wahrheit über den Tod wissen konnte, besser als sonst jemand.

Quelle: © Buch Martin Luther – Wegbereiter des Antichristen, Teil 3: Der Tod Martin Luthers, Natürlicher Tod, Selbstmord oder Mord. Pro Fide Catholica Verlag Anton A. Schmid, Postfach 22, D-87467 Durach. Weitere Quelle: © Anm.: Ambros Rudtfeld war Akademiker Seite 144).

Er war nicht der Einzige, der nach seiner Angabe seinen Herrn am Bettstollen erhängt fand; es waren auch Nebendiener Mitzeugen, die sein Zeugnis hätten widerlegen können. Es geschah nicht. Dass er, durch den grässlichen Tod des Reformators nachdenklich geworden, zur katholischen Kirche zurückkehrte, dürfte niemanden verwundern; sein Verharren im Protestantismus wäre für sein Zeugnis bedenklicher gewesen, weil sein Zeugnis nach so langem Schweigen nicht motiviert wäre. Aber trotz seiner Rückkehr zur Mutterkirche spricht aus seinem Zeugnis, das ihm nur der Stachel des Gewissens entrang, keineswegs Hass gegen seinen alten Herrn, sondern nur Entsetzen und eine begreifliche Abscheu über das Geschehene. Dass er nicht sofort nach dem Tod Luthers als Zeuge für dessen

Selbstmord auftrat, ist wieder erklärlich; er war damals noch jung, die fürstlichen Herren und der Hofprediger hatten ihn und die übrigen Diener streng zum Schweigen verpflichtet, Versprechungen gemacht, vielleicht auch Drohungen hinzugefügt, falls sie über den wahren Sachverhalt sprechen würden. Sie wurden sogar beschworen vielleicht wurde ihnen von den frommen Herren Pastoren sogar ein förmlicher Eid abgenommen, dass sie über das Vorgefallene schweigen sollen. Zuerst befal man ihnen, sie sollten ausstreuen, Märten sei eines plötzlichen Todes gestorben. Das mag auch anfangs geschehen sein. So erklären sich die „schlimmen Gerüchte", von denen in der Leichenrede des Cölius die Rede ist. Bald mochten sich aber die frommen Herren eines Besseren besonnen haben: Es musste diesen Gerüchten entgegengetreten werden; ein offizieller Lügenbericht musste verfasst und verbreitet werden. Die Diener mussten nun auch vom plötzlichen Tod Luthers schweigen. Es ist jetzt aber auch erklärlich, dass Cölius, der den „seligen Gottesmann" an seiner Bahre heilig sprechen sollte, mit Besorgnis von „noch schlimmeren Gerüchten" sprach, die sich über Luthers Tod verbreiten würden, - falls nämlich trotz aller Vorsichtsmaßregeln die ganze Wahrheit doch an den Tag kommen sollte.

Wenn man den Bericht dieses Augenzeugen mit dem des Mansfelder Bürgers vergleicht, so stimmt er mit demselben im Wesentlichen überein, ergänzt jedoch denselben in wichtigen Punkten. Er macht ihn sogar verständlicher und hat, wie wir bald sehen werden, innere Wahrscheinlichkeit für sich, weil die von ihm bezeugte Todesart Luthers mit der Seelen- und Gemütsstimmung desselben gegen Ende seines Lebens übereinstimmt. Die offizielle Historie der drei Pastoren wird aber durch diesen Bericht noch mehr als durch den des Mansfelder Bürgers Lügen gestraft. Luthers Übermäßigkeit im Essen und Trinken ist bekannt. Dies gesteht Luther, damals besonders unter dem großen herrschenden Laster selbst ein; er rühmte sich sogar dessen, „das er fresse wie ein Böhme und saufe wie ein Deutscher"! Quelle: © Buch Martin Luther – Wegbereiter des Antichristen, Teil 3: Der Tod Martin Luthers, Natürlicher Tod, Selbstmord oder Mord. Pro Fide Catholica Verlag Anton A. Schmid, Postfach 22, D-87467 Durach. Weitere Quelle: © Anm.: Brief aus Eisenach vom 2. Juli 1540 an Katharina Bora, „Luther, wie er lebte, leibte und starb", Graz 1907, S 43.

Nun berichtet der Mansfelder Bürger ausdrücklich, Luther habe zu jeder Zeit, wohl durch die Freigebigkeit der Grafen, deren Streitigkeiten er schlichten sollte, eine mit allen Vorräten versehene Küche und im Keller ein volles Fass von süßem, ausländischen Wein gehabt; zum Mittag- und Abendessen habe er allein fünf bis sechs Quart von diesem Wein getrunken. Quelle: © Buch Martin Luther – Wegbereiter des Antichristen, Teil 3: Der Tod Martin Luthers, Natürliher Tod, Selbstmord oder Mord. Pro Fide Catholica Verlag Anton A. Schmid, Postfach 22, D-87467 Durach. Weitere Quelle: © Anm.: altes deutsch. Flüssigkeitsmaß: 1 preuß. Quart = 1,145 Liter; 6 Quart = 6,87 Liter.

Er war am Abend vor seinem Tode bei Tisch heiter, lustiger als je. Da klingt die Aussage seines Dieners doch durchaus glaubwürdig, man habe den frommen

„Gottesmann" an jenem Abend völlig berauscht zu Bett bringen müssen, - während seine Heiligsprecher ihn fromme salbungsvolle Reden halten ließen. Übrigens hört sich die Äußerung Luthers, die ihm die „Historie" selbst in den Mund legte, „die Umstehenden mögen für Gott und sein Evangelium beten" - wirklich wie eine Rede eines „Betrunkenen" an. Oder nicht?

Auch nach Mansfelder Bericht fand man Luther nach Mitternacht tot im Bett. Diese Zeitangabe freilich ist unbestimmt und ungenau, steht aber mit der Angabe des Dieners, „am anderen Morgen", nicht im direkten Widerspruch. Es mag noch dunkel, recht früh am Morgen gewesen sein; nur dürfte die Angabe des Dieners als Augenzeuge genauer sein. Die Diener fanden ihren Herrn allerdings Tot, aber „am Bettstollen erhängt", was der Mansfelder verschweigt oder doch nur leise andeutet, indem er die beiden Ärzte eine sonderbare Disputation über die Ursache des plötzlichen Todes anstellen lässt.

Nun löste man den Leichnam auf Befehl der herbeigeeilten erschrockenen Zechgenossen Luthers, der frommen Pastoren und protestantischen Grafen und legte ihn aufs Bett. Dann erst mag man nach dem Bericht des Mansfelder Bürgers auch die Ärzte herbeigerufen haben, denen man jedoch den wahren Sachverhalt verhehlte: Die Diener werden den richtigen Hergang wenigstens vermutet haben; vielleicht, ja wahrscheinlich, zog man sie ganz in das Geheimnis. So ließen sie denn der Form wegen an dem Leichnam des Gewürgten Belebungsversuche machen, die der mit dem Klistier herbeigekommen Apotheker für lächerlich fand. Aber musste man nicht vor der Welt den Schein wahren und konnte ein so „heiliger Mann eines so grässlichen Todes sterben"?

So ergänzen sich beide Berichte. Alles findet seine natürlichere Erklärung ohne persönliche Mitwirkung des „Lügners von Anbeginn", alles wird erklärt, der Schrecken des Jonas und seiner Genossen, sein Eifern gegen die schlimmen Gerüchte noch vor der Beerdigung Luthers, die Beschwörung der Diener, der Disput der Ärzte, das Lügengewebe der Pastoren.

>>>„Es gab aber auch falsche Propheten unter dem Volk, wie auch unter euch falsche Lehrer sein werden, die heimlich verderbliche Sekten einführen, indem sie sogar YAHUSHUA, der sie erkauft hat, verleugnen; und sie werden ein schnelles Verderben über sich selbst bringen. Und viele werden ihren verderblichen Wegen nachfolgen, und um ihretwillen wird der Weg der Wahrheit verlästert werden. Wehe euch, wenn alle Leute gut von euch reden! Denn ebenso haben es ihre Väter mit den falschen Propheten gemacht. Und es geschah, nach aller dieser deiner Bosheit – Wehe, wehe dir! spricht

Gott YAHUWAH. Wer aber einen von diesen Kleinen, die an mich glauben, Anstoß zur Sünde gibt, für den wäre es besser, dass ein großer Mühlstein an seinen Hals gehängt und er in die Tiefe* des Meeres versenkt würde"!<<< 2. Petrus 2, 1 + 2; Lukas 6, 26; Hesekiel 16, 23, Matthäus 18, 6.

(Tiefe des Meeres: Ab 1 km ist es Stockfinster. Ein Mühlstein wiegt ca. 1,4 Tonnen. Ab 4000 Meter – 6000 Meter ist der Gefrierpunkt. Der Wasserdruck ist 1100-mal höher als an der Wasseroberfläche = 1,1 Tonne pro Quadratzentimeter.)

>>>„Geliebte, glaubt nicht jedem Geist, sondern prüft die Geister, ob sie von Gott sind! Denn es sind viele falsche Propheten in die Welt ausgegangen. Denn es wird geoffenbart Gottes Zorn vom Himmel her über alle Gottlosigkeit und Ungerechtigkeit der Menschen, welche die Wahrheit durch Ungerechtigkeit aufhalten. Denn es wird eine Zeit kommen, da werden sie die gesunde Lehre nicht ertragen, sondern sich selbst nach ihren eigenen Lüsten Lehrer beschaffen, weil sie empfindliche Ohren haben; und werden ihre Ohren von der Wahrheit abwenden und sich den Legenden zuwenden. Denn es gibt viele widerspenstige und leere Schwätzer und Verführer, besonders die aus der Beschneidung. Denen muss man den Mund stopfen, denn sie bringen ganze Häuser durcheinander"!<<< 1. Johannes 4, 1 u. Römer 1, 18 u. 2. Timotheus 4, 3 + 4 u. Titus 1, 10 + 11 A

**Luther war ein Sohn Satans, dem Vater der Lüge. Es hat ja nicht gereicht, das Luder erheblich gravierende Irrlehren in die Welt gesetzt hat, nein man muss in Lügen-Schönrednereien dem Hochgrad-Lügner Martin Luther noch zu seinem Tode die Lügenkrone aufsetzen. Es ist schon mehr Abartig das man solch einen Volksverführer mit total dämonisierten Charakter, die Ehre gibt, für sein mehr als schändliches Leben und mehr als perversen Lehren die mit dem YAHUSHUA HA MASCHIACH aus Nazareth nichts mit zu tun haben!!!** Adelheid Sonnenschein

>>>„Wenn ihr nicht umkehrt und werdet wie die Kinder, so werdet ihr nicht in das Reich der Himmel kommen"!<<< Matthäus 18, 3 B

**<u>Auch mit den zusätzlichen Märchengeschichten, wie denn Luther</u>**

angeblich gestorben sei, werden die Menschen weltweit bis auf das Äußerste belogen. In was für einer perfiden Weise werden die Menschen mit geschönten und manipulierten Erfindungen seit ca. fünfhundert Jahren betrogen. Eine hochgradig korrupte Kirche, welche sich ihre verderblichen Irrlehren mehr als „Teuer" bezahlen lässt, hat den Sinn bzw. besser ihre Existenzberechtigung verloren! Kehrt um, ihr Lügner, ihr scheinheiligen Himmelskomiker, die ihr skrupellos die Leute mit euren Irrlehren vorsätzlich in die Hölle befördert. Tuet Buße, aufrichtige Herzens-Buße! Matthäus 18, 3 B u. Adelheid Sonnenschein

>>>„So bringt nun Früchte die der Buße würdig sind! Erkennst du nicht, dass dich Gottes Güte zur Buße leitet"!<<<
Reicht es nicht dass Martin Luther so viele verderbliche Lügen-Sekten-Irrlehren in die Welt gesetzt hat. Müssen die Lügen über seinen Tod als Märchengeschichten weitergeführt werden? Tut Buße, ihre Betrüger und Heuchler, oder glaubt ihr, wenn ihr keine rechtschaffende (ergebnisorientierte) Buße tut und euch von Herzen dem lebendigen Gott zuwendet, dass ihr dann dem Zorn Gottes entrinnen werdet! Ihr tätet gut daran, in Sack und Asche Buße zu tun, denn Gott erbarmte sich über eine Großstadt Ninive mit 120.000 Einwohnern. Diese taten Buße! Und du? Finde doch zum lebendigen Glauben an YAHUSHUA HA MASCHIACH deinem Erretter! Matthäus 3, 8 u. Römer 2, 4 B

# Martin Luther starb als Selbstmörder!

Aber ist denn ein solch gräulicher Tod dieses Sektenoberhauptes möglich gewesen? Ist der Selbstmord Luthers mit seiner damaligen Gemütsstimmung und mit seiner Äußerung am Ende seines Lebens vereinbar? Wenn nicht, dann verliert das Zeugnis des Dieners Luthers seine Glaubwürdigkeit und es müsste, so bestimmt es abgegeben wurde, mit Recht angezweifelt werden; wenn ja, so wird die Glaubwürdigkeit dieses Zeugnisses befestigt.

**Offene Antwort und wahres Bekenntnis des Kammerdieners Martin Luthers, Ambrosius Rudtfeld.**

„Der Wortlaut der Erklärung (in Form eines Protokolls) war in Abschrift nach Rom sowie an die kaiserlichen und bischöflichen Behörden und einige Klöster in Deutschland mitgeteilt worden. Der Franziskaner-Definitor Sedulius veröffentlichte das Dokument 1606 in seinem Werk: „Praeseriptiones adversus haereses", dass in Antwerpen gedruckt wurde und Paul V. gewidmet war; das Buch war eine apologetische Geschichte der Häresien. Sedulius hatte Einblick in das Dokument bekommen in Freiburg im Breisgau, wo er Definitor war, oder im Besonderen Auftrag Ferdinands von Österreich beschäftigt war und sich zugleich von der Authentizität desselben überzeugt hatte. Er sagt, er habe es „a fide digno viro" - „von einem glaubwürdigen Mann" bekommen, und veröffentlichte es auf Latein. Wir geben die deutsche Übersetzung wieder:

Offene Antwort und wahres Bekenntnis eines Kammerdieners Martin Luthers, der von einem frommen Mann über den Tod seines Herrn gewissenhaft gefragt wurde. „Eure frommen Bitten spornen mich zwar an, alle Furcht vor menschlichen Zorne oder Unwillen zu überwinden und der Wahrheit das schuldige Zeugnis zu geben. Aber viel mehr zwingt mich dazu die Ehrfurcht vor dem höchsten Gott und allen Heiligen. Ich weiß nämlich recht wohl, dass man den wunderbaren Werken Gottes überall das ihnen gebührende Lob spenden soll und dass ich mehr dem Gebote Gottes, als menschlichem Befehl gehorchen muss. Wenn gleich mir dabei die Machthaber Deutschlands unter den schwersten Drohungen verboten haben, den schrecklichen Tod meines Herrn Martin Luther irgendjemanden kundzutun, werde ich ihn doch nicht verheimlichen, sondern zur Ehre des Sohnes Gottes und zur Erbauung des ganzen katholischen Volkes bekannt machen, was ich selbst gesehen und von allen zuerst erfahren, und den zu Eisleben versammelten Fürsten selbst mitgeteilt habe, ohne dass mich der Hass gegen jemanden anstachelt, oder die Liebe und Gunst antreibt. Es geschah also, dass Martin Luther eines Tages zu Eisleben unter hervorragenden Machthabern Deutschlands sich sehr gütlich tat und vom Trunke berauscht von uns ins Bett gebracht werden musste. Wir wünschten ihm eine gute Nacht, gingen in unsere Zimmer und schliefen, ohne etwas Schlimmeres zu ahnen ruhig ein. Als wir aber am folgenden Morgen wieder zu unserem Herrn kamen, um ihm wie gewöhnlich bei Ankleiden zu helfen, sehen wir schmerzlich - denselben unsern Herrn Martin am Bette hängend und elend erwürgt. Bei diesem so schrecklichen Anblicke von Frucht ergriffen, doch ohne lange zu zögern, stürzten wird zu seinem gestrigen Trinkgenossen und zu den Fürsten, um ihnen den scheußlichen Tod Luthers anzuzeigen. Diese, von nicht geringem Schrecken ergriffen, als wir, fingen an, alles zu versprechen und uns mit Bitten zu überhäufen: vor allem sollten wir die Sache fortwährend und getreu geheim halten, damit nichts herauskäme; dann sollten wir den hässlichen Leichnam Luthers vom Stricke befreien und ins Bett legen; endlich sollten wir unter den Leuten ausbreiten, mein Herr Martin sei eines plötzlichen Todes gestorben: was wir auch auf die Bitten der Fürsten und gerade wie die Wachen am Grabe des Erlösers, durch große Versprechen bestochen, geraten hätten, welche wohl durch die Furcht und Scheu vor den Menschen oder die Hoffnung auf Gewinn eine Zeit lang gezügelt, aber wegen der Mahnung der Religion und dem Stachel des Gewissens nicht für immer unterdrückt werden kann"! (in: Kleis, S. 231 ff.) Quelle: © Buch Martin Luther – Wegbereiter des Antichristen, Teil 3: Der Tod Martin Luthers, Natürlicher Tod, Selbstmord oder Mord. Pro Fide Catholica Verlag Anton A. Schmid, Postfach 22, D-87467 Du-rach. Seite 58 + 59.

## Bericht eines Mansfelder Bürgers

Die offiziellen Historien die verbreitet wurden erweisen sich als Lüge. Denn nur wenige Jahre nach der offiziellen Historie erschien der Bericht des Mansfelder Bürgers, der offenbar und offensichtlich glaubwürdiger ist, als das tendenziöse Machwerk der drei protestantischen Pastoren. Er rührt wirklich von einem Augenzeugen her, der einem protestantisierenden Humanisten näheres und bestimmteres über den Tod des Reformators berichten will.

Quelle: © Buch Martin Luther – Wegbereiter des Antichristen, Teil 3: Der Tod Martin Luthers, Natürlicher Tod, Selbstmord oder Mord. Pro Fide Catholica Verlag Anton A. Schmid, Postfach 22, D-87467 Durach. Seite 18 - 21. Weitere Quelle: © Anm. Joh. Nas (Quinta centruia, Ingoldstadt 1577, S. 477) sagt, dass „der Bürger von Mansfeld, welcher beim Tode zugegen war,...bei der Kur (Klistier und Einreibung) geholfen habe.) S. 21.

Im Jahre 1548 erschien in Mainz der Bericht eines Mansfelder Bürgers an den berühmten Humanisten Georg Witzelius, über Luthers Tod. Dieser Bericht weicht von der Historie der drei Hofprediger bedeutend ab. Er sagt, Luther sei am Vorabend seines Todes recht scherzhaft und heiter gewesen. Um 20 Uhr habe er sich etwas unwohl befunden; nach Mitternacht seinen zwei Ärzte zu ihm gerufen worden, sie hätten keinen Pulsschlag mehr an ihm gefunden; es seien Wiederbelebungsversuche gemacht worden, aber erfolglos – mit anderen Worten Luther sei im Bett tot gefunden worden. Wenn sich diese Nachricht auch als lückenhaft erweist, so tritt sie doch mit der offenbar erdichteten Historie im Wesentlichen Dingen in Widerspruch. Nach dieser soll der „Gottesmann" überaus salbungsvolle, fromme Gespräche geführt und lange Gebete verrichtet haben; der Mansfelder Bürger erzählt uns aber, dass Luther seine Tischgenossen aufgeheitert habe und recht lustig gewesen sei, wie schon lange nicht mehr. Unter andern habe er bei Tisch eine Geschichte erzählt, wie einer nach langem Hunger dem Teufel seine Seele verschrieben habe, unter der Bedingung, dass ihm derselbe ein reichliches Essen verschaffe. Das Essen kam, der Mann war satt, der Teufel verlangte dessen Seele. Dieser erwiderte, der Teufel müsse warten, bis er sterbe, denn er habe ihm nicht den Leib, sondern die Seele verschrieben. Der Teufel entgegnete jedoch: „Wenn jemand ein Pferd kauft, behält er dann auch die Zügel"? Und da jener die Frage bejahte, sprach der Teufel: „Die Seele ist das Pferd, der Leib die Zügel" und er holte den Mann mit Leib und Seele. Dies und ähnliches erzählte der schnurrenreiche „Gottesmann" zur allgemeinen Belustigung. Das sind ganz andere Reden, als die ihm von den drei Hofpredigern in der Historie in den Mund gelegt werden. Nach Mitternacht seien zwei Ärzte geholt worden, die ihn jedoch bereits tot fanden, so erzählt der Mansfelder.

Der offizielle Bericht sagt dagegen, dass sie ihn noch lebend angetroffen und mit den anderen Anwesenden sorgfältig gepflegt hätten: Das stimmte ja besser zum erbaulichen Tod eines „Gottesmannes". Nach dem Mansfelder Bericht sandten die Ärzte, als sie an Luther keinen Puls mehr fanden, zum Apotheker und ließen ein Klistier (salzhaltige Lösung zur Darmreinigung bereiten).

Quelle: © Buch Martin Luther – Wegbereiter des Antichristen, Teil 3: Der Tod Martin Luthers, Natürlicher Tod, Selbstmord oder Mord. Pro Fide Catholica Verlag Anton A. Schmid, Postfach 22, D-87467 Durach. Seite 18 - 21. Weitere Quelle: © Dr. R. Paulus vermutet, dass dieser Eislebener Apotheker Johann Landau war, ein „Katholik", einer von den zehn Krypto Katholiken (Geheim-Katholik) in Eisleben; der Humanist Witzelius, ein Pfarrer in Eisleben, dann Protestant, aber Gegner Luthers, sei dessen Geschwisterkind gewesen. Durch eine briefliche Mitteilung an Witzelius habe es Cocläus erfahren, was in jener Nacht am 18. Februar sich zu Eisleben zugetragen hat. Mag sein! Dann wäre der Mansfelder Bürger Augenzeuge gewesen (s. Anm. 13, S. 24), soweit er als Apotheker dabei war; dass er nämlich Luther tot im Bett gefunden. Aber die „schlimmen" Gerüchte hat er, wie der Bericht zeigt, entweder nicht gewusst oder sie wenigstens nicht verbreitet, wohl aus Furcht, sich und seinen Geschäften in Eisleben zu schaden. S. 19.

Als dieser kam und den Leib Luthers wenden wollte, um ihm dasselbe zu applizieren (anzuwenden), merkte er sofort, dass Luther bereits tot sei. „Er ist ja tot", sprach er, „wozu das Klistier"? Die Ärzte erwiderten: „Macht nichts, setze das Klistier an, damit er auflebe, wenn noch Leben in ihm ist"! Es war offenbar Formsache. Man wollte den Schein geben, als glaube man, es sei noch Leben in Luther; auch die Ärzte waren bereits für die beabsichtigte Täuschung des Volkes gewonnen. Nun stritten sich die beiden Ärzte über die Todesursache. Der eine sagte, Luther sei an einem Schlaganfall gestorben. Sein Mund war nämlich verzerrt und die rechte Seite ganz schwarz.

Quelle: © Buch Martin Luther – Wegbereiter des Antichristen, Teil 3: Der Tod Martin Luthers, Natürlicher Tod, Selbstmord oder Mord. Pro Fide Catholica Verlag Anton A. Schmid, Postfach 22, D-87467 Durach. Seite 18 - 21. Weiter Quelle: © In der Dresdner Bildergalerie befindet sich noch heute (1899) das Original (oder Kopie?) des Bildes Luthers auf dem Sterbebett, welches nach der Historia von Lucas Furtenagel gemalt wurde. Auf der linken Seite des Halses ist etwas Dunkles wahrzunehmen, was durch den Schatten nicht dargestellt ist. Der Gesichtsausdruck ist von unbeschreiblicher Hässlichkeit. So sehen Strangulierte aus. Diese Verzerrung und Anspannung der Gesichtsmuskeln sind durch den Schlag Fluss nicht zu erklären. Das Bild „Luther im Totenhemde" aus der Schule des Lucas Cranach in der Bildergalerie zu Karlsruhe soll noch gräulicher sein und ganz den Eindruck eines Erhängten machen. S. 20.

Der andere meinte, ein so heiliger Mann könne nicht durch die Hand Gottes am Schlage gestorben sein; Asthma sei die Todesursache gewesen. Das will wohl auch der offizielle Bericht andeuten, da er sagt, Luther habe am Abend früher über „Brustschmerzen" geklagt. Und doch legen ihm die drei Prediger so lange Reden in dem Mund und sagen, er sei sanft und schmerzlos verschieden, ganz ohne Todeskampf!

Ein Erstickungstod war´s freilich – aber die näheren Umstände kannten die Ärzte wenigstens anfangs nicht; sie fanden die Leiche bereits im Bett, und wenn sie auch die näheren Umstände vermuteten, wollten sie offenbar keinen Lärm machen. Einer derselben wollte nicht einmal einen Schlaganfall annehmen, weil sich derselbe für einen so heiligen Mann nicht geziemt! Wie hätten sie die Strangulierung zugeben können! Die Ärzte waren bereits gewonnen, und wie wir bald hören werden, auch die Diener. Der Mansfelder berichtet weiter: Jonas, der zu „Haupte" des Toten saß, habe jammernd die Hände gerungen, und von einem der Anwesenden gefragt, ob sich denn Luther gestern Abend über Schmerzen beklagt habe, habe er geantwortet: „Gar nicht; gestern Abend war er lustig wie nie zuvor; ach, Herr Gott, Herr Gott"! Das stimmt wieder nicht mit dem offiziellen Bericht, dessen Mitverfasser derselbe Jonas war. Nach diesem Bericht klagt Luther am Abend vor seinem Tod über Brustschmerzen. Und wie stimmend sind die angestellten Wiederbelebungsversuche mit dem angeblichen sanften Tode des Gottesmannes? Immer mehr zerreißt das Lügengewebe der Historie.

Die von dem Mansfelder Bürger weiter berichteten sonderbaren Umstände bei der Leichenfeier, dass nämlich die Leiche trotz des Metallsarges und trotz der eisigen Kälte einen pestilenzialischen Gestank verbreitet hat, so dass man sie zur Schlosskirche nicht tragen konnte, sondern fahren musste, die Erzählung von der unheimlichen Rabenschar, die dem Leichenzug folgte etc., erwähnen wir nur, ohne darauf besonders Gewichte zu legen.

Quelle: © Buch Martin Luther – Wegbereiter des Antichristen, Teil 3: Der Tod Martin Luthers, Natürlicher Tod, Selbstmord oder Mord. Pro Fide Catholica Verlag Anton A. Schmid, Postfach 22, D-87467 Durach. Seite 18 - 21. Weiter Quelle: © Anm.: Nach P. Majunke, Historische Kritik, Mainz 1891, S. 52 f. Verbürgt der Hallenser Mönch Helmensius die Tatsache, „dass der Leiche Luthers eine Unzahl Raben gefolgt waren." S. 21.

Er will weder dem Protestantismus noch dessen Urheber zu nahetreten; er will nur bezeugen, dass Luther plötzlich gestorben sei und tot im Bett gefunden wurde. Er sagt zwar noch nicht alles; er lüftet nur ein wenig den Schleier des Geheimnisses, aber er beweist, dass die Darstellung des Hinscheidens Luthers, wie sie in der offiziellen Historie geschildert wird, erdichtet und erlogen ist.

## Der Schleier des Geheimnisses der Lügengeschichten sollte aber bald gänzlich fallen!!! Luthers Leichenbegräbnis

Schrecklich und geheimnisvoll sind die Umstände, unter denen er begraben wurde. Über alles interessant ist der Bericht des Helmesius über die Raben, welche Luthers Leiche folgten. Als die Leiche Luthers auf dem Wege von Eisleben nach Wittenberg die Stadt Halle erreichte, erzählt er, und mit größtem Pomp der Leiche gekommen waren und am anderen Tage mit ihr weiterzog, so groß, dass kein Menschenalter sich erinnern kann, je eine größere Menge Raben gesehen zu haben.

Ja die Menge der Raben, welche mit dem Kadaver Luthers angekommen waren, war so groß, dass die Dächer der Häuser und die Zweige der Bäume kaum ausreichten, um jedem Raben ein Plätzchen zu gewähren. Die Lutheraner, welche bei der Leiche die Wache hielten, sangen die ganze Nacht hindurch ihre lutherischen Kirchengesänge. Nicht minder schrien die auf den Dächern und Bäumen sitzenden Raben die ganze Nacht hindurch ohne Unterlass. Beide, Lutheraner und Raben, erfüllten die Nacht mit ihrem Geschrei, so dass man zuweilen nicht unterscheiden konnte, ob das Geschrei der Lutheraner die Raben oder das Geschrei der Raben die Lutheraner übertönte. So wie diese zahllosen Raben mit der Leiche gekommen waren, verließen sie auch mit der Leiche Luthers am frühen Morgen wiederum die Stadt. Unzählige Raben folgten so der Leiche Luthers.

Helmensius selber kam kurz darauf nach Halle, wo ihm diese merkwürdige Tatsache erzählt wurde und alle Welt davon sprach. Eine merkwürdige Begleitung hat gewiss noch kein Sterblicher nach seinem Tode gehabt, solange die Welt steht. Er wird schwer sein, diese sonderbare Tatsache auf eine ganz natürliche Weise zu erklären.

Man spricht viel von einem pestilenzialischen Gestank, welcher trotz der eisigen Kälte von der Leiche Luthers ausgegangen ist, so dass es Menschen unmöglich war, die Leiche vom Stadttor Wittenbergs in die Schlosskirche zu tragen, und man hierzu Pferde verwenden musste. Ist nun dieser pestilenzialische Gestank auch noch so groß gewesen, so kann er doch nicht ein hinreichender Erklärungsgrund für diese außergewöhnliche Versammlung der Raben abgegeben, welche der Leiche Luthers gefolgt waren.

Quelle: © Buch Martin Luther – Wegbereiter des Antichristen, Teil 3: Der Tod Martin Luthers, Natürlicher Tod, Selbstmord oder Mord. Pro Fide Caholica Verlag Anton A. Schmid, Postfach 22, D-87467 Durach. Weitere Quelle: © Anm.: Altes Testament, Buch der Sprüche 30, 17.

### >>>„Bei euch aber sind selbst die Haare auf dem Hauptes alle gezählt"!<<< Matthäus 10, 30

So wie kein Haar vom Kopf eines Menschen fällt, ohne den Willen Gottes, so sind auch nicht die zahllosen Raben der Leiche Luthers gefolgt ohne den Willen Gottes. Durch wessen Willen also sind sie der Leiche des falschen Propheten gefolgt? Durch den Willen dessen, der gesagt hat: „Das Auge, das seinen Vater verachtet und schief auf seine Mutter blickt, sollen die Raben aushacken und die jungen Adler fressen".

## Martin Luther hat selber zugegeben im Jahre 1537, dass er ein falscher Prophet ist!!!

Das Reich der falschen Propheten bildet daher den Übergang zum Reich des Antichristen. Darum wurde die Leiche des falschen Propheten, welche die Luft mit pestilenzialischem Gestank erfüllte, von zahllosen Raben begleitet. Außerdem wurde ihm noch vor seinem Tode die Ehre zuteil, den Teufel von Angesicht zu Angesicht zu schauen. Hierfür seien die Zeugen gerufen, nicht die Katholiken, sondern Martin Luthers eigene Freunde.

Michael Cölius, der Mansfeldische Hofprediger, erzählt in seiner Leichenrede, „dass Luther ihm wenige Tage vor seinem Tode „mit Tränen geklagt", er habe, während er zum Fenster hinaus zum Himmel schauend habe beten wollen, den Teufel gesehen, der auf dem Röhr-Kasten des gegenüberliegenden Brunnens saß und gegen ihn das Maul aufsperrte, als wenn er ihn verschlingen wollte". Michael Cölius, der Freund Luthers, sagte in seiner Leichenrede, dass Luther ihm dieses unter Tränen erzählt hat. Was dem Luther der Teufel noch mehr gezeigt, das verschweigt Cölius: er hätte es in der Kirche gar nicht sagen dürfen. Das erzählt uns Ratzeberger, der Leibarzt des sächsischen Kurfürsten, in seinem Leben Luthers (Lutherbiographie), herausgegeben von Neudecker, Jena 1850. Er schreibt: „Man sagte, das Doktor Luther zu Eisleben seiner Gewohnheit gemäß noch abends, ehe er sich niederlegte, sein Gebet zu Gott in aufgetanen Fenster gesprochen und verrichtet habe und er Satan auf dem Rohrbrunnen, welcher vor seiner Herberge gestanden gesehen, der ihm die posteriora (den Hintern) gezeigt".

Wenn aber Luther selber und wenn seine eigenen Freunde erzählen, dass dem Luther unmittelbar vor seinem Tode zu Eisleben der Teufel erschienen ist, der das Maul gegen ihn aufgesperrt hat, als wenn er ihn verschlingen wollte, und ihm den Hintern gezeigt, warum sollte man dann nicht glauben, was Bredebach berichtet, dass eine Unzahl Teufel dem Begräbnis Luthers beigewohnt hat. Einige vermuten daher, dass die Raben, welche nach der Aussage der Bürger von Halle alle Dächer und Bäume bedeckten und der Leiche das Geleit gaben, keine Raben, sondern Teufel gewesen seien.

## Martin Luther erster Selbstmordversuch

Es ist interessant, zu erfahren, dass Martin Luther schon in seinem früheren Leben Selbstmordgedanken hatte. Dass Martin Luther dem Ansinnen des Teufels, sich selber das Leben zu nehmen, oft nur mit knapper Not widerstanden hat, gesteht er selber ein. Dass er aber schon in seinem, früheren Jahren einen Selbstmordversuch gemacht hat, welcher mit Gewalt verhindert wurde, dürfte weniger bekannt sein. Luther war in seinen früheren Jahren ein Skrupulant (übertrieben vorsichtige Person) und als solcher der unglücklichste Mensch. Als Priester und Augustinermönch verrichtete er die niedrigsten Dienste eines Novizen. Er öffnete und schloß die Kirche, stellte die Klosteruhr, erbettelte in der Stadt Brot, Fleisch, Fische, Eier und Gemüse, was das Kloster brauchte, von Tür zu Tür; die niedrigsten Arbeiten waren ihm die liebsten. Dies ist ihm umso höher anzurechnen, da er als öffentlicher Lehrer eine gewisse Achtung genoss. Aber wie hätte er den Frieden in seiner Seele finden können als Skrupeln, und zwar als der größte Skrupulant! In der Augustinerkirche in Rom konnte er vor lauter Skurpel seine Messe nicht zu Ende bringen. Ihm liefen die Messdiener vom Altar weg und ließen ihn allein. Er glaubte als Skrupulant bei allem, was er tat, zu sündigen. Der Böse Gedanke, den er hatte, kam ihm als eine Todsünde vor, selbst wenn er nicht eingewilligt hatte. Dieser Zustand ist für jeden unerträglich, am allermeisten für den Priester. Er hielt sich daher fortwährend vom Teufel verfolgt und Gott selber für einen Tyrannen, der die Menschen für die geringste Sache zur Hölle verdammt.

Zu dieser permanenten Qual des Skrupulanten kam noch seine unbändige Sinnlichkeit. Man begreift, dass einen solchen Menschen das Klosterleben unerträglich wurde. Er beschloss daher, seinem Leben ein Ende zu machen. Hätte er damals ein Bett mit hohen Bettstollen gehabt, er hätte nicht gewartet, bis er 62 Jahre alt gewesen ist, um sich an demselben aufzuhängen. Darum schloss er sich ein und wollte verhungern. Die Brüder dachten, der Hunger werde ihn bald wieder aus seiner Zelle vertreiben. Luther blieb aber starrköpfig und standhaft in seinem Entschluss, zu verhungern. Alles bitten und beschwören der Brüder war nutzlos. Man musste daher mit Gewalt in sein Zimmer einbrechen und die Tür seiner Zelle einschlagen, um ihn zu hindern, sein schreckliches Vorhaben auszuführen. Als einmal beim Hochamt das Evangelium gesungen wurde, wie der Sohn Gottes einen Teufel austreibt, schrie er auf einmal laut auf in der Kirche: „Herr, ich bin es nicht, ich bin es nicht"!

Nicht selten schlägt der Skrupulant ins Gegenteil um, dies geschah bei Luther. Früher machte er sich aus allem eine Sünde, später machte er sich aus gar nichts eine Sünde. (siehe Ehmig, Gleichnis. Bd. 1. S.) Quelle: © Buch Martin Luther – Wegbereiter des Antichristen, Teil 3: Der Tod Martin Luthers, Natürlicher Tod, Selbstmord oder Mord. Pro Fide Catholica Verlag Anton A. Schmid, Postfach 22, D-87467 Durach. Seite 53 + 54.

Dazu kommt noch ein anderer Umstand, der bei Luther schwer in die Waagschale fällt. Er war Priester und Mönch; er hatte einst die feierlichen Gelübde abgelegt und sie im leidenschaftlichen Kampf gegen Rom leichtsinnig und frevellich gebrochen. Da er in seiner Jugend ängstlichen Gewissens und schon damals lebenssatt war, so dass er sich in seiner Seelenpein schon als junger Augustinermönch mit Selbstmordgedanken trug und sich aushungern wollte, so ist es erklärlich, dass er jetzt in ruhigen, ernsten Stunden oft Vorwürfe des Gewissens fühlte und dass sich diese Gewissensqualen mit den zunehmenden Verdrießlichkeit und bittere Enttäuschungen, denen er schier erlegen schien, immer öfter wiederholten. **Oft mag sich in ihm der Zweifel erhoben haben, ob er denn nicht doch zu weit gegangen sei, ob er nicht seinen hartnäckigen Trotz viele Tausend irregeführt und sein Vaterland ins größte Unglück gestürzt habe, was ihm ja auch manche seiner frü-**

**heren Gegner vorhielten.** Diese Judasreue gab er besonders in seinen letzten Jahren nicht selten beredten Ausdruck – Verzweiflung lag da nahe.

Er versuchte freilich diese Gewissenspein anfangs durch „Fressen und Saufen", dann mit den Zöpfen seiner Käthe und im Kreis seiner Kinder zu ersticken. Er fühlte sich zu schwach, sich aus diesem schrecklichen Zustand empor zu arbeiten.

Vielleicht waren gerade diese Gewissensbisse der Grund, warum er die alte Irrlehre erneuerte, des Menschen Wille sei unfrei, zum Guten wie zum Bösen. Er mag darin Trost in seiner Seelenpein gesucht zu haben. Luther vergleicht den menschlichen Willen mit einem Pferd, auf dem bald Gott, bald der Teufel reitet. Er fühlte sich mehr und mehr vom Teufel versucht. Manche Nächte, so gesteht er, habe ihm der Teufel sauer und bitter gemacht und er könne es wohl begreifen, wie es zugehe, dass man am Morgen Leute tot im Bette antreffe.

Quelle: © Buch Martin Luther – Wegbereiter des Antichristen, Teil 3: Der Tod Martin Luthers, Natürlicher Tod, Selbstmord oder Mord. Pro Fide Caholica Verlag Anton A. Schmid, Postfach 22, D-87467 Durach. Seite 30. Weitere Quellen: © Anm.: Witt. Ausg. Tom. VII. Fol. 479.

Sollten diese Reden nicht auf heftige Gewissenbisse schließen lassen und auf eine überaus gedrückte Seelenstimmung, die an Verzweiflung grenzte?
Einst, als ein abgefallener Pfarrer, der von Guben, Mog. Leonhard Betzer, bei Tisch erzählte, er sei oft, wenn er ein Messer in der Hand halte, versucht, sich selbst zu erstechen, oder, wenn er einen Zwirnsfaden sehe, ihn zu einem Strick zu drehen, um sich damit aufzuhängen, erwiderte Luther: „Da ist mir auch oft begegnet, dass wenn ich ein Messer in die Hand nehme, mir dabei böse Gedanken einfielen.

Quelle: © Buch Martin Luther – Wegbereiter des Antichristen, Teil 3: Der Tod Martin Luthers, Natürlicher Tod, Selbstmord oder Mord. Pro Fide Caholica Verlag Anton A. Schmid, Postfach 22, D-87467 Durach. Seite 30. Weitere Quelle: © Anm.: Kleis, S. 247, Anm. 1: „Tischreden Luthers und Aussprüche Melanchtons nach Mathesius (1540-1542), Loesche, Gotha 1892, Nr. 334: „Hoc et mihi contigit; arrepto cultro tales imagines inciderunt, neque ego orare potui, dass mich der Teufel aus der Kammer gejagt hat.

Luther trug sich also mit Selbstmordgedanken. Diese und ähnliche Reden mögen auch seine Freunde ängstliche gemacht haben; sie fürchteten, Luther könne sich einmal ein Leid antun, und bestellten deshalb in den letzten drei Jahren seines Lebens einen eigenen Diener, der in dieser Beziehung auf ihn achtgeben sollte.

Quelle: © Buch Martin Luther – Wegbereiter des Antichristen, Teil 3: Der Tod Martin Luthers, Natürlicher Tod, Selbstmord oder Mord. Pro Fide Caholica Verlag Anton A. Schmid, Postfach 22, D-87467 Durach. Seite 30. Weitere Quellen: © P. Kraus, der wunderbare Luther. Prag 1716. Diese Nachricht lautet gar nicht so unglaublich, wenn auch keine bestimmte Quelle dafür angegeben wird. - Anm.: Paul Majunke, Luthers Lebensende, S. 35: „Unter diesen Umständen (dass man am Morgen Leute im Bett tot antreffe) konnte es nicht Wunder nehmen, dass seine Gönner befürchteten, er könne einmal sich ein Leid zufügen, und dass sie deshalb in den letzten drei Jahren seines Lebens eine besonderen Bedienten bei ihm anstellten, „der ebenfalls auf ihn auf der Hut sein sollte". (Krause, alias Conrad(Vetter) redivivus.

Quelle: Bild-Autor: © Adelheid Sonnenschein; Bild-Titel: Die satanische Irrlehre der billigen Gnade; Her-stellung: April 2015; Maltechnik: Deckfarbe auf Karton; Format: DIN A 3

# Martin Luther verkündigte ein falsches Evangelium von der billigen Gnade

>>>„Billige Gnade"<<<

Die billige Gnade wird wie ein Restposten zum Ramschpreis auf dem großen Selbstbedienungs-Verkaufstisch verschleudert!

Das austeilen der billigen Gnade ist wie ein großer Ausverkauf zum Spottpreis!

Billige Gnade ohne Kosten, als Schleuderware!

Billige Gnade die mit leichtfertigen Händen bedenkenlos und grenzenlos ausgeschüttet wird!

Billige Gnade ist Leugnung des lebendigen Wortes Gottes und Leugnung der Menschwerdung des echten Sohnes Gottes!

Billige Gnade heißt Rechtfertigung der Sünde und nicht des Sünders. Weil billige Gnade doch alles allein tut, darum kann alles beim Alten bleiben!

Billige Gnade braucht YAHUSHUA HA MASCHIACH den Sohn Gottes nicht, auch nicht das Kreuz und gar nicht die Auferstehung!

Billige Gnade ist Predigt der Vergebung ohne Buße, ist Taufe ohne Gemeindezucht, ist Abendmahl ohne Bekenntnis der Sünden, ist Absolution ohne persönliche Beichte!

Billige Gnade ist Gnade ohne Nachfolge, Gnade ohne Kreuz, Gnade ohne den lebendigen, menschgewordenen YAHUSHUA HA MASCHIACH!

Billige Gnade ist der Todfeind der Gemeinde Gottes!

Verschleuderte Vergebung, verschleuderten Trost, verschleudertes Sakrament; Gnade als unerschöpfliche Vorratskammer der Kirche, aus der mit leichtfertigen Händen bedenkenlos und grenzenlos ausgeschüttet wird; Gnade ohne Preis, ohne Kosten. Wer sie bejaht, der hat schon eine falsche Vergebung seiner Sünden. In dieser Kirche findet die Welt billige Bedeckung ihrer Sünden, die sie nicht bereut und von denen frei zu werden sie erst recht nicht wünscht. Das ist billige

Gnade als Rechtfertigung der Sünde, aber nicht als Rechtfertigung des bußfertigen Sünders, der von seiner Sünde lässt und umkehrt. **Billige Gnade ist die Gnade, die wir mit uns selbst haben.**

Billige Gnade ist Predigt der falschen Vergebung ohne Buße, ist Taufe ohne Gemeindezucht, ist Abendmahl ohne Bekenntnis der Sünden, ist Absolution ohne persönliche Beichte. Billige Gnade ist Gnade ohne Nachfolge, Gnade ohne Kreuz, Gnade ohne den lebendigen, menschgewordenen YAHUSHUA HA MASCHIACH.

## „Billige Gnade ist verschleuderte Vergebung, verschleuderter Trost und verschleudertes Sakrament"!

### >>>„Teure Gnade"<<<

Teure Gnade ist der verborgene Schatz im Acker, um dessentwillen der Mensch hingeht und mit Freuden alles verkauft, was er hatte; die köstliche Perle, für deren Preis der Kaufmann alle seine Güter hingibt; die Königsherrschaft HA MASCHIACHs, der Ruf YAHUSHUA HA MASCHIACH, auf den hin der Jünger seine Netze verlässt und nachfolgt.

**Teuer ist sie, weil sie in die Nachfolge ruft, Gnade ist sie, weil sie in die Nachfolge YAHUSHUA HA MASCHIACH ruft; teuer ist sie, weil sie dem Menschen das Leben kostet, Gnade ist sie, weil sie ihm so das Leben erst schenkt; teuer ist sie, weil sie die Sünde verdammt, Gnade, weil sie den Sünder rechtfertigt. Teuer ist die Gnade vor allem darum, weil sie Gott teuer gewesen ist, weil sie Gott das Leben seines Sohnes gekostet hat – „ihr seid teuer erkauft", und weil uns nichts billig sein kann, was Gott teuer ist. Gnade ist sie vor allem darum, weil Gott seinen Sohn nicht zu teuer war für unser Leben, sondern ihn für uns hingab. Teuer ist die Gnade, weil sie den Menschen unter das Joch der Nachfolge YAHUSHUA HA MASCHIACH zwingt, Gnade ist es, dass YAHUSHUA sagt: „Mein Joch ist sanft und meine Last ist leicht".**

Wie die Raben haben wir uns um den Leichnam der billigen Gnade gesammelt, von ihr empfingen wir das Gift, an dem die Nachfolge YAHUSHUA HA MASCHIACH unter uns starb! **Aber wissen wir auch, dass diese billige Gnade im höchsten Maß unbarmherzig gegen uns gewesen ist?** Ist der Preis, den wir heute mit dem Zusammenbruch der organisierten Kirchen zu zahlen haben, etwas anderes als eine notwendige Folge der zu billig erworbenen Gnade? Man gab die Verkündigung und die Sakramente billig, man taufte, man konfirmierte, man absolvierte ein ganzes Volk, ungefragt und bedingungslos, man gab das Heiligtum aus menschlicher Liebe den Spöttern und Ungläubigen, man spendete Gnadenströme ohne Ende, aber der Ruf in die strenge Nachfolge HA MASCHIACH wurde seltener gehört. **Wir sind „nicht" von allen Gesetzen Gottes befreit. Ein Bund ohne Gesetze ist un-denkbar; alle Bündnisse Gottes enthalten Gesetze und Regeln, Rechtsordnungen Gottes, denen der Mensch sich unterstellen muss.!!!** Tut er das nicht, hat er den Bund gebrochen und kann, besonders wenn er falsch gelehrt wurde und die Notwendigkeit der Umkehr nicht erkennt, großen Schaden nehmen! Welcher Geist hinter einem falschen Evangelium, wie dem der Gesetzlosigkeit und der unbegrenzten Gnade steckt, kannst du dir sicher denken. Aber durch welchen Menschen wurde diese dämonische Lehre von ihm in die Gemeinde HA MASCHIACHs eingeführt? Das wird dich bestimmt überraschen: es kam durch Martin Luther, der noch heute von der Evangelischen Kirche, den Freikirchen, den Pfingstlern und den Baptisten dafür geehrt und geachtet wird. Luther brachte ja in seiner falschen Reformation angeblich die Gnade Gottes, welche die Katholische Kirche nicht kannte, zum Durchbruch; dies aber so extrem, dass er in seiner Version der Bibelübersetzung alle Textstellen, wo im Urtext „Gesetzlosigkeit" oder „gesetzlos" steht, anders übersetzte. Er verwendete stattdessen einfach Begriffe wie Sünde oder Unrecht, sodass in seiner Übersetzung das Wort „Gesetzlosigkeit" kein einziges Mal vorkommt! Dies ist übrigens sein Verdienst der Bibelübersetzung, denn er hat die Bibel nicht erstmalig ins Deutsche übersetzt, sondern nur seine eigene Version aus anderen Übersetzungen, die bereits vorlagen, „gemacht". Vergleiche dazu einmal eine Elberfelder oder Schlachter-Übersetzung. Luther hob stattdessen in seinen Predigten und Niederschriften immer wieder die Aussagen des Paulus hervor, welche davon sprachen, dass wir frei seien vom Gesetz und verabsolutierte diese Texte noch mit dem Satz: Alles ist uns erlaubt! - der von Paulus aber, wie auch alle anderen Aussagen gegen das Gesetz, nur auf die Thora, die 5 Bücher Mose mit seinen Speisegesetzen und rituellen Gesetzen, wie auch Beschneidung usw. verstanden sein wollte. Paulus hätte sich sonst dauernd widersprochen, denn er war ein Kämpfer gegen die Gesetzlosigkeit und gab auch zu, dass er selbst nicht ohne Gesetz sei! Paulus war es ja auch, der prophezeite, dass der Mensch der Gesetzlosigkeit sich in den Tempel Gottes, die Gemeinde, setzen würde. Damit hat Martin Luther als leibhaftiger Antichrist eine Antichrist-Kirche die Evangelische Kirchen-Gemeinde in existenz gebracht! Martin Luther ist und war ein Sohn des Verderbens!

>>>„Lasst euch von niemand in irgendeiner Weise verführen! Denn es muss unbedingt zuerst der Abfall kommen und der Mensch der Sünde geoffenbart werden, der Sohn des Verderbens"!<<< 2. Thessalonicher 2, 3

>>>„Und weil die Gesetzlosigkeit überhandnimmt, wird die Liebe in vielen erkalten"!<<< Matthäus 24, 12

YAHUSHUA sagte voraus, dass am Ende der Tage die Gesetzlosigkeit überhandnehmen würde. Sicher gab es da mehrere Erfüllungen; aber eine davon ist Luther selbst, der aus der Gemeinde heraus die Gesetzlosigkeit propagierte, und sich damit als leibhaftiger Antichrist bewies und bis heute ist! <u>Die Freiheit vom Gesetz Mose wurde von Luther so ausgelegt, dass wir im NB völlig ohne Gesetz, also gesetzlos seien und dass an die Stelle des Gesetzes die Gnade Gottes getreten sei: eindeutig ein falsches Evangelium!</u> Was aber trieb Luther dazu, solches zu behaupten? Aus der historischen Literatur kann man erfahren, dass Luther in seiner berechtigten Kritik an der Katholischen Kirche durch Freimaurer-Logen unterstützt und beeinflusst wurde! <u>Diese Kontaktpersonen Luthers (z.B. Rosenkreuzer Johann von Staupitz und Freund und Hochgradfreimaurer des „Freien Maurerordens" Philipp Melanchthon) missbrauchten ihn für ihre Zwecke und Luther, der selbst kein Freimaurer war, ließ sich verführen und blieb nicht in der Wahrheit Gottes.</u> Das vorliegende bejahende Selbstbekenntnis der Freimaurer zur Reformation lässt aus diesem Zusammenhang vermuten, dass die falsche Reformation nur Luthers Namen trug, aber von der Hochgradfreimaurerei angeordnet, ausgerichtet und durchgeführt wurde! Von daher erklären sich auch die philosophischen Ziele hinter der falschen Luther-Übersetzung in Richtung einer falschen Freiheit: <u>Jeder darf im Humanismus der Freimaurerei nach seinen eigenen Vorstellungen selig werden.</u> Der Mensch steht mit seinen Wünschen im Mittelpunkt; alles wird toleriert, nur keine Gesetze. <u>Luther lehrte also eine billige Gnade, die durch ihn in alle christlichen Kreise eingedrungen ist, wie ein Krebsgeschwür, das Metastasen streut. Und gerne nahmen die vielen unbußfertigen Gläubigen diese Billigware an – bis heute lieben und verteidigen sie diese und nennen alle, die durch Gott YAHUWAH und YAHUSHUA HA MASCHIACH, echte Kinder Gottes sind dann als gesetzlich Irrgläubige und verfolgen sie!</u>

>>>„Mancher Weg erscheint dem Menschen richtig, aber zuletzt führt er ihn doch zum Tod"!<<< Sprüche 14, 12

Um diesen tödlichen Weg zu verlassen, solltest du dich eingehend mit dem Weg der Wahrheit aus Gottes Wort beschäftigen. Also lass uns noch ein wenig weiter gehen in diesem Thema: Wie weit geht Gottes Gnade? Adam und Eva ließen sich verführen und sündigten mutwillig gegen Gottes Anweisungen. Sie mussten das Paradies verlassen. <u>Wieso glauben Christen heute, dass Gott, der eine so große Rettungsaktion für uns plante und durchführte und einen so großen Einsatz dafür brachte, dass er seinen einzigen Sohn nicht verschonte, der uns sogar nach dieser Erlösung und Befreiung alles weitere Notwendige hinzufügt, damit wir in das Bild YAHUSHUA verwandelt werden können, dass dieser Gott bei erneuter Rebellion, bei bewusster mutwilliger Sünde unsererseits diesmal ein Auge zudrücken würde? – Nein! das wird er gewiss nicht! Auch wir werden in diesem</u>

Fall „das Reich des Sohnes" in das wir versetzt wurden, verlassen müssen. Rebellen hatten im Paradies nichts verloren und Rebellen haben auch in Gottes Reich nichts verloren. Dass YAHUSHUA für solche Sünden nicht starb, geht ganz klar aus Hebräer 6 hervor. „Denn es ist u n m ö g l i c h, das diejenigen, die einmal erleuchtet worden sind und die himmlische Gabe geschmeckt haben und des Heiligen Geistes teilhaftig geworden sind und das gute Wort Gottes und die Kräfte der künftigen Welt und des künftigen Zeitalters – geschmeckt haben – und doch abgefallen sind, da sie für sich den Sohn Gottes wieder kreuzigen und dem Spott aussetzen".

>>>„Denn es ist unmöglich, die, welche einmal erleuchtet worden sind und die himmlische Gabe geschmeckt haben und des Heiligen Geistes teilhaftig geworden sind"!<<< Hebräer 6, 4

>>>„Und das gute Wort Gottes geschmeckt haben, dazu die Kräfte der zukünftigen Weltzeit, und die dann abgefallen sind, wieder zur Buße zu erneuern, da sie für sich selbst den Sohn Gottes wiederrum kreuzigen und zum Gespött machen"!<<< Hebräer 6, 5 + 6

Für erneute Rebellion gibt es kein Opfer mehr! Das gab es auch nicht unter dem levitischen Opfergesetz. Und YAHUSHUA wird nicht noch einmal ans Kreuz gehen für uns! Lass dich also warnen!!!

>>>„Irrt euch nicht: Gott lässt sich nicht spotten! Denn was der Mensch sät, das wird er auch ernten. Denn wer auf das Fleisch sät, der wird vom Fleisch Verderben ernten; wer aber auf den Geist sät, der wird vom Geist ewiges Leben ernten"!<<< Galater 6, 7 + 8

Willst du etwa einwenden, dass Gott im Neuen Bund gnädiger ist, als im AB? Dazu muss ich dir leider sagen, dass dies ein Irrtum ist, denn Gott ist immer derselbe und du läufst Gefahr, dir einen anderen, einen toleranteren Gott zu machen, einen Gott nach deinen Wunschvorstellungen, der nichts von dir verlangt und immer nur seine Liebe und Gnade fließen lässt. Liebe Schwester, lieber Bruder, du hast eine falsche Vorstellung von Gott und das ist Götzendienst! Wenn du dir eine unbiblische Ansicht von Gottes Wesen machst, dann schaffst du dir einen Gott, den du kontrollieren kannst, der sich deinen Wünschen und Lüsten anpasst. Deine Anbetung geschieht nicht im Geist und in der Wahrheit! „Denn wenn Gott die natürlichen Zweige nicht geschont hat (die Juden unter dem AB), wird er auch dich nicht schonen. Siehe die Güte und die Strenge Gottes: gegen die, welche gefallen sind, Strenge"! Der Mensch mag halt keinen strengen oder zornigen Gott, noch nicht mal einen, der ihn erziehen will oder gar straft, <u>sondern einen, der nur liebt und alle Fehler übersieht und Verständnis hat für deine Sünden und seinen Kindern alles schenkt, was ihr Herz begehrt. (das antiautoritäre Erziehungsmodell) Doch so machen wir den heiligen und allmächtigen Gott zu einem Weihnachtsmann! Und mit seinem Wort gehen wir dann um, wie mit einem Weihnachtsmenü: Wir stellen es uns zusammen, wie es uns gelüstet.</u> Die Bibel wird zu unserem Büffet, wo wir unser Festmahl halten – ganz nach unserem individuellen Geschmack nicht ja sagen! Und natürlich akzeptieren wir dabei auch all die anderen Menschen, die geladen sind, mit ihren unterschiedlichen Gaumengelüsten. Jeder darf so frei sein wie er will! Das aus dem Kontext gerissene Pauluswort (welches nur die Speisevorschriften betrifft) findet, wie zu so vielen anderen Gelegenheiten auch, mal wieder seine Anwendung: Alles ist erlaubt, aber nicht alles ist nützlich.

>>>„Alles ist mir erlaubt – aber nicht alles ist nützlich! Alles ist mir erlaubt – aber ich will mich von nichts beherrschen lassen!<<< 1. Korinther 6, 12

<u>Menschen mit dieser Einstellung degradieren die neue Schöpfung Gottes zu einer Götzenfabrik. In ihrem neuen Geist schnitzen sie sich ein neues Bild von Gott und von sich selbst! Gott sagt dazu: „Das hast du getan und ich schwieg; du dachtest ich sei ganz wie du.</u>

>>>„Das hast du getan, und ich habe geschwiegen: da meintest du, ich sei gleich wie du. Aber ich will dich zurechtweisen und es dir vor Augen stellen"!<<< Psalm 50, 21

<u>Vergiss nicht, dass der Gott, den du dir durch deine Vorstellungskraft gemacht hast, dich nicht richtet oder schlägt, sondern wie es deinem Wunsch entspricht, dich nur streichelt und versorgt – aber d i e s e r Gott kann deine Seele nicht retten! Übersehe bitte auch nicht, dass der unveränderliche Gott YAHUWAH, der derselbe ist in Ewigkeit, seine Ansichten und sein Handeln nicht deinem Bild, deinen Wunschvorstellungen oder deinem Götzen anpassen wird.</u> Wenn dieser Gott unter dem Alten Bund Menschen mit dem Tod bestrafte, wird er das im Neuen Bund erst recht tun, denn es heißt: „Wenn wir mutwillig sündigen, nachdem wir die Erkenntnis der Wahrheit empfangen haben, bleibt kein Schlachtopfer für Sünden mehr übrig, sondern ein furchtbares Erwarten des Gerichts und der Eifer eines Feuers, das die Widersacher verzehren wird. Hat jemand das Gesetz Mose verworfen, stirbt er ohne Barmherzigkeit auf zwei oder drei Zeugen

hin. <u>Wie viel schlimmere Strafe, meint ihr, wird der verdienen, der den Sohn Gottes mit Füßen getreten und das Blut des Bundes, durch das er geheiligt wurde, für gemein erachtet und den Geist der Gnade geschmäht hat?</u> Denn wir kennen den, der gesagt hat: Mein ist die Rache, ich will vergelten; und wiederum: YAHUWAH wird sein Volk richten. Es ist furchtbar in die Hände des lebendigen Gottes zu fallen Hebräer 10, 31 u. Hebräer 10, 26 – 31! Seht zu, dass ihr den nicht abweist, der da redet! Denn wenn jene nicht entkamen, die den abwiesen, der auf Erden die göttliche Anweisung gab: wieviel mehr wir nicht, wenn wir uns von dem abwenden, der von dem Himmel her redet! Deshalb lasst uns, da wir ein unerschütterliches Reich empfangen, dankbar sein, wodurch wir Gott wohlgefällig dienen mit Scheu und Furcht! Denn auch unser Gott ist ein verzehrendes Feuer Hebräer 12, 25 + 28! Die Israeliten hatten nur begrenztes Wissen und Verständnis von Erlösung, doch die Christen wissen Bescheid über Tod und Auferstehung, über die himmlische Berufung und über die Kräfte dieser himmlischen Welt. Sie haben außerdem das Gesetz des Geistes des Lebens in ihrem Herzen, das ihnen die Befähigung gibt, die Gebote Gottes zu halten, eine Kraft, die das Gesetz der Sünde und des Todes niemals hatte. Römer 8, 2. <u>Je größer die Gnade umso schlimmer die Strafe dafür, sie gering zu schätzen!</u> „Deswegen müssen wir umso mehr auf das achten, was wir gehört haben, damit wir nicht etwa am Ziel vorbei gleiten". (Durch Sünde das Ziel verfehlen!) Hebräer 2, 1. Je größer die Freiheit, desto leichter sie zu missbrauchen! „Denn ihr seid zur Freiheit berufen worden, Brüder. Nur gebraucht nicht die Freiheit als Anlass für das Fleisch, sondern dient einander in Liebe"! Galater 5, 13. „Habe nicht die Freiheit als Deckmantel der Bosheit"! 1. Petrus 2, 16. Die Juden starben oft sofort; zu Beginn der Apostelgeschichte war das auch noch so (Saphira und Ananias), doch nachdem Gott die „Gemeindezucht" eingeführt hatte, übergab man unbußfertige Sünder dem Satan, damit sie womöglich aus Verzweiflung umkehren und frei würden aus den Fallstricken des Teufels und ihr Geist am Ende doch noch gerettet werden könnte. 1. Korinther 5, 5 u. 1. Timotheus 1, 20 Paulus sagte unter göttlicher Inspiration, dass einige in der Gemeinde schon verstorben seien; weil sie sich nicht selbst gerichtet hatten, musste Gott sie richten. 1. Korinther 11, 33. Sag also nicht, dass Gott sich geändert hat – bei ihm gibt es keine Veränderung! <u>Er ist und bleibt ein verzehrendes Feuer – ein eifersüchtiger Gott, der keinen Götzendienst oder Rebellion dulden wird und der Gesetzlosigkeit hasst!</u> Hebräer 12, 29. Seine Ansicht über Sünde wird sich niemals ändern, denn er ist ein heiliger und gerechter Gott, der sich niemals mit Sünde abfinden wird. Deshalb hat er alles nur Mögliche getan, um seinen heiligen Zorn über die Sünder dämpfen zu können und bei allem Handeln nicht zu manipulieren, sondern den freien Willen jedes einzelnen zu achten. Wenn aber der Mensch diese überwältigenden Maßnahmen Gottes missachtet und seine große Gnade verschmäht, dann bleibt der

Zorn Gottes auf ihm und es ist etwas Furchtbares in die Hände Gottes zu fallen! Hebräer 10, 30 – 31 Wer dem Sohn nicht gehorcht, wird das Leben nicht sehen, sondern der Zorn Gottes bleibt auf ihm. Johannes 3, 36 Bedenke: Gottes Zorn ist gerecht! Sowohl im AT, als auch im NT, einer Zeit noch größerer Gnade! Ergreife diese Gnade dankbar und geh nicht leichtfertig mit Sünde um! Wer leichtfertig mit dieser Gnade umgeht, darf auch bei sich selbst nicht mit Gnade rechnen!!! Gott ist langsam zum Zorn und groß an Güte! AT: Jona 4, 2, Psalm 86, 15, Nehemia 9, 17. Aber er lässt nicht zu, dass wir seinen Sohn erneut dem Spott aussetzen! Da sie für sich den Sohn Gottes wieder kreuzigen und dem Spott aussetzen. Hebräer 6, 6 „Gott hat uns nicht zum Zorn bestimmt, sondern zur Erlangung des Heils durch YAHUSHUA HA MASCHIACH, der für uns gestorben ist, damit wir zusammen mit ihm leben. Deshalb ermahnt einander"! Was ich hiermit tue! 1. Thessalonicher 5, 9 u. 1. Thessalonicher 5, 9 – 11. Denn die Gnade Gottes ist erschienen, heilbringend allen Menschen und unterweist uns, damit wir die Gottlosigkeit und die weltlichen Begierden verleugnen und besonnen, gerecht und gottesfürchtig leben in dem jetzigen Zeitlauf. Dies rede und ermahne und überführe mit allem Nachdruck! Titus 2, 11 + 12 + 15. YAHUSHUA hat uns errettet vor dem kommenden Zorn 1. Thessalonicher 1, 10, w e n n wir „in ihm bleiben" sind wir in Gott selbst verborgen davor. Kolosser 3, 3. Was heißt es aber in ihm zu bleiben? 1. Johannes 2, 3 – 6 gibt dir darüber genau Auskunft! „Nur wer seine Gebote hält bleibt in ihm. Wer sagt, dass er in ihm bleibt, ist schuldig, selbst auch so zu wandeln, wie er gewandelt ist"! Wenn wir aber seinen Geboten ungehorsam sind und nicht in seiner Lehre und in seiner Liebe bleiben, dann kommt der Zorn Gottes über die „Söhne des Ungehorsams". Epheser 5, 6 Glaube ja nicht, dass das sanfte Lamm Gottes nicht zornig werden kann! Auch das ist ein Irrtum! Das erhöhte und verherrlichte Lamm kann das sehr wohl! „Und sie sagen zu den Bergen: Fallt auf uns und verbergt uns vor dem Angesicht dessen, der auf dem Thron sitzt und vor dem Zorn des Lammes! Denn gekommen ist der große Tag des Zorns. Und wer vermag zu bestehen"? Vgl. auch Offenbarung 2, 21 u. Offenbarung 2, 21 – 23; 6, 16 + 23; 6, 16 - 17; 11, 5, 17. Auch Adam und Eva waren mit dem, was Gott ihnen zuteilte, nicht zufrieden – sie wollten sein wie Gott – sie wollten Autorität, um für sich selbst bestimmen zu können, was gut oder schlecht für sie war. Lass dich nicht von Lehren verführen, die genau dieses Ziel auch heute verfolgen. Denn die Verblendung der Sinne von Seiten Satans hört mit der Geistneuzeugung noch nicht auf!!! Diese Verblendung kann nur durch die Wahrheit des Wortes, seine Erkenntnis und seine Anwendung ausgeschaltet werden! Titus 1, 9; Hebräer 13, 9; Epheser 4, 14.
Du betrügst dich also selbst, wenn du kein Täter des Wortes bist Jakobus 1, 22. Du betrügst dich auch selbst, wenn du meinst nicht mehr sündigen zu können. 1. Johannes 1, 8. Du betrügst dich selbst, wenn du meinst, du müsstest nicht ern-

ten, was du gesät hast Galater 6, 7. Du betrügst dich selbst, wenn du meinst, Berührungen mit Sünde bleiben ohne Folgen. 2. Korinther 6, 17 – 7, 1 Vor allem aber betrügst du dich selbst, wenn du meinst, D U könntest nicht verführt werden! Matthäus 24, 4 + 24; Epheser 5, 6; Kolosser 2, 4. Deshalb prüfe dich gut, ob du im Glauben bist! Und hab Acht auf dich selbst und auf die Lehre, beharre in diesen Dingen. Denn wenn du dies tust, wirst du sowohl dich selbst retten, als auch die, die auf dich hören. 1. Timotheus 4, 16. Quelle: © http://liebezurwahheit.info/-images/stories/pdf/12.%20luther%20und%20die%20gnade.pdf.

## „Billige Gnade ist der Todfeind unserer Kirche. Unser Kampf heute geht um die teure Gnade". Quelle: © Dietrich Bonhoeffer

**Billig ist die Gnade, die dem Menschen großzügig verteilt wurde, ohne ihn zur Nachfolge YAHUSHUAs aufzurufen. Er empfängt die Gnade, darf jedoch in seinem alten Leben verweilen, ohne seinem Leben eine 180 Grad-Wendung, hinein in die Nachfolge, zu verpassen.** Das Austeilen der Gnade gleiche einem großen Ausverkauf. Die Kirche schleudere die Gnade dem Kunden wie einen Restposten von einem großen Verkaufstisch entgegen. **Teure Gnade hingegen, die zu Veränderung und Umkehr führt, werde als „Schwärmertum" und „Buchstabendienst" abgetan. Etwas für die Extremen. Etwas, das wir bereits überwunden haben.** Bonhoeffer ermahnt, mit billiger Gnade dürfe sich ein Christ nicht zufriedengeben. **Gnade ohne den Ruf in die Nachfolge, ohne die Aufforderung „Folge mir nach"! hat nichts mit YAHUSHUA, dem Kreuz, oder der Auferstehung zu tun.** Billige Gnade ist der Todfeind unserer Kirche. Unser Kampf geht heute um die teure Gnade. **Billige Gnade ist das Werk des Antichristes!!! Und die neue Hyper-Gnade(Über-Gnade) ist noch dämonischer und satanischer und Antichristlicher!** Billige Gnade heißt Gnade als Schleuderware, verschleuderte Vergebung, verschleuderten Trost, verschleudertes Sakrament; Gnade als unerschöpfliche Vorratskammer der Kirche, aus der mit leichtfertigen Händen bedenkenlos und grenzenlos ausgeschüttet wird; Gnade ohne Preis, ohne Kosten. Das sei ja gerade das Wesen der Gnade, dass die Rechnung im Voraus für alle Zeit beglichen ist. Auf die gezahlte Rechnung hin ist alles umsonst zu haben. Unendlich groß sind die aufgebrachten Kosten, unendlich groß daher auch die Möglichkeiten des Gebrauchs und der Verschwendung. Was wäre Gnade, die nicht billige Gnade ist?
**Billige Gnade heißt Gnade als Lehre, als Prinzip, als System; heißt Sündenvergebung als allgemeine Wahrheit, heißt Liebe Gottes als christliche Gottesidee. Wer** sie bejaht, der hat schon Vergebung seiner Sünden. Die Kirche dieser Gnadenlehre ist durch sie schon der Gnade teilhaftig. In dieser Kirche findet die Welt billige Bedeckung ihrer Sünden, die sie nicht bereut und von denen frei zu wer-

den sie erst recht nicht wünscht. Billige Gnade ist darum Leugnung des lebendigen Wortes Gottes, Leugnung der Menschwerdung des Sohnes Gottes. Billige Gnade ist die Leugnung von Gott dem Vater YAHUWAH und seinen Sohn YAHUSHUA! Das ist Antichrist Mega-Pur!!!

Billige Gnade heißt Rechtfertigung der Sünde und nicht des Sünders!!! Weil Gnade doch alles allein tut, darum kann alles beim Alten bleiben!!! „Es ist doch unser Tun umsonst". Welt bleibt Welt, und wir bleiben Sünder „auch in dem besten Leben". Es lebe also auch der Christ wie die Welt, er stelle sich der Welt in allen Dingen gleich und unterfange sich ja nicht - bei der Ketzerei des Schwärmertums! - unter der Gnade ein anderes Leben zu führen als unter der Sünde! Er hü-te sich gegen die Gnade zu wüten, die große, billige Gnade zu schänden und neuen Buchstabendienst aufzurichten durch den Versuch eines gehorsamen Lebens unter den Geboten YAHUSHUA HA MASCHIACH! Die Welt ist durch Gnade gerechtfertigt, darum - um des Ernstes dieser Gnade willen, um dieser unersetzlichen Gnade nicht zu widerstreben! - lebe der Christ wie die übrige Welt!?? Gewiss, er würde gern ein Außerordentliches tun, es ist für ihn unzweifelhaft der schwerste Verzicht, dies nicht zu tun, sondern weltlich leben zu müssen. Aber er muss den Verzicht leisten, die Selbstverleugnung üben, sich von der Welt mit seinem Leben nicht zu unterscheiden. Soweit muss er die Gnade wirklich Gnade sein lassen, dass er der Welt den Glauben an diese billige Gnade nicht zerstört. Der Christ aber sei in seiner Weltlichkeit, in diesem notwendigen Verzicht, den er um der Welt - nein, um der Gnade willen leisten muss, getrost und sicher (securus) im Besitz dieser Gnade, die alles allein tut. Also, der Christ folge nicht nach, aber er tröste sich der Gnade! Das ist billige Gnade als Rechtfertigung der Sünde, aber nicht als Rechtfertigung des bußfertigen Sünders, der von seiner Sünde lässt und umkehrt; nicht Vergebung der Sünde, die von der Sünde trennt. Billige Gnade ist die Gnade, die wir mit uns selbst haben!!! Billige Gnade ist Predigt der Vergebung ohne Buße, ist Taufe ohne Gemeindezucht, ist Abendmahl ohne Bekenntnis der Sünden, ist Absolution ohne persönliche Beichte. Billige Gnade ist Gnade ohne Nachfolge, Gnade ohne Kreuz, Gnade ohne den lebendigen, menschgewordenen YAHUSHUA HA MASCHIACH. Und das ist total das Wesen des Antichrites!!! Teure Gnade ist der verborgene Schatz im Acker, um dessentwillen der Mensch hingeht und mit Freuden alles verkauft, was er hatte; die köstliche Perle, für deren Preis der Kaufmann alle seine Güter hingibt; die Königsherrschaft HA MASCHIACHs, um derentwillen sich der Mensch das Auge ausreißt, das ihn ärgert, der Ruf YAHUSHUA HA MASCHIACH, auf den hin der Jünger seine Netze verlässt und nach-olgt. Teure Gnade ist das Evangelium, das immer wieder gesucht, die Gabe, um die gebeten, die Tür, an die angeklopft werden muss. Teuer ist sie, weil sie in die Nachfolge ruft, Gnade ist sie, weil sie in die

Nachfolge YAHUSHUA HA MASCHIACHs ruft; teuer ist sie, weil sie dem Menschen das Leben kostet, Gnade ist sie, weil sie ihm so das Leben erst schenkt; teuer ist sie, weil sie die Sünde verdammt, Gnade, weil sie den Sünder rechtfertigt. Teuer ist die Gnade vor allem darum, weil sie Gott teuer gewesen ist, weil sie Gott das Leben seines Sohnes gekostet hat - „ihr seid teuer erkauft" -, und weil uns nicht billig sein kann, was Gott teuer ist. <u>Gnade ist sie vor allem darum, weil Gott sein Sohn nicht zu teuer war für unser Leben, sondern ihn für uns hingab.</u>
<u>Teure Gnade ist Gnade als das Heiligtum Gottes, das vor der Welt behütet werden muss, das nicht vor die Hunde geworfen werden darf, sie ist darum Gnade als lebendiges Wort, Wort Gottes, das er selbst spricht, wie es ihm gefällt.</u> Es trifft uns als gnädiger Ruf in die Nachfolge YAHUSHUAs, es kommt als vergebendes Wort zu dem geängstigten Geist und dem zerschlagenen Herzen. Teuer ist die Gnade, weil sie den Menschen unter das Joch der Nachfolge YAHUSHUA HA MASCHIACHs zwingt, Gnade ist es, dass YAHUSHUA sagt: „Mein Joch ist sanft und meine Last ist leicht".

Zweimal ist an Petrus der Ruf ergangen: Folge mir nach! Es war das erste und das letzte Wort YAHUSHUA an seinen Jünger (Markus 1, 17; Johannes 21, 22). Sein ganzes Leben liegt zwischen diesen beiden Rufen. Das erste Mal hatte Petrus am See Genezareth auf YAHUSHUAs Ruf hin seine Netze, seinen Beruf verlassen und war ihm aufs Wort nachgefolgt. Das letzte Mal trifft ihn der Auferstandene in seinem alten Beruf, wiederum am See Genezareth, und noch einmal heißt es: Folge mir nach! Dazwischen lag ein ganzes Jünger-Leben in der Nachfolge HA MASCHIACHS. In seiner Mitte stand das Bekenntnis zu YAHUSHUAs als dem HA MASCHIACH Gottes. Es ist dem Petrus dreimal ein und dasselbe verkündigt, am Anfang, am Ende und in Cäsarea Philippi, nämlich dass HA MASCHIACH sein Herr und Gott sei. Es ist dieselbe Gnade HA MASCHIACHs, die ihn ruft: Folge mir nach! und die sich ihm offenbart im Bekenntnis zum Sohne Gottes.

Es war ein dreifaches Anhalten der Gnade auf dem Wege des Petrus, die eine Gnade dreimal verschieden verkündigt; so war sie YAHUSHUAs eigene Gnade, und gewiss nicht Gnade, die der Jünger sich selbst zusprach. Es war dieselbe Gnade HA MASCHIACHs, die den Jünger überwand, alles zu verlassen um der Nachfolge willen, die in ihm das Bekenntnis wirkte, das aller Welt eine Lästerung scheinen musste, die den untreuen Petrus in die letzte Gemeinschaft des Martyriums rief und ihm damit alle Sünden vergab. Gnade und Nachfolge gehören für das Leben des Petrus unauflöslich zusammen. Er hatte die teure Gnade empfangen.

<u>Mit der Ausbreitung des Christentums und der zunehmenden Verweltlichung der Kirche ging die Erkenntnis der teuren Gnade allmählich verloren!!!</u> Die Welt

war christianisiert, die Gnade war Allgemeingut einer christlichen Welt geworden. <u>Sie war billig zu haben.</u> Doch bewahrte die römische Kirche einen Rest der ersten Erkenntnis. Es war von entscheidender Bedeutung, dass das Mönchtum sich nicht von der Kirche trennte und dass die Klugheit der Kirche das Mönchtum ertrug. Hier war am Rande der Kirche der Ort, an dem die Erkenntnis wachgehalten wurde, dass Gnade teuer ist, dass Gnade die Nachfolge einschließt. Menschen verließen um Christi willen alles, was sie hatten, und versuchten, den strengen Geboten YAHUSHUAs zu folgen in täglicher Übung. So wurde das mönchische Leben ein lebendiger Protest gegen die Verweltlichung des Christentums, gegen die Verbilligung der Gnade. Indem aber die Kirche diesen Protest ertrug und nicht zum letzten Ausbruch kommen ließ, relativierte sie ihn, ja sie gewann nun aus ihm sogar die Rechtfertigung ihres eigenen verweltlichten Lebens; denn jetzt wurde das mönchische Leben zu der Sonderleistung Einzelner, zu der die Masse des Kirchenvolkes nicht verpflichtet werden konnte. Die verhängnisvolle Begrenzung der Gebote YAHUSHUAs in ihrer Geltung auf eine bestimmte Gruppe besonders qualifizierter Menschen führte zu der Unterscheidung einer Höchstleistung und einer Mindestleistung des christlichen Gehorsams. Damit war es gelungen, bei jedem weiteren Angriff auf die Verweltlichung der Kirche hinzuweisen auf die Möglichkeit des mönchischen Weges innerhalb der Kirche, neben dem dann die andere Möglichkeit des leichteren Weges durchaus gerechtfertigt war. So musste der Hinweis auf das urchristliche Verständnis der teuren Gnade, wie er in der Kirche Roms durch das Mönchtum erhalten bleiben sollte, in paradoxer Weise selbst wieder der Verweltlichung der Kirche die letzte Rechtfertigung geben. Bei dem allen lag der entscheidende Fehler des Mönchtums nicht darin, dass es - bei allen inhaltlichen Missverständnissen des Willens YAHUSHUAs - den Gnadenweg der strengen Nachfolge ging. Vielmehr entfernte sich das Mönchtum wesentlich darin vom Christlichen, dass es seinen Weg zu einer freien Sonderleistung einiger weniger werden ließ und damit für ihn eine besondere Verdienstlichkeit in Anspruch nahm. <u>Unbarmherzig ist die billige Gnade gewiss auch den meisten von uns ganz persönlich gewesen. Sie hat uns den Weg zu HA MASCHIACH nicht geöffnet, sondern verschlossen!!!</u> Sie hat uns nicht in die Nachfolge gerufen, sondern in Ungehorsam hart gemacht. Der glimmende Docht wurde unbarmherzig ausgelöscht. Es war unbarmherzig, zu einem Menschen so zu reden, weil er, durch solches billige Angebot verwirrt, seinen Weg verlassen musste, auf den ihn HA MASCHIACH rief, weil er nun nach der billigen Gnade griff, die ihm die Erkenntnis der teuren Gnade für immer versperrte!!! Es konnte ja auch nicht anders kommen, als dass der betrogene schwache Mensch sich im Besitz der billigen Gnade auf einmal stark fühlte und in Wirklichkeit die Kraft zum Gehorsam, zur Nachfolge verloren hatte. <u>Das Wort von der billigen Gnade hat mehr Christen zugrunde</u>

gerichtet als irgendein Gebot der Werke!!! Wohl denen, die schon am Ende des Weges, den wir gehen wollen, stehen und staunend begreifen, was wahrhaftig nicht begreiflich erscheint, dass Gnade teuer ist, gerade weil sie reine Gnade, weil sie Gnade Gottes in YAHUSHUA HA MASCHIACH ist!

Quelle: © Dietrich Bonhoeffer. Die teure Gnade. Aus: Dietrich Bonhoeffer, Nachfolge, Kapitel 1.

## Die billige Gnaden-Irrlehre des Martin Luther nagelt den Sohn Gottes immer neu ans Kreuz, und ist deswegen Antichristlich!!!

>>>„Aber selbst wenn wir oder ein Engel vom Himmel euch etwas anderes als Evangelium verkündigen würden als das, was wir euch verkündigt haben, der sei verflucht! Wie wir zuvor gesagt haben, so sage ich auch jetzt wiederrum: Wenn jemand euch etwas anderes als Evangelium verkündigt als das, das ihre empfangen habt, der sei verflucht"!<<< Galater 1, 8 + 9

## Verflucht sei der Sohn Satans Martin Luther der die dämonische Irrlehre von der billigen Gnade in die Welt gesetzt hat. Verflucht sei die Evangelische Kirche welche diese dämonische Irrlehre bis heute verbreitet, verflucht sei jede Kirche die in gleicher Weise die Irrlehre als Götzendienst an Martin Luther ebenfalls ver-breitet! Wer die dämonische Irrlehre von der billigen Gnade glaubt und ihr folgt ist ein Götzendiener. Denn du schaffst dir einen Gott, den du kontrollieren kannst, der sich deinen Wünschen und Lüsten anpasst. Die Satanslehre von der billigen Gnade ist die Lehre des Antichristes!

# Die Biografie eines gottlosen Mannes und gravierenden Irrlehrers Martin Luther

## Zur Person Martin Luthers (Luder):

### Anno 1483:
### Am Montag den 10. November 1483 wird Martin Luther (Luder) geboren.

Martin Luder (später Luther) wird am 10. November 1483 als Sohn des Bauern, Bergwerkmeisters (Hüttenmeisters) (oder Bergbauunternehmers) Teilhaber an acht Kupferschächten und drei Hüttenwerken und Besitzer eines stattlichen Hauses des Herrn Hans Luder und Frau Margarethe Luder in Eisleben am östliches Harzvorlandes (Thüringen)/Südrand des Harzes geboren.

Die Herkunftsfamilie Martin Luders ist zu seiner Zeit ein schon altes und weitverbreitetes Geschlecht aus dem Mittelstand, in der Grafschaft des Grafen Mansfeld.

Die Großeltern hatten vier Söhne: Groß-Hans, Klein-Hans, Veit und Heinz. Nach den ungewöhnlichen, aber strengen Erbregeln sollte der Jüngste und nicht der älteste den elterlichen Hof im thüringischen Möhra erben. Groß-Hans Luder zog daher mit seiner Frau Margarethe nach Eisleben, um als Unternehmer im Bergbau sein Glück zu suchen. Dort wurde dann der Sohn Martin geboren.

Quelle: © http://www.monumente-online.de/07/06/streiflicher/04_Eisleben_...

Luther beschreibt selber: „Ich bin ein Bauernsohn; der Urgroßvater, mein Großvater, der Vater sind richtige Bauern gewesen. Ich hätte eigentlich ein Vorsteher, ein Schultheiß (Leistungs-Befehlender) und was sie sonst im Dorf haben, irgendein oberster Knecht über die anderen werden müssen.

Quelle: © Autobiographischer Bericht, der um 1535 als Tischrede aufgezeichnet worden ist.

Die Luders oder Luthers gehörten zu den alteingesessen Bauernfamilien. Die Luthersippe in Möhra stammte von dem fuldaischen Geschlecht von Lüder (buchischer Landadel) ab, die im 14. Jahrhundert um das Möhraer Dorfkirchlein sich ansiedelten.

Am Dienstag den 11. November 1483 (Martinstag) findet seine Taufe statt.

Am 11. November 1483 wird Martin Luder auf den Namen des Tagesheiligen, also Martin, in der Kirche Peter und Paul in Eisleben getauft.

## Anno 1484:

Im Jahre 1484 zieht die Familie nach Mansfeld, wo sein Vater dann Berghauer wurde. Er wuchs in einer Zeit mit vielen Spannungen und Konflikten auf. Er war der Sohn eines Bergmannes, namens Hans Luder aus Möhra. Der Name des Dorfes leitet sich von einem weitläufigen gefährlichen Moor („Moorgund") ab, welches seit dem 17. Jahrhundert schrittweise trockengelegt wurde. Im 15. Jahrhundert waren die meisten Höfe in den kurfürstlich-sächsischen Amtsdörfern Erbzinshöfe, welche geistlichen oder weltlichen Herren zinspflichtig waren. Die Bauern waren somit keine Leibeigenen, die relativ geringe jährliche Abgabe war an den Hof und nicht an die Person gebunden. Die Erbzinsbauern waren frei und konnten den Hof vererben und verkaufen.

Seine schwere oft harte Kindheit verbringt er in Mansfeld, bis zum Jahre 1496. Er erlebt das erste und oberste Gesetz, denn das ist sein Vater. Er wird von seinem Vater mit Hingabe gezüchtigt, damit der es einmal noch besser habe. Juris sollte der Sohn werden – ein Mann des Gesetzes. Rund dreißig Jahre lang hält das Gesetz Luther in seinen Klauen. Zunächst die Ordnung der Lateinschule: Wer sie durchbricht, muss zur Schande den hölzernen Eselskragen tragen. Für ein deutsches Wort gibt es Prügel, und an einem einzigen Vormittag bekommt Luther die Rute 15-mal zu spüren.

## Anno 1488:

Von 1488 bis 1496 Schulbesuch in Mansfeld.

## Anno 1496:

Martin Luther besucht im Jahre 1496 in Magdeburg die Schule der Brüder vom gemeinsamen Leben.

## Anno 1497:

Besuch der Domschule bei den Franziskanern in Magdeburg im Jahre 1497. Dort litt er große Not und musste sich durch Singen vor den Türen seinen Unterhalt erwerben. Manchmal begleitete er auch Leichen für einen neuen Groschen.

## Anno 1498-1501:

Im Jahre 1498 bis 1501 Besuch der Pfarrschule St. Georgen in Eisennach.

## Anno 1501-1505:

Im April lässt Martin Luder (Luther) sich in der Matrikel (Verzeichnis der Studenten die sich in einer Universität eintragen lassen) bzw. immatrikuliert in der Universität Erfurt. Dort führt er noch seinen ursprünglichen Namen: „Martinus Luder ex Mannsfeld". Er immatrikuliert zum Philosophischen Grundstudium; wie jeder

neue Student besucht er dort erst einmal die Artistenfakultät.
Die Rituale der Erfurter Universität; die Kappe mit Hörnern und Eselsohren zum Eintritt, der Schwall kalten Wassers zur „Taufe" des neuen Studenten. Im Internat sind Essen, Gebet, Ein- und Ausgang streng überwacht; für den Besuch freiwilliger Vorlesungen werden Sondergenehmigungen verlangt, auch für bestimmte Bücher.

## Anno 1502:

Im September hat Martin Luder bereits den ersten Ausbildungsabschnitt, das Trivium, mit seinen Fächern Grammatik, Rhetorik und Logik erfolgreich beenden können und sich „Baccalaureus artium" nennen dürfen.

## Anno 1505:

Das Martin Luder 1505 unfreiwillig ins Kloster ging ist sehr wahrscheinlich, um sich einer drohenden Strafverfolgung zu entziehen. Denn Martin Luther so stellten Indizien (Rückschluss auf eine Tatsache) fest, die dafür sprechen, dass Martin Luther seinen Freund Hieronimus Buntz bei einer Messerstecherei getötet hatte. Quelle: © Hans Joachim Neumann, Luthers Leiden, Berlin 1995, S. 15 - 23. Er macht seinen Abschluss in seinem Philosophie-Studium mit der Promotion zum Magister Artium.

**Am 6. o. 7. Januar 1505 wird Martin Luder zum Totschläger.**
Er beginnt sein Jura-Studium an der Universität in Erfurt. Den Abschuss in Jura macht er jedoch nicht. Erlebnisse über die Vergänglichkeit, die Nähe des Todes, die Angst vor Gott prägen sein Leben.
Der Student Luder gerät am 2. Juli 1505 bei Stotternheim in ein Gewitter. Als dicht neben ihm ein Blitz in den Boden fährt, gelobt er aus Angst und Schrecken, Mönch zu werden, und tritt schon am 17. Juli 1505 ins „Schwarze Erfurter Kloster" der Augustiner (ein Bettelorden) ein, welches der strengste Orden ist, die Augustiner-Eremiten (Einsiedler).

## Anno 1507:

In diesem Jahr erhält er die Priesterweihe im Erfurter Dom; Feier der Primiz (erste Messe) im Augustinerkloster; Beginn des Theologiestudiums.
Martin Luder wollte wirklich „alles" tun, um der Not seiner Seele aufzuhelfen und Gottes Gnade zu „verdienen": er fror, er fastet, er wachte, er betete, er bettelte. Aber er bekam keinen Frieden. Vielmehr stand ihm seine Sündenverdorbenheit Immer deutlicher vor Augen, und die Frage ließ ihn keine Ruhe: **„Wie kriege ich einen gnädigen Gott"?** In seiner Not und Angst meinte er sogar, von Gott von Ewigkeit her verdammt zu sein; selbst das Kreuz des Sohnes Gottes war ihm nur noch Anklage. Einzig sein Generalvikar Johann von Staupitz konnte ihm ein wenig Trost spenden, indem er ihn darauf hinwies, dass die Wunden des Sohnes Gottes

nicht anklagen, sondern erlösen und die Buße mit der Liebe zu Gott anfangen müsse – aber wo sollte die Liebe herkommen?

Schließlich die eiserne Ordensregel des Augustinerklosters zu Erfurt; die kreisrunde Tonsur (kahl geschorene Stelle auf dem Kopf und die schwarze Kutte, die unbeheizte Zelle mit Tisch, Stuhl und Strohlager; zwei mal drei Meter groß und von innen nicht verschließbar. Die Pflicht, den Blick gen Boden zu richten, die Finger in den Ärmeln zu verbergen. Um zwei Uhr morgens das erste Chorgebet, die erste Mahlzeit ist das Mittagsessen.

Lachen, Gespräche auch Selbstgespräche – und würdelose Bewegungen sind untersagt: „Es ist Sache der Mönche, zu weinen, zu schweigen und in heilsamen Stille sein, zu warten". Und zu beten: „Richte mich, Herr, nach meiner Gerechtigkeit und Frömmigkeit"! Schon ein Stottern bei der Anrufung, eine unabsichtliche Berührung der Heiligen Geräte wäre Frevel. Die Zeit vergeht „mit Fasten, Kasteien und mit anderen schweren, unerträglichen Bürden, dass auch etliche oft wahnsinnig darüber wurden", wird sich Luther später erinnern.

„Gewaltsam bin ich Mönch geworden", sagt er „gegen den Willen meines Vaters, meiner Mutter, Gottes und des Teufels". Es war ja ein Zwang, jener Blitzschlag auf dem Feld bei Stotternheim am 2. Juli 1505.

## Anno 1508:

Versetzung in das Wittenberger Augustinerkloster, Fortsetzung des Theologiestudiums, Lehrbeauftragung für Philosophie an der Universität. Er wurde in Wittenberg Professor der Philosophie.

## Anno 1509:

Rückkehr in das Erfurter Augstinerkloster.

## Anno 1510-1511:

Eine offizielle Mission, also im Auftrag seines Klosters des Augustinerordens in Sachen Ordensangelegenheiten ist es, die ihn 1510 nach Rom führt. Bei starkem Schneefall durchwandert er Süddeutschland und Norditalien, überquert die Alpen und Apennin.

## Anno 1512:

Im Jahre 1512 erhält Luder in Wittenberg die Promotion zum Doktor der Theologie. Wittenberg ein Drecknest „an der Grenze der Zivilisation so kommt es ihm wenigstens vor. Dort ist der Marktplatz ein „Dunghaufen". Und von knapp 2000 Einwohnern nicht einmal jeder fünfte wohlhabend genug, um steuerpflichtig zu sein. Dort sitzt nun Luder und ringt in der Bibel mit den Aposteln. Er nimmt die Bibelprofessur an der Universität Wittenberg als Nachfolger des Johann von Staupitz an!

## Anno 1513:

Ab dem Jahre 1513 beginnt er als Dozent für Bibelauslegung, seine Lehrtätigkeit. Luder doziert über die Psalmen, den Hebräerbrief und über die Paulus-Briefe. Innerlich jedoch ringt er mit dem Glauben. Er hat sein „Turmerlebnis" im Kloster Wittenberg (der genaue Zeitraum ist umstritten). Luther erkennt, dass nicht frommes Werk, sondern allein Gottes Gnade gerecht macht. Fortan wettert er gegen den Ablasshandel der Kirche.

## Anno 1514:

Berufung zum Prediger an der Stadtkirche neben seiner Professur.

## Anno 1515:

In der Zeit von 1515-1518 ist er Distrikt-Vikar (Aufseher) über mehrere Augustinerklöster.

## Anno 1517:

**Im Jahre 1517 ändert Luther seinen Nachnamen von Luder in Luther!**
Dieses geschieht in Anspielung auf das griechische Wort eleutheros für („Befreier, Frei") Messias-Titel. Dies ist schon ein Hinweis auf sein reformatorisches Denken. Im Jahre 1517 verschickt Luther seine 95 (Disputation)-Thesen gegen den Ablasshandel! Noch wendet er sich nicht gegen den Papst und die katholische Kirche. Bis dahin war er über Wittenberg hinaus kaum bekannt, doch stürzt er die Welt des Klerus in Aufruhr.

## Anno 1518:

Papst Leo X erklärt Luther zum Ketzer. Luther aber verfasst ein weiteres Pamphlet (Spott-Streit-Schmähschrift). In Heidelberg finden im Jahre 1518 die ersten Disputationen (Streitgespräche) statt. Das Verhör wird von Kardinal Kajetan in Augsburg durchgeführt.
**Im Jahre 1518, beweist sich Martin Luther als gottloser, revolutionärer Kriegstreiber (Aggressor), also 1 Jahr nach dem Thesenversand.**
Desgleichen beweist seine Kriegstreiberei 1520 und 1529 mit seinen schriftlichen und öffentlichen Aufrufen, zu Gewalttaten gegen Rom und die Türken!

## Anno 1519:

Bis zum Jahre 1519 unterschrieb er in einigen Briefen auch noch als Frater (Klosterbruder vor der Priesterweihe) Martinus Luder, Augustinianus. (also im Alter von 36 Jahren) Debatte mit dem Theologie-Professor Johannes Eck in Leipzig, bei der

der Luther die Allmacht des Papstes leugne. In Leipzig finden die Disputationen (Streitgespräche) ab 1519 statt.

## Anno 1520:

An der Peterskirche in Rom hängt am 24. Juli die Bannandrohungsbulle „Exsurge Domine aus. Drei Reformatorische Hauptschriften; Martin Luther erhält die päpstliche Bannandrohungsbulle, auf Grund seines öffentlichen Aufrufes zu Gewalttaten (Kriegstreiberei) gegen Rom im Jahre 1518! Martin Luther verbrennt am 15. Juni 1520 die Bannandrohungsbulle und das Kirchenrecht vor dem Estertor. Im selben Jahr erscheinen drei Programmschriften, darunter „Von der Freiheit eines Christenmenschen".
**Im Jahre 1520 beginnt bei Martin Luther die Irrlehre vom Sakramentsglauben!**

## Anno 1521:

Am 3. Januar 1521 wird Luther feierlich mit der päpstlichen Bulle als Ketzer erklärt. Im Jahre 1521 wird er vor den Reichstag in Worms zitiert wo er seine Lehre verteidigt. Es wird die Bannbulle ausgeführt. (Bannbulle = eine päpstliche Urkunde, die eine Lehrverurteilung oder eine Exkommunikation als Bann ausspricht. Exkommunikation ist, wenn man kein kirchliches Amt mehr ausführen darf.) Als Martin Luther sich weigert seine Schriften zu widerrufen verhängt Kaiser Karl V. die Reichsacht über ihn. Als Ketzer ist er nun vogelfrei. Der Kaiser verhängt in Worms das Edikt bzw. die Ächtung über Martin Luther. Sein Landesherr Friedrich der Weise versteckt ihn auf der Wartburg. Er wird also danach auf die Wartburg in Eisennach in Schutzhaft gebracht, um ihn zu schützen. Dort fängt er im Jahre 1521 an die das Neue Testament zu übersetzen.

## Anno 1522:

Im Jahre 1522 kehrt Martin Luther nach Wittenberg zurück.

## Anno 1524:

Beginn der Bauernkrieg. Aufrührer Thomas Müntzer beruft sich auf Luther. Dieser distanziert sich von dem Aufstand und fordert die Niederschlagung. Die Bauernkriege gehen bis 1525.

## Anno 1525:

Am Dienstag, den 13. Juni 1525 im Alter von 42 Jahren heiratet Martin Luther die frühere Nonne Katharina von Bora, welche 16 Jahre jünger als er ist, also mal gerade 26 Jahre. Diese gebiert ihm sechs Kinder. Die Familie lebt in Wittenberg. Im Jahr Dezember 1525 verfasst Martin Luther seine Schrift „De servo arbitrio (dt. = vom unfreien (geknechteten) Willen)".

## Anno 1526:

Erster Reichstag in Speyer, Stillhalteabkommen bis zum nächsten Konzil. Und ab 1526 Visitationen: Neuordnung des Kirchenwesens.

## Anno 1527:

Am 6. Juli 1527, im Alter von 43 Jahren, begann bei ihm im linken Ohr ein heftiges Sausen. Dies wurde rasch heftiger und schien bald den ganzen Kopf zu erfassen. Dann „ging ihm eine Ohnmacht zu" mit Übelkeit, Blässe, Schweißausbruch und einem Vernichtungsgefühl. Luther verlor aber nie das Bewusstsein, sondern betete laut, weil er glaubte, sein Ende sei gekommen. Diese Anfälle haben sich in unregelmäßigen Abständen wiederholt und sind oft durch genauere Orts- und Zeitangaben dokumentiert. Nach einigen Jahren nahmen die Anfälle an Häufigkeit ab.

## Anno 1529:

Zweiter Reichstag in Speyer: Protestation der Evangelischen gegen die Aufhebung des Stillhalteabkommens von 1526, seitdem werden sie Protestanten genannt; Kleiner und Großer Katechismus.

## Anno 1530:

Reichstag in Augsburg. Das erste evangelische Augsburger Bekenntnis wird verfasst.

## Anno 1534:

Erste Gesamtausgabe der Bibelübersetzung.

## Anno 1535:

Von 1535 bis 1546 Dekan der theologischen Fakultät.

## Anno 1539:

Im Jahre 1539 fängt Martin Luther wieder wie im Jahre 1518 an, zur Gewalt gegen den Papst und seinen Hofstaat (Rom) aufzurufen.

## Anno 1543:

Im Jahre 1543 verfasst Martin Luther seine antisemitischen Hetzschriften gegen die Juden und fordert zu Vernichtung dieser auf.

## Anno 1546:

Am 15. Februar 1546 hält Martin Luther die letzte Predigt in Eisleben. Im Alter von 62 Jahren, 3 Monaten und 8 Tagen stirbt er durch Selbstmord am 18. Februar 1546 in Eisleben an seinem Geburtsort. Am 22. Februar 1546 findet die Beisetzung in der Wittenberger Schlosskirche statt.

## **<u>Anno 1555:</u>**

Ab dem Jahre 1555 ist dann mit dem Augsburger Religionsfrieden die Kirchen-spaltung endgültig.

Quelle: © Zeitschrift Focus Ausgabe 51/11 vom 19. Dezember 2011 Seite 86 - 94, unter der Überschrift „Der ewige Rebell". Verlag:www//lutherverein.de/index.php?option=com_content&view=articl. Biografie. Quelle: © www.judentum-projekt.de/printable/geschichte/neuzeit/luther. Martin Luther und die Juden. Quelle: © http://www.alte-canzley.com/de/history/martin_Luhter_ grave.html. Martin Luthers Grab. – Alte Canzley Hotel Lutherstadt Wittenberg. Quelle: © http://www.aerzteblatt. de/archiv/ 63793/ Martin-Luther-Ergaenzungen. Deutsches Ärzte-blatt: Martin Luther: Ergänzungen.

# Martin Luthers Lebenswerk, ein Werk eines Fressers und Säufers

## Martin Luther gab selber zu: „Er fresse wie ein Böhme und saufe wie ein Deutscher"

### Martin Luther ein Alkoholiker!!!
**Zum Mittag- und Abendessen habe er allein fünf bis sechs Quart\* von ausländischen Wein getrunken.**

\*Altes deutsches Flüssigkeitsmaß: 1 preußisches Quart = 1,145 Liter; 6 Quart = 6,87 Liter.

### Martin Luther ein Alkoholiker höchsten Grades! Da ist die Bezeichnung Gottesmann völlig fehl am Platze!!!

Ein Zeitgenosse Luthers, Kanonikus Johannes Cochläus (T 1552), berichtet über Luthers Reise nach Worms im Jahre 1521 unter Begleitung von hundert Rittern: „Unterwegs sei es in den Wirtshäusern toll zugegangen mit Fressen, Saufen, Tanzen. Luther in seiner Mönchskutte habe unter lustigem Possenreißen (Witze erzählen, Clonerei) unterschiedliche Gassenhauer (Lieder die man nachts auf der Straße singt, Straßenlieder, Volkslieder, Ohrwurm, Schlager bzw. Hit) auf der Laute gespielt. In Worms habe sich Luther aufgrund seiner Unmäßigkeiten Beschwerden zugezogen. Er führte ein leichtfertiges Leben. Das gesagte bestätigt Graf Hoyer VI. von Mansfeld (T 1540) in seinem Schreiben an Ulrich von Helfenstein im Jahr 1522 so: „Er sei vorher und zu Worms gut lutherisch gewesen, habe aber befunden, dass Luther ein lauter Bube sei, denn er saufe sich voll, wie der Manfeldischen Gewohnheit, habe gern schöne Frauen bei sich, schlage auf der Laute und führe ein leichtfertiges Leben, deshalb sei er ganz abfällig geworden. (De Wette I. 49.) Der magere Augustiner ist bereits ein wohlgenährter Mönch geworden, wie denn an dem Hang zu Trinken zu beobachten ist, und er schien ganz ausgelassen und dämonisch. Quelle: © Hergenröther-Hefele, Konzilgeschichte, IX. 23.

### Das Werk eines Fressers und eines besoffenen Deutschen

Von der Wartburg schreibt Luther an den Altenburger Reformator Georg Spalatin (T 1545), das er „müßig und trunken den ganzen Tag das sitze" (Köstlin, I. 471.) Seit Anno 1530 finden wir ihn dauernd unmäßig.

Im Jahre 1535 fragte er den Nuntius (Bote, Gesandter des Papstes) und späteren

Reformatoren Pietro Paolo Bergerius (T 1565), ob es wahr sei, dass man in Rom glaube, „die Reformation das Werk eines besoffenen Deutschen sei"!

Der „Civis Manfeldensis" – der Apotheker Johann Landau in Eisleben – berichtet, dass der „Gottesmann" dort sogleich nach der Predigt ein Frühstück von mehreren Gängen bekam, und dass er bei jeder Mahlzeit einen Sextarius (Schoppen, Krug, 0,547 L) allein exotischen Weines getrunken habe.

Außerdem bemerkt Luther in seinen Briefen, dass er noch guten Landwein und verschiedene Sorten Biere trinke, die ihm „des Morgens drey Stuele in dreyen Stunden" machten.

Auf sächsische Weise trinkt der Alkoholiker Luther. Der lutherische Theologe Anderas Musculus (T 1581) berichtet: „Nach dem Abendessen bei Luther gingen wir in das Haus des Lukas Cranach und tranken wieder. Als wir daselbst diesen verliessen, haben wir Luther nach Hause gebracht und hier wurde wieder auf sächsische Weise weiter getrunken". (Evers V. 147.)

Philipp Melanchthon (T 1560), intimer Freund Luthers, erzählt, dass der „Gottesmann" bei einer Kindertaufe anwesend war und sich dergestalt übernommen hat, dass er sich erbrochen und so gleich ins Bett legen musste.

Solche unwillkürlichen Ergüsse waren bei Luther keine Seltenheit.

Luther hatte eine stets reichlich ausgestattete Küche in Wittenberg und Überfluss an süßen und ausländischen Weinen.

Jeden Mittag und Abend pflegte er einen Sexter süßen, ausländischen Weines auszutrinken, also ca. sieben Liter. Diesem Brauche huldigte er wacker noch am Vorabend seines Todes, am 17. Februar 1546.

Quelle: © Aus dem Buch „Luther, wie er lebte, leibte und starb, nach unwiderleglichen Berichten dargestellt. Streitschrift gegen die „Los von Rom-Pastoren". Achte unveränderte Auflage. Graz und Wien 1925. Verlagsbuchhandlung „Styria".

# Die evangelische, protestantische Kirche ist eine völlig gottlose Antichristliche Sekte

„Die Heuchler Kirche" mit Namen evangelisch, lutherische, protestantische Kirche ist eine Kirche der Pharisäer und Schriftgelehrten!!! Eine Kirche die nicht nur auf Sand gebaut ist, sondern auf Strohhalmen!!! Wer sein Leben darauf baut, ist hoffnungslos, ein für alle Mal, ins Verderben verloren"! Adelheid Sonnenschein

Eine Kirche die noch nicht einmal den Namen ihres Gottes kennt noch den Namen des Sohnes Gottes, hat überhaupt keine Existenzberechtigung weltweit, und hat kein Recht sich Kirche zu nennen!!! Die evangelische, lutherische, protestantische Kirche müsste nicht Lutherisch sondern Melanchthonische Kirche heißen. Diese Kirche hat ihren Grund nicht auf dem echten Sohn Gottes YAHUSHUA HA MASCHIACH, sondern auf dem Augsburger Bekenntnis des Jahres 1530. Und damit ist der Beweis erbracht das es keine biblische Kirche ist! Achtung: Das Augsburger Bekenntnis wurde von Philipp Melanchthon verfasst und nicht von Martin Luther! Adelheid Sonnenschein

### Die Evangelisch protestantische lutherische Kirche ist die Holocaust-Kirche!

Auf Grund nachfolgender Tatsachenberichte hat die Evangelische protestantische lutherische Kirche überhaupt keine Existenzbrechtigung!!!

Die Evangelische protestantische lutherische Kirche sei gemäß Galater 1, 8 + 9 doppelt verflucht!

Die Evangelische protestantische lutherische Kirche hat von den Befehlen Martin Luthers über die Erschaffung des Arierparagraphen weiter über die Öffnung der Kirchenbücher bis hin zu praktischen Judenvernichtung in den Augapfel Gottes, dem Volke Israel

gestochen! Diese Kirche hat den Augapfel Gottes angetastet gemäß
Sacharja 2, 12 B!!!

## Die unrühmliche Rolle der Evangelisch, protestantischen Kirche im Dritten Reich! „Die Erschaffung des Arier-Paragraphen durch die Evangelische Kirche"!

### Die besondere Rolle von Martin Luther

Auch wenn es für viele Protestanten nach wie vor unvorstellbar ist, dass der große Reformator Luther antisemitische Worte kommunizierte, beginnen wir an dieser Stelle mit den nachfolgenden Äußerungen Luthers:

„Ein solche verzweifeltes durch böstes, durch giftetes, durch teufeltes Ding ist´s um diese Juden, so diese 1400 Jahre unsere Plage, Pestilenz und alles Unglück gewesen sind und noch sind. Summa, wir haben rechte Teufel an ihnen. Das ist nichts anderes. Da ist kein menschliches Herz gegen uns Heiden. Solches lernen sie von ihren Rabbinern in den Teufelsnestern ihrer Schulen". Quelle: © Der achte und letzte aller Bücher und Schriften des teuren seligen Mans Gottes, Doctoris Martini Lutheri, Tomos 8, Jena 1562, S. 95

Auch wenn der christliche Antijudaismus die Geschichte Europas zur Zeit Luthers beeinflusste, so war, ist und kann es nicht sein, dass derartige Äußerungen nicht auf das Schärfste zu verurteilen wären.

Zu den Stereotypen zu Zeiten Luthers gehörten damals Äußerungen wie: Die Zerstörung des Jerusalemer Tempels und die Verfolgung der Juden sei Gottes fortwährende Strafe für die Kreuzigung YAHUSHUA HA MASCHIACH. Die Juden seien gottlos, christenfeindlich, verstockt, blind gegenüber der göttlichen Wahrheit, verflucht, stammten vom Teufel ab, seien mit dem Antichristen der Endzeit identisch, hätten den Gottesmord begangen, verübten regelmäßig Ritualmorde an christlichen Kindern, begingen Hostienfrevel, Brunnenvergiftung und strebten heimlich nach Weltherrschaft, etwa durch Verrat an feindliche Mächte.

In seinem Werk „Von den Juden und Ihren Lügen" aus dem Jahr 1543 fragt sich Luther selbst „Was sollen wir Christen nun tun mit diesem verdammten, verworfenen Volk der Juden"? und schlägt dann folgende sieben Schritte als „scharfe Barmherzigkeit" vor:

„Man solle ihre Synagogen niederbrennen, ihre Häuser zerstören und sie wie Zigeuner in Ställen und Scheunen wohnen lassen, ihnen ihre Gebetbücher und Talmudim wegnehmen, die ohnehin nur Abgötterei lehrten, ihren Rabbinern das Lehren bei Androhung der Todesstrafe verbieten, ihren Händlern das freie Geleit und Wegerecht entziehen, ihnen das „Wuchern" (Geldgeschäft) verbieten, all ihr Bargeld und ihren Schmuck einziehen und verwahren, den jungen kräftigen Juden Werkzeuge für körperliche Arbeit geben und sie ihr Brot verdienen lassen".

Sind diese Äußerungen Luthers durchaus mitbegründend für die kranke, menschenverachtende Agitationen (politische Hetze) der Nazis. Welche Rolle Martin Luther in diesem Zusammenhang für Adolf Hitler spielte, mag folgende Äußerung Hitlers klar belegen:

„Luther war ein großer Mann, ein Riese. Mit einem Ruck durchbrach er die Dämmerung, sah den Juden, wie wir ihn erst heute zu sehen beginnen". Quelle: © Adolf Hitler in: Dietrich Eckart, Der Bolschewismus von Moses bis Lenin, Zwiegespräche zwischen Adolf Hitler und mir, München 1924, S. 35

## Besondere Beziehung hoher Vertreter der evangelischen Kirche zu den Nazis während der Weimarer Republik

Es ist nicht zutreffend, dass die evangelische Kirche erst nach der Machtergreifung Hitlers im Jahr 1933 (wie viele andere gesellschaftliche Schichten dies im Übrigen auch wahrheitswidrig kundtun) Partei zu Gunsten Hitlers ergreift. Wie die nachfolgenden Beispiele verdeutlichen, gab es bereits zu Zeiten der Weimarer Republik gewichtige Beziehungen zwischen der Evangelischen Kirche und den Nazis: Hans Meiser, Direktor des evangelischen P-Seminars in Nürnberg und ab 1933 erster evangelischer Landesbischof Bayerns verfasst 1926 ein „Gutachten" mit dem Titel „Die evangelischen Gemeinden und die Judenfrage". Meiser wehrt sich darin gegen „die Verjudung unseres Volkes", und er erklärt sich einverstanden mit den völkischen Idealen, deren Anhänger „mit der antisemitischen Bewegung in einer Front stehen", was „die Rassenfrage als den Kernpunkt der Judenfrage" betrifft.

Der spätere Landesbischof beklagt auch den Einfluss der Juden, v. a. auf wirtschaftlichem und gesellschaftlichem Gebiet. Er schreibt: „Mag die Moral vieler Juden nichts anderes sein als stinkende Unmoral", und er fordert durch einige konkrete Maßnahmen „ein Zurückdrängen des jüdischen Geistes im öffentlichen Leben", und die „Reinhaltung des deutschen Blutes". Die Reinhaltung des deutschen Blutes ist eine Gedankenwelt, die der kranken Philosophie der Nazis entspricht, gleichwohl aber nichts mit christlichem Gedankengut gemein hat. Ebenfalls in Nürnberg nimmt der evangelisch-lutherische Pfarrer Martin Weigel vor dem Altar der Lorenzkirche in Nürnberg eine SA Fahnenweihe vor. Es sei darauf verwiesen, dass die SA nichts anderes als der Schlägertrupp der Nazis war und dass die Nazis im Jahr 1926 von weniger als 5% der Bevölkerung gewählt wurden, so dass wahrscheinlich kein Druck von außen als Beweggrund angegeben werden kann. **1930 muss es dann auf irgendeine Art und Weise zu einer Übereinkunft zwi-schen evangelischer Kirche und Nazis gekommen sein, wie das nachfolgende Fak-tum beweist:**

**Das Deutsche Pfarrerblatt veröffentlicht am 11.11.1930 einen Grundsatzbeitrag über das Verhältnis von NSDAP und Kirche. Der Autor, Pfarrer Friedrich Wienecke, erklärt es zu den Aufgaben der Männer der Kirche, in die „Tiefe der nationalsozialistischen Gedankenwelt" zu schauen und sich nicht durch „äußere**

Schönheitsfehler" wie Härte, Rohheit und Rachsucht abschrecken zu lassen. Unter der „rauen Schale" keime möglicherweise sogar „das beste Leben, das je aus der alten deutschen Eiche herauswuchs". Pfarrer Wienecke verweist in diesem Zusammenhang auf Hitlers Mein Kampf, wo Hitler den Deutschen die Hochachtung vor den Amtskirchen zur Pflicht macht. Die von Gott gewollte Aufgabe für die deutsche Politik sei nach Wienecke die Förderung des „arisch-germanischen Menschen". Die Aufgabe von Theologie und Pfarrerschaft sei es, zu helfen, dass die Nazi-Bewegung nicht verrausche, sondern dass sie, „erfüllt von göttlicher Kraft unserem Volk Gesundung bringe".

Das Deutsche Pfarrerblatt erreichte damals wie heute den deutschen Pfarrerstand in seiner Gesamtheit und war und ist zudem „Pflichtorgan aller Mitglieder des Pfarrervereins". Das NSDAP-Blatt Völkischer Beobachter druckte den Artikel aus dem Deutschen Pfarrerblatt wörtlich nach. Wenn der Völkische Beobachter einen Artikel der evangelischen Kirche wörtlich nachdruckte, so kann davon ausgegangen werden, dass dies sicherlich nichts mit Kirchengläubigkeit der Nazis zu tun hatte, sondern eiskaltes Kalkül oder eine Absprache Anlass hierzu war.

### Glaubensbewegung Deutsche Christen (DC)

Beginnen wir hier erst einmal mit dem Ende des 1. Weltkrieges und der Einstellung der evangelischen Kirchenoberen zur Demokratie und Weimarer Republik! Nach Verabschiedung der Weimarer Verfassung richtete der Präsident des altpreußischen Evangelischen Oberkirchenrats (EOK) Reinhard Möller ein „tiefempfundenes Dankeswort an unseren fürstlichen Schirmherrn", den abgesetzten Kaiser. Kirchenführer wie Detlev von Arnim-Kröchlendorff jubelten: „Der Umsturz hat sich auf unsere Kirche nicht miterstreckt". Die konservative Kontinuität der Landeskirchen, die als Volkskirche für alle religiösen Bedürfnisse der getauften Deutschen zuständig waren, blieb erhalten.

Machen wir nun einen Sprung zum beginnenden Ende der Weimarer Republik. 1930 fassten sich die evangelischen Landeskirchen mit dem Deutschen Evangelischen Kirchenbund zu einen lockeren Dachverband zusammen. Zudem schlossen sie am 11. Mai 1931 einen Kirchenvertrag mit dem Freistaat Preußen ab, den viele Kirchenführer als Sieg über die „Entrechtung" durch die Weimarer Verfassung empfanden. Er sicherte ihnen Religionsunterricht und öffentliche Finanzmittel zu. Seit dem neuen Kirchenvertrag von 1930 begann die NSDAP, die evangelischen Christen offensiv in ihren Kampf gegen das „Weimarer System" aus „Marxismus, Judentum und Zentrum" einzuspannen! SA-Trupps besuchten geschlossen evangelische Gottesdienste und hielten „Mahnwachen" vor Kirchen, um pazifistisch oder religös-sozial eingestellte Pastoren einzuschüchtern. 1932 gründete sich dann die „Glaubensbewegung Deutsche Christen" (DC) als Zusammenschluss von evangelisch getauften Nationalsozialisten. Sie wollten der NS-Ideologie in ihrer Kirche erst Raum, dann Alleingeltung verschaffen, nachdem die Deutschnationalen bzw. der „Christlich-soziale Volksdienst" 1930 die Kirchenwahl in Preußen gewonnen hatte. Sie pflegten ein „arteigenes Christentum", das durch Elemente einer „neuheidnischen" Religiosität aus dem „Volkstum" erneuert werden sollte. Sie wollten das Führerprinzip innerkirchlich verankern und strebten die Vereinheitlichung der bisher nach Konfessionen gegliederten Landeskirchen in einer Reichskirche an. Geführt wurden sie von Pfarrer Joachim Hossenfelder; gefördert wurden sie von namhaften Theologen wie Emanuel Hirsch, der die DC Theologie schon 1920 mit seinem Buch „Deutschlands Schicksal" vorbereitet hatte. Auch Paul de Lagarde und Arthur Dinter gelten als Vorläufer, da sie wie die DC Paulus von Tarsus zum Verderber des Christentums erklärten, Jesus als antijüdischen „Propheten" darstellten und eine national-deutsche Religion vertraten.

Es muss an dieser Stelle nochmals klar und eindeutig gesagt werden, dass wir hier von einem Zeitpunkt sprechen, der weit vor der Machtergreifung Hitlers lag! Bei der Wahl des Reichsbischofs im Mai 1933 wurde von den Reichskirchen zunächst der nicht den DC angehörige Friedrich von Bodelschwingh nominiert, der jedoch aufgrund des massiven Drucks der Deutschen Christen sein Amt schon nach einem Monat aufgeben musste, worauf die Reichskirchenleitung bei den Kirchenwahlen am 23. 7. 1933 an den zuvor von Hitler zum „Bevollmächtigten für Angelegenheiten der evangelischen Kirche" ernannten Ludwig Müller überging. Dank einer außergewöhnlich hohen Wahlbeteiligung gewannen die Deutschen Christen nun einen Stimmenanteil von 70% und lösten daraufhin in allen durch sie geführten Landeskirchen das parlamentarische System auf, so dass nur drei intakte Landeskirchen übrigblieben. Bei der ersten Nationalsynode 1933 unter dieser Leitung wurde der Arierparagraph durchgesetzt, welcher jeden Pfarrer und Kirchenbeamten nicht-arischer Herkunft seines Amtes enthob. Durch den Arierparagraphen der evangelischen Kirche ist eindeutig dargelegt, dass zumindest die Führung der evangelischen Kirche nicht in eindeutigem Konfrontationskurs zu Hitler war, wie man dies später teilweise zu kommunizieren versuchte. Vielmehr muss klargestellt werden, dass die evangelische Kirche durch Handlungsweisen wie den Arier-Paragraphen durchaus eine erhebliche Mitschuld daran trägt, dass Hitler sein verbrecherisches Tun, welches im Holocaust seinen unrühmlichen Höhepunkt finden sollte, realisieren konnte. Wie Teile der evangelischen Kirche tatsächlich zur Naziherrschaft standen und wie auch nach Kriegsende von der evangelischen Kirche Strafvereitelung betrieben wurde, zeigt das Beispiel des evangelischen Pfarrers Hoff aus Berlin. Hier zitieren wir den unten als Internetquelle angegebenen ZEIT-Artikel wie folgt: „Der Berliner Pfarrer Hoff rühmte sich, am Totensonntag 1931 als erster Geistlicher Berlins einen Gottesdienst für die »gefallenen Nationalsozialisten« gehalten zu haben. Goebbels hatte ihm ein Dankschreiben geschickt, Hoff reichte es stets stolz herum. Im Frühjahr 1934 wurde er als Konsistorialrat in das Konsistorium der Mark Brandenburg berufen. Für sein neues Amt ließ sich der Pfarrer in SA-Uniform vereidigen. Kollegen der Bekennenden Kirche denunzierte er gern im SS-Organ „Das Schwarze Korps". Über seine tägliche Arbeit in der Gemeinde ist wenig bekannt. 1940 kam er zur Wehrmacht, Mitte 1941 an die Ostfront. Mit Vorliebe stattete er dem Konsistorium, seiner alten Dienststätte, in Uniform Besuche ab und rühmte sich dabei seines Einsatzes gegen »Partisanen« und »Spione«. 1943 kehrte Hoff nach Berlin zurück. Zum 10. Jahrestag der Hitlerherrschaft am 30. Januar wandte er sich in einem Aufruf an die Berliner. Wer die zu Selterswasserfabriken und Kornspeichern umgewandelten Kirchen Russlands gesehen habe und werden »unheimlichen Einfluss des Judentums in Stadt und Land des weiten Ostens gespürt« habe, der könne würdigen, was die Herrschaft der Nationalsozialisten für Deutschland und ganz Europa bedeute. Hoff dankte dem Allmächtigen und bat um Segen für den »geliebten Führer«.

Ein Dreivierteljahr später reagierte er empört auf den Rundbrief eines Oberkonsistorialrats an die im Heeresdienst stehenden Pfarrer. Dessen Rundschreiben (mit Zitaten aus dem Psalter) erschien ihm zu weichlich. Er antwortete in einer geharnischten Zurechtweisung: Offensichtlich stehe der Kollege dem großen Geschehen dieser Tage völlig verständnislos gegenüber. Wie soll heute, schreibt Hoff, wo die Deutschen mit dem »Weltjudentum« ringen, die »jüdischen Rachepsalmen« der Bibel als Offenbarung göttlichen Erbarmens dienen? »Vielleicht gönnen sie mir darin ein Wort der Aufklärung«, so wandte er sich an seinen Adressaten, »wie ich es mit alldem vereinbaren kann, dass ich in Sowjetrussland eine erhebliche Anzahl von Juden, nämlich viele Hunderte, habe liquidieren helfen«.

Als »heimatvertriebener Ostpfarrer« ließ er sich bei Hamburg nieder. In der Berliner Kirchenleitung kannte man inzwischen sein Bekennerschreiben von 1943 und legte ihm nahe, auf die Rechte des geistlichen Standes zu verzichten. Hoff lehnte ab. Ein Disziplinarverfahren entschied 1948 auf »Entfernung aus dem Dienst«. Wiederholt focht Hoff das Urteil an, im Februar 1957 erreichte er die erneute Zuerkennung der Rechte des geistlichen Standes. Norddeutsche Landeskirchen gaben ihm befristete Seelsorgeaufträge.

1960, zu seinem 70. Geburtstag, sandte ihm das Landeskirchenamt Hannover fromme Segenswünsche: »Gottes Güte und Freundlichkeit hat sie durch gute und schwere Jahre bis zum heutigen Tage treu geleitet. Aus den Erfahrungen seiner Wohltaten in ihrem Leben werden sie gewiss in die Worte des Psalmsängers einstimmen: ›Ich gedenke an die vorigen Zeiten; ich rede von allen deinen Taten und sage von den Werken deiner Hände«.

Zurück bleibt eine mehrfache Beschämung. Zum einen darüber, dass ein Geistlicher mit einer solchen Biografie jahrzehntelang Pfarrer sein konnte. Zum anderen aber auch Beschämung darüber, wie die Berliner Nachkriegskirche unter Bischof Otto Dibelius – von Hoffs Brief wissend – mit diesem Geistlichen umging. Sie deckte einen Mann, der den Engländern als Kriegsverbrecher galt und der mutmaßlich am Holocaust beteiligt war. Gewiss wäre Hoff ein Fall für die 1958 gegründete NS-Ermittlungsstelle in Ludwigsburg gewesen, und es stellt sich durchaus die Frage, ob hier nicht kirchlicherseits so etwas wie Strafvereitelung im Amt stattgefunden hat. Man ließ den Fall auf sich beruhen, kehrte die Dinge unter den Teppich, wie so vieles in der Ära Dibelius. 1978 starb Hoff.

**Offizielle Äußerungen der evangelischen Kirche nach 1945**

Im April 1948, d. h. drei (!) Jahre nach Ende des zweiten Weltkrieges fanden sich im „Wort zur Judenfrage" des evangelischen Reichsbruderrates folgende Worte: „Israel unter dem Gericht ist die unauflösbare Bestätigung der Wahrheit, Wirklichkeit des göttlichen Wortes und die stete Warnung Gottes an seine Gemeinde. Dass Gott nicht mit sich spotten lässt, ist die stumme Predigt des jüdischen Schicksals, uns zur Warnung, den Juden zur Mahnung, ob sie sich nicht bekehren möchten zu dem, bei dem allein auch ihr Heil steht".

**Vergegenwärtigen wir uns an dieser Stelle – neben der Ungeheuerlichkeit der Ausführungen – wer der Reichsbruderrat war.** Der Reichsbruderrat war das leitende Gremium der Bekennenden Kirche in der Zeit des Nationalsozialismus.
**Nach dem Ende des Zweiten Weltkriegs tagte das Gremium weiter als Bruderrat der EKD.** Seitdem von der Dahlemer Synode ausgerufenen kirchlichen Notrecht war der Reichsbruderrat die legitime Kirchenleitung der Deutschen Evangelischen Kirche (DEK) und gab diese Leitungsfunktion 1948 an den Rat der EKD ab. Die Äußerung der „stummen Predigt des jüdischen Schicksals, uns zur Warnung, den Juden zur Mahnung" stammten von dem Teil der evangelischen Kirche, der sich gegen Hitler stellte. **Sicherlich kann man Mitgliedern der Bekennenden Kirche wie Dietrich Bonhoeffer oder Martin Niemöller nicht absprechen, dass sie gegen Hitler waren.** Die obenstehenden Äußerungen von gewichtigen Mitgliedern der Bekennenden Kirche drei Jahre nach unbestrittener allgemeiner Kenntnis über den Holocaust sind jedoch in keiner Weise ein Beleg dafür, dass sich die evangelische Widerstandskirche auch für die verfolgten Juden im III. Reich einsetzte.

Nicht von ungefähr schrieb Martin Niemöller deshalb 1976 in einem Gedicht: „Als die Nazis die Kommunisten holten, habe ich geschwiegen; ich war ja kein Kommunist. Als sie die Sozialdemokraten einsperrten, habe ich geschwiegen; ich war ja kein Sozialdemokrat. Als sie die Gewerkschafter holten, habe ich geschwiegen; ich war ja kein Gewerkschafter. Als sie mich holten, gab es keinen mehr, der protestieren konnte". **Im Rahmen der geschichtlichen Aufarbeitung der Bekennenden Kirche stellte sich dann heraus, dass Mitglieder der Bekennenden Kirche Mitglieder in Hitlers SS waren oder in Konzentrationslagern tätig waren.** Statt dies einfach zuzugeben, ist es mehr als verwerflich, wie dies im Nachhinein gerechtfertigt wurde: Kurt Gerstein bewarb sich wissentlich zur SS, um die Verbrechen in den Vernichtungslagern, am „Feuerofen des Bösen", zu verhindern, was ihm nur in ganz geringem Ausmaß gelang. Hans Friedrich Lenz verrichtete Dienst im Außenlager Hersbruck bei Flossenbürg, wo Bonhoeffer ermordet wurde. Er schrieb später einen Erlebnisbericht. Alfred Salomon wurde 1933/1934 in die SS eingeschleust. Kurt Gerstein arbeitete für das Hygiene-Institut der Waffen-SS. Im Januar 1942 avancierte er zum Chef der Abteilung Gesundheitstechnik und war zuständig für den technischen Desinfektionsdienst. Somit hatte er für die Beschaffung von Zyklon B zu sorgen. Was Zyklon B ist und wozu es benötigt wurde, dürfte allgemein bekannt sein. Gerstein nahm sich 1945 in französischer Haft das Leben, erzählte aber vorher die vorstehend genannte Version. **1965 wurde Gerstein dann vom damaligen Ministerpräsidenten (und späteren) Bundeskanzler Kiesinger rehabilitiert, der bekanntlicher Weise selbst seit 1933 Mitglied der NSDAP war, ab 1940 Angestellter im Auswärtigen Amt der Nazis und später sogar stellvertretender Leiter der Rundfunkabteilung der Nazis wurde.**

Nicht vergessen werden darf in diesem Zusammenhang auch die Entdeckung eines durch den SPIEGEL aufgedeckten Briefes der EKD in Sachen Adolf Eichmann.

Aus der Online Ausgabe des SPIEGELs vom 21.08.2011 wird wie folgt zitiert:

„Nach SPIEGEL-Informationen hat sich der Rat der EKD 1960 bei der Bundesregierung unter Konrad Adenauer für den Holocaust-Organisator Adolf Eichmann eingesetzt. Das geht aus Akten im Politischen Archiv des Auswärtigen Amtes hervor. Darin findet sich ein Schreiben des Linzer Superintendenten Wilhelm Mensing-Braun an das kirchliche Außenamt in Frankfurt am Main. Der Superintendent bescheinigte dem im österreichischen Linz aufgewachsenen Massenmörder Eichmann eine „grundanständige Gesinnung", ein „gütiges Herz" und „große Hilfsbereitschaft". Mensing-Braun schreibt, er könne sich „nicht vorstellen", dass der ehemalige SS-Obersturmbannführer Eichmann „je zu Grausamkeit oder verbrecherischen Handlungen fähig gewesen wäre".

Die EKD hielt das Pro-Eichmann-Votum für „mindestens interessant". Eichmann war kurz zuvor aus Argentinien nach Israel entführt worden. Seine Geschwister wollten erreichen, dass ein internationaler Gerichtshof und nicht ein israelisches Gericht den Fall verhandelt. Sie hatten daher Mensing-Braun um Hilfe gebeten. Tatsächlich leitete Bischof Hermann Kunst, Vertreter der EKD bei der Bundesregierung, das Schreiben Mensing-Brauns an das Auswärtige Amt weiter – mit dem Hinweis, das Votum sei „mindestens interessant".

Damit hat sich nicht nur der österreichische Superintendent Mensing-Braun für Eichmann eingesetzt, sondern auch ein offizieller Vertreter der Evangelischen Kirche in Deutschland.

Aber auch in der jüngsten Vergangenheit ist die offizielle Haltung der evangelischen Kirche in diesem Bereich nicht immer ein Ruhmesblatt, wie das nachstehende Beispiel belegen mag: Im August 2011 publizierte der evangelische Theologe Jochen Vollmer im bereits mehrfach vorstehend erwähnten Deutschen Pfarrerblatt „Vom Nationalgott Jahwe zum Herrn der Welt und aller Völker – Der Israel-Palästina-Konflikt und die Befreiung der Theologie" einen eindeutig antizionistischen Aufsatz, der in weiten Teilen der Öffentlichkeit auf starke Kritik stieß, jedoch nie von kirchenoffizieller Seite, auch nicht von Frau Käßmann, je verurteilt wurde. Aus diesem Artikel wird wie folgt zitiert:

„Ein jüdischer Staat ist eben ein Staat, der seine jüdische Identität – die nichtjüdische Bevölkerung ausgrenzend und damit den einen und universalen Gott, der für Juden und Nichtjuden in gleicher Weise da sein will, verleugnend – mit staatlicher Gewalt nach innen und nach außen sichern will. Der Glaube an Gott kann nicht durch staatliche Gewalt gesichert werden".

Nach all diesen Fakten kommt der Autor zu dem Schluss, dass die Evangelische Kirche eine mehr als marginale Rolle an den Geschehnissen im III. Reich hatte und dass die Aufarbeitung bis heute nicht hinreichend erfolgt ist. Mehr als 70 Jahre sind nun nach dem Ende des II. Weltkrieges vergangen. **Im Lutherjahr 2017 hat die evangelische Kirche in Deutschland wohl die historisch letzte Chance, sich von den antisemitischen Äußerungen Luthers eindeutig zu distanzieren und auch für das Fehlverhalten der evangelischen Kirche im Dritten Reich zu entschuldigen und Widergutmachung zu leisten. Spätestens ab dem Jahr 2017 wird zeigen, wie die evangelische Kirche wirklich zu ihren christlichen Werten steht.**

Quelle: © Friedrich Battenberg: Die Juden in Deutschland vom 16. bis zum Ende des 18. Jahrhunderts. Oldenbourg, München 2001, ISBN 3-486-55777-7. Quelle: © Stefan Litt: Juden in Thüringen in der Frühen Neuzeit (1520–1650). Böhlau, Wien 2004, ISBN 3-412-08503-0. Quelle: © Hans-Martin Barth: Die Theologie Martin Luthers: eine kritische Würdigung. Gütersloher Verlagshaus, 2009, ISBN 978-3-579-08 045-1. Quelle: © Joachim Beckmann (Hrsg.): Kirchliches Jahrbuch für die evangelischen Kirchen in Deutschland 1933–1944. 2. Auflage. 1976. Manfred Gailus: Kirche Amtshilfe: Die Kirche und die Judenverfolgung im Dritten Reich; Vandenhoeck & Ruprecht Verlag, 2008, ISBN 978-35 25553404. Quelle: © Bernd Rebe: Die geschönte Reformation: Warum Martin Luther uns kein Vorbild mehr sein kann – Ein Beitrag zur Lutherdekade; Tectum Verlag, 2012; ISBN 978-3828830165. Quelle: Wolfgang Greive, Peter N. Prove (Hrsg.): Jüdisch-lutherische Beziehungen im Wandel? Kreuz Verlag, Stuttgart 2003, ISBN 3-905 676-29-X. Quelle: © Christian Staffa (Hrsg.): Vom protestantischen Antijudaismus und seinen Lügen. Versuche einer Standort- und Gehwegbestimmung des christlich-jüdisch Gesprächs. Tagungstexte Evangelische Akademie Sachsen-Anhalt, Wittenberg 1997, ISBN 3-9805749-0-3. Quelle: © Clemens Vollnhals: Evangelische Kirche und Entnazifizierung 1945-1949. R.Oldenbourg Verlag, München 1989, ISBN 3-486-54941 -3. Quelle: © Rainer Lächele: Germanisierung des Christentums – Heroisierung Christi, in: Stefanie von Schnurbein, Justus H. Ulbricht (Hrsg.): Völkische Religion und Krisen der Moderne. Entwürfe „arteigener" Glaubenssysteme seit der Jahrhundertwende, Königshausen und Neumann GmbH, Würzburg 2001, ISBN 3-8260-2160-6. Quelle: © http://www.ev-theol.unibonn.de/fakultaet/ ST/lehrstuhl-pangritz/pangritz/copy5_of_texte-zum-download/pangritz_luther.pdf. Quelle: © http: //www.faz.net/ aktuell/ politik/fremde-federn-margot-kaessmann-die-dunkle-seite-der-reformation-12131764.html. Quelle: © http://de.wikipedia.org/wiki/Kirchenkampf#Haltung_der_NSDAP _zu_ den_Kirchen. Quelle: © http://pfarrerverband.medio.de/pfarrerblatt/index.php?a=show&id=3030. Quelle: © http://www.spiegel.de/politik/deutschland/evangelische-kirche-ueber-adolf-eichmann-

Autor: Stefan Loubichi, Wirtschaftswissenschaftler des Jahrganges 1966, der sich seit vielen Jahren auf wissenschaftlicher Basis mit dem Thema beschäftigt und durch sein Engagement verhindern möchte, dass durch vergessen jemals wieder vergleichbare Gräueltaten wie die der Nazis im III. Reich entstehen könnten – Zukunft braucht Erinnerung.

## >„Die Bischöfe, Pastoren und Martin Luther und die Gläubigen der evangelischen, protestantischen, lutherischen Kirche wussten und wissen nicht weßes Geistes Kinder sie sind"!<

>>>„Wisst ihr nicht, welches Geistes Kinder ihr seid"?<<< Lukas 9, 55 B

**Eines steht unumstößlich fest: Wer wie Martin Luther befiehlt das die Juden zu vernichten seien und die Vorgehensweise genau anordnet, beweist in seiner geistigen Gesinnung das er ein Kind bzw. Sohn Satans ist! Das gleiche gilt auch für sämtliche Bischöfe, Pastoren die auf niederträchtigste die Juden verraten haben, und zum Teil an der Ermordung der Juden beteiligt waren, dass es Söhne Satans sind! Sich bei alledem noch auf den Namen des Sohnes Gottes beziehen, schlägt YAHUSHUA HA MASCHIACH auf das neue an das Kreuz und lästert und verhöhnt den lebendigen Gott YAHUWAH!!!**

**Der Hochgrad-Freimaurer und Sohn Satans Philipp Melanchthon verfasste das Augsburger Bekenntnis von 1530. Doch auch hier zeigt sich ganz klar und deutlich, welches Geistes Kind er war, nälich des dämonisch, antichristlichen Geistes der ebenfalls mit dem Sohn Gottes nichts zu tun hat!**

### Historischer Tatbestand

Der 1530 von Kaiser Karl V. nach Augsburg einberufene Reichstag sollte eine Lösung der bedrängend gewordenen Religionsfragen bringen; eine Kirchenspaltung drohte unvermeidlich zu werden. Auf anderen Reichstagen in den Jahren zuvor waren die Standpunkte bereits deutlich geworden (zum Beispiel bei der „Speyrer

**195**

Protestation" von 1529, der der Protestantismus bis heute seinen Namen verdankt). Ursprünglich hatte man beabsichtigt, die unterschiedlichen Auffassungen bestimmter Punkte des praktizierten Glaubens darzustellen; doch dann wurde auf dem Reichstag in Augsburg eine umfassende Darstellung des Glaubens vorgelegt. Im ersten Teil erläutert sie die Glaubenslehre der evangelischen Bewegung. Im zweiten Teil nimmt sie Stellung zur Beseitigung von Missständen und Abschaffung bestimmter kirchlicher Bräuche bei den Protestanten.

Durch die klärenden Artikel des Augsburger Bekenntnisses versuchten die Reformatoren ursprünglich, die Gemeinsamkeit mit der katholischen Kirche wiederzuerlangen. Es ist in seinem Ziel also ein ökumenisches Bekenntnis. Freilich wurde es in der Folge zu der zentralen Bekenntnisschrift der protestantischen Kirchen lutherischer Prägung und konnte die Kirchen-Spaltung nicht verhindern. Das Augsburger Bekenntnis wurde von Philipp Melanchthon in latainischer und deutscher Sprache verfasst. Luther konnte am Reichstag nicht teilnehmen, da der „vogelfrei" war und verfolgte und begleitete die Verhandlungen von der Festung Coburg aus mit zahlreichen Briefen. Die beiden Fassungen weisen etliche Unterschiede auf; die deutsche Fassung ist keine wörtliche Übersetzung der lateinischen. Dennoch geben beide Versionen je auf ihre Weise die entscheidenden Kernpunkte der protestantischen Überzeugung aus dem Jahre 1530 wieder. **Professor Philipp Melanchthon ist der Verfasser der Augsburger Konfession und nicht Martin Luther!**

**Auf nachstehendem Strohhalm-Fundament steht die Häretiker Kirche die evangelisch lutherische Kirche.** Adelheid Sonnenschein
**Das Augsburger Bekenntnis beweist die antichristliche, satanische antisemitische Denkweise, und ist Abgötterei und Götzendienst!**

### Das Augsburger Bekenntnis von Anno 1530

### Artikel 1: Von Gott
**Zuerst wird einträchtig laut Beschluss des Konzils von Nizäa gelehrt und festgehalten, dass ein einziges göttliches Wesen sei, das Gott genannt wird und wahrhaftig Gott ist, und dass doch drei Personen in diesem einen göttlichen Wesen sind, alle drei gleich mächtig, gleich ewig: Gott Vater, Gott Sohn, Gott Heiliger Geist. Alle drei sind ein göttliches Wesen, ewig, unteilbar, unendlich, von unermesslicher Macht, Weisheit und Güte, ein Schöpfer und Erhalter aller sichtbaren und unsichtbaren Dinge. Unter dem Wort „Person" wird nicht ein Teil, nicht eine Eigenschaft an einem anderen Sein**

verstanden, sondern etwas, was in sich selbst besteht (selbstständig ist), so wie die Kirchenväter in dieser Sache dieses Wort gebraucht haben. Deshalb werden alle Irrlehren verworfen, die diesem Artikel widersprechen.

Hier wird von Philipp Melanchthon die Irrlehre von der Trinität einbetoniert! Der Irrlehrer Philipp Melanchthon stellt seine Formulierungen und Aussagen über die der Heiligen Schrift, dem Worte Gottes. Die Trinitätslehre ist eine völlige Antichristliche Irrlehre also Menschenlehre, wie dieser vorgenannte Artikel voll und ganz auch eine dämonische Irrlehre ist! Damit werden gemäß dem Worte Gottes die Menschengebote höher geachtet als das Wort Gottes! Philipp Melanchthon erhebt sich selber mit Martin Luther als Richter, und verurteilt auf Grund seiner satanischen Irrlehren die Wahrheit des Wortes Gottes! Damit wurde von diesen Irrlehrer ein verurteilen und richten über die biblisch echten Gläubigen ausgesprochen, aber diese hat ja auch schon ein Martin Luther verfolgt, um seine gottlosen Irrlehren zu verbreiten! Adelheid Sonnenschein
Die erste Bankrotterklärung lautet: Zuerst wird einträchtig laut Beschluss des Konzils von Nicäa gelehrt und festgehalten! Die Beschlüsse des Konzils von Nicäa waren die Kreation von blinden Blindenleitern, deren Gehirn von platonischen Denkweisen durchseucht war, diese blinden Blindenleiter waren von der ursprünglichen und allein gültigen Lehre der Urgemeinde des Sohnes Gottes YAHUSHUA HA MASCHIACH und der Apostel mehr als Meilenweit von entfernt. Diese Gehirne waren schon durch verderblichen Irrlehren durchseucht!
Ein einziges göttliches Wesen soll bestehen das Gott genannt wird und wahrhaft Gott ist und dass doch drei Personen in diesem einen göttlichen Wesen sind, alle drei gleich mächtig, gleich ewig: Gott Vater, Gott Sohn, Gott Heiliger Geist. Das war die zweite Bankrotterklärung, denn hier wurde einem Fantasie-Gott über den Gott der Heiligen Schrift ins Leben gerufen! Dieser Trinitäts-Gott ist Satan über den einen Gott der Heiligen Schrift! Zumal der Sohn

197

Gottes YAHUSHUA HA MASCHIACH nie Gott war und ist und sein wird, denn er ist bis heute der Sohn des einen monotheistischen Gottes! Der Heilige Geist war und ist nie Gott gewesen und wird es auch nie sein und werden, denn dieser ist der Geist des Vaters und keine Person!

**Alle drei sind ein göttliches Wesen, ewig, unteilbar, unendlich, von unermesslicher Macht, Weisheit und Güte, ein Schöpfer und Erhalter aller sichtbaren und unsichtbaren Dinge. Das war die dritte Bankrotterklärung. Es ist nur einer Gott, und zwar der Vater YAHUWAH als monotheistischer alleiniger lebendiger Gott und ist von Ewigkeit zu Ewigkeit!**

Der vierte Bankrott besteht in der Deutelung, unter dem Wort „Person" wird nicht ein Teil, nicht eine Eigenschaft an einem anderen Sein verstanden, sondern etwas, was in sich selbst besteht (selbstständig ist), so wie die Kirchenväter in dieser Sache dieses Wort gebraucht haben. **Die Heilige Schrift sagt, dass nur einer Gott ist, und das es die Dämonen genau wissen und zittern!!!** Dieser Gott besteht nicht aus drei Drittel im Sinne von Polytheismus! Es gipfelt darin: Deshalb werden alle Irrlehren verworfen, die diesem Artikel widersprechen. Die dämonisierten Irrlehrer wollen also die verwerfen, welche die echte Lehre der Heiligen Schrift in voller Wahrheit verkündigen. Die Antwort hat der Apostel Paulus gegeben: **Die Irrlehrer der satanischen Irrlehrer der Trinitäts-Häretiker-Lehre seien doppelt verflucht (gemäß Galater 1, 8 + 9). Der Gott der Trinität ist höchstpersönlich Satan selber!**

## Artikel 2: Von der Erbsünde

Weiter wird bei uns gelehrt, dass nach Adams Fall alle natürlich geborenen Menschen in Sünde empfangen und geboren werden, das heißt, dass sie alle von Mutterleib an voll böser Lust und Neigung sind und von Natur keine wahre Gottesfurcht, keinen wahren Glauben an Gott haben können, ferner dass auch diese angeborene Seuche und Erbsünde wirklich Sünde ist und daher alle die unter den ewigen Gotteszorn verdammt, die nicht durch die Taufe und den Heiligen Geist wieder neu geboren werden. Damit werden die verworfen, die die Erbsünde nicht für eine Sünde halten, damit sie die Natur fromm machen durch natürliche Kräfte, in Verachtung des Leidens und Verdienstes des Christus.

_Eine weitere Häretikerlehre wird hier von Philipp Melanchthon zu einem Verführungs-Irrlehren-Dogma erhoben. Der geistige Vater der Erbsünde war Augustinus von Hippo (354-430), von dem sich Luther und Melanchthon inspirieren ließen. Die Erbsündenlehre ist eine weitere Irrlehre die überhaupt keine Basis noch Fundament in der Heiligen Schrift hat. Auch hier erheben sich Martin Luther und Philipp Melanchthon in einer gottlosen Weise über die wahren echten biblisch Gläubigen, und verurteilen und richten diese. Nicht was diese Herren sagen, sondern was die Heilige Schrift sagt, zählt und nicht anders!_ Adelheid Sonnenschein

## Artikel 3: Vom Sohn Gottes

Ebenso wird gelehrt, dass Gott, der Sohn, Mensch geworden ist, geboren aus der reinen Jungfrau Maria, und dass die zwei Naturen, die göttliche und die menschliche, also in einer Person untrennbar vereinigt, eins in Christus sind, der wahre Gott und wahrer Mensch ist, wahrhaftig geboren, gelitten, gekreuzigt, gestorben und begraben, dass er ein Opfer nicht allein für die Erbsünde, sondern auch für alle anderen Sünden war und Gottes Zorn versöhnte, ebenso dass dieser Christus hinabgestiegen ist zur Hölle (Unterwelt), am dritten Tage wahrhaftig auferstanden ist von den Toten und aufgefahren ist in den Himmel; er sitzt zur Rechten Gottes, dass er ewig über alle Geschöpfe herrsche und regiere; dass er alle, die an ihn glauben, durch den Heiligen Geist heilige, reinige, stärke und tröste, ihnen auch Leben und allerlei Gaben und Güter austeile und sie schütze und beschirme gegen den Teufel und die Sünde; dass dieser Christus am Ende öffentlich kommen wird, zu richten die Lebenden und die Toten usw. laut dem Apostolischen Glaubensbekenntnis.

Und weshalb wird dann den Menschen nicht die reine Wahrheit der Heiligen Schrift verkündigt? Warum werden die Menschen von den Pastoren, und Bischöfen u.a.m. belogen und betrogen, mit einem völligem Irrlehren-System, das die Menschen in ihren Sünden leben lässt. Die Menschen werden nicht auf die Konsequenz von Hölle und Verderben, und vom Rechenschaft geben müssen, hingewiesen, und das sie vor dem Richterstuhl YAHUSHUA HA MASCHIACH, treten müssen? Dann ist diese ganze Beschreibung und das Bezugnehmen auf dieses Augsburger Bekenntnis nur eine gotteslästerliche große Heuchelei!!! Adelheid Sonnenschein

## Artikel 4: Von der Rechtfertigung

Weiter wird gelehrt, dass wir Vergebung der Sünde und Gerechtigkeit vor Gott nicht durch unseren Verdienst, Werk und Genugtuung erlangen können, sondern dass wir Vergebung der Sünde bekommen und vor Gott gerecht werden aus Gnade um Christi willen durch den Glauben, nämlich wenn wir glauben, dass Christus für uns gelitten hat und dass uns um seinetwillen die Sünde vergeben, Gerechtigkeit und ewiges Leben geschenkt wird. Denn diesen Glauben will Gott als Gerechtigkeit, die vor ihm gilt, ansehen und zurechnen, wie der Heilige Paulus zu den Römer im 3. + 4. Kaptel sagt.

## Artikel 5: Vom Predigtamt

Um diesen Glauben zu erlangen hat Gott das Predigtamt eingesetzt, das Evangelium und die Sakramente gegeben, durch die er es durch das Mittel des Heiligen Geist gibt, der den Glauben, wo und wann er will, in denen, die das Evangelium hören, wirkt, das da lehrt, dass wir durch Christi Verdienst, nicht durch unsern Verdienst, einen gnädigen Gott haben, wenn wir das glauben. Und es werden die verdammt, die lehren, dass wir den Heiligen Geist ohne das leibhafte Wort des Evangeliums durch eigene Vorbereitung, Gedanken und Werke erlangen.
Zu diesen Irrlehren der Säuglingsbesprengung (Säuglingstaufe, Ba-

bytaufe, Kleinkindtaufe) der Erbsünde u.a.m. benötigt man keinen Heiligen Geist! Wer solche verderblichen Irrlehren in die Welt setzt, verbreitet ein falsches widergöttliches, unbiblisches Evangelium. So wie man bei der Säuglingstaufe nicht von Taufe sprechen kann, weil es keine Taufe ist, so kann man auch nicht von einem Evangelium sprechen, was überhaupt kein Evangelium (Gute Botschaft) sondern eine Höllen-Nachricht ist! Adelheid Sonnenschein

## Artikel 6: Vom neuen Gehorsam

Auch wird gelehrt, dass dieser Glaube Früchte und gute Werke hervorbringen soll und dass man gute Werke tun muss, und zwar alle, die Gott geboten hat, um Gottes willen. Doch darf man nicht auf solche Werke vertrauen, um dadurch Gnade vor Gott zu verdienen. Denn wir empfangen Vergebung der Sünde und Gerechtigkeit durch den Glauben an Christus – wie Christus selbst spricht: „Wenn ihr alles getan habt, soll ihr sprechen: Wir sind untüchtige Knechte". So lehren auch die Kirchenväter. Denn Ambrosius sagt: „So ist es bei Gott beschlossen, dass, wer an Christus glaubt, selig ist und nicht durch Werke, sondern allein durch den Glauben ohne Verdienst Vergebung der Sünde hat".

## Artikel 7: Von der Kirche

Es wird auch gelehrt, dass allezeit eine heilige, christliche Kirche sei und bleiben muss, die die Versammlung aller Gläubigen ist, bei denen das Evangelium rein gepredigt und die heiligen Sakramente laut dem Evangelium gereicht werden. Denn das genügt zur wahren Einheit der christlichen Kirche, dass das Evangelium einträchtig im reinen Verständnis gepredigt und die Sakramente dem göttlichen Wort gemäß gereicht werden. Und es ist nicht zur wahren Einheit der christlichen Kirche nötig, dass überall die gleichen, von den Menschen eingesetzten Zeremonien eingehalten werden, wie Paulus sagt: „Ein Leib und ein Geist, wie ihr berufen seid zu einer Hoffnung eurer Berufung; ein Herr, ein Glaube, eine Taufe". (Epheser 4, 4 - 5)

**Hier öffnet Herr Philipp Melanchthon und Herr Martin Luther, den Irrlehren Tür und Tor!**

## Artikel 8: Was die Kirche sei?

Ebenso, obwohl die christliche Kirche eigentlich nichts anders ist als die Versammlung aller Gläubigen und Heiligen, jedoch in diesem Leben unter den Frommen viele falsche Christen und Heuchler, auch öffentlich Sünder bleiben, sind die Sakramente gleichwohl wirksam, auch wenn die Priester, durch die sie gereicht werden, nicht fromm sind; wie denn Christus selbst sagt: „Auf dem Stuhl des Mose sitzen die Pharisäer" usw. (Matthäus. 23, 2). Deshalb werden alle verdammt, die anders lehren.

**Nun spricht der Philipp Melanchthon für sich und Martin Luther klar und deutlich aus was sie selber waren, gottlose Pharisäer!**

## Artikel 9: Von der Taufe

Von der Taufe wird gelehrt, dass sie heilsnotwendig ist und dass durch sie Gnade angeboten wird, dass man auch die Kinder taufen soll, die durch die Taufe Gott überantwortet werden und gefällig werden, d. h. in die Gnade Gottes aufgenommen werden. Deshalb werden die verworfen, die lehren, dass die Kindertaufe nicht richtig sei.

**Philipp Melanchthon und Martin Luther tun in ihren Irrlehren nichts anderes als die römisch, katholische Kirche mit ihren Dämonenlehren, indem sie ebenfalls die verderbliche Irrlehre der Säuglingstaufe (Babytaufe, Kleinkindtaufe) als satanische Lüge in die Welt setzen wollen bzw. gesetzt haben.**

## Artikel 10: Vom heiligen Abendmahl

Vom heiligen Abendmahl des Herrn wird so gelehrt, dass der wahre Leib und das wahre Blut Christi wirklich unter der Gestalt des Brotes und Weines im Abendmahl gegenwärtig ist und dort ausgeteilt und empfangen wird. Deshalb wird auch die Gegenlehre verworfen.

Philipp Melanchthon und Martin Luther verbreiten auch in der Thematik Abendmahl, wieder römisch, katholische Kirchenlehre. Wenn das so wäre, wie diese Irrlehrer hier die Lügen in die Welt gesetzt haben, dann würde der Sohn Gottes bei jeden Abendmahl neu ermordet und in kleine Stücke gehauen. Diese Irrlehrer haben nie am Tisch des echten Sohnes Gottes YAHUSHUA HA MASCHI-ACH gesessen sondern am Tisch der bösen Geister. Und sie wollen dass alle Irregeführten auch am Tisch der bösen Geister sitzen.

Die Heuchelei ist in den Irrlehren begründet!
Taufe – welches überhaupt gar keine Taufe ist!!!
Das ganze Gerede von einer Taufe, welche dem Wort und auch dem Inhalt nach in keiner Weise eine Taufe ist, ist eine abartige (perverse) widergöttliche Heuchelei!
Babytaufe - Säuglingstaufe – Kleinkindtaufe ist reiner Aberglaube! Und Aberglaube ist Heuchelei!!! Dieser satanische Aberglaube, mit der Irrlehre des Phantoms (Sinnestäuschung) Taufe, die fälschlicher für eine biblisch gehaltene Babytaufe gehalten wird, betrügt die Menschen auf das Allerhöchste. Die ganze Irrlehre mit dem Etikettenschwindel Taufe – als Betrug!
Die Irrlehrer des Sakramententums geben ihre Betrugs-Handlung als christliche aus! Diese Irrlehrer sind vom Satan höchstpersönlich getäuscht und hinters Licht geführt worden.
Satan hält seinen Betrugs- und Lügenschutzwall in diesen verführten Menschen gegen den Aufruf, zur biblischen Buße aufrecht.
Und als zweiten Ringwall hält Satan bei den Verführten und Betrogenen gegen den Aufruf zum biblischen Glauben entgegen. Solange es nur ein Pseudo-Glauben ist, ist Satan und die Dämonen zufrieden. So unternehmen die Sakramentarier viel frommes Werk, das vor Gott wie eine Seifenblase zerplatzt!
Die Führer (Irreführer) der Evangelischen, lutherischen Kirche vertrauen auf ihren Martin Luther, (der selbst in die Irre geführt wur-

de). Wo sollen die Menschen lernen? In Lehrbüchern, in Katechismen? In Bekenntnisschriften der Kirche?

**Bei den Schriftgelehrten?**
Der Irrlehrer Philipp Melanchthon, der Freund und Mitarbeiter Luthers, als Verfasser des Augsburger Bekenntnisses von Anno 1530, schreibt in Artikel 9: Von der Taufe: Von der Taufe wird gelehrt, dass sie heilsnotwendig ist und dass durch sie Gnade angeboten wird; dass man auch die Kinder taufen soll, die durch die Taufe Gott überantwortet und gefällig werden, d. h. in die Gnade Gottes aufgenommen werden. Deshalb werden die verworfen, die lehren, dass die Kindertaufe nicht richtig sei.

<u>**Das ist pure, reine dämonisch, satanische Irrlehre!**</u>
<u>**Es ist mehr als eine Unverfrorenheit zu behaupten, der Artikel neun der Augstana (Augsburger Bekenntnis von 1530) sei die knappeste gefasste Tauflehre der Apostel? Kinder bzw. Säuglinge sollen getauft werden. Taufe ist Gnadenofferte. Falscher geht's wohl nicht!!! Auf diesem Fundament steht die lutherische Kirche, so sagen es Oberkirchenräte (Die Irrlehrer und Verführer im Dienste Satans).**</u>

<u>**Es sollte sich doch bitte keiner, der sich auf die Säuglingstaufe (Babytaufe, Kleinkindtaufe) beruft und damit auf die Volkskirche, sich dann auf die Bibel (Heilige Schrift) berufen. Wer sich auf die Säuglingstaufe und auf die Volkskirche beruft, sollte sich peinlichst davor hüten, diese Menschen als Volk Gottes zu nennen.**</u>

Martin Luther leitet das Thema „Von der Kindertaufe" im Großen Katechismus ein mit dem Satz: „Wer einfältig ist, der schlage die Frage, ob die Kindertaufe richtig ist, von sich und weise sie zu den Gelehrten", - die Frage, ob sie „richtig" ist! Sollte man wirklich so einfältig sein und den Schriftgelehrten diese Frage überlassen? Die meisten Menschen tun es. Die Frage schert sie nicht. Wann hat der Sohn Gottes seine Jünger je an die Schriftgelehrten verwiesen? nie,

nie, nie!!!

Die Schriftgelehrten der Evangelischen, lutherischen Kirche und die Professoren an den Fakultäten halten die Heilige Schrift nicht für maßgeblich, denn sie können das was sie sagen, nicht aus der Heiligen Schrift „als richtig erweisen und beweisen"! Und wenn sie neben der Heiligen Schrift „ihre" Lehren stellen und auf ihrem Schild erheben – etwa mit der Formel: Schrift und Bekenntnis – dann geht das gegen die Heilige Schrift!

YAHUSHUA HA MASCHIACH warnt seine Jünger also die echten, biblischen Gläubigen vor diesen Schriftgelehrten, die mit ihren Lehren das Himmelreich zuschließen. YAHUSHUA HA MASCHIACH nennt sie Schlangenbrut und Mörder!!!

In ihrer Heuchelei weisen die Schriftgelehrten und die Professoren der Fakultäten der Evangelischen lutherischen Kirche die Tatsachen von sich. Letztendlich wenn diese Heuchler ehrlich und authentisch mit sich selber wären, dann wüssten sie das Babytaufe (Säuglingstaufe, Kleinkindtaufe) Zauber ist.

Babytaufe (Säuglingstaufe, Kleinkindtaufe) = Zauberei
Zauberei = Magie
Magie (weiße Magie) (Sakramentalmagie) = Heidnisch

Zauberei ist Gott ein Gräuel! Und das gilt doppelt, denn der Zauber geschieht unter dem Missbrauch des Namen Gottes!!!

Was für ein Hohn und Gotteslästerung des Martin Luther, wenn er zum 2. Gebot erklärt, zum Thema Unnütz führen des Namens Gottes, das wir bei seinem Namen nicht fluchen, schwören, zaubern, lügen oder betrügen dürfen.

Ein Martin Luther hat nie erklärt, wie es zu verstehen ist, dass der Name des Heiligen Gottes „in Wasser eingemengt ist". Denn darüber hat er sich ja breit ausgelassen, kann aber seine Irrlehre nicht biblisch begründen.

An dieser Stelle sollte auch klar sein, dass es beim Zaubern nicht um Geschwindigkeitskünste geht, auch nicht nur um puren Aberglauben, sondern um den Umgang mit dämonischen, gottfeindlich-en Mächten, deren furchtbare Tücke und Gewalt nirgend mehr hervortritt als im Zaubern. Quelle: © Buch: Die Taufe, Zeugnis oder Zauber, Wort oder Sakrament, Reinhart Weber, Logos Verlag GmbH. Seite 40 - 41

# Wäre Martin Luther ein echter Reformator gewesen, dann...

...hätte er den echten Namen Gottes YAHUWAH in dieser Welt bekannt gemacht!!!

...hätte er der Welt bekannt gemacht das der Name Gottes YAHUWAH und der Name seines Sohnes YAHUSHUA (YAHUschuWAH) HA MASCHIACH zusammengehören!!!

...hätte er nicht in gravierender Weise die Heilige Schrift gefälscht!!!

...hätte er nicht die dämonische Irrlehre von der billigen Gnade in die Welt gesetzt, sondern auf die teure unbezahlbare Gnade hingewiesen!!!

...hätte er nicht der Astrologie und den Horoskopen vertraut, sondern dem einzigen leben Gott YAHUWAH und seinen Sohn YAHUSHUA (YAHUschuWAH)!!!

...hätte er die Menschen gelehrt und gründlich aufgeklärt, das Weihnachten nicht christlich ist, sondern ein satanisches Fest ist!!!

u. v. a. m.

Quelle: Bild-Autor: © Adelheid Sonnenschein; Bild-Titel: Schreie nach einer echten Reformation; Herstellung: Juni 2014; Mal-Technik: Deckfarbe auf Karton; Format: DIN A 3

208

# Die wahre neue Reformation gemäß der Heiligen Schrift!!!

**Menschen die ihre Stimme erhoben haben, für eine neue Reformation, welche dringend erforderlich ist!!!**

„Es geht hier in keiner Weise darum, noch mehr Thesen zu formulieren und festzuschreiben"!
Sondern es soll an Hand der Heiligen Schrift, dem Worte Gottes, die Irrlehren und das Sektentum der Volkskirche (Evangelische, lutherische, protestantische Kirche) aufgedeckt werden!
„Es wird an Hand des einzigen Maßstabes, welcher die Heilige Schrift ist, – und die für jeden Menschen auf dieser Erde verbindlich ist – , die Irrlehren, dass Sektentum und alles Widergöttliche an Hand des Wortes Gottes aufgedeckt"!
„Weiterer Maßstab ist allein die Wahrheit, die allein im Worte Gottes, der Heiligen Schrift zu finden ist! Der höchste und aktuellste und allezeit umfassendste Maßstab der Person, welche die Wahrheit in Person ist „YAHUSHUA HA MASCHIACH", und kein anderer!!!
YAHUSHUA ist der Fels auf den er höchstpersönlich und ganz alleine, seine Gemeinde baut, YAHUSHUA ist der Eckstein, YAHUSHUA ist das Fundament, für das Leben eines jeden Menschen. Deswegen ist YAHUSHUA das Fundament und damit biblisch fundamental!
Wer also sich an den Herren der Herren, und den König aller Könige, und die Höchste Autorität aller Autoritäten hält, bzw. ihm nachfolgt bzw. mit ihm verbindlich lebt, der kann sich in allen nur auf YAHUSHUA verlassen, und damit verbindliche Werte leben.

Die Neue Reformation für den echten, wahren biblischen Glauben gemäß der Heiligen Schrift!!!

>>>„Zur Zurüstung der Heiligen, für das Werk des Dienstes, für die Erbauung des Leibes des HA MASCHIACH, bis wir alle zur Einheit des (wahren, echten) Glaubens und der Erkenntnis des Sohnes Gottes gelangen, zum vollkommenen Mannesreife (Frauenreife), zum Maß der vollen Größe des HA MASCHIACH, damit wir nicht mehr Unmündige seien, hin- und hergeworfen und umhergetrieben von jedem Wind (unbiblischer Irrlehren, Häresien Lehren) der Lehre durch das betrügerisches Spiel der Menschen, durch die Schlauheit, mit dem sie zum Irrtum verführen"!<<< Epheser 4, 12 – 14

### >>>„Die neue Reformation"!!!<<<
**Klaus Douglass sagt: Die Neue Reformation**
**In seinen 96 Thesen zur Zukunft der Kirche sagt er:**
**2. These:**
**Die Reformation hat nicht im sechzehnten Jahrhundert stattgefunden, sondern liegt als Aufgabe vor uns!!!**
**3. These:**
**Wer die Kirche reformieren möchte, muss bei den Inhalten ansetzen. Er darf dabei aber nicht stehen bleiben.**
**4. These:**
**Reformatorisch sind wir dann, wenn wir die Werke der Reformatoren weiter vorantreiben, und nicht, wenn wir sie lediglich konservieren.**
**5. These:**
**Der christliche Glaube ist weder ein System von Normen und Regeln noch eine Weltanschauung oder Lehre. Im Zentrum des christlichen Glaubens steht vielmehr die Vertrauensbeziehung eines Menschen zu Jesus Christus.**
**8. These:**
**Die neue Reformation kann sich in vielen Punkten an die erste Reformation anlehnen. In einigen Fragen muss sie aber auch deutlich darüber hinausgehen.**
**9. These:**
**Die Menschen des 21. Jahrhunderts sind durchaus offen für religi-**

öse Fragestellungen. Allerdings suchen sie die Antwort auf ihre Fragen nicht mehr in der Kirche.

### 14. These
**Unsere Kirchen brauchen einen spirituellen Befreiungsschlag!**

### 20. These
**Es gibt kein Christsein ohne Bekehrung – aber durchaus ohne Bekehrungserlebnis.**

### 21. These
**Zum Prozess der Bekehrung gehört die Eingliederung in die Gemeinde.** Quelle: © Kreuz Verlag, Stuttgart 2001; ISBN 3-7831-1833 6

## Reinhart Weber sagt: Unabdingbarkeit der Reformation!
Mit der Reformation der Taufe ist unabdingbar die Reformation der Gestalt der Kirche verbunden; sie lässt „Gemeinde werden". Denn die biblischen Maxime (Grundsätze) gewinnen wieder Geltung, die aus der Entolé (Gebot) Jesu erwachsen. Quelle: © Buch: Die Taufe Zeugnis oder Zauber Wort oder Sakrament, von Reinhart Weber, Logos Verlag GmbH. 3. Auflage 1995, Seite 9.

## Bernd Rebe sagt: Vollendet die Reformation!
Die Lutherdekade von 1517 bis 2017 (Semi-Millennium) darf nicht in bestätigender Rückbesinnung vertan, sondern muss als neue Glaubens-Befreiungszeit genutzt werden. Aber: Wird irgendjemand den Mut oder die Bewusstseinsweite zu einer ganz anderen Sicht des Reformationsgeschehens und seiner Bedeutung für die Gegenwart finden.

Sie ließe sich so formulieren: Die Reformation war nur der erste Schritt im Prozess der Glaubensbefreiung, dem der notwendige zweite noch folgen muss. Wir achten diesen ersten Schritt nicht gering, aber er markiert nur eine Durchgangsphase.

So wie wir nach vorne leben müssen, so sollten wir auch nach vorne glauben.

Unser Glaube wird für unser Leben eine immer größere Bedeutung gewinnen müssen (im Sinne von Notwendigkeit), oder anders gefasst: Wir werden die grundlegende Bedeutung des Glaubens für

unser Leben wiederzuentdecken haben.
Die hier angemahnte Vollendung der Reformation ist deshalb im Kern kein Weiterschreiten auf den vor 500 Jahren begonnenen Wegen, sondern es ist der Aufruf zum Wagnis der eigentlichen Reformation, die sich in wesentlichen Fragen gegen Luthers Egomane (ich-bezogene) Verirrungen durchsetzen muss. Es ist klar, dass dies weniger eine Reformation im protestantischen Glauben wäre, sondern eine Revolution, die die evangelische Amtskirche in ihren Grundfesten erschüttern würde und zu der sie schon deshalb keine Kraft hat und von der sie auch, aus klüglicher Statussicherung die Finger (und Gedanken) lassen wird. Die Grundelemente eines aufgeklärt-hilfreichen Glaubens bilden sich sowohl aus positiven Gewährleistungszielen, wie gegenbildlich aus den erkannten Verirrungen des alten Glaubens, in unserem Zusammenhang der fälligen Neureformation des christlichen Glaubens, insbesondere aus den Glaubensverirrungen Martin Luthers.
Die positiven Gewährleistungsziele liegen in der Dreiheit von Freiheit (des glaubenden Menschen), Verantwortung (in der von Gott geschaffenen Welt) und völliger Übereinstimmung mit der von uns wahrnehmbaren offenen Wirklichkeit. Quelle: © www.tabvlarasa. de/36/Rebe1.
php; Tabvla Rasa; Jenenser Zeitschrift für kritisches Denken Ausgabe 36; April 2009; Tabula Rasa, Die Kulturzeitung aus Mitteldeutschland

### Ernst G. Maier sagt: Die Reformation ist unvollendet geblieben
Ernst G. Maier zitiert Herbert Venske: „Es ist Luthers unbeschreibliche Tragik, dass er die Reformation nicht verwirklicht bzw. vollendet hat, seine Reformation ist nicht zum vollen Zuge gekommen. Hier hätte ein abschließendes Ende gesetzt werden müssen, über jenes sakramentale Volkskirchentum. Dieses Ende ist aber nicht gesetzt worden. Luther ist im Gegenteil in völliger Inkonsequenz zu seiner Grundfassung, von der apostolischen Kerngemeinde mit dem volksmissionarischen Ring, wieder bei der sakramentalen Volkskirche, gelandet. Quelle: © 1987 Ernst G. Maier, Konferenz für Gemeindegründung; beim Vortrag über die unvollendete Reformation: Die Taufe Teil 3 von 4; www.efg-hohenstaufenstr.de

**Dr. theol. Lothar Gassmann sagt am Reformationstag 1998 in seinen 96 Thesen zum Austritt aus der EKD:**

**Austritt aus Glauben**

**1. These:**

Ich trete aus der Evangelischen Kirche als Institution aus, aber nicht aus der Gemeinschaft der Glaubenden, dem Leib Jesu Christi.

**Taubheit der Verantwortlichen**

**5. These:**

Mein Austritt erfolgt nicht leichtfertig, sondern nach vielen Jahren des Leidens in und an der Kirche und des lauten Rufens nach Erneuerung und Reformation.

**6. These:**

Dieser Ruf ist von meiner Seite durch zahlreiche Appelle, Vorträge und Schriften und zuletzt durch die Veröffentlichung von neuen „95 Thesen zur Situation von Kirche und Gesellschaft im Lutherjahr 1996 erfolgt.

**7. These:**

Während es außerhalb der Grenzen Deutschland zahlreiche Reaktionen von Kirchen auf die Thesen gab, haben die Verantwortlichen der Evangelischen Kirche in Deutschland mit keiner Silbe dazu und zu inhaltlich ähnlichen Appellen anderer Christen Stellung genommen, geschweige denn sich korrigieren lassen.

**Zerstörung der Gottesdienste**

**9. These**

An vielen (nicht allen) Orten erfolgt keine bibelgemäße Predigt im Gottesdienst. Die Pfarrer und Pfarrerinnen folgen ihrer eignen Phantasie und stellen politische, ökonomische, ökologische, soziologische oder psychologische Analysen an, die nicht oder nicht in erster Linie in einen Gottesdienst gehören.

**12. These**

Neue Gottesdienstmodelle werden ausprobiert, die eher Show- und Volksfestcharakter tragen, aber mit der Heiligkeit Gottes und seines Wortes nichts mehr gemeinsam haben.

### Zulassung von Gotteslästerung
#### 14. These
In den offiziellen und steuerlich bezuschussten Kirchenzeitungen werden in zunehmender Häufigkeit geschmacklose und gotteslästerliche Bilder und Berichte veröffentlicht.

#### 15. These
So wurde z. B. an Karfreitag(!) 1998 auf der Titelseite des „Deutschen Allgemeinen Sonntagsblattes" der gekreuzigte Jesus in splitternackter Gestalt abgebildet, zusammen mit weiteren nackten Männer in eindeutiger erotischer Stellung. Auf Seite 3 derselben Ausgabe fand sich ein Interview mit der feministischen „Theologin" Christa Mulack unter der fettgedruckten Überschrift" Für mich hätte Jesus nicht sterben brauchen".

#### 16. These
Mit solchen von der Evangelischen Kirche in Deutschland zugelassenen, subventionierten und verbreiteten Veröffentlichungen wird das Zentrum des christlichen Glaubens, die Rechtfertigung des Sünders allein aus Gnaden durch das Kreuzopfer und die Auferstehung Jesus Christi, angetastet und verlästert.

### Gutheißen von Sünde
#### 17. These
Überhaupt wir immer mehr verdunkelt, was Sünde und Erlösung bedeuten.

#### 18. These
Sünde wird namenlos gemacht, indem sie mit dem Einverständnis höchster kirchlicher Stellen toleriert oder sogar „gesegnet" werden soll.

### Zulassung feministischer Irrlehren
#### 21. These
Eine feministische „Theologie" gewinnt in evangelischen Fakultäten, Kirchenleitungen und Gemeinden schleichend die Oberhand und bringt neuheidnisches Denken in die Kirche ein.

#### 22. These

So werden in vielen „Gottesdiensten" bereits „Vater und Mutter im Himmel" angerufen oder mancherorts sogar heidnische Muttergottheiten neben den Schöpfer des Himmels und der Erde gestellt.

<u>Ökumenisierung, Politisierung, Religionsvermischung, okkulte Praktiken</u>

## 23. These

Die Evangelische Kirche, die einmal Kirche der Reformation eines Martin Luther, Philipp Melanchthon, Huldreich Zwingli und Johannes Calvin war, gibt zunehmend Identität durch die Annäherung an Rom preis (z. B. durch die Unterzeichnung der „Gemeinsamen Erklärung zur Rechtfertigungslehre") und droht dadurch von der römisch-katholischen Hierarchie vereinnahmt zu werden.

## 24. These

In vielen Kirchengemeinden ist ein politisch einseitiger und religionsvermischender „Konzilarer Prozess für Gerechtigkeit, Frieden und die Bewahrung der Schöpfung"- als ein neuer, innerweltlicher Pseudo-Heilsweg - an die Stelle des Evangeliums von der Rechtfertigung des Sünders allein aus Gnaden getreten.

## 25. These

Die Vermischung der Religionen und sogar die Duldung und Verbreitung okkulter, magischer und schamanisch und satanisch inspirierter! – Praktiken schreiten fast ungebremst in allen großen Kirchen voran.

## <u>Weitere Missstände</u>

## 29. These

Evangelischer Religionsunterricht, der schon längst durch Bibelkritik und einseitige Politisierung unterhöhlt worden war, droht nun völlig durch LER (Lebensgestaltung – Ethik – Religionskunde) ersetzt zu werden.

## 30. These

Die biblische Lehre von der Erschaffung der Welt und des Menschen durch Gott wurde – auch im Religionsunterricht bzw. LER – durch unbiblische und auch naturwissenschaftlich nicht haltbare

Evolutionshypothesen aufgeweicht und verdrängt.

## 31. These

Vor allem aber ist weithin an die Stelle der biblischen Lehre von Gottes Liebe und Heiligkeit sowie der Notwendigkeit einer radikalen Umkehr des Sünders zu Gott, ein Pseudo-Evangelium von „lieben Gott" und einer „billigen Gnade" getreten. Dadurch geraten Menschen in Gefahr, ewig verloren zu gehen.

## Der Hauptgrund für die Glaubenszerstörung

## 37. These

In den Kirchenleitungen ist – wie in anderen Bereichen von Staat und Gesellschaft – inzwischen die neomarxistisch geprägte 68er – Generation an die Macht gelangt, was etwa die Besetzung von Bischofstühlen und Synoden beweist.

## 38. These

Die 68er-Generation der Frankfurter Schule erstrebt die Auflösung bestehender – vor allem biblisch-christlicher – Werte und propagiert (verbreiten, werben) den autonom (souverän) über sich selbst bestimmenden Menschen in einer „Gesellschaft nach dem Tode Gottes".

## 39. These

Zwischen der Zerstörung der Kirche durch die „Deutschen Christen" während des „Dritten Reiches" und der Zerstörung der Kirche durch die 68er-Generation heute gibt es durch aus Parallelen.

## 40. These

Der innere Keim für die Glaubenszerstörung wurde jedoch bereits viel früher gelegt, nämlich durch die seit dem Zeitalter der Aufklärung aufgekommene und zunehmend in Kirchen eingedrungene Kritik der gefallenen menschlichen Vernunft am heiligen Wort Gottes.

## 41. These

Das fast ausschließliche Monopol bibelkritischer Theologen an den staatlichen und kirchlichen anerkannten Theologischen Fakultäten Deutschlands, wie wir es heute als Folge davon vorfinden, ist eine

Ungerechtigkeit und ein himmelschreiender Skandal.

## 44. These

Aus der Bibelkritik folgt im Einzelnen die Relativierung oder Zerstörung der Lehre von Gott, von Christus, vom Heiligen Geist, von der Sünde und Erlösung, von der Gemeinde und den letzten Dingen, wie dies an anderer Stelle, nämlich in den 95 Thesen aus dem Jahre 1996, dargestellt wurde.

### Das Ende der Kirche

## 52. These

Würde sich die Evangelische Kirche auf ihre Grundlagen besinnen, dann würde sie einen großen Schatz entdecken: den Schatz des Heils und ewigen Lebens im Glauben an Jesus Christus auf der Basis des ungekürzten und unverfälschten Wortes Gottes.

## 53. These

Diesen Schatz hat sie heute gegen ein Linsengericht innerweltlich-politischer Programme, psychologischer Selbsterfahrungsprozesse, esoterischer New-Age-Praktiken und religionsvermischender Weltverbrüderungsversuche eingetauscht.

## 54. These

Indem sie mit innerweltlichen-politischen Programmen und heidnischen Religionen buhlt, schält sich immer deutlicher die Gestalt der Babylon-Kirche (Offenbarung Kap. 13 u. 17 – 19) heraus, die in Gegensatz zur Brautgemeinde der Erlösten tritt.

### Braut contra Babel

## 55. These

Die Babylon-Kirche der Endzeit stellt sich der Welt gleich und vertauscht Gottes Geist mit dem Zeitgeist (Offenbarung 17, 2 u. 18, 3).

## 56. These

Die Brautgemeinde der Erlösten dagegen passt sich dem Zeit- und Weltgeist nicht an, sondern ist Salz und Licht der Welt (Matthäus 25, 13 ff.; Römer 12, 1; 1. Johannes 2, 15 - 17).

## 57. These

Die Babylon-Kirche der Endzeit betreibt „Hurerei", das heißt: sie setzt heidnische Götzen mit dem Gott der Bibel gleich und vermischt die Religionen und Ideologien (Offenbarung 17, 2 + 5 + 15).

### 58. These

Die Brautgemeinde der Erlösten dagegen hält Jesus Christus als dem einzigen Herrn und Erlöser die Treue und lehnt jede Religionsvermischung ab (Johannes 14, 6; Apostelgeschichte 4, 12).

### 63. These

Die Babylon-Kirche der Endzeit ist auf Geld und Macht aus; sie ist äußerlich prachtvoll, aber innerlich tot (Offenbarung 3, 1; 17, 4 u. 18; 18, 7 u. 9 - 19).

### 65. These

Die Babylon-Kirche der Endzeit bereitet dem Antichristen den Weg, der sie zunehmend für sein religiöses Gaukelwerk missbraucht, um sie anschließend fallenzulassen (Offenbarung 17, 3 + 16).

### 66. These

Die Brautgemeinde der Erlösten dagegen bereitet Christus den Weg, indem sie viele Menschen in seine Nachfolge ruft (Matthäus 24, 14).

### Der Zeitpunkt des Kirchenaustrittes

### 70. These

Der Zeitpunkt des Kirchenaustrittes ist für gläubige Christen spätestens dann erreicht, wenn sie sich durch ihre Mitgliedschaft der Teilhabe an fremden Sünden und Irrlehren schuldig machen, die von den Verantwortlichen nicht nur toleriert, sondern auch offensiv propagiert werden.

### Das kirchliche Notrecht

### 79. These

Nachdem alle jahrzehntelangen Appelle, Mahnungen und Buße Aufrufe an Kirchenleitungen nichts genutzt haben, bleibt den Gläubigen nur noch das eigene Handeln im Vertrauen auf Gott – auch im Entzug der Steuergelder an die Landeskirchen und in der Bildung neuer kirchlicher Strukturen unabhängig von der EKD.

## 80. These

Nicht die Ausbreitung und Mitgliederzahl einer Kirche ist das Kennzeichen ihrer Wahrheit, <u>sondern allein ihr Verankertsein in Gottes Wort.</u>

## 81. These

Allein der auf Gottes Wort gegründeten Gemeinde gilt die Verheißung Jesu Christi: „Die Pforten der Hölle werden sie nicht überwältigen" (Matthäus 16, 18).

### <u>Kein Verstummen</u>

## 82. These

Indem ich als Mitglied der Bekennenden Kirche weiterhin Evangelischer Christ bin, weiß ich mich berechtigt und verpflichtet, auch weiterhin zu Entwicklungen in Kirche und Gesellschaft meine Stimme zu erheben.

## 83. These

Das werde ich mit Gottes Hilfe und gemeinsam mit weiteren Christen tun um der einzelnen Gläubigen willen, die Wegweisung und Hilfestellung erbitten.

## 84. These

Das werde ich mit Gottes Hilfe auch um der Verantwortlichen in den Kirchen willen tun, die ebenfalls Wegweisung und Hilfestellung vom Wort Gottes her brauchen, auch wenn sie es momentan nicht alle erkennen können.

## 85. These

Letztere sind zum Teil blinde Blindenleiter und verführte Führer (Matthäus 15, 14).

## 87. These

Irgendwann gibt es auch für Kirchen und deren Führer ein „Zu spät", aber es liegt nicht an uns zu sagen, wann dieses eintritt.

## 88. These

Da wir nicht wissen, wann das „Zu spät" für eine Kirche und deren Führer erreicht ist, bedeutet nicht, dass es für den Einzelnen ein „Zu spät" geben kann, um eine Kirche zu verlassen.

## Ausblick

### 91. These

Alles hängt an der Frage, ob Gott sein Gericht, das am Hause Gottes beginnt, noch einmal aufhält oder es mit voller Wucht losbrechen lässt.

### 92. These

Die Zeichen stehen auf Sturm.

### 93. These

Das Haus der Kirche brennt – und sie selber hat das Feuer gelegt.

### 94. These

Das Schiff der Kirche kentert – und sie selber hat es mit dem Müll des Zeitgeistes überladen.

### 95. These

„Absonderung von solchen, die grundlegenden Irrtum dulden oder untergehenden Seelen das „Brot des Lebens" vorenthalten, ist nicht Spaltung, sondern das, was die Wahrhaftigkeit und das Gewissen und Gott von allen verlangt, die treu erfunden werden wollen"(Charles Haddon Spurgeon, Sword and Trowel, 1888, S. 249).

### 96. These

Wer mich beerdigt, ist mir egal. Wichtig ist nur der, der mich von den Toten auferweckt. Amen. Quelle: © Dr. theol. Lothar Gassmann, Am Reformationstag 1998, 96 Thesen; Dr. Lothar Gassmann, Email: logass1@t-online.de

## Johannes Wöhr sagt: 40 Thesen für eine neue Reformation am 31. Oktober 2007:

### 1. These

Wenn wir Jesus zurück in Europa wollen, muss die Kirche Europas zurück zu Jesus! Es ist 7 x 70 Jahre nach dem Thesenverbreitung Luthers und es ist Zeit für einen weiteren Anschlag: eine neue Reformation! Ein Umformen der Kirche in das Original, gleichsam dem göttlichen BluePrint (Plan, Entwurf)! Eine Gemeindeordnung, so wie sich Jesus seine Gemeinde vorstellt!!!

### 2. These

Wir müssen erkennen, dass es dringend eine Veränderung

braucht. Es braucht eine Erneuerung der Kirche: „Ich wirke Neues, merkt ihr es nicht?" Wir brauchen eine Erneuerung des gesamten Denkens bis hinein in die Strukturen, nicht nur der Fassade! Und wir müssen erkennen, dass Gott schon damit angefangen hat. Gott ist dabei, eine neue Seite aufzuschlagen. Er blättert um, und das heißt auch, dass das, was bislang auf der Tagesordnung war, verschwinden und ganz Neues zu entdecken sein wird! Wow!

## 5. These

Das geht nur, wenn wir Christen es dem Geist Gottes wieder erlauben, das zu sagen, was er sagen will. Wenn wir das Wort Gottes wieder über unsere Tradition und Lehrmeinungen stellen, und seien sie noch so jung oder prominent. Wir müssen bereit werden, unser Denken völlig verändern zu lassen. Was ist die Christliche Botschaft des Friedefürsten Jesu wert, wenn wir Christen uns nicht einigen können?

## 7. These

Diese Einheit ist nicht erreicht, wenn es eine Zusammenarbeit für Projekte, wenn es eine Allianz und „Waffenstillstandsverträge" gibt. Jeder kann dann immer noch nach seiner Facon selig werden. Jeder darf bleiben, wie er ist, und jeder kann seinen eigenen Stiefel weiter durchziehen. Wir brauchen eine Einheit der Herzen, und das bedeutet, dass es zuerst eine Umkehr weg von uns allen und unseren eigenen und egoistischen Vorstellungen geben muss. <u>Ohne Umkehr gibt es beim Gott der Bibel keine Erneuerung.</u>

## 8. These

Neuer Wein in neue Schläuche: Wir müssen erkennen, dass Jesus nicht neuen Wein in alte Schläuche gießen wird, weil dann der neue Wein verschüttet werden wird. Jesus wird auch nicht alte Weinschläuche rundumerneuern. Er sucht neue Gefäße, die bereit sind, das zu tun, was er vorhat. Er braucht Frauen und Männer, die bereits sind zu sagen: „Hier stehe ich, ich kann nicht anders, Gott helfe mir!"

## 9. These

**Was kein Auge gesehen und kein Ohr gehört hat und noch nie jemand gedacht hat, was Gott für diejenigen vorbereitet hat, die ihn lieb haben, denen offenbart er es durch den Heiligen Geist!** Neu heißt nicht, neues Bau-Datum oder schicker Lifestyle (Lebensart, Lebensstil, Lebensform), sondern: neues Denken, neue Ausrichtung, göttliche Offenbarung; Hinwendung zur Wahrheit der Schrift; hören, was der Heilige Geist zu sagen hat, und es dann tun!

## 10. These

Wie im Himmel, so auf Erden! Neu bedeutet dann aber, dass wir das prophetische Reden des Heiligen Geistes wieder in den Gemeinden brauchen und auf dieses Reden auch hören und es umsetzen. Ohne eine prophetische Schau gibt es keine Erneuerung: Wenn wir die Propheten Gottes weiter nicht wirklich zu Wort kommen lassen, wird es keine Erneuerung geben. Wir müssen erkennen, dass es das prophetische Wort als eine Lampe braucht, die uns zeigt, wo es langgeht. (2. Petrus 1, 19) Wer Ohren hat, höre, was der Geist den Gemeinden zu sagen hat!

## 16. These

Die Kirche ist kein Kreuzfahrtschiff mit geistlichen Wellness-Bereich und ausgefeilten multimedialen Programmen in dem jeder das abgreifen kann, was er meint, gerade zu brauchen. Die Gemeinde Jesu ist ein Seenotrettungskreuzer. Hier gibt es nur einen Auftrag: Menschen aus den Ketten und Bindungen der Welt und Finsternis zu befreien und sie zu Jesus zu bringen, der das Rettungsboot für jeden Menschen ist.

## 17. These

Es muss wieder klar und deutlich gesagt werden, dass den Menschen kein anderer Name gegeben ist, in dem sie errettet werden müssen, außer JESUS! Die Botschaft, die wir haben, ist, dass Jesus der einzige Weg ist, und alle anderen Wege nicht zu Gott führen. Es führen also doch nicht alle Wege nach Rom! Es muss wieder klar gesagt werden, dass es einen Teufel, den Widersacher Gottes, gibt. Sonst macht die Lehre der Bibel keinen Sinn. Wofür sollte denn Jesus sonst gestorben sein, wenn nicht für die Trennung der Menschen von Gott durch Sünde, die uns verführt hat! Es gibt Dämonen, die Menschen in Bindungen und Süchten gefangen halten wollen. Und es gibt im Namen Jesus Befreiung davon! Wir müssen diese Wahrheit wieder demonstrieren und zeigen, dass Jesus alles kann!

### 33. These

Wir müssen erkennen, dass nicht dort die Wahrheit wohnt, wo momentan die Mehrheit ist oder wo es angesagt ist hinzugehen. In der Bibel sind die Anfänge für etwas wirklich Bedeutendes und Veränderndes immer von einzelnen und meist auch unbequemen Leuten gekommen. Sie haben entgegen der Mehrheit und dem Mainstream (Einstellung der Masse) das getan, das keiner zu tun bereit war, weil sie auf Gott gegen alle Umstände und Meinungen vertraut haben. Wir brauchen eine geistliche Gründer Zeitbestimmung! Mut, etwas zu wagen in einer demütigen Haltung!

### 35. These

Eine irgendwann kommende Erweckung ist eine Fiktion (etwas ausgedachtes, eine Annahme), der man sein ganzes Leben nachjagen kann, ohne sie je zu erleben. Es braucht eine Entscheidung mutiger Männer und Frauen einer neuen Generation, die Jesus und seine Gemeinde lieb hat. Die Jesus als Bräutigam erwartet voller Vorfreude. Eine Generation, der Jesus wichtiger ist als die Meinung der anderen. Die jetzt das Öl des Heiligen Geistes erwirbt, die Augensalbe kauft, um ein prophetisches Verständnis für diese Zeit zu bekommen. Die dadurch weiß, wo es langgeht, und Antworten geben kann.

### 37. These

Dann wird passieren können, wovon viele geträumt haben: Das Gott ganze Länder in Europa heimsucht und die ganze Gesellschaft verändert wird. Und Europa als ganzer Kontinent einen Aufbruch erlebt…, „was kein Auge gesehen"! Quelle: © www.hauskirchen-konstanz.de, 40 Thesen für eine neue Reformation, Adresse: Hauskirchen-Netzwerk, Bücklestr. 13, 78467 Konstanz. Verfasst von: Johannes Wöhr, Inhaltlich verantwortlich: Johannes Wöhr, Joel Argast, Christian Hein, Ulrich Dorste, Sebastian Pforr, Dario Rescigno, Thomas Rai-zner, Benjamin Hauck.

Zum 450. Todestag (18. 2. 1996) entstanden in Deutschland nachstehende 95 Thesen. Anfang März 1996 wurden bei einer internationalen Pastoren-Konferenz in Durban/Südafrika diese von ca. 1.000 Pastoren und Kirchenführern aus 14 Ländern und über 50 Denominationen einmütig als Resolution angenommen.

**Aufruf zur Umkehr**

**1. These**

Wenn unser Herr und Meister Jesus Christus spricht: „Tut Buße denn das Himmelreich ist nahe herbeigekommen" (Matthäus 4, 17), will er, dass das ganze Leben der Gläubigen Buße sein soll.

**Die gegenwärtige gesellschaftliche Situation**

**8. These**

Eine Gesellschaft, die Handlungen duldet oder sogar öffentlich fördert, welche die Heilige Schrift als „Sünde" und „Gräuel" in den Augen Gottes bezeichnet, gräbt sich ihr eigenes Grab. Sie wird gerichtsreif. „Gerechtigkeit erhöht ein Volk, aber die Sünde ist der Leute verderben"! (Sprüche 14, 34)

**Das Versagen der Kirchen**

**14. These**

Den Ideologien des Zeitgeistes ausgeliefert, verliert eine Kirche ihre Orientierung.

**15. These**

Eine orientierungslose Kirche aber kann dem Einzelnen keine Orientierung mehr geben.

**Die Preisgabe der Heiligen Schrift**

**17. These**

Die Heilige Schrift ist zwar äußerlich in vielen Kirchen noch in Gebrauch, aber sie wird häufig der Tyrannei der autonomen, selbstherrlichen Vernunft unterworfen, welche sie kritisch in ihre Bestandteile zerlegt und Gottes Offenbarung leugnet.

**18. These**

Zu Recht betet Zinsendorf: „Wenn dein Wort nicht mehr soll gelten, worauf soll der Glaube ruhen? Mir ist´s nicht um tausend Welten, aber um dein Wort zu tun".

### 19. These

Da die Kirche aus reformatorischer Sicht eine „Schöpfung des Wortes Gottes" ist, hört sie dann auf, Kirche zu sein, wenn sie das Wort Gottes preisgibt.

### 20. These

**Wenn das Wort Gottes preisgegeben wird, braucht man sich über die Folgen nicht zu wundern: Auf die Preisgabe des Wortes Gottes folgt die Preisgabe der Inhalte des Wortes - und das heißt: die Auflösung biblischer Lehre und biblischen Lebens.**

**Auflösung der biblischen Lehre von Gott**

### 21. These

Die Auflösung biblischer Lehre beginnt mit der Auflösung des biblischen Verständnisses von Gott. Entgegen den klaren Aussagen der Heiligen Schrift werden von vielen „Theologen" Gottes heiliges Wesen und seine Allmacht, seine Heiligkeit und Gerechtigkeit geleugnet oder bis zur Unkenntlichkeit umgedeutet.

### 22. These

Wer bestreitet, dass sich die in der Bibel bezeugten Wunder und Prophezeiungen wirklich ereignet haben oder noch ereignen werden, stellt sich Gott als machtloses Prinzip – bildlich gesprochen: „ohne Arme und Beine" – vor. Ein solcher „Gott" aber ist ein selbstgemachter Götze, ein Gott nationalistischer Philosophen, aber nicht der „Gott Abrahams, Gott Isaaks, Gott Jakobs", der Vater von Jesu Christi (Blaise Pascal)!

### 25. These

**Wo die biblische Lehre von Christus entleert wird, wird auch die biblische Lehre von der Sünde und Erlösung entleert. Denn ein „machtloser" Christus hat auch keine Macht, uns von Sünde, Tod und Teufel zu erlösen.**

### 26. These

Als Folge wird entweder die Sünde verharmlost und die Gültigkeit der Gebote Gottes geleugnet – oder es wird die Erlösung ganz oder teilweise in die Hand des Menschen selber übergeben (Selbsterlösung oder Synergismus).

### 29. These

Aber nach wie vor gilt, dass „in keinem anderen" als Jesus Christus „das Heil ist, auch ist kein anderer Name unter dem Himmel den Menschen gegeben, durch den wir sollen selig werden" (Apostelgeschichte 4, 12).

### <u>Das Eindringen fremder Geister in den Raum der Kirchen</u>

### 30. These

Je mehr eine Kirche sich dem Zeitgeist anpasst, desto mehr steht sie in der Gefahr, nicht nur den Geist Gottes aus ihrer Mitte zu vertreiben, sondern auch fremde Geister durch die Hintertür hereinzuholen.

### 31. These

Diese fremden Geister herrschen in den Ideologien und Religionen dieser Welt (Epheser 6, 12).

### 32. These

Wenn behauptet wird, die fremden Geister seien identisch mit dem Geist Gottes, so zeigt dies die große Verfinsterung unserer Zeit auf. Denn es gilt: „Was die Heiden Opfern, das opfern sie den Dämonen und nicht Gott" (1. Korinther 10, 20).

### <u>Die Verweltlichung der Kirche</u>

### 34. These

<u>Viele Menschen, unter ihnen manche Politiker, warten auf ein klärendes Wort der Kirchen von der Heiligen Schrift her!</u>

### 37. These

Der Ausweg kann nur darin liegen, Buße zu tun, ganz neu auf das Wort Gottes zu hören, das uns in Gestalt der Heiligen Schrift gegeben ist, und dieses der Welt zuzurufen in Wort und Tat.

Das Verhalten der Gläubigen angesichts des gegenwärtigen Gerichts.

### 39. These

Eine Kirche, die zunehmend zur Hure wird, stellt sich immer mehr der Welt gleich, vermischt heidnische Götzen mit dem Gott der Bibel, strebt nach Geld, Macht und weltlicher Anerkennung, achtet die Gebote Gottes und die Erlösung durch Jesus Christus gering und bringt die wahren gläubigen zunehmend in Bedrängnis (Offenbarung 17ff).

### Die Frage des Kirchenaustritts

### 50. These

Die wahre Kirche (die Gemeinde Gottes), die auch nicht vollkommen ist, aber deren Glieder sich doch um ein Leben aus der Kraft Christi und nach den Lehren der Heiligen Schrift bemühen, lebt außerhalb dieser Institution weiter und findet neue Formen ihrer Gemeinschaftsbildung. Nur für diese gilt: „Die Pforten der Hölle weden sie nicht überwältigen" (Matthäus 16, 18).

### Grundlagen einer Reformation der Kirche

### 52. These

Allein Jesus Christus soll der Herr sein, nicht andere Herren, nicht Religionsstifter oder Ideologen.

### 53. These

Allein das Wort Gottes, das in der Bibel niedergelegt ist, soll gelten, nicht andere Worte, Offenbarungsquellen und Ideologien.

### Wahre und falsche Einheit

### 56. These

**Eine wahre Reformation im Sinne einer geistlichen Erneuerung führt über die Buße und Veränderung vieler Einzelner zu einer neuen Gemeinschaft im Geiste – zunächst unsichtbar, dann aber auch zunehmend sichtbar.**

### 58. These

Die durch Gottes Wort und Buße bewirkte Einheit der Gläubigen kann und wird keine Einheit auf Kosten der biblischen Wahrheit sein, sondern die Einheit in der Wahrheit Christi (Johannes 14, 6; 17, 11 u. 17; Epheser 2, 14).

### 60. These

Wahre Einheit schenkt Gott durch Missionierung und Evangelisierung aller Völker, durch den klaren Ruf zum rettenden Glauben und zur Lebensübergabe an Jesus Christus (Matthäus 28, 18 - 20), Johannes 17, 6ff). Falsche Einheit umgeht diesen Ruf zur Bekehrung, indem sie politische Probleme und Selbsterlösungsversuche einer sich als autonom verstehenden Menschheit in den Vordergrund stellt – einer Menschheit ohne Gott, welche „die Liebe zur Wahrheit nicht angenommen hat zu ihrer Rettung" und ihre Zuspitzung im Antichristen findet, der „sich selbst in den Tempel Gottes setzt und vorgibt, er sei Gott" (2. Thessalonicher 2, 4 u. 10).

## 61. These

Wahre Einheit duldet keine Irrlehre (Galater 1, 6 - 10; 2. Johannes 1, 9 - 11; Judas 1, 3ff). Falsche Einheit duldet Irrlehre und fördert sie infolge der Vermischung der Ideologien und Religionen sogar noch!

## Die Erneuerung der Theologie

## 64. These

Eine bibeltreue Ausbildung – und das heißt: die Gründung und Anerkennung bibeltreuer Ausbildungsstätten (Schulen, Bibelschulen, Studienhäuser, Akademien und Hochschulen) – ist daher unverzichtbar.

## Der Auftrag des einzelnen Gläubigen

## 69. These

Jeder einzelne Gläubige ist aufgerufen, das „allgemeine Priestertum" (vgl. 1. Petrus 2, 9) zu praktizieren, und das heißt: sein Mandat als Christ zu Prüfung von Lehre und Leben anhand der Heiligen Schrift wahrzunehmen.

## 76. These

Er ist aufgerufen, Geldsammlungen und Steuererhebungen seine Unterstützung zu entziehen, die für Evangeliums widrige Zwecke eingesetzt werden.

## Der Auftrag der Kirchen

## 78. These

Die Kirchen sind aufgerufen, sich einzig und allein an der Bibel als dem Wort Gottes zu orientieren und jeder unbiblischen Lehre zu wehren, um vielen Einzelnen und der Gesellschaft Orientierung vermitteln zu können.

### Der Auftrag von Staat und Gesellschaft

### 83. These

Der Staat ist nicht identisch mit der Kirche (vgl. Johannes 18, 36). Dennoch kann es ihm nur von Nutzen und zum Segen sein, wenn er grundlegende biblische Maßstäbe beachtet und befolgt, welche ihm durch die Kirchen eigentlich vermittelt werden sollten (was leider in vielen Staaten immer weniger geschieht).

### 84. These

Solche grundlegenden biblischen Maßstäbe liegen insbesondere in Form der Zehn Gebote (2. Mose 20, 2 - 17).

### 85. These

Werden solche Maßstäbe nicht mehr ernstgenommen, dann treten Chaos (Tohuwabohu, Diabolik) und Anarchie (Gesetzlosigkeit) ein.

### 86. These

Manche gesellschaftlichen Gruppen und Parteien in zahlreichen Staaten fördern Chaos und Anarchie, indem sie die in den Zehn Gebote wiedergegebenen, göttlichen Grundordnungen offen oder verdeckt bekämpfen.

### 87. These

Die Heilige Schrift kennzeichnet solche Menschen mit folgenden Worten: „Das sollst du aber wissen, dass in den letzten Tagen böse Zeiten kommen werden. Denn die Menschen werden nur sich selbst, ihr Geld und ihre Ehre lieben. Sie werden sich selbst großmachen und Gott lästern. Sie werden ihren Eltern nicht gehorchen, undankbar sein und alles Heilige in den Schmutz ziehen. Sie werden sich Anderen gegenüber lieblos und unversöhnlich, verleumderisch und unbeherrscht verhalten. Verräter sind sie, Frevler und eingebildete Narren. Sie lieben die Lüste mehr als Gott, täuschen Gottesfurcht vor und rechnen doch nicht mit seiner Macht.

Sie sind mit Sünden beladen und von mancherlei Begierden getrieben. Immer sind sie auf neue Lehren aus und kommen nie zur Erkenntnis der Wahrheit" (2. Timotheus 3, 1 - 7).

<u>Ausblick</u>
## 92. These
Jesus Christus aber wird wiederkommen in Macht und Herrlichkeit und dem „Menschen der Gesetzlosigkeit" ein Ende machen (2. Thessalonicher 2, 8).
## 94. These
Wir wirken für Jesus Christus und den Bau seiner Gemeinde aus Dankbarkeit für sein stellvertretendes Opfer am Kreuz und in Liebe zu Ihm – in der Gewissheit, dass ihm der Sieg gehört.
## 95. These
Aber der feste Grund besteht und hat dieses Siegel: Der Herr kennt die Seinen; und es lasse ab von der Ungerechtigkeit, wer den Namen des Herrn nennt. (2. Timotheus 2, 19)

Quelle: © www.evangelium.de/themen- und impulse/reformation-heute.html.; Evangeliumsnetz e.V., Oraniendamm 70, 13469 Berlin. Diese neuen „95 Thesen" sind an Martin Luthers 450. Todestag (18. 2. 1996) in Deutschland entstanden. Bei einer internationalen Pastoren- Konferenz Anfang März 1996 bei Durban/Südafrika wurden sie von ca. 1.000 Pastoren und Kirchenführern aus 14 Ländern und über 50 Denominationen einmütig als Resolution angenommen. Es wurde beschlossen, sie in alle wichtigen Sprachen und weltweit zu verbreiten. ISBN 1-875026-05-3. Christen für die Wahrheit, Postfach 64, 74415 Gschend.

## <u>Die neue Reformation</u>
### <u>Was ist eine Reformation und warum brauchen wir sie?</u>
Reformieren bedeutet so viel wie Ungestalten, Ändern und Modernisieren, also das unzeitgemäße auf neue Fundamente bringen. <u>Es ist an der Zeit das verloren gegangene wieder auf das wahre Fundament zurückzuführen welches YAHUSHUA HA MASCHIACH heißt, und dadurch echtes neues Leben zu bekommen!</u> Seit 2000 Jahren wurde im Laufe der Zeit, das echte Fundament verlassen. <u>Die Worte wurden gebeugt, manipuliert und liberalisiert, bis vom echten Sohn Gottes nichts mehr übriggelassen wurde!</u> So war es <u>immer auch ein Kampf die wahren biblischen Fundamente zu bewahren bzw. zu leben.</u> In all den Jahrhunderten haben die Pseudo-

christen stets gegen die echten Christen aufgelehnt und haben nicht selten jene wahren Christen sogar verfolgt.

Wir leben in der Endzeit und wir werden von YAHUSHUA selbst gewarnt, dass in dieser Zeit vermehrt falsche Lehrer und Propheten aufkommen werden. Auch die Liberalisierung von Gottes Wort greift wie eine Pest um sich!

Unsere Zeit ist also davon gekennzeichnet, dass ein starker Abfall erkennbar ist. Nicht nur in der Gesellschaft, sondern auch im Leib des Sohnes Gottes.

Das ruft die dringende Notwendigkeit auf den Plan eine neue Reformation anzustreben. Und wie so oft sind es die wahren biblischen Gläubigen, die nach der Wahrheit suchen und die etablierten Systeme verlassen. Diese Suchenden wahren Gläubigen sind es, die zum Teil schon seit vielen Jahren unterwegs sind und auch schon einiges aufbauen konnten.

Welchen biblischen Hintergrund hat eine endzeitliche Reformation?

Zu einen besteht die Tatsache, dass wir kurz vor der Erfüllung der Offenbarung stehen!

Es braucht also eine Reformation, die uns zu den Fundamenten des wahren Glaubens zurückbringt und die uns die Kraft des Evangeliums erhält und wieder lebendig macht. Wir stehen mitten drin in dem Prozess der Aufspaltung. Die wahren Gläubigen suchen mehr und mehr nach Gottes Reich. Gott wird diese Suchenden annehmen, läutern und prüfen und sodann auch in den Dienst gemäß Epheser 4, 11 bringen. Die neue Reformation beginnt in jeden einzelnen von uns, durch Einsicht und Mut neue Wege zu gehen. Denn wahre Nachfolger bringen ungeahnte Früchte hervor und diese werden sich multiplizieren. Aber Vorsicht, Nachfolge hat einen Preis. Wer in der Nachfolge geht, muss sich darüber im Klaren sein, dass Gott vor allem anderen an erster Stelle stehen muss! Der Weg der Nachfolge ist zunächst erstmal eine Willensbekundung! Nachfolge ist also erstmal ein Prozess der inneren Einkehr und Heilung, und die Entfaltung des Heiligen Geistes in dir. Reformation ist also erstmal eine Reformation des eigenen Innenlebens, welch zu den von Gott gewollten Standards und Fundamenten führen. Ist man dann innerlich so zugerüstet, steht der Salbung kaum noch etwas im Wege und kann durchbrechen. Bis du bereit für die eigene Reformation? Quelle: © http://www.leftbehind.de/die-neue-reformation. Die Neue Reformation. 26. September 2017 von Bernd Wessel

### Die wahre Reformation und die zukünftige Christenheit!

Der Grundgedanke der Reformation: Wir müssen zum Ursprung zurück, um in die Zukunft zu gehen, die am Ursprung erschienen ist. Wir können immer wieder mit den Anfang anfangen. Die Reformation Luthers war ursprünglich eine katholische Reformation, d. h. eine Reformation der „einen, apostolischen und katholischen Kirche". Die echte Gemeinde Gottes muss sich bei und auf ein nachkonstantinisches Zeitalter vorbreiten und kann es auch, wenn sie auf die nichtkonstantinischen Kirchen achtet und von ihnen lernt. Quelle: © http://reformiert-info.de/16823-0-0-20.html Das wahre Reformationsjubiläum und die zu-künftige Christenheit._Interview mit Jürgen Moltmann.pdf.

# Die neue wahre „Reformation" auf der Grundlage der einzigen, alleinigen Heiligen Schrift dieser Welt!!!

**Ich folge dem reformatorischen Prinzip der freien, selbstständigen, von Autoritäten unabhängigen Prüfung!!!**

Denn jeder Mensch hat das Recht auf die „geistlichen Menschenrechte" welche ihm die objektive geistliche Wahrheit, frei von Irrlehren vermittelt! Denn sämtliche Unwahrheiten welche Betrug sind, sollen aufgedeckt werden! Es ist aufzudecken der „geistliche" Mord an Menschen und an ganzen Völkern!!!

Es geht hier einzig und allein um die geistliche „Wiederherstellung" „Wiederbringung", aber auch „Neuordnung" oder „Herstellung" bzw. „Verwirklichung" des verlorenen Zustandes, hin zu einem Zustand der Versöhnung mit dem lebendigen monotheistischen Gott, gemäß der einzigen Heiligen Schrift dieser Welt!!!
„Es ist allerhöchste Zeit, dass die Lehre vom Sohn Gottes YAHUSHUA sinngetreu wiedergegeben wird und sein geistiges Eigentum wieder hergestellt wird"!!!

Die Botschaft des echten YAHUSHUA muss wieder lebendig gemacht werden! Wer den wahren YAHUSHUA kennenlernen will kommt auch heute an ihm nicht vorbei!
Der Sohn Gottes YAHUSHUA hat in seiner Muttersprache und der Sprache des Himmels also Hebräisch gesprochen. Nicht griechisch nicht latainisch! Also hat der Sohn Gottes auch einen hebräischen Namen und keinen Hybrid-Namen Jesus!
Die Muttersprache Hebräisch war zur Erdenlebzeit des Sohnes Got-

tes gültig. <u>Sie ist es eine entscheidende Hilfe zum wirklichen Verständnis seiner einzigartigen, fundamentalen Botschaft!!!</u> Vor zweitausend Jahren war das Hebräische so weit von der Bibelsprache Griechisch entfernt, wie heute die arabische Sprache von der deutschen Sprache!!! <u>Dadurch ist der Sohn Gottes sehr widersprüchlich und unverständlich überliefert!</u>

Der Sohn Gottes mit seiner fundamentalen Botschaft, dass das Göttlichste an Gott die Liebe ist, dadurch wurde YAHUSHUA zum Träger und Treiber der wahren Weltrevolution!

<u>Sehr wichtig: YAHUSHUA hat sich nie als Gott bezeichnet, sondern wie alle echten Gläubigen – als Sohn Gottes! Vom theologischen Konstrukt der „Dreifaltigkeit" hat er nie gesprochen! Christliche „Glaubensbekenntnisse hätte YAHUSHUA niemals mitsprechen können, weil er keinen dreieinigen Gott kannte!</u>

<u>>>>„Die Zeit ist reif: Die größte Katastrophe zu beenden"!!!<<<</u>
Adelheid Sonnenschein

YAHUSHUA ist gekommen um die Religionen als Abgötterrei und Götzendienst zu entlarven! Adelheid Sonnenschein

<u>„Heute, ja heute, bitte noch zurück zum echten Sohn Gottes YAHUSHUA. Die Zeit ist reif für eine neue, echte Reformation auf Grundlage der einzigen Heiligen Schrift dieser Welt"!!!</u> Adelheid Sonnenschein

Es ist höchste Zeit den Menschen die Botschaft vom Sohn Gottes YAHUSHUA nicht mehr auf Griechisch, oder Lateinisch, sondern auf Hebräisch zu verdeutlichen! YAHUSHUA hat nie griechisch gesprochen!!!

Zurück zur Quelle!!!
Die Mundart und Muttersprache des Sohnes Gottes YAHUSHUA war neben Hebräisch auch Aramäisch, denn Aramäisch war die erste Weltsprache!!!

Aramäisch diente nach einer genialen Erfindung mehreren antiken Weltreichen als Verkehrssprache! YAHUSHUA aus Galiläa mit seiner aramäischen Mundart konnte durch diese Sprache ein riesiges Publikum erreichen, wie sich nach ihm seine Anhänger in Syrien seiner Weiterentwicklung bedienten. Da wurde sie allerdings Syrisch genannt. Als Kirchensprache überlebte sie, den Islam ebenso wie die wie die Invasionen von Kreuzfahrern, Mongolen und Türken. Nur gegen den Nationalismus und Islamismus war und ist die uralte Sprache chancenlos!

**Nach 3000 Jahren ist das nachfolgende Syrisch jetzt dem Untergang geweiht!**
Quelle: https://www.welt.de/geschichte/article153636829/Wie-Jesu-Mundart: Wie Aramäisch zur ersten Weltsprache wurde- Welt N24 von Berhold Seewald/Veröffentlicht am 24. März 2016.

**Im Jahre 1963 hat Frau Dr. Gertrud Wasserzug-Traeder als langjährige geistliche Mutter der Bibelschule Beatenberg folgende warnenden Worte gesagt:**
Wir müssen uns bereit machen zu dem größten aller Kämpfe, zu einer Auseinandersetzung innerhalb der christlichen Kirche zwischen Glaube und Unglaube, zwischen dem Sohn Gottes und Antichristus, zwischen dem Heiligen Geist und dem falschen Propheten. Lasst uns der Versuchung einer unbiblischen Vereinigung widerstehen, wie der Sohn Gottes ihr widerstanden hat und lasst uns völlig klar die Bewegung unserer Zeit sehen und beurteilen und Stellung dazu nehmen.
„Wer Ja zum Sohn Gottes und zu der Einheit der wahren Gemeinde sagt, der muss Nein sagen zu einer organisatorischen Vereinigung von Kirchen, die auf einem menschlichen Fundament aufgebaut ist, die von einem menschlichen Geist durchströmt ist und ein menschliches Ziel hat". Quelle: © Dr. Gertrud Wasserzug-Traeder

**„Wer von der Wahrheit nicht opfern will, muss bereit sein, der Wahrheit alles zu opfern".** Quelle: © Sören Kierkegaard
Quelle: © Buch: Projekt Einheit – Rom, Ökumene und die Evangelikalen von Erich Brüning, Hans Werner Deppe u. Lothar Gassmann, Bethanien Verlag e.K., Postfach 1457, 33807 Oerlinghausen, 1. Auflage

Mögen wir dieses warnende und wegweisende Wort heute mehr denn je beherzigen!

Es steht geschrieben Apostelgeschichte 7, 55 + 56: (Steinigung des Stephanus) Er aber, voll Heiligen Geistes, sah die Herrlichkeit Gottes und YAHUSHUA „stehen" zur rechten Gottes und sprach: Siehe, ich sehe den Himmel offen und den Menschen Sohn zur rechten Gottes stehen!

„Gesucht werden heute Männer und Frauen, die ihren Überzeugungen von biblischer Wahrheit und Pflicht treu bleiben, auch wenn sie darüber Vermögen, Freunde und das eigene Leben verlieren"! Quelle: © William MacDonald

„Nichts hat die Einheit der wahren Gläubigen so stark gefördert wie der Bruch mit den Falschen. Trennung von solchen, die fundamentalen Irrtümer gewähren lassen oder dass „Brot des Lebens" den verderbenden Seelen vorenthalten, ist keine Spaltung, sondern nur das, was die Wahrheit, das Gewissen und Gott von allen erwartet, die treu erfunden werden"! Quelle: © Charles H. Spurgeon; Quelle: © Buch: Projekt Einheit – Rom, Ökumene und die Evangelikalen von Erich Brüning, Hans Werner Deppe u. Lothar Gassmann. Bethanien Verlag e.K., Postfach 1457, 33807 Oerlinghausen, 1. Auflage 2004. Seite 129 + 130.

Hier sei eines von vorne herein klar festgestellt und festgehalten, ich verurteile keinen Menschen!!!
Ich verurteile die Vergiftungs- und Verseuchungs-Mittel der Irrlehren.
Ich verurteile alles was durch Verführung den Menschen in die Hölle statt in den Himmel befördert! Adelheid Sonnenschein

>>„Ich folge dem reformatorischen Prinzip freier selbständiger von Autoritäten unabhängigen Prüfung"!<<

Für mich gilt: Die freie und selbstständige von Autoritäten unab-

hängige Prüfung!!!
Freie selbstständige von Autoritäten unabhängige Prüfung bedeutet: alles, einzig und allein an der höchsten Autorität der einzigen Heiligen Schrift dieser Welt also alles unter der Leitung des Heiligen Geistes des Vaters zu beurteilen!

Die höchste Autorität ist, der einzige, alleinige, lebendige Gott YAHUWAH, und danach sein Sohn YAHUSHUA HA MASCHIACH!

Um zu einer freien und selbstständigen von Autoritäten unabhängigen Prüfung zu kommen, ist es erforderlich grundsätzlich ein Autodidakt zu sein!!!

Um eine freie und selbstständige von Autoritäten unabhängige Prüfung vornehmen zu können, ist es notwendig, ausschließlich ein totaler Wahrheitssuchender zu sein, und als dieser Wahrheitssuchender findet man die reinste Wahrheit bei der reinsten Person der Wahrheit YAHUSHUA HA MASCHIACH!!!

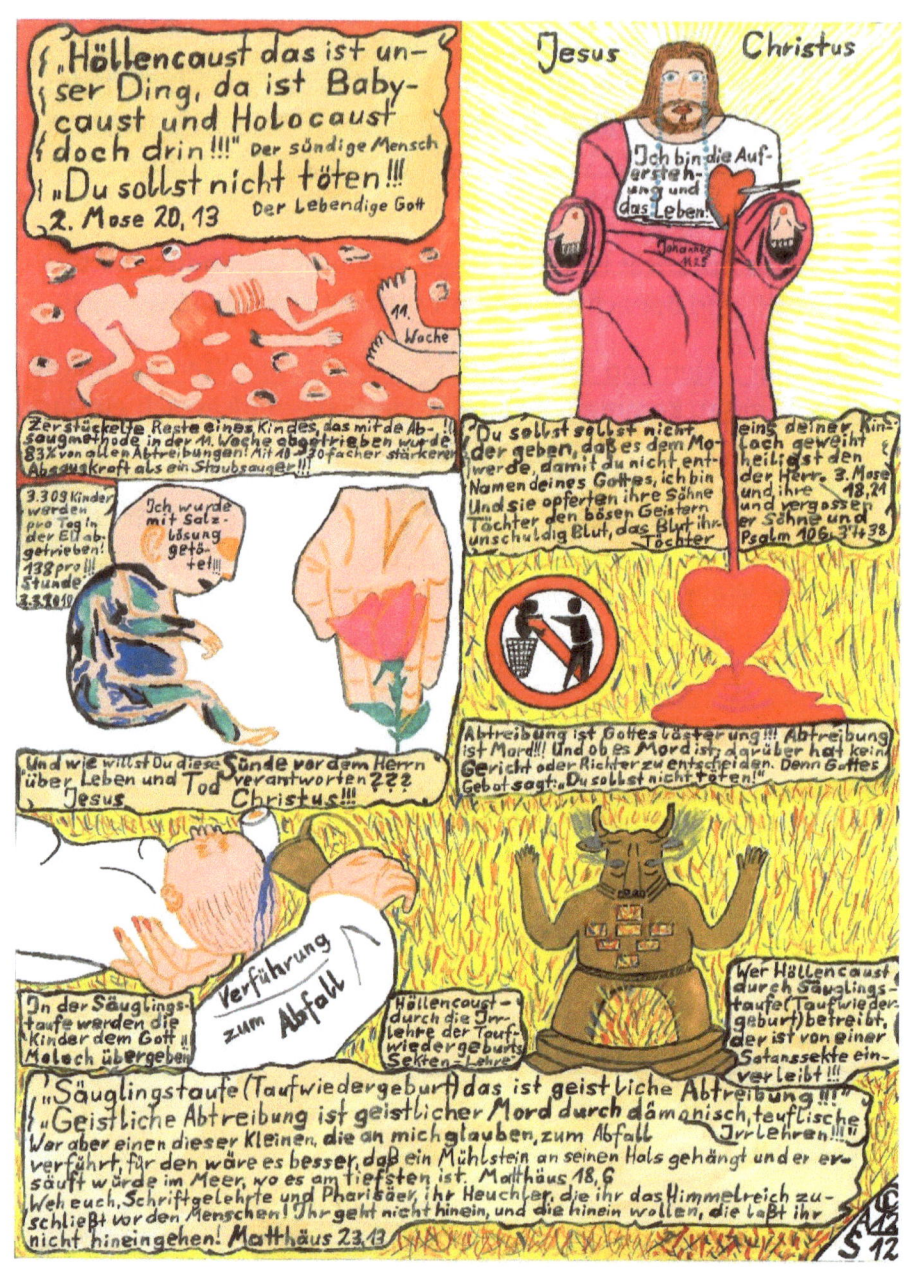

Quelle: Bild-Autor: © Adelheid Sonnenschein; Bild-Titel: Geistliche Abtreibung durch Taufwiederge-
burt- Irrlehre; Herstellung: Dezember 2012; Maltechnik: Deckfarbe auf Karton; Format: DIN A 3

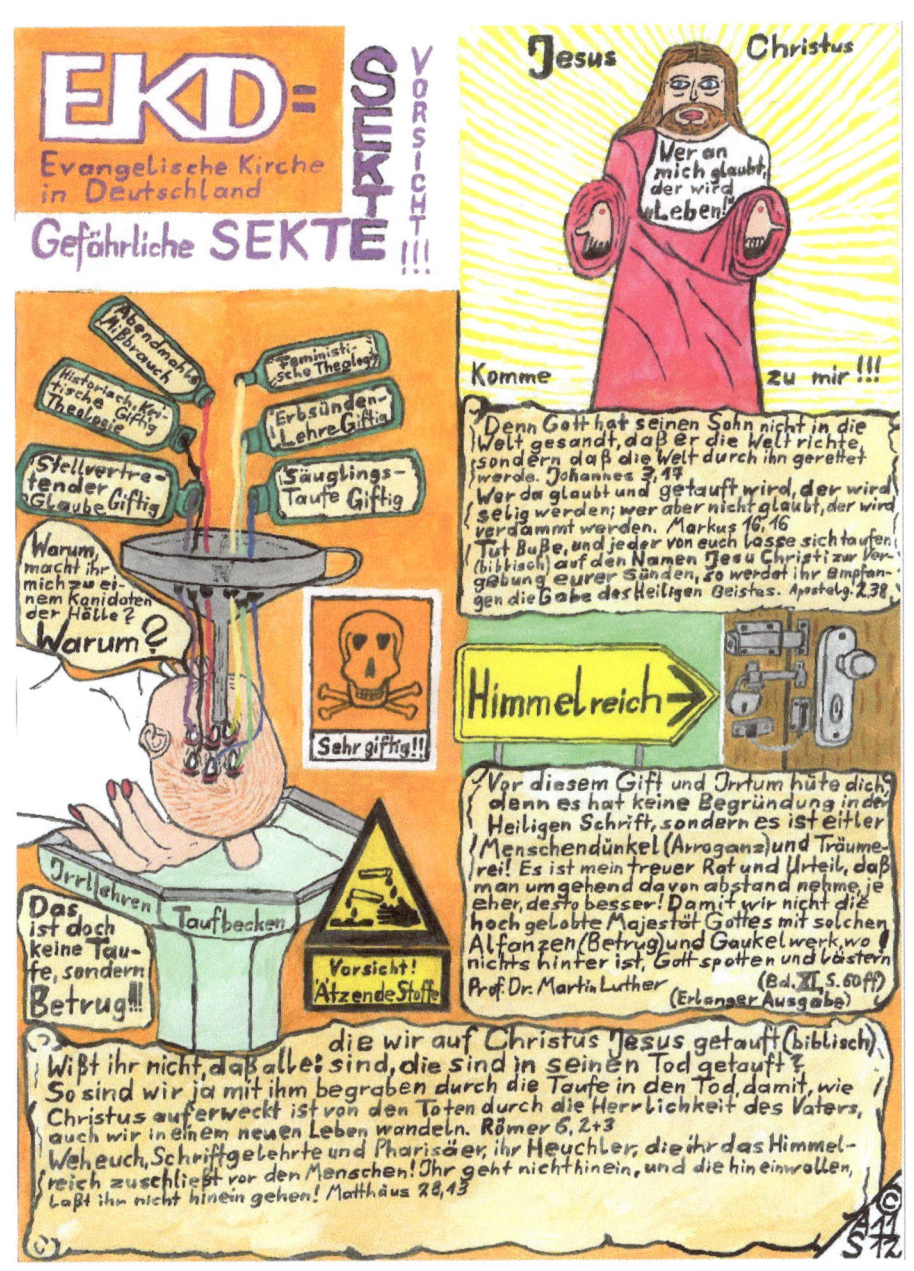

Quelle: Bild-Autor: © Adelheid Sonnenschein; Bild-Titel: Die Evangelische Kirche ist eine Sekte; Herstellung: November 2012; Maltechnik: Deckfarbe auf Kartion; Format: DIN A 3

Quelle: Bild-Autor: © Adelheid Sonnenschein; Bild-Titel: Verführung der kleinsten Kinder zum Irrtum; Herstellung: Dezember 2012; Maltechnik: Deckfarbe auf Karton; Format: DIN A 3

# Der Tanz um die heilige Kuh oder um das Goldene Kalb der Säuglingstaufe in der Dämonen-Lehre

**Die Säuglings- bzw. Kleinkind-Taufe in der Evangelischen, lutherischen, protestantischen Kirche ist genauso ein mörderischer, krimineller Akt wie die Abtreibung eines Fötusses!!!**

**Die Säuglingstaufe, Säuglingsbesprengung oder Kleinkindtaufe, „welches gar keine Taufe ist", ist genauso, als würde man sein Kind dem Gott Moloch (einem toten Götzen) als lebendiges Brand-Opfer (Holocaust) geben.**

Holocaust was heißt das?
Das griechische Wort holókaustos („vollständig verbrannt") bezog sich auf die in der Antike verbreitete religiöse Praxis der Verbrennung von Tieren als Opfer. Dafür verwendete es erstmals der Historiker Xenophan, dann auch die griechische Bibelübersetzung, die Septuaginta. Über die lateinische Bibelübersetzung der Vulgata drang holocaustum in die englische Sprache ein, nicht aber in die deutsche, da Martin Luther den Ausdruck mit Brandopfer übersetzte. Quelle: © www.antisemitismus.net/shoah/holocaust.htm

**Die Säuglingstaufe oder Kleinkindtaufe, ist genauso ein Mord, wie die Einnahme von Mifegyne (RU 486), denn es ist „geistliche" Abtreibung!!!**

Die Säuglingstaufe oder Kleinkindtaufe, ist ein satanischer Holocaust unter dem Missbrauch des Namens des Sohnes Gottes YAHUSHUA HA MASCHIACH! Denn in dieser satanischen Irrlehre werden die Menschen dem Satan übereignet, bzw. diesen in den Rachen geschoben.

**Die irdische Abtreibung ist im Folgenden beschrieben, damit die geistliche Abtreibung erkennbar ist.**

**Der Mensch ist von Anfang an, im Mutterleib von Gott auserwählt!!!**

>>>„YAHUWAH hat mich von Mutterleib an berufen und meinen Namen von Mutterschoß an bekanntgemacht"!<<< Jesaja 49, 1 B

**Auserwählt bedeutet: 4 Millionen Samenzellen sind auf dem Weg zum Ei. Hier findet schon eine Auserwählung unter vielen statt. Die Samenzellen liefern sich ein Rennen, aber nur eine gewinnt. Jeder Mensch hat ein Geburtsjahr und ein Baujahr!**

**Realer Tatbestand eines irdischen menschlichen Embryos!**
**Ein menschliches Ei wiegt 0,0004 mg. Nach ungefähr zweiwöchigem Wachstum ist dieses allmählich in eine sichtbare Anlage des Embryos, erst ungefähr 0,2 mm groß. Doch ist in diesen kleinen Dimensionen bereits charakteristisch Menschliches deutlich.**

**Wer einmal die seltene Gelegenheit hat, eine befruchtete menschliche Eizelle zu sehen die etwa mit Affeneiern zu vergleichen ist erkennt, dass gerade in diesen frühen Stadien keine Gleichheit besteht! Die frühe Eigenart des menschlichen Eies ist eine Vorbedingung der späteren Eigenart des menschlichen Embryos, des Kindes des Erwachsenen.**

**>„Nach 3 Wochen ist der kleine Mensch schon 1,6 mm groß – das Herz schlägt bereits - !!! Nach 4 Wochen 4 - 6 mm, und bewegt schon die Arme und Beine"!<**

„Bis zur Mitte des zweiten Monats wird der Embryo drei Millionen Mal schwerer als der Keim in der ersten Woche. Er hat alle Organe entwickelt, die man bei Erwachsenen benennen kann: Nervensystem, Skelett, Herz und Leber, Darm (Intestinalröhr)".

Eines von vielen Kindern, bei welchen Prof. Dr. Blechschmidt dies feststellte, war 7 Wochen alt und 17,5 mm groß und hatte selbstverständlich auch einen Kopf, Arme und Beine.

Nach 43 Tagen sind Gehirnströme messbar! Nach 6 Wochen entwickeln sich die inneren Anteile von Augen und Ohren. Leber und Niere sind entstanden.

In der 8 Woche sind die Augen fast vollständig entwickelt.

**Mit 9 Wochen lernt das Baby Daumenlutschen. In der 10 Woche sind die Arme und Beine jetzt vollständig geformt. Die Bewegungen können jedoch von der Mutter noch nicht wahrgenommen werden.**

Ab dem dritten Monat ist das Kind ca. 32 mm groß; nun sind auch die einzelnen Finger voll ausgebildet (mit Fingerabdrücken) und das Kind macht Greifbewegungen mit seinen Händen (Wachstumsgreifen). Ende des dritten Monats ist das Kind bereits 7 cm groß. In der 14. – 16. Woche bilden sich Finger und Zehennägel. Nach der 16. Woche beginnen die Nieren, verdünnten Urin zu produzieren. Ab der 20. Woche führt das Baby mit seinen Gliedmaßen kräftige Bewegungen aus, welche die Mutter jetzt wahrnehmen kann. Ab der 36. Woche nimmt das Baby täglich um 28 Gramm zu. Das Kind im Mutterleib kann die Stimme der Mutter hören und reagiert auf Mu-ik.

Oh Mann, mir geht es schlecht. Die Mutter war in der Disco tanzen. Das Kleine ist ganz durchgeschüttelt und die Musik war furchtbar laut. Das Baby überlegt, ob es noch länger im Bauch bleibt oder noch besser auszieht. **Das Baby kann im Bauch schon Entscheidungen/Festlegungen treffen.** Es kann zu einer Fehlgeburt kommen. Das Baby freut sich über die Schwangerschaft-Gymnastik der Mutter. Es kitzelt so schön, wenn die Mutter mit dem Hintern wackelt.

Fragt man Prof. Dr. Erich Blechschmidt Humanembryologen (zuletzt Professor in Freiburg (Breisgau), ab wann man denn bei der Entwicklung eines Menschen überhaupt von einem Menschen sprechen könne, so antwortet der Wissenschaftler: „Ein Erscheinungsbild von einem Menschen, ist für einen Organismus mit der befruchteten Eizelle festgelegt. Ein Mensch entwickelt sich nicht zum Menschen, sondern ist Mensch und verhält sich schon von Anfang an als ein solcher. Und zwar in jeder Phase seiner Entwicklung von der Befruchtung an. Ein menschlicher Keim ist keine Bildung, zu der nachträglich als Akzidenz das Menschsein hinzukäme. Menschsein ist kein Phänomen, das aus der Ontogenese (das ist die Entwicklung des Individuums von der Eizelle zum geschlechtsreifen Zustand) folgt, sondern eine Wirklichkeit, die Voraussetzung für die Ontogenese ist. Grundsätzlich gilt: Entwicklung hat stets einen Träger, der durch den ganzen Prozess der Entwicklung erhalten bleibt. Was sich ändert, ist nur das Erscheinungsbild. Ein Organismus summiert sich nicht nach und nach zu einer Einheit, sondern existiert schon zu Beginn seiner Entwicklung als ein Ganzes, und zwar nicht nur im Hinblick auf seine Gestalt und Gestaltung, sondern auch hinsichtlich seiner ganzen seelisch-geistigen Verhaltensweisen. Ein menschlicher Organismus kann deshalb nicht als eine Summe von Teilen aufgefasst werden, bei der eine seelisch-geistige Bezogenheit als wesentlich vorausgesetzt wird. Das heißt: ein Mensch entwickelt sich nicht zum Menschen, sondern ist ein Mensch. Es wäre also irrtümlich zu meinen, Entwicklung ist ein Prozess, der erst allmählich die individuelle Wesensart hervorbrächte. An der Individualspezität gehört beim Menschen eine geistige Anlage schon mit Beginn seiner Ontogenese: die sogenannte Geist-Seele. Sie ist es, durch die das menschliche Individuum sich als Person vom Tier unterscheidet. Wenn es die Geist Seele ist, die den Menschen als etwas Besonderes gegenüber allen anderen Lebewesen ausweist, dann muss diese Seele als mit der Befruchtung gegeben angenommen werden. Wenn daher – auch bei Anerkennung der Individualspezität des Menschen von der Befruchtung an – die Frage nach dem Beginn des Personseins und damit des „eigentlichen" Menschseins aufgeworfen wird, ist diese Frage im Ansatz verfehlt. Eine „Personalisation" als Entwicklungsprozess gibt es nicht.

Ein einzelliger Keim hat ebenso viel Personalität wie ein Kind oder ein Erwachsener, nur ist diese Personalität funktionell von Fall zu Fall nicht in gleichem Maße auf-fällig". Quelle: © Wie beginnt das menschliche Leben, von Prof. Dr. E. Blechschmidt, Christian-Verlag, Stein a. Rhein, 5. Auflage 1984, Seite 11, 27, 29, 30, 31 51, 158f, 166.

Nach heutigen Erkenntnissen der Biologie und der Medizin stellt die befruchtete Eizelle die erste und entscheidende Stufe der Menschwerdung dar. Mit der Befruchtung, also der Verschmelzung der Keimzellen, beginnt neues, einmaliges und unwiederholbares menschliches Leben, das individuelle Dasein eines Menschen, seine persönliche Geschichte. Alles, was zum „Ich-Sein" gehört, ist jetzt schon angelegt. Körperliche, geistige und seelische Anlagen können ab diesem Zeitpunkt zur Entfaltung kommen, nichts fehlt, was nachträglich noch hinzugefügt werden müsste. Hier ist die „kleinste Erscheinungsform des Menschen" vorhanden und zwar in jeder Phase seiner Entwicklung. Das Wesen im Mutterleib verhält sich auch von Anbeginn als Mensch. Schon die erste Zelle, die nach dem Befruchtungsvorgang entsteht sind sowohl Erbmasse der Mutter als auch die des Vaters enthalten, verfügt bereits über alle Voraussetzungen, die ein menschliches Wesen in seiner genetischen Ausstattung kennzeichnen. Somit ist von der Befruchtung an jedes menschliche Wesen ein in sich abgeschlossenes Individuum und nicht nur ein „brombeer-ähnlicher Zellhaufen". Dem Gewicht biologischer Fakten kann man sich auch nicht dadurch entziehen, indem man behauptet: Menschliches Leben rechtfertige sich erst durch einen Akt menschlichen Willens. Die bedenkliche Konsequenz aus dieser Auffassung würde dann lauten, dass unerwünschtes oder zu ungelegener Zeit entstandenes Menschenleben kein Recht auf Leben habe, das keine Willensbekundung vorliege oder feststellbar sei und folgerichtig mit Hilfe „gelenkten Sterbens" vernichtet werden könne. Es gibt kein Recht des Tötens, sondern die Pflicht, Leben zu erhalten auch unerwünschtes und behindertes! **Es gibt kein Recht auf Abtreibung!**

Auch das ungewollte Kind ist ein Mensch, ein Ebenbild Gottes und hat eine unabdingbare Daseinsberechtigung. Diese darf weder dem Egoismus, der Bequemlichkeit noch einer Vertuschung geopfert werden. Abtreibung würde dieses Leben in seiner frühesten und wehrlosesten Phase zerstören. Auch das ungeplante Kind kann ein glückliches Kind werden. Quelle: © Bekenntnisbewegung „Kein anderes Evangelium, Jakob-von-Stein-Str. 5, 88524 Uttenweiler, Autor: Pfarrer Gerhard NauJokat, An der Rehwiese 8, 34128 Kassel.

Ist es nicht höchst interessant, dass diese Erkenntnis eines modernen Wissenschaftlers (Humanembryologe) bereits seit Jahrtausenden in der Bibel zu lesen ist?!!! Was Humanembryologen heute wissenschaftlich feststellen, sowie jederzeit nachweisen können, und was die Heilige Schrift schon seit Jahrtausend geschrieben zeigt, weiß im Grunde ihres Herzens auch jede schwangere Frau: In ihrem Leib wächst ein Mensch heran, für dessen Leben sie verantwortlich ist. Diese Verantwortung beginnt spätestens mit der Befruchtung des menschlichen Eies.

>>>„Deine Hände haben mich als Ganzes gebildet und rundum gestaltet"!<<< Hiob 10, 8 A

>>>„Ja, du hast mich aus dem Leib meiner Mutter gezogen, du warst meine Zuversicht schon an meiner Mutter Brust"!<<< Psalm 22, 10

>>>„Auf dich habe ich mich verlassen vom Mutterleib an, vom Mutterschoß an hast du für mich gesorgt; mein Rühmen gilt dir allezeit"! <<< Psalm 71, 6

>>>„Deine Hände haben mich gemacht und bereitet"!<<< Psalm 119, 73 A

>>>„Denn du hast meine Nieren gebildet; du hast mich gewoben im Schoß meiner Mutter. Ich danke dir dafür, dass ich erstaunlich und wunderbar gemacht bin; wunderbar sind deine Werke, und meine Seele erkennt das wohl! Mein Gebein war nicht verhüllt vor dir, als ich im Verborgenen gemacht wurde, kunstvoll gewirkt tief unten auf Erden. Deine Augen sahen mich schon als ungeformten Keim, und in dein Buch war geschrieben alle Tage, die noch werden sollten, als noch keiner von ihnen war"!<<< Psalm 139, 13 – 16

>>>„So spricht YAHUWAH, dein Erlöser, der dich von Mutterleib an gebildet hat"!<<< Jesaja 44, 24 A

>>>„Als es aber Gott YAHUWAH, der mich von meiner Mutterleib

an ausgesondert und durch seine Gnade berufen hat, wohlgefiel
"!<<< Galater 1, 15

Deshalb sind auch die verschiedenen „Verhütungsmethoden" ausgesprochen mörderische Mittel, das sie nicht wirklich die Empfängnis verhüten, sondern unter Umständen chemisch oder mechanisch die Entwicklung des bereits vorhandenen Menschen tödlich unterdrücken (z. B. die „Pille" mit nidationshemmender Wirkung, oder die „Spirale").
Nicht nur Adolf Hitler, sondern auch die „Menschenrechte", bzw. die Ideologen, welche sie proklamieren, sowie jene, die sich auf diese vermeintlichen „Menschenrechte" berufen, sprechen gewissen Menschen grundsätzlich ihr Menschsein ab. Weil aber Gott bereits im menschlichen Keim den Menschen als solchen sieht, schützt das göttlich-biblische Strafrecht das ungeborene Leben ebenso wie das geborene. So heißt es z. B. im alttestamentlichen Strafrecht!

>>>„Wenn sich Männer sich streiten und eine schwangere Frau stoßen, so dass eine Frühgeburt eintritt, aber sonst kein Schaden entsteht, so muss dem Schuldigen eine Geldstrafe auferlegt werden, wie sie der Ehemann der Frau festsetzt; und er soll sie auf richterliche Entscheidung hin geben. Wenn aber ein Schaden entsteht, so sollst du geben: Leben um Leben, Auge um Auge, Zahn um Zahn, Hand um Hand, Fuß um Fuß"!<<< 2. Mose 21, 22 – 24

Wurde nach Gottes heiligem und gerechtem Gesetz schon der fahrlässige Tod eines ungeborenen Kindes mit dem Tod bestraft, wie viel mehr seine absichtlich herbeigeführte Tötung! Deshalb gilt auch für die „Abtreibung das Gebot"!!!

>>>„Du sollst nicht töten"!<<< 2. Mose 20, 13 u. 5. Mose 5, 17

**Abtreibung ist Mord!** Und „Mord" verstehen wir in diesem Zusammenhang nicht etwa im übertragenen Sinn, wie z. B. im Spruch der Gewerkschaften, Akkord ist Mord. **Vielmehr geht es um Mord, im Sinne einer gezielten und hinterlistigen Tötung von Kindern (denn die Opfer sind völlig wehrlos) – es gibt dabei einen ebenso konkreten Mörder, einen Tatort und eine Tatzeit.** Das schlimmste dabei ist: Der Tatort – nicht selten eine regelrechte Folterkammer – ist der Leib der eigenen Mutter! Dementsprechend reagiert auch das Gewissen einer jeder Frau, spätestens nachdem sie ihren Schoß den Mörderhänden geöffnet hat, um ein ihr lästig gewordenes Kind umbringen zu lassen.
Schilderung einer realen Situation: Die Saugcurette wurde eingeführt, die Vaku-

umpumpe angestellt. Langsam kletterte der Zeiger des Manometers höher. Plötzlich zerriss ein lautes, gieriges Schlürfen die Stille des OP. Der mörderische Schlund des Saugrohrs verschlingt schaumiges Blut, zerfetztes Gewebe und abgehackte Händchen u. a. m und speit es aus.
Bei der Absaugmethode (die vermutlich am häufigsten angewandte Tötungsmethode) wird das Kind bei lebendigem Leib zerfetzt. Kurz davor steigert sich der Herzschlag des Kindes von 140 auf über 200 Schläge pro Minute. Das leidet Schmerzen und Todesängste!
Neben der Absaugmethode gibt es noch zahlreiche andere, nicht weniger grausame Tötungsarten für ungeborene Kinder, um sie so möglichst schnell aus ihrer natürlichen Geborgenheit des Mutterleibes in den Mülleimer zu befördern und schließlich als „Klinikmüll" zu entsorgen.

Die zweithäufigste Methode die zwischen der 7. und 12. Schwangerschaftswoche angewandt wird, ist die Abreibung durch Curettage. Dabei geht der Mörder mit einem Messer im Mutterleib auf das wehrlose kleine Kind los und zerschneidet es bei lebendigem Leib in Stücke.

Bei der Prostaglandin-Hormon-Methode werden durch ein Medikament künstlich anhaltende Geburtswehen ausgelöst. So kann der Abgang des Kindes zu jedem gewünschten Zeitpunkt der Schwangerschaft bewirkt werden. Dabei wird das Kind – sofern es die Belastung der Wehen übersteht – lebend geboren und dann dem Tod überlassen.
Schilderung einer realen Situation: Der intakte, etwas 4 bis 5 cm lange Körper des Ungeborenen wird ans Tageslicht befördert und liegt dann plötzlich in einer Schale. Dem Embryo, dem man auch im 2. und 3. Schwangerschaftsmonat schon deutlich ansieht, dass es ein Menschlein ist, schlägt für einige Sekunden voller Verzweiflung über das ihm widerfahrende Schicksal mit seinen Gliedern um sich, macht mit dem Mund vergebliche Atmungsversuche, ehe sein eben noch rosiger Körper leichenblass wird, ein Zittern über ihn geht, sein Herz aufhört zu schlagen und er sein Ärmchen und Beinchen zum letzten Mal ausstreckt.
Quelle: © Dr. med. Pessel, Iserlohn, zitiert bei: Europäische Ärzteaktion Ulm.

Wieder andere spritzen Salzlösungen in das Fruchtwasser, um das Kind zu verätzen bis es unter qualvollen Todeskämpfen stirbt und schließlich tot „geboren" wird.
Eine neuere Mordtechnik ist, das Kind mittels „Medikament" (Tötungspille „Mifegyne" = RU 486) bei lebendigen Leib verhungern zu lassen. Im Zusammenhang mit dieser neuen Form der Tötung Ungeborener spricht man zwar von „schonender Abtreibung". Doch das ist Lüge! Wissenschaftler belegen exakt das Gegenteil!

**Wer sein Kind der satanischen, dämonischen Irrlehre der Säug-**

lings- bzw. Kleinkindtaufe unterzieht, betreibt „geistlichen Mord" an dieser Persönlichkeit! „Säuglings Taufe ist „geistlicher vorsätzlicher Mord" und „allerhöchste Verletzung des „geistlichen" Menschenrechtes""!

Vor der Abtreibung, liegt eine nicht gewollte Schwangerschaft vor! Diese ist, um es mit den Worten der Heiligen Schrift auszudrücken: Hurerei und Unzucht vorausgegangen. Bei der geistlichen Abtreibung, mit der Säuglingstaufe, geht eine Irrlehren-Hurerei oder eine Unzucht mit Religionen welche tote Götter sind voraus.

**Kennt das Neue Testament die „Säuglingstaufe"? Nein! Nein! Nein!**

Jede Überzeugung wird zum sinnlosen Dogma, sobald deren Untersuchung unterlassen der gefürchtet wird.
Der beste Lehrer ist immerdar, der sich ausschließlich und ohne jede Rücksicht durch die Heilige Schrift belehren lässt, nicht aber seine Meinung in die Heilige Schrift hineinträgt und diese gleichsam nötigt, das zu sagen, was sie nach seiner Meinung sagen sollte.
Quelle: © Hilarius von Poitiers, gest. 387

**Alle Spuren von Kindertaufe, die man im Neuen Testament hat finden wollen, müssen erst hineingetragen werden.** Quelle: © Prof. Dr. Fr. Schleiermacher

**Die Taufe von Säuglingen war zurzeit YAHUSHUA HA MASCHIACH und seiner Jünger und den Aposteln völlig unbekannt. Diese Tatsache wird heute auch von den Autoritäten der verschiedenen Kirchen anerkannt und in den besten Lehrbüchern offen ausgesprochen!!!**
Schon in der ersten Auflage von Herzogs Realenzyklopädie (dem berühmten Nachschlagewerk für protestantische Theologen) konnte man folgendes lesen: **„Dass im NT sich keine Spur von Kindertaufe findet, darf wohl über die wissenschaftliche Exegese als festgestellt gelten;** alle Versuche, dieselbe aus den Einsetzungsworten oder aus Stellen, wie 1. Korinther 1, 16 zu deduzieren (Herleitung des Besonderen aus dem Allgemeinen ), sind darum als willkürliche Künsteleien auszugeben, ja durch 1. Korinther 7, 14 ist jede derartige Folgerung geradezu ausgeschlossen, sonst würde der Apostel die Heiligung der Kinder aus der an ihnen vollzogenen Taufe und nicht mit der Gemeinschaft ihrer gläubigen Eltern begrün-

det haben; nur unter der Voraussetzung, dass die Kindertaufe noch nicht bestand, hat die apostolische Beweisführung einen bindenden Schluss".

In der 3. Auflage des genannten Werkes (Bd. 19, S. 403) erklärt Prof. Dr. Feine: „**Die Übung der Kindertaufe ist in der apostolischen und nachapostolischen Zeit nicht nachweisbar**"! Wir hören zwar mehrfach von der Taufe ganzer Hausgemeinden (Apostelgeschichte 16, 15 + 32; 18, 8; 1. Korinther 1, 16). Aber die letzte Stelle zusammengehalten mit 1. Korinther 7, 14 spricht nicht zu Gunsten der Annahme, dass damals auch die Kindertaufe einen Schriftbeweis zu erbringen versucht hat, so ist das immer verlorene Mühe gewesen.

**Aber trotz aller Zeugnisse maßgebender Schriftforscher und Kirchenhistoriker wird immer wieder von vielen Verteidigern der Staats- und teilweise der Freikirchen die Säuglingstaufe als biblische verteidigt.** Sehen wir uns einmal diese „Beweise" näher an. Früher bezog man in recht naiver Weise einfach Stellen, wie die bekannte: „Lasset die Kinder zu mir kommen" auf die „Säuglingstaufe". So wird dieses Wort Gottes heute immer noch bei den Säuglingstaufen verwertet. Diesen Bibelvers kann man auf vielen Taufschüsseln lesen. Nun hat der Sohn Gottes bekanntlich jene Kinder, die zu ihm gebracht wurden, nicht getauft und er hat auch seinen Jüngern nichts Derartiges aufgetragen. YAHUSHUA HA MASCHIACH segnete die Kinder.

**Die Taufe von Säuglingen war zurzeit YAHUSHUA HA MASCHIACHs und seiner Jünger und den Aposteln völlig unbekannt. Diese Tatsache wird heute auch von den Autoritäten der verschiedenen Kirchen anerkannt und in den besten Lehrbüchern offen ausgesprochen. Wieso will man das Volk weiter betrügen und belügen, damit es um dieses unheilige golden Kalb tanzt??? Das ist Aberglaube bzw. Abgötterei und Götzendienst!**

**„Dass im NT sich keine Spur von Kindertaufe findet, darf wohl über die wissenschaftliche Exegese als festgestellt gelten; alle Versuche, dieselbe aus den Einsetzungsworten oder aus Stellen zu deduzieren, sind darum als willkürliche Künsteleien auszugeben"!**

**„Die Übung der Kindertaufe ist in der apostolischen und nachapostolischen Zeit nicht nachweisbar! Das sinnlose suchen eines Schriftbeweises für die Säuglingstaufe ist immer eine sinnlose und verlorene Mühe"!**

**Was für eine Abartige (Perverse) vorsätzliche Lügerei und Betrügerei, einen Aberglauben, Abgötterei und Götzendienst, als christ-**

**lich darzustellen, obwohl es eine rein gottlose, heidnische, wider-
göttliche, satanische Götzenhandlung ist, die Säuglingsbesprengung also Säuglingstaufe.
Die gesamte antichristliche, widergöttliche Handlung der Säug-
lings-(taufe)besprengung, Kleinkind(taufe)besprengung ist eine
völlige, totale Fälschung, und ein totalitärer Etikettenschwindel im
Sinne von vorsätzlichem Betrug.**

**>„Die Evangelische, protestantische, lutherische Kirche als Bibelfäl-
scher und Betrugsunternehmen und Antichrist-Kirche"!<**

**Was sagte Martin Luther zur Säuglingstaufe?
>„Martin Luther wusste sehr wohl und ganz genau, dass die Heilige
Schrift nicht ein einziges Zeugnis oder gar den Befehl für die von
ihm gelehrte Säuglingstaufe enthält"!!!<**

**„Ein Brief an zwei Pfarrherrn von der Wiedertaufe, Anno 1528":** „Das die Kinder
glauben, das können wir auch mit keinem Spruch beweisen, der so hell und klar
herausssage mit solchen oder dergleichen Worten: **Ihr sollt die Kinder taufen,
denn sie glauben auch.** Wer uns auf solche Buchstaben zu beweisen dringet, dem
müssen wir weichen und gewonnen geben, wir finden sie nirgends beschrieben".
Quelle: © http://www. hauszellengemeinde.de/index.php/de/basics-hebraeer-; Die biblische Taufe

**Luthers Probleme mit der Säuglingstaufe bzw. Kleinkindtaufe
Luther spürte die Spannung zwischen seiner Rechtfertigungslehre und der allgemeinen Tauflehre. Er schrieb: „Vielleicht möchte meinen obigen Worten entgegen gesetzt werden, die Taufe der kleinen Kinder, die die Verheißung Gottes
nicht verstehen,** <u>auch den Glauben der Taufe nicht haben können,</u> **darum entweder der Glaube nicht erfordert würde oder die Kinder vergebens getauft werden".** Quelle: © WA Bd. 6, S 538,4
Luther versuchte die Säuglings- bzw. Kindertaufe beizubehalten. Die Probleme waren ihm bekannt, wie seine Schriften zeigen. **>**<u>**Luther bestand jedoch darauf,
dass vor der Taufe Glaube da sein muss. „Stellvertretenden Glauben" lehnte er
ab!!!**</u>**<** In seiner Predigt am 3. Sonntag nach Epiphanias (Matthäus 8, 1 – 13) lesen
wir: **>**<u>**„Vor diesem Gift und Irrtum (als ob die Sakramente an sich die Kraft hätten, dem Menschen die Sünden zu vergeben) hüte dich, wenn es gleich aller
(Kirchen=) Väter und Konzilen ausgedrückte Meinung wäre; denn sie besteht
nicht, hat keinen Grund in der Schrift, sondern ist eitler Menschendünkel und
Träume"**</u>**!<** Dazu ist sie stracks wider die vorigen Hauptsprüche, da Christus

spricht: „Wer glaubt und getauft wird, der soll selig werden" usw., dass kurzum beschlossen ist: >**„Taufe hilft niemand, ist auch niemand zu geben, er glaube denn für sich selbst, und ohne eigenen Glauben niemand zu taufen ist"!**< Über diese sind etliche andere, wie die Brüder Waldensers genannt, die halten, dass ein jeder die Taufe oder das Sakrament empfangen, wo nicht, so sei ihm die Taufe oder das Sakrament keinesfalls nütze. Sofern reden sie und halten sie recht. Aber dass sie zufahren und taufen gleichwohl die jungen Kinder, welche sie auch halten für die, die keinen eigenen Glauben haben, das ist ein Spott der heiligen Taufe, und sündigen wider das andere Gebot, dass sie Gottes Namen und Wort unnütz und vergeblich führen mit Wissen und Mutwillens. Es hilft auch nicht die Ausrede, dass sie sagen, die Kinder taufe man auf ihren zukünftigen Glauben, wenn nicht zur Vernunft kommt, denn der Glaube muss vor oder in der Taufe da sein, sonst wird das Kind nicht los vom Teufel und von der Sünde. Darum, wenn ihre Meinung recht wäre, so müssten das alles eitle Lügen sein, das mit den Kindern in der Taufe gehandelt wird. Denn da fragt der Täufer, ob das Kind glaube, und man (die Paten) antwortet: „Ja" an seiner statt. Nun wird doch niemand an seiner statt getauft, sondern es wird selbst getauft. Darum muss es auch selbst glauben oder die Paten lügen, wenn sie sagen an seiner statt: Ich glaube.

>**„Wo wir nun nicht können beweisen, dass die jungen Kinder selbst glauben und eigenen Glauben haben, das ist es mein treuer Rat und Urteil, dass man stracks abgehe, je eher, je besser, und taufe nimmermehr kein Kind, „dass wir nicht die hochgelobte Majestät Gottes mit solchen Alfanzen und Gaukelwerk, da nichts hinter ist, spotten und lästern""!** Quelle: © Erl. Ausg. 11,60ff

>**„Nach diesen Aussagen, verurteilt Luther auch die heutige Praxis der Säuglings – bzw. Kinder-Taufe, da auch heute in Erwartung des zukünftigen Glaubens getauft wird.** Demnach wäre es keine Lutherische Kirche, sondern eine Waldenser Kirche! Aus diesen Aussagen werden drei Tatsachen deutlich: A) **Persönlicher Glaube ist für die Taufe notwendig!** Ohne das Vorhandensein von Glauben darf nicht getauft werden, „Der persönliche Glaube ist für Luther beim Empfang der Sakramente unerlässlich. B) **Man kann Kinder nicht auf ihren zukünftigen Glauben taufen**, denn der Glaube muss vor oder in der Taufe sein. An diesem Punkt verurteilt Luther die Waldenser, da sie ihn Erwartung des zukünftigen Glaubens des Kindes tauften.

C) **Es gibt keinen „stellvertretenden Glauben". Wenn die Kinder keinen eigenen Glauben haben, sollen sie auch nicht getauft werden.**

### Die Wende in Luthers Einstellung zur Taufe
Eine Zeit lang schwankte Luther hin und her. Siegfried Zimmer weist auf eine wi-

dersprüchliche Aussage Luthers hin: „Hier sage ich, was alle sagen, dass den kleinen Kindern wird zur Hilfe gekommen mit einem fremden Glauben derer, die sie
zur Taufe bringen" (WA, Bd. 6, 538,4). Aus mehreren Gründen kann diese Antwort
nicht befriedigen.

1.) Diese Auffassung widerspricht dem Neuen Testament, auf das sich Luther früher als die unumwerfliche Autorität berufen hat. Das Neue Testament kennt kein
einziges Beispiel von „fremden Glauben", der zur Seligkeit geführt hätte.

2.) Diese Auffassung widerspricht der Wirklichkeit. Zimmer fragt: „Außerdem ist
an Luthers Ablasskritik zu erinnern. Er selbst hat betont, dass Gott nur demjenigen
vergibt, der wahrhaftige Reue zeigt. Wie hätte Luther wohl geantwortet, wenn
ihm von einer „fremden Reue" erzählt worden wäre, mit der einer dem anderen
zur Hilfe kommen kann? Warum können nicht - ähnlich wie beim Glauben – andere für meine Schuld Reue empfinden, wenn doch Reue und Glauben wesensgleich
sind? Was bei der Reue unmöglich ist, soll beim Glauben möglich sein??? **Wenn
es eine Taufe ohne Glauben des Getauften gibt, dann müsste es auch eine Vergebung ohne Reue des Sünders geben. Das aber hat Luther aufs schärfste abgelehnt.** Diese Auffassung widerspricht auch Luthers eigenen Aussagen. Einige Jahre
zuvor hat Luther selbst den „fremden Glauben" abgelehnt.

## Die Evangelische Kirche verkauft über Jahrhunderte die Irrlehre: Für die Taufe brauchst du keinen Glauben! Für die Vergebung brauchst du keine Reue (Buße)! Für die Vergebung brauchst du kein Blut des Sohnes Gottes! Für dein Seelenheil brauchst du keine Auferstehung YAHUSHUA HA MASCHIACHs. Damit sind wir gleichzeitig beim Wohlstands-Evangelium und der Irrlehre der Hyper-Gnade! Und diese Irrlehre ist total Antichrist-Lehre!!!

## Martin Luther, bewies darin, dass er „keinen biblischen, echten Herzens-Glauben an YAHUSHUA HA MASCHIACH hatte, denn er wurde dem Worte Gottes untreu!

## Luthers vermehrte Schwierigkeiten beim Thema Säuglings- und Kleinkindtaufe und des fremden Glaubens.

Luthers Argumentation über den „fremden Glauben" war nicht überzeugend, und
viele zogen die Konsequenzen, die Luther nicht zu ziehen wagte.

1.) Anno 1521 forderten die „Zwickauer Propheten" in Wittenberg die Abschaffung der Säuglings- und Kindertaufe. Die engsten Mitarbeiter Luthers, Melanchthon und Armsdorf, waren überrascht und überfordert. Diese führenden Theo-

logen der Reformation konnten die Argumente der Zwickauer Propheten nicht widerlegen. Melanchthon schrieb dann einen Brief an Luther.
2.) **Da die Säuglingstaufe bzw. Kleinkindtaufe Staatsgesetz war,** übergab Melanchthon die Forderung der Zwickauer Propheten dem Kurfürsten. Dieser erkannte: **Aufgabe der Säuglings - bzw. Kleinkindtaufe bedeutet das Ende des Staats- und Volkskirchentum!!! Dazu war man aus verschiedenen Gründen nicht bereit!!!** Infolgedessen wurden die Zwickauer Propheten des Landes verwiesen.
3.) Luther schrieb in seiner Antwort an Melanchthon: „Immer habe ich erwartet, dass der Satan diese wunde Stelle anrührt, aber er wollte es nicht tun durch die Papisten. Bei uns selbst und unter uns bricht diese schwere Spaltung auf, aber Christus wird sie bald unter unsere Füße vernichten". Quelle: © WA, Brief 2, 427, 177
4.) Luthers Antwort ist aufschlussreich. Er „hat also Probleme der Säuglings- bzw. Kindertaufe schon längere Zeit als „wunde Stelle" empfunden, d. h. als eine Stelle, die kaum geschützt ist". Trotzdem ist Luther in dieser Frage nicht gesprächsbereit. „Erwartet wird die „Vernichtung derer die die Kindertaufe ablehnen!? Quelle: © http //www.efg-hohenstaufenerstr.de. 1987 Ernst G. Maier. Konferenz für Gemeindegründung

## Luther ist in seinem Handeln inkonsequent! Er vollendet die Reformation nicht!!! Er hat nicht das Rückgrat und die Stirn und die felsenfeste Konsequenz, diese Irrlehre der Säuglingstaufe bzw. Kleinkindtaufe dem Tod und die Vernichtung dieses „Heiligen Goldenen Kalbs" herbeizuführen!!!

**Ein wahrer, echter, biblischer, geistlicher Reformator steht nicht nur gegen die Irrlehren im Volke auf, sondern steht auch auf gegen verstaatlichte Handlungen, welche die dämonischen, satanischen Häresienlehren in jeglicher Art und auch in staatlich subventionierten Betrugs und Völkermordslehren unterstützen!**

**Um die satanische Irrlehre der Säuglings- bzw. Kleinkindtaufe aufrecht zu erhalten, wird ein Probe-Holocaust an den wahren, biblisch Gläubigen bzw. an denen, die die Taufe im Sinne nach dem Willen Gottes durchführen und als biblisch richtig lehren, auf staatlich genehmigter Weise durchgeführt, indem man sie umbrachte! Der Staat bzw. die Regierung zu Zeit Luther betrieben Holocaust!!! >„Luther fordert den Glauben als Voraussetzung für die Taufe"!!!<**
Nun verwirft Luther auch die Ansicht der böhmischen Brüder, „die die Kinder in der Hoffnung auf ihren zukünftigen Glauben tauften (also die heutige Taufpraxis

vorweggenommen haben).

**>„Dagegen betont Luther, die Taufe hilft niemand, ist auch niemand zu geben, er glaube denn für sich selbst, und ohne eigenen Glauben ist niemand zu taufen"!<** Es hilft auch nicht die Ausrede, dass sie sagen, die Kinder taufe man auf ihren zukünftigen Glauben, wenn sie zur Vernunft kommen. **Denn der Glaube muss vor oder in der Taufe dasein, sonst wird das Kind nicht los vom Teufel und Sünden.** Quelle: © WA Bd. 17II, S. 80ff Luther berief sich nun auf die Taufliturgie, die er weitgehend von der katholischen Kirche übernommen hat. Sorgfältige Beurteilung zeigt, dass diese Taufliturgie jedoch für die ursprüngliche Gläubigentaufe entworfen war, da der Täufling mehrmals gefragt wird (Diese Fragen werden von den Eltern und Paten stellvertretend beantwortet). Luther schrieb nun: „Darum, wenn ihre Meinung (die Meinung der böhmischen Brüder) recht wäre, so müsst das alles eitel Lüge und Spott sein, was mit dem Kind in der Taufe gehandelt wird. Denn da fragt der Täufer, ob das Kind glaube, und man antwortet „Ja" an seiner statt, und ob es wolle getauft werden, da antwortet man auch „Ja" an seiner statt. Nun wird dennoch niemand an seiner statt getauft, sondern es wird selbst getauft. Darum es auch selber glaube, oder die Paten lügen, wenn sie sagen an seiner statt: „Ich glaube".

**Diese Säuglingstaufe bzw. Kleinkindtaufe ist eine perverses, gehirnkrankes Lügen-und Betrugs-System. Es entbehrt jeden gesunden Menschenverstandes!**

### Luther kehrt zur katholischen Tauflehre zurück

Luthers Aussagen über die Taufe sind widersprüchlich. Luther hat im Laufe seines Lebens einen Wandel durchlaufen.

1.) Zuerst entfernte er sich von der römischen-katholischen Tauf- und Sakramentslehre, blieb jedoch im römischen-katholischen Taufdenken stecken und kehrte später zu dieser Lehre zurück.

2.) Luther hatte entweder nicht die Kraft oder nicht den Mut, um seinen reformatorischen Grundsätzen treu zu bleiben. Heitmüller schrieb: „Anstatt dem reformatorischen Grundsatz „Allein durch den Glauben" auch in der Tauflehre und Taufpraxis wieder zu seinem Rechte zu verhelfen, hielt er schließlich doch an den grundstürzenden Irrtümern der katholischen Lehre vom „Sakrament der Taufe" fest und verankerte sie in der werdenden Evangelischen Landeskirche.

3.) Luther hat den Gedanken von der Wirksamkeit der Taufe nie ganz abgelegt. Taufe ohne Glaube ist nicht wirksam, aber Taufe verbunden mit persönlichen Glauben ist nach seiner Meinung wirksam.

**Wer einmal die Irrlehren-Vagina der Hure Römisch-Katholische-Kir-**

**che genossen hat, will an die Irrlehren-Brüste dieser Hure zurück! Hier wird die hochgradige Heuchelei des Martin Luther klar und offenkundig, er beugt sich unter der Irrlehre der satanischen Großsekte „Römisch-Katholische Kirche"!** Adelheid Sonnenschein

## Luthers Lehre vom Säuglingsglauben

**Luther lehnte fremden (stellvertretenden) Glauben ab! Der Täufling muss selber glauben. Aber muss man fragen, kann ein Säugling schon glauben? Heitmüller schrieb: „Um nun aber die Säuglings- bzw. Kindertaufe, die das System der Landeskirche begründet, zu retten, wird das absolut Unmögliche zur Möglichkeit erklärt: Die Kinder in der Wiege können schon glauben???????**

**Durch diesen „unbegreiflichen Akt" hat die Kirche der Reformation den wiedergefunden großen neutestamentlichen Begriff des Glaubens preisgegeben!!!**

Zimmer schrieb: Luther äußert ein neues abenteuerliches Argument zur Verteidigung der Säuglings- bzw. Kindertaufe. Er behauptet, dass der Säugling an YAHUSHUA HA MASCHIACH glaubt und diesen Glauben bei seiner Taufe (unhörbar) bekennt! Und er schreibt von diesem Säuglingsglauben: „Wenn wir ihn nicht festhalten können, gibt es nichts weiter zu erörtern, dann muss die Säuglings- bzw. Kindertaufe schlechtweg verworfen werden". Quelle: © WA Briefe 2, 427, 177

Luther macht sich jetzt nichts mehr vor. **Wenn man nicht davon ausgehen kann, dass die Säuglinge einen christlichen Glauben haben, dann besteht zwischen seiner Rechtfertigungslehre und der Kindertaufe ein fundamentaler Widerspruch!!!**

Zimmer beurteilt Luthers Argument von einem „Säuglingsglauben" folgendermaßen: „Mit der Behauptung eines „Säuglingsglaubens" hat Luther den Widerspruch zwischen Kindertaufe und Rechtfertigung aus (eigenem) Glauben nur scheinbar überwunden, In Wirklichkeit hat er sich nur neue Schwierigkeiten damit eingehandelt.

Luther postulierte drei Argumente für einen Säuglingsglauben. Man muss beachten, dass keines dieser Argumente eine biblische-exegetische Grundlage hat:

1. Luther glaubte in Lukas 1, 41 einen direkten „Schriftbeweis" gefunden zu haben.

2. Luther wies auf Jesaja 55, 11 hin. Gottes Wort kommt nicht leer zurück. Da bei einer Säuglings bzw. Kleinkindtaufe Gottes Wort gepredigt wird, wirkt da Wort Gottes in dem Säuglingsglauben.

3. Luther sah in der Tatsache, dass Gott Menschen gesegnet hat die als Kinder getauft worden sind, einen Beweis dafür, dass die Säuglings bzw. Kindertaufe nicht falsch sein kann??? Herbeigezogen!

**Stellvertretender Glaube ist so eine hochgradigste Paradoxie, dass**

**es der beste Nachweis und Beweis für Schizophrenie und Pharisä-
ertum ist!!! Nur der Täufling der selber von Herzen biblisch glaubt
hat einen gesunden Menschenverstand!!! Das Unmögliche ist hier
so dämonisch und satanisch in dieser Häresien-Lehre als totale
Verführung in der Hölle verankert, dass die Menschen sich mit ver-
bundenen Augen in die Hölle führen lassen! Oder hat man sich
schon die Augen ausstechen lassen von diesem Geisteskranken-
tum!** Adelheid Sonnenschein

Wenn man sich jedoch durch Gruppen-Zwangs-Christianisierung in
einer teuflischen, dämonischen Sekte wie die Evangelisch-Lutheri-
sche-Protestantische Kirche es ist, durch Lügen über Lügen vereinnahmen lässt, dann hat man wohl das Gehirn an der Garderobe auf
Nimmerwiedersehen abgegeben. Oder besser ausgedrückt man
hat nicht nur sein Gehirn, sondern auch seine Seele im Pfandhaus
Satans abgegeben bzw. verkauft auf Nimmerwiedersehen.

Es ist der aller, allerbeste Mega-Beweis, dass Martin Luther kein
biblischer entschiedener Gläubiger war, denn sonst hätte er das
Wort Gottes was die reinste Wahrheit ist, nicht auf so eine niederträchtige, widersinnige, abstrakte, gehirnlose Weise verbogen. Da
ist offensichtlich wer sein Vater war, Satan!

Luther stellte sich also in seinen jungen Jahren gegen das Taufver-
ständnis und die Taufpraxis der Säuglings- und Kindertaufe bzw.
Säuglingsbesprengung. Ist aber in seiner Erkenntnis, Lehre und
Praxis inkonsequent.

### Luthers Intoleranz und Inkonsequenz

>>>„Luther forderte nun die Vernichtung aller, die die Kindertaufe ablehnen!!!
Heidmüller bestätigte, das Luther schuldig ist am Tode von Tausenden, die sei-
ner Lehre widersprochen haben, insbesondere in der Tauffrage"!!!<<< Der ältere
Luther wurde gegenüber allen evangelischen Andersgläubigen intolerant.
Heitmüller schrieb: „Luther hat es offen zugegeben, dass er das Sakrament der
katholischen Kirche anerkenne und dass er in der Sakramentsfrage den (Papis-
ten) (Katholiken) näher stehe als den Calvinisten (Reformierten). „Selig ist der
Mann, der nicht wandelt im Rate der Sakramentierer, noch tritt auf den Weg der
Zwinglischen, noch sitzt, wo die Züricher sitzen", so schreibt Luther an seinen

Freund Probst. Er pries sich glücklich, dass er diesen „Seelenmördern und Seelen-fressern stets widerstanden habe". Noch in einer seiner letzten Schriften: „Kurzes Bekenntnis vom Heiligen Sakrament" (September 1544) hat er in schroffster Form gegen die „trunkenen Leute von Zürich" gekämpft und von dem „ganz durchteuf-elten Herzen der Sakramentierer" gesprochen. **Luther wies mit dem Papst und seinen Priestern auch alle Gegner seiner Sakramentslehre in die Hölle"!**

**Aus Inkonsequenz gegenüber der dämonisch, satanischen Irrlehre der Säuglingstaufe der Römisch, katholischen Kirche, hat Luther sich dieser wieder hingegeben, weil er sich aus dem Bann der Hure durch den echten YAHUSHUA HA MASCHIACH nie entzogen hatte.**

**Mit Recht hat Luther über die Satanssekte mit Namen Römisch, ka-tholische Kirche gesagt, sie seien Seelenmörder und Seelenfresser!**

**Zudem hat er die Evangelische, Lutherische, protestantische Kirche auch gemacht, denn diese perverse Irrlehre der Säuglingstaufe wird mit allen Anordnungen des Mörders, Seelenmörders und See-lenfresser auch heute noch praktiziert. Und dieser „geistliche Ge-nozid (Völkermord)" wird von der Deutschen Regierung in Milliar-denzahlungen subventioniert"!**

**Wer tausenden in den Tod schickt um seine verderblichen, satani-schen, dämonischen Lehren aufrecht zu erhalten, der erzeigt sich als Massenmörder, und das war Martin Luther auf ganzer Ebene!**

**Denn die Tötung der wahren biblisch Gläubigen, welche die einzige richtige und gottwohlgefällige Taufe praktizierten, war ja nur der Probedurchlauf für das Houlocaust an den Juden, was Martin Lut-her vor Gott zu verantworten hat.**

**Letztendlich fordert Luther hernach dazu auf alle diejenigen zu ver-nichten, die die Kindertaufe bzw. Säuglingstaufe bzw. Säuglingsbe-sprengung ablehnten! Luther ist dadurch schuldig am Tode von Tausenden, die seiner Irrlehre widersprochen haben, insbesondere in der Tauffrage.** Fettgedruckter Text Adelheid Sonnenschein

Quelle: © http//www.efg-hohenstaufenerstr.de. 1987 Ernst G. Maier. Konferenz für Gemeindegrün-dung. Quelle: © Friedrich Heitmüller, Die Krisis in der Gemeinschaftsbewegung Hamburg 3, Hosten-wall 21; Christliche Gemeinschafts-Buchhandlung, 1931, S. 189-190.

Da Luther das Zeugnis der Schrift für seine von den Römischen übernommenen Säuglingsbesprengung fehlte, behauptete er nun, der ursprünglich den „sola scriptura"-Grundsatz (=allein die Schrift) gelten zu machen, jedoch zuweilen jeden Schriftgrund verwarf und dabei gegen jeglichen Einsatz des Verstandes predigte: „Aber fromme vernünftige Christen begehren solches nicht, die zänkischen, halsstarrigen Rottentuns. Doch das Kinder taufen recht sei, und sie auch glauben, bereden wir uns aus vielen starken Ursachen".

Da Luther ja wusste, dass der Glaube stets der Taufe vorausgehen muss und die Rechtfertigung – gemäß seiner Sakramentslehre – „allein aus Glauben" sei, behauptete er einfach, dass seine lutherischen Säuglinge glauben würden, obwohl er – wie zitiert – genau wusste, dass dies in der ganzen Heiligen Schrift nirgends geschrieben steht. **„Und weil Luther den Säuglingsglauben und die Kindertaufe bzw. Säuglingsbesprengung nirgends geschrieben fand, hat er sich solches – laut seiner eigenen Aussage – selbst eingeredet"! Wer dagegen auf das Zeugnis der Heiligen Schrift bestand, den zählte er zu den „zänkischen, halsstarrigen Rotten (ungeordnete Schar, Gruppe von Menschen), die er schließlich mit Hilfe des römischen Mandates gegen die Wiedertäufer (am Reichstag zu Speyer 1529 beschlossen) ab dem Jahre 1530 durch die Fürsten, die seiner Lehre folgten, grausam verfolgen und hinrichten ließ!!! Wie bitte???**

Und weil die von Luther willkürlich behauptete Säuglingstaufe absurd ist, versteifen sich seine heutigen Nachfolger auf das Argument der „Haustaufe", um ihre ursprünglich römisch-sakramentale Säuglingsbesprengung als biblische Taufe geltend zu machen, wodurch sie zwangsläufig zu einer römischen Rechtfertigung zurückgekehrt sind, die mit dem persönlichen Glauben überhaupt nicht zu tun hat.

Luther stellte sich also in seinen jungen Jahren gegen das Taufverständnis und die Taufpraxis der Säuglings- und Kindertaufe bzw. Säuglingsbesprengung. Ist aber in seiner Erkenntnis, Lehre und Praxis inkonsequent! **Also keine Reformation!!! Letztendlich fordert Luther hernach dazu auf, alle diejenigen zu vernichten, die die Kindertaufe bzw. Säuglingstaufe bzw. Säuglingsbesprengung ablehnen! Luther ist dadurch schuldig am Tode von Tausenden, die seiner Irrlehre widersprochen haben, insbesondere in der Tauffrage!!!**

## Martin Luther wusste sehr wohl und ganz genau, dass die Heilige Schrift nicht ein einziges Zeugnis oder gar den Befehl für die von ihm gelehrte Säuglings(Taufe)besprengung enthält, das gab er schriftlich zu im Jahre 1528!

Da Luther das Zeugnis der Heiligen Schrift für seine, von den römischen, katholischen Kirche ungeprüft übernommen Säuglingsbesprengung fehlte, **verließ und verwarf er dabei jedoch jeden Schriftgrund und predigte gegen jeglichen Einsatz des Verstandes Dinge die er sich selber eingeredet hatte, wie er selbst bezeugt.**

Und weil die von Luther willkürlich behauptete Säuglingstaufe absurd ist, versteifen sich seine heutigen Nachfolger auf das Argument der Haustaufe um ihre ursprünglich römisch-sakramentale Säuglingsbesprengung als biblische Taufe geltend zu machen, wodurch sie zwangsläufig zu einer römischen Rechtfertigung zurückgekehrt sind, die mit dem persönlichen Glauben überhaupt nicht zu tun hat.

## Die Entstehung der „Säuglingstaufe / Kleinkindtaufe

>**„Aber-Millionen von Menschen sind als völlig Betrogene in die Irre geführt worden durch den Irrglauben und die Lügen der Säuglingstaufe"**!!!<
**Diese Menschen sind in dem verführerhaften Irrglauben dass sie in den Himmel eingehen werden. Doch kein Sakrament rettet den Menschen, der nicht geistlich und biblisch von neuem geboren worden ist!**

Um die Entstehung und allmähliche Einbürgerung der „Säuglingstaufe" zu begreifen, gilt es, die beiden mächtigen Faktoren zu beachten, die in ihrer Zusammenwirkung **eine Macht waren, die jeden Widerspruch und Widerstand unterdrücken mussten. Das sind zunächst der Aberglaube, der sich schon im Laufe des zweiten Jahrhunderts an die Mysterien, die geheimnisvollen Handlungen knüpfte, und die Errichtung der Staatskirche. Die abergläubischen Vorstellungen, die man an die Taufe knüpfte,** mussten notwendiger Weise zur „Säuglingstaufe" führen. Und die Staatskirche des 4. Jahrhunderts, die ja die katholische, die allgemeine sein wollte, forderte ebenfalls die „Säuglingstaufe", als die dem Wesen einer Staatskirche am meisten entsprechende Form. **Der Aberglaube ist die erste und eigentliche Wurzel zahlreicher Irrtümer nachapostolischer Zeit! Die Staatskirche besteht bereits aus einem entarteten, vom Aberglauben durchsetztes Christentum. Als die Staatskirche aufkam, war die Säuglingstaufe schon da!!!** Sie brauchte nur zur allgemeinen Durchführung gebracht werden. **Die Säuglingstaufe ist ein Irrtum unter den vielen Irrtümern jener Zeit.** Und nur im Zusammenhang mit den anderen Abweichungen von den biblischen Grundlagen kann sie überhaupt verstanden werden.
**Will man erkennen, wie groß der Abfall im nachapostolischen Zeitalter ist,** so muss man einmal die Schriften dieser Zeit zur Hand nehmen. Man wird bald sehen, **dass dieser Abfall sich Schritt für Schritt in fast allen Lehrpunkten vollzieht.**

**„Die Heilige Schrift weißt in wiederholter Weise darauf hin, dass diese Irrlehren entstehen"!**
**Mit erschrecken wird man erkennen, dass fast keine der Wahrheiten der Heili-**

<u>gen Schrift unverfälscht und unverkürzt oder ohne heidnische und jüdische</u>
<u>Zusätze blieb.</u>

**„Die Heilige Schrift weißt sehr, sehr eindringlich auf diese Miss-**
**stände zu genüge hin, und warnt ausdrücklich, dass man diesen Irr-**
**lehren, bzw. dämonischen, satanischen Irrlehren nicht folgen soll"**!

Wenn man diese traurige Entwicklung verfolgt, so wundert man sich durchaus
nicht über das Aufkommen der „Säuglingstaufe" (die erst in späteren Jahrhunderten zu einer Besprengung wurde). Die abergläubischen Vorstellungen, die man
schon bald nach der apostolischen Zeit an die Taufe knüpfte, ist eine völlig ausrei-
chende Erklärung für die Säuglingstaufe. Es ist daher nicht nötig, die Wurzeln der
„Säuglingstaufe" im Judentum oder im Heidentum zu suchen.

Aus dem Talmud geht allerdings hervor, dass die Juden alle Findelkinder und alle
in Gefangenschaft geratenen Kinder heidnischer Eltern tauften.

Um sich eine Vorstellung von diesem Aberglauben zu machen, ist es nötig, einmal
die wichtigsten Schriften auf ihre Lehre über die Taufe zu prüfen. **Es ist interessant**
**zu beobachten, wie diese Irrtümer immer größer werden. Und Irrtümer brauch-**
**en nicht viel Zeit, um sich durchzusetzen. Sie wuchern wie das Unkraut.** Werfen
wir einmal einen Blick auf die Literatur des nachapostolischen Zeitalters, die für
die Tauffrage in Betracht kommt.

Quelle: © http//www.hauszellengemeinde.de/index.php/de/basics-hebraeer. Die biblische Taufe

## Die biblische Taufpraxis veränderte sich in den ersten Jahrhunderten nach HA MASCHIACHs Geburt.

### Die Taufe im ersten Jahrhundert

Außer dem Neuen Testament gibt es keine Literatur aus dem ersten Jahrhundert
nach HA MASCHIACH, in der die damalige Taufpraxis beschrieben wird. Daher gibt
es auch keine Beschreibung von Taufen im ersten Jahrhundert.

Quelle: © Texte der Kirchenväter, München; Kösel Verlag, 1964, Band 4, S. 252-253; Kurt Aland, Die
Säuglingstaufe im Neuen Testament und in der alten Kirche, München; Chr. Kaiser Verlag, 1961, S. 30

In dem Brief des römischen Presbyters Clemens, der um das Jahr 96 n. d. Zw. im
Namen der Gemeinde in Rom an die in Korinth geschrieben ist, ist die Taufe über-
haupt nicht erwähnt. Schon zeigt sich aber eine Verflachung in der Auffassung der
Heilsbedeutung des Todes HA MASCHIACHs und des Glaubens.

## Die Wiedergeburt geschieht nicht durch die Taufe, sondern durch ein völliges, bewusstes Glauben, eine tiefgreifende Reue über begangene Sünden, einer herzzerreißenden Buße, völligste Umkehr vom alten Leben (Bekehrung) und willentliche Lebensübereignung

## an YAHUSHUA HA MASCHIACH!

Die biblische Wiedergeburt geschieht allein durch das Wort Gottes und dem Heiligen Geist. Durch das Wort der Wahrheit!!!

>>>„Denn ihr seid wiedergeboren nicht aus vergänglichem, sondern aus unvergänglichem Samen, nämlich aus dem lebendigen Wort Gottes, das in Ewigkeit bleibt"!<<< 1. Petrus 1, 23

>>>„Nach seinem YAHUWAHs Willen hat er uns gezeugt durch das Wort der Wahrheit, damit wir gleichsam Erstlinge seiner Geschöpfe seien"!<<< Jakobus 1, 18

>>>„Wahrlich, wahrlich, ich sage dir: Wenn jemand nicht von neuem geboren wird, so kann er das Reich Gottes nicht sehen! Nikodemus spricht zu ihm: Wie kann ein Mensch geboren werden, wenn er alt ist? Er kann doch nicht zum zweitenmal in den Schoß seiner Mutter eingehen und geboren werden? YAHUSHUA antwortete: Wahrlich, Wahrlich, wahrlich, ich sage dir: Wenn jemand nicht aus Wasser und Geist geboren wird, so kann er nicht in das Reich Gottes eingehen! Was aus dem Fleisch geboren ist, das ist Fleisch, und was aus dem Geist geboren ist, das ist Geist. Wundere dich nicht, daß ich dir gesagt habe: Ihr müsst von neuem geboren werden"!<<< Johannes 3, 3 – 7

>>>„Da ihr mit ihm begraben seid in derTaufe. In ihm seid ihr auch mitauferweckt worden durch den Glauben an die Kraftwirkung Gottes, der ihn aus den Toten auferweckt hat. Und er hat euch, dir tot wart in den Übertretungen und dem unbeschnittenen Zustand eures Fleisches, mit ihm lebendig gemacht, in dem er euch alle Übertretungen vergab"!<<< Koloser 2, 12 + 13

>>>„Wir aber sind es Gott schuldig, allezeit für euch zu danken, vom Herrn geliebte Brüder, dass Gott euch von Anfang an zur Errettung erwählt hat in der Heiligung des Geistes und im Glauben an die Wahrheit, wozu er euch berufen hat durch unser Evangelium, damit

ihr die Herrlichkeit unseres YAHUSHUA HA MASCHIACH erlangt"!<<<
2. Thessalonicher 2, 13 – 14

>>>„Als aber die Freundlichkeit und Menschenliebe Gottes, unseres Erretters erschien, da hat er uns – nicht um der Werke der Gerechtigkeit willen, die wir getan hätten, sondern auf Grund seiner Barmherzigkeit – errettet durch das Bad der Wiedergeburt und durch Erneuerung im heiligen Geist"!<<< Titus 3, 4 – 5

>>>„Um ihnen die Augen zu öffnen, damit sie sich bekehren, von der Finsternis zum Licht und von der Herrschaft des Satans zu Gott. Damit sie Vergebung der Sünden empfangen und das Erbteil unter denen, die durch den Glauben an mich YAHUSHUA HA MASCHIACH geheiligt sind"!<<< Apostelgeschichte 26, 18

>>>„Denn HA MASCHIACH hat mich nicht gesandt zu taufen, sondern das Evangelium zu verkündigen – und zwar nicht in Redeweisheit, damit nicht das Kreuz HA MASCHIACH entkräftet wird"!<<< 1. Korinther 1, 17

>>>„Und wie ich nichts verschiegen habe von dem, was nützlich ist, sondern es euch verkündigt und euch  gelehrt habe, öffentlich und in den Häusern, indem ich Juden und Griechen die Buße zu Gott und den Glauben an unseren YAHUSHUA HA MASCHIACH bezeugt habe. Darum bezeuge ich euch am heutigen Tag, dass ich rein bin von aller Blut; denn ich habe nichts verschwiegen, sondern habe euch den ganzen Ratschluss Gottes zu verkündigt"!<<< Apostelgeschichte 20, 20 + 21 + 26 + 27

**<u>Wehe, wehe, den Irrlehrern, die die Taufwiedergeburt bzw. die Taufe der Säuglingstaufe und Kleinkindtaufe lehren und praktizieren. YAHUSHUA HA MASCHIACH wird das Blut aller dieser Menschen von ihnen fordern, weil sie „geistlichen Völkermord" betrieben haben. Weil sie den Menschen das wahre Evangelium vorenthalten haben!</u>**

>>>„Wer aber einem von diesern Kleinen, die an mich glauben, An-

stoß zur Sünde gibt, für den wäre es besser, dass ein großer Mühlstein an seinen Hals gehängt und er in die Tiefe des Meer versenkt
würde"!<<< Matthäus 18, 6

**Wehe, Wehe den Menschen die diese Irrlehren-Tradition einge-
führt haben, wie Augustinus, und allen die diese satanische Irrlehre in all den Jahrhundert gelehrt, praktiziert und für gültig erklärt
haben.** Denn nicht eine gottlose, heidnische, dämonische Irrlehre
hat Existenzberechtigung auf dieser Erde, sondern nur allein Gottes Wort die Bibel!

**Die Bibel kennt nur die Bekenntnistaufe oder Glaubenstaufe, die
dem wahren echten gläubig werden unmittelbar folgt!!!**
**Was geht der Glaubenstaufe voraus, nach dem Willen Gottes bzw.
der Heiligen Schrift?**
**Es darf nach dem Willen Gottes keiner getauft werden, für den das
Wort vom Kreuz eine Torheit (Dummheit) ist.**

>>>„Denn das Wort vom Kreuz ist eine Torheit denen, die verloren-
gehen; uns aber, die wir gerettet werden, ist es eine Gotteskraft"!<<
< 1. Korinther 1, 18

**Der Tor. Töricht ist sinngemäß eine Person, die etwas nicht nachvollziehen kann
bevor sie es nicht selbst erlebt hat. Der Tor erkennt erst nachdem das Kind in
den Brunnen gefallen ist, dass es tot ist.** Vorher kann der Tor die Situation nicht
abschätzen. Als Person handelt er also aus Beschränktheit töricht – also aufsässig,
frech, unbelehrbar, unvernünftig, aggressiv, naiv. Ein Tor jagt unerreichbarem
nach oder wählt zur Erreichung vernünftiger Absichten ungeeignete (unprakti-
sche) Mittel, beispielsweise mit Kanonen auf Spatzen zu schießen. Somit ist die
Torheit das Gegenteil von Klugheit oder Schlauheit. In der älteren Sprache wird
der Begriff oft mit schärferem Vorwurf verwendet. Der Tor ist ein Narr, unbelehrbar, mutwillig und stiftet erheblichen Schaden bis hin zum Frevel an.
Es darf nach dem Willen Gottes keiner getauft werden, welcher das Evangelium
(Frohe Botschaft, Große Freude, Gute Nachricht, Siegesbotschaft) für dumm und
langweilig hält.

Nur ein echter wahrer Gläubiger gemäß den Bedingungen der Heiligen Schrift darf biblisch getauft werden, denn alles andere ist fatale Irrlehre und Betrug!!!
Es ist keiner bzw. keine Person ein „echter Gläubiger", weil diese Person, einmal als völlig ahnungsloser und innerlich unbeteiligter Säugling, durch eine leblose, sakramentale Kirchenzermonie (die fälschlich „Taufe" genannt wird) zum Mitglied der „evangelischen", „lutherischen", „reformierten", „methodistischen", „orthodoxen", „römisch-katholischen", „Landeskirchlichen Gemeinschaft" oder einer anderen „Kirche" gemacht worden ist???

Du betrügst dich selber um dein Seelenheil, indem du dich für einen Christen hältst, obwohl du in Wahrheit keiner bist!??

Es gibt kein wahrhaftiges Christsein ohne eine grundlegende Veränderung des eigenen Lebens erfahren zu haben. Denn um ein biblischer echter Gläubiger zu sein oder zu werden, ist eine entschiedene Umkehr (Bekehrung) „von der Finsternis zum Licht und von der Gewalt Satans zu Gott" nötig, um tatsächlich „Vergebung der Sünden" zu „empfangen und ein Erbe unter denen, die durch den Glauben" an YAHUSHUA HA MASCHIACH „geheiligt sind" gemäß Apostelgeschichte 26, 18.
Hast du bereits deinem alten, von den verschiedenen sündigen Praktiken gekennzeichneten Leben, durch eine solche bewusste und konsequente Umkehr den Abschied erklärt?

Lasse dich nicht länger betrügen und täuschen! Weder eine „Kirche", noch ein „Priester" oder „Pfarrer" kann dich von deinen Sünden reinigen oder gar deine Schuld vor Gott tilgen! Keine noch so ernst gemeinte religiöse Übung kann dein von Natur verdorbenes Wesen verändern oder dich Gott wohlgefällig und angenehm machen. Alles was dir Kirchen bieten können, sind kaum mehr als leere Versprechungen in Verbindung mit toten Werken, welche in Wahrheit gar nichts nützen. Vertraust du dennoch auf diese Dinge, so betrügst du dich letztendlich selbst um das ewige Leben! Was den eigenwilligen und daher sündigen Lebenswandel betrifft, so musst du den „alten Menschen", welcher nach den betrügerischen Lüsten und Leidenschaften verdorben ist, ablegen gemäß Epheser 4, 22.

Gottes Wort lehrt uns deutlich, dass ausnahmslos nur diejenigen Menschen vor seinem furchtbaren, jedoch gerechten Zorn – und schließlich vor der ewigen Hölle selbst – bewahrt werden, welche während ihres Lebens auf der Erde eine eindeutige Umkehr hin zu dem lebendigen und wahren Gott vollzogen haben. Eine Folge der Bekehrung besteht dann darin, ihm zu dienen gemäß 1. Thessalonicher 1, 9.

Bitte täusche dich nicht selber: Solange du nicht wahrhaft bekehrt bist und ein neues Leben unter der bewussten Leitung YAHUSHUA HA MASCHIACH führst, kannst du Gott niemals dienen und gehst ewig verloren gemäß Psalm 101, 6.

Eine solche Bekehrung wird – wenn sie echt und nicht nur geheuchelt ist – an den nachfolgenden Werken sichtbar. Solche Werke setzen aber zuvor eine völlige Neuorientierung des gesamten Lebens am Maßstab des Willens Gottes voraus. Diesen göttlichen Maßstab finden wir wiederum nur in der Heiligen Schrift – der Bibel – offenbart, sonst nirgends! Die der Bekehrung notwendig folgenden Werke des Glaubensgehorsams, sind das unverzichtbare Kennzeichen des echten, in der Bibel definierten Glaubens an YAHUSHUA HA MASCHIACH gemäß Apostelgeschichte 26, 20 und Jakobus 2, welcher allein retten kann angesichts des bald kommenden Zornesgerichts Gottes. Der echte Glaube darf nicht mit einem bloßen Lippenbekenntnis oder einem rein vernunftmäßig-theoretischen Fürwahrhalten verwechselt werden. Nur der Glaube, welcher im Herzen verankert und wirksam geworden, d. h. wo der Sünder von der Wahrheit und Kraft des Evangeliums Gottes überwältigt worden ist, vermag von der Macht der Sünde und deren katastrophalen Folgen zu erretten. Dieser Glaube lässt die Seele aus tiefsten Herzen ausrufen:

>>>„Gott, sei mir, dem Sünder, gnädig"!<<< Lukas 18, 13 B

Lediglich eine „Form" der Gottseligkeit gemäß 2. Timotheus 3, 5 – d. h. eine äußerliche aufgetragene „christliche Tünche" – wird Gott eines Tages dazu veranlassen, damit behaftete „Namens"- „Schein" – „Tradition" – oder wie man diese Art von „Christen" auch bezeichnen mag, als „Unkraut" verbrennen zu lassen gemäß Matthäus 13, 30 + 41 - 42.

Eine bewusste Umkehr zu YAHUSHUA HA MASCHIACH lässt sich durch nichts ersetzen und du kannst sie auch nicht umgehen, wenn du für ewig errettet werden willst. Denn YAHUSHUA HA MASCHIACH sagt: „Wahrhaftig, ich sage euch, wenn ihr nicht umkehrt, so werdet ihr nicht in das Reich der Himmel eingehen", gemäß Matthäus 18, 3.

Dies schließt deine Anerkennung des Anspruches HA MASCHIACHs ein, dass er fortan in deinem Leben die Herrschaft übernimmt. Erlaube deinem verdorbenen „Ich" nicht länger – im sündigen Eigenwillen und die Gebote des YAHUSHUA HA MASCHIACH missachtend – die Regie im Leben zu haben. Bekenne Gott deine Sünden, bitte YAHUSHUA HA MASCHIACH darum, dass er dich von deinen Ungerechtigkeiten reinigt, lass dich ferner auf seinen ausdrücklichen Befehl hin, erst dann, von seinen Jüngern biblisch taufen und lerne fortan, seine Gebote im praktischen Leben zu verwirklichen gemäß Matthäus 28, 19f!

Die ewige Erlösung von der Macht der Sünde und des Todes, sowie die Tilgung aller Schuld vor Gott, sind ausschließlich durch den persönlichen Glauben an das Blut des echten Sohnes Gottes, des Lammes Gottes, möglich. Er hat sein Blut am Kreuz zur Vergebung der Sünden vergossen. Quelle: © Bist du ein echter Christ? Quelle: © http.www. nua.de/html/echter_christ.htm. verantwortlich für den Inhalt: Thomas J. Schaum

**Die staatliche Einheitskirche, die für das ganze Volk eine Heils- und Erziehungsanstalt sein soll, kommt ohne Zwang nicht aus! Sie gewinnt ihre Mitglieder durch fleischliche Fortpflanzung und möglichst schnelle Eingliederung des Neugeborenen in ihrem Verband. Diese Eingliederung darf nicht abhängig sein von dem persönlichen Wunsch des Einzelnen. Dadurch würde der Bestand der Kirche gefährdet werden. Würden denn nicht unzählige auf die Mitgliedschaft verzichten, wenn die Entsteidungsmöglichkeit des Einzelnen abgewartet würde? Darum muss die Eingliederung des Einzelnen zu einer Zeit vorgenommen werden, wenn dieser noch keine selbstständige Persönlickeit ist und damit eine freie Willensentscheidung abgeschlossen ist.**

**Die Staatskirche hat die „Säuglingstaufe" erfunden, damit sie sich als eine Volks- und Landeskirche behaupten kann.**

**Eine Staatskirche ohne „Säuglingstaufe" ist ebenso ein Widerspruch in sich selbst, wie eine biblische Gemeinde, welche die Säuglingstaufe" praktiziert bzw. diese toleriert und akzeptiert oder gut heißt, oder zu dieser Irrlehre schweigt!**

**Sollen alle Bewohner einer Region „Pseudo-Schein-Namens-Christen" sein, müssen diese Menschen die „Irrlehren-Taufe, Säuglingstaufe, Säuglingsbesprengung, Kleinkindtaufe" empfangen. Darum kann solch eine Kirche ihre Mitglieder nicht durch Selbstentscheidung freier Persönlichkeiten rekrutieren, sondern nur durch fleischliche Fortpflanzung. Dies zeigt deutlich, dass solch eine Kirche nicht**

auf die „Säuglingstaufe" verzichten kann! Nun kann man auch leicht erkennen, warum diverse Theologen sehr energisch die „Säuglingstaufe" verteidigen, obwohl ihr jeder biblische Beleg fehlt!!!
**Alles was nicht kristallklar, sauber, korrekt, biblisch begründet werden kann, ist Sektierertum und Irrlehre und Verführung!!!**
Die Taufe von Säuglingen und unmündigen Kindern ist einerseits als Akt der Zauberei und andererseits als Akt der Werksgerechtigkeit zu erklären, weil fälschlicherweise gelehrt wird, dass der Säugling oder das unmündige Kind dadurch „in Sicherheit gerückt" wird. Auf diese Weise wird die Taufe ein Akt „billiger Gnade"!!!

## Aber von göttlicher Gnade kann hier keiner reden und argumentieren, denn Gott YAHUWAH und sein Sohn YAHUSHUA, stellen sich zu dieser Irrlehren Wort-Missbrauchs-Taufe nicht!

Denn „Sicherheit und Glaubensgewissheit bzw. Heilsgewissheit (=Errettungsgewissheit) sind zweierlei, letzteres ist die Folge eines mündigen Glaubens.
Wie fern die biblische Taufe von dem heidnischen Ritual der Säuglingsbesprengung ist, beweist das Bibelwort aus Markus 16, 16: **Wer da glaubt! und getauft wird, wird errettet werden; wer aber nicht glaubt, wird verdammt werden.**
Da Glaube und Taufe untrennbar sind, der Säugling oder das Kleinkind seinen Glauben aber noch nicht selbst bekennen kann, zeigt sich biblische Untreue (im Sinne von fleischlicher Abstriche oder Hinzufügungen) auch hierin. Gewisse Kirchen führten die Konfirmation (die ebenfalls keine biblische Grundlage hat) und die römisch, katholische Kirche nennt es „Firmung" ein! Die Konfirmation im westlichen Traditionskirchentum ist eine Frucht des Mittelalters und wird bis heute noch als Bestätigung des Taufbundes verstanden. Doch ist die Konfirmation von den ersten Christen her natürlich nicht bekannt. Fälschlicherweise fälschen die Freikirchen diese Angelegenheit und nennen es dann irrigerweise Biblischer Unterricht!???

## Die Unsitte der kirchlichen Schluckimpfung im Sinne von Säuglingsbesprengung (Säuglingstaufe)!

Die Unsitte, dass Säuglinge und Kleinkinder zur Taufe wie zu einer Schluckimpfung gebracht werden, ist für die Verweltlichung jener Kirchen, die sie praktizieren, maßgeblich verantwortlich. Gleichzeitig ist sie ein wirksames Mittel zur Aufrechterhaltung von „Schein Christsein"! So manche Stellungnahme zugunsten der Säuglingstaufe lässt sich unschwer auf die Behauptung zurückführen: „Es war schon immer so"! Dies aber ist ein aus einem Vorurteil (aus Unwissenheit oder gewollter Uneinsichtigkeit) geborener Irrtum.

**Die biblische Taufe war damit abgeschafft. An ihre Stelle ist eine Zeremonie getreten, die an Nichtchristen vollzogen wird, an Unmündigen, die im Sinne des NT noch nicht glauben können (Römer 10, 17). Nachdem diese Handlung staatlich sanktioniert (bestätigt), die biblische Taufe dagegen mit der Todesstrafe belegt war, konnte man es wagen auch die Form zu ändern, indem man anstatt des Untertauchens die Besprengung wählte.** Durch das offizielle Christentum, das den Grundsatz vertritt: „wir sind alle Christen", musste notwendigerweise die biblische Taufe (die eine persönliche Entscheidung voraussetzt) abgeschafft und statt ihrer eine „Taufe" im unbewussten Lebensalter gesetzt werden. Es war sehr günstig, dass darin der Aberglaube der religiösen Masse dem Bedürfnis des Staates entgegenkam.

**Nur was man heute als offizielles Christentum tituliert, im Sinne von Evangelischer, Protestantischer, Lutherischer Kirche oder Römisch, katholisch (oder orthodox) Kirche, das hat mit echtem biblischem Gläubigsein überhaupt nicht mit zu tun! Denn Evangelische Kirche oder Katholische Kirche ist reines Heidentum, und reine Satans-Kirche mit allen ihren verderblichen, großsektenhaften Irrlehren, welche die Menschen bis in das niederträchtigste belügt und betrügt! In ihnen wirkt seit Jahrhunderten der Antichrist!** Adelheid Sonnenschein

Trotz des Synergieeffektes (Zusammenschlusses) dieser beiden mächtigen Faktoren, des Aberglaubens und des staatskirchlichen Prinzips, setzt sich der Gebrauch der „Säuglingstaufe" doch nur sehr langsam durch, und erst im 6. Jahrhundert kann von einer allgemeinen Anerkennung und Durchführung dieser Irrlehre gesprochen werden. Und das bestätigt den nicht-christlichen Ursprung der „Säuglingstaufe".

Quelle: © http//www.hauszellengemeinde.de/index.php/de/basics-hebraeer. Die biblische Taufe

**Das Besprengen des Säuglings mit Wasser ist keine nach dem Wort Gottes durchgeführte Taufe der Gläubigen, sondern eine verfluchte Irreführung, entstanden aus dem Geist Satans, des Vaters von Hass und Lüge. Mit dieser Irreführung wird die Kirche als Institution aufrechterhalten. Alle, die Gottes Worte verfälschen, werden von Gott verflucht, selbst wenn sie Engel vom Himmel sind, gemäß Galater**

**1, 7 – 9.** Quelle: © http://www.lapsiekaste.fi./de.Säuglingstaufe

Es ist heute an der Zeit im pazifistischen, friedlichen Sinne, im Aufruf zur Herzensbuße gegen diese satanische, dämonische Irrlehre aufzustehen! Denn die, welche die Säuglings- bzw. Kindertaufe vertreten und praktizieren sind nicht nur freche, unmündige, gottlose Lügner, sondern sind sofort ihres Verführungs-Amtes zu entheben!
Nur das, was YAHUSHUA uns gezeigt hat, die Kinder zu segnen, das ist weltweit gültig und nicht was irgendwelche Irrlehrer in die Welt setzen, wofür diese die Verantwortung vor YAHUSHUA HA MASCHIACH zu tragen haben!!!
Säuglingstaufe und Kindertaufe bleibt und ist nicht nur eine verderbliche Irrlehre sondern entspricht nicht der Lehre von YAHUSHUA HA MASCHIACH und seinen Aposteln! Adelheid Sonnneschein

Das ist verantwortungsloseste Betrügerei und Irrführung von Menschen auf der ganzen Bandbreite! Wenn diese widersinnige Irrlehre und verführerische Lüge wahr wäre, dann würden wir alle heilig wie YAHUSHUA HA MASCHIACH ohne Sünde durch die Welt laufen, und wir hätten keine Probleme mehr auf dieser Welt.

Augustinus war und ist der größte Irrlehrer wohl aller zeiten gewesen. Es wird kein Mensch durch die Taufe ein Gläubiger. Wer so etwas abartiges, satanisches, Dämonisches an Irrlehre verbreitet, betrügt die Menschen nach allen Regeln der Kunst, und ist für deren ewiges Verderben verantwortlich!!!

Eltern, lasst Euer Kind nicht als Säuglinge oder Kleinkinder taufen!

Ihr handelt sonst gegen die Weisung von YAHUSHUA HA MASCHIACH!

Es war Papst Benedikt XVI. der am 27. Juni 2007 in einer Ansprache in Rom die Worte des Kirchenheiligen Cyrill von Alexandria (380-444) über den Getauften zitierte, welche lauten: „Du bist in die Netze der Kirche gefallen".

**>„Luther fordert den Glauben als Voraussetzung für die Taufe"!!!<**
zu Cyrills Zeit bereits die alleinige und für alle Menschen verpflichtende Staatsreligion im Römischen Reich. Und was sagte der Kirchenheilige weiter? Es sei angeblich Jesus, der dich, den Getauften, durch die Kirchliche Taufe „an seinen Angelhaken" nehmen würde, „um dir nach dem Tod die Auferstehung zu geben.
Quelle: © www.vatican.va/holy_father/benedict_xvi/audieces/2007/documents/hf_benxvi_aud_200
70627_ge.html

**Zunächst einmal zu YAHUSHUA von Nazareth, der hier auch erwähnt wird: Er
zog Menschen nie mit Gewalt aus ihrem Lebensumfeld heraus wie es der bru-
tale Angler mit dem Fisch tut, der auf den Köder am Angelhaken des Anglers
hereingefallen ist.** Quelle: © Zeitschrift „Der Theologe", Herausgeber Dieter Potzel, Ausgabe Nr.
40 Die katholische und evangelische Taufe-was steckt dahinter? Quelle: © www. theologe.de/taufe_
katholisch_evangelisch.htm, Fassung vom 5. 4. 2011.

**Die Evangelische Kirche-Taufe hat überhaupt nicht mit den Sohn Gottes YAHU-
SHUA HA MASCHIACH zu tun. Sondern ist eine dämonische, satanische Irrlehre.**

Doch diese absurde Theorie ist nur ein kläglicher Versuch, Gott, den All-Geist,
den Schöpfer-Gott, kirchlich zu vereinnahmen! Es ist bei näherem Hinsehen nur
ein „Hirngespinst" gottferner Menschen, die glauben, sie selbst wären quasi
kraft ihres kirchlichen Amtes sozusagen der verlängerte Arm Gottes auf Erden.
Und es ist im Kern der beispiellose geistige Hochmut der Theologen, wenn diese glauben, durch ihre kirchliche Amtshandlung würde angeblich Gott wirken.
Ja, schlimmer noch: Wenn diese Theologen glauben, Gott brauche angeblich die
Pfarrer, damit er durch deren Amtshandlung die wichtigen Dinge auf der Erde
bewirken könne. Was für ein kläglicher Gott, dem ohne einen Pfarrer oder Priester im Hinblick auf das Seelenheil der Menschen quasi die Hände gebunden wären.

**In der unbiblischen Taufe, welches überhaupt keine Taufe ist, wird
das Kind von dem Gott dieser Welt, Satan angenommen! Was für
ein Betrug und eine gotteslästernde Lüge, dass Gott den Taufakt
die eigentliche Taufe an dem Täufling vollzieht. Das ist nicht der
Gott, der den Menschen geschaffen hat und der lebendige Gott
der einem jeden Menschen, liebender Vater sein will, sondern das
sind die Dämonenlehren und Häresienlehren Satans dem Gott dieser Welt! Die Pfarrer oder Pastoren der evangelischen Kirche taufen auf einen falschen Christus! Diese Irrlehren-Handlung der Evangelischen Kirche ist nicht die biblische Lehre von YAHUSHUA HA**

**MASCHIACH aus Nazareth, sondern eines falschen Christus!**

>>>„Wer aber einen dieser Kleinen, die an mich glauben, Anstoß zur Sünde gibt, für den wäre es besser, dass ein großer Mühlstein an seinen Hals gehängt und er in die Tiefe des Meeres versenkt würde"!<<

< Matthäus 18, 6

>>>„Aber wehe euch, ihr Schriftgelehrten und Pharisäer, ihr Heuchler, dass ihr das Reich der Himmel vor den Menschen zuschließt! Ihr selbst geht nicht hinein, und die hinein wollen, die laßt ihr nicht hinein. Wehe euch, ihr Schriftgelehrten und Pharisäer, ihr Heuchler das ihr Meer und Land durchzieht, um einen einzigen Proselyten zu machen, und wenn er es geworden ist, macht ihr ein Kind der Hölle aus ihm, zweimal mehr als ihr seid"!<<< Matthäus 23, 13 + 15

**„Einen Säugling bzw. Kleinkind, wird aus toten Gruppenzwang, Ansehensverlust, Menschenfurcht, keiner echten eigenen Meinung, aus Mangel an Sachkenntnissen in biblischen und geistlichen entscheidenden Lebensfragen, mit ein paar Tropfen Wasser misshandelt. Das ist ein Verbrechen an dem Kind! Taufe wie es die Evangelische Kirche verkauft und betreibt ist blanker Betrug am Volke! Die abartige Irrlehre der Evangelischen Kirche verkauft mit Betrug den Menschen, dass die Taufe (Taufwiedergeburt, welches gar keine Taufe ist) heilsnotwendig für die Seele des Menschen sei. Das ist vorsätzlicher Betrug, Bauernfängerei, Scharlatanentum!!!**

**Die Kirche gibt vor, dem Säugling eine angebliche Erbsünde zu vergeben**

Und zwar seit der Zeugung des Embryos, dem die Erbsünde beim Sex der Eltern übertragen worden sei, wie es z. B. der „heilige" Kirchenvater Augustin erklärte. Nach dem Psychoanalytiker Sigmund Freund stammt die Erbsündenlehre aus den orphischen Mysterienkulten der vorchristlichen Zeit Quelle: © Totem und Tabu, S. 185. Und diese Lehre dient nun wiederum als Grundlage der neuen kirchlichen Lehre von einer angeblichen ewigen Verdammnis. Auch diese habe sich der Mensch bereits als Embryo auf Grund der Übertragung der Erbsünde beim Sex der Eltern zugezogen, falls die Kirche später nicht eingreifen würde. Die Übertragung der Erbsünde, erfolge beim Orgasmus des Vaters. Und daraus folgt eben dann, dass bereits dem Säugling diese „Sünde" angeblich vergeben werden müsse, um sein späteres „Seelenheil" zu erlangen. Ja nicht einmal der „heilige" Kirchenlehrer Paulus lehrte eine Erbsünde. Erst die „heiligen" römischen-katholischen Kirchenväter Augustin und Thomas von Aquin haben dieses Dogma entwickelt.

Die Evangelisch, lutherische Kirche belügt die Menschen auf das Abartigste! Kein Vater und keine Mutter braucht den Missbrauch der Taufwiedergeburt an ihrem Kind vollziehen zu lassen. Im alltäglichen Leben, und anderen Lebensgebieten würde kein Vater und keine Mutter diesen Betrug, diese Bauernfängerei und das Scharlatanentum sich gefallen lassen. Es ist eine satanische, dämonische Lüge einer Großsekte dass sie den Leuten verkaufen will, dem Säugling würden die Sünden vergeben, in der Betrugshandlung der Taufwiedergeburt! Kein Säugling oder Kleinkind kann zwischen böse und gut unterscheiden. Eine weitere Betrugs-Lüge ist, dass dem Säugling angeblich der Heilige Geist vermittelt wird! Solches können nur verführte blinde Blindenleiter in totaler Verantwortungslosigkeit gedankenlos daher plappern. In der Taufwiedergeburt oder Taufe wie es die evangelisch, lutherische Kirche betrügerisch betreibt, wird die Person nicht vom Satan befreit, sondern durch diese Betrugs-Lügen-Handlung dem Satan höchstpersönlich übergeben. Auch erhält kein Säugling, Kleinkind oder überhaupt irgendein Mensch, der sich dieser Irrlehre unterzieht, die ewige Seligkeit sondern mit Brief und Siegel und unter völliger Garantie die ewige Verdammnis in der Hölle.
Die Lügen-Mäuler und Betrugshändler belügen die Menschen auf ganzer Ebene, sie verdrehen das Wort Gottes, für ihren Missbrauch an dem Menschen. Keiner der sich auf diesen totalitären Unfug, Betrug, Lügerei verlässt, wird dadurch den Himmel betreten, denn die reine Wahrheit, wird in der evangelisch, lutherischen Kirche den Menschen vorenthalten.
Ein Wort sollte aus dem Sprachgebrauch in der deutschen Sprache und in allen Sprachen dieser Welt schnellstmöglich ein für alle ma-

**le vernichtet und abgeschafft werden. Das Wort Taufwiederge-
burt!!! Und damit verwandte Formulierungen!
Mit der Lehre Erbsünde wird der lebendige Gott verspottet und
verhöhnt. Und wieviel mehr der Sohn Gottes YAHHUSUA HA MA-
SCHIACH aus Nazareth!
Die Erbsünde-Lehre ist eine reine menschliche Erfindung aus der
Feder Satans, der geistig umnachtete Menschen zu seinen Zweck-
en benutzt.
Menschen werden durch die Säuglings- bzw. Kindertaufe bzw. Taufe der Evangelischen Kirche in die Hölle getrieben. Und wenn Menschen in die Hölle getrieben werden, dann kann man sie doch di-
rekt ermorden, oder? Denn Säuglingstaufe, Kindertaufe bzw. die
Taufe der Evangelischen Kirche ist „geistlicher Völkermord"!!!**

Durch die lügenhafte Säuglingstaufe, werden die irregeführten Menschen in
dem Glauben gelassen, dass sie in den Himmel eingehen würden. Aber kein Sakrament rettet einen Menschen, der nicht geistlich von neuem geboren ist.
Das besprengen bzw. betreufeln des Säuglings mit Wasser ist keine nach dem
Wort Gottes durchgeführte Taufe der Gläubigen, sondern eine Verfluchte Irreführung, entstanden aus dem Geist des Satans, welcher der Vater des Hasses
und der Lüge ist. Mit dieser Irreführung wird die Kirche als Institution aufrechterhalten. Alle die das Wort Gottes verfälschen, werden von Gott verflucht,
selbst wenn es Engel vom Himmel sind.

**Ein wiedergeborener, Gott gehorsamer Geistlicher tauft keinen
glaubenslosen, geschweige denn verständnislosen Säugling, sondern segnet das Kind, damit es unter der Obhut des liebenden Gottes leben darf.**

Wobei es natürlich auch Personen gibt, wie der Probst der Evangelischen-Lutherischen Kirche, Urho Muroma in der Zeitung „Herää valvomaan", Januar 1932,
die ganz klar und deutlich sagen: Menschen in die Hölle treiben tut man mit der
Lehre von der Kindertaufe! In der Bibel steht kein Wort von der Säuglingstaufe!
Die Lehre von der Kindertaufe ist von Menschen erfunden, ein Unkrautsamen,
aus der trügerischen Irreführung wächst, der Säemann dieses Samens ist der
Teufel.
Pfarrer oder Pastoren wagen es, die betrogenen Leute „Gottes Gemeinde" zu
nennen. Obwohl die Kirche diese Sünde in sich hat. Die kirchlichen Gemeinden
bestehen aus nicht wiedergeborenen Menschen, betrogen mit dem verfälschten

Wort Gottes. Daher ist die Kirche nur eine Mitgliedsliste der Betrogenen und besteht nur mit der Macht des Geldes, mit Hilfe der obligatorischen Mitgliedssteuern. Am Ende der irdischen Reise werden die Verführten, gottlosen Toten der Gemeinde noch von Ungeistlichen der Kirche gesegnet, und Anteil an das Himmelreich wird ihnen versprochen. Auf diese Weise agieren die Ungeistlichen als falsche Richter, die auch Übertäter ewiges Leben im Himmelreich zuteilwerden lassen. Mit ihren schönrednerischen Beerdigungspredigten betrügen sie auch noch die Angehörigen.

So vollständig ist der kirchliche Betrug im Leben der Menschen. Der Sohn Gottes hat nie Säuglinge getauft, sondern sie nur Kinder gesegnet.

>„Martin Luther forderte die Kirche zur Wahrheit auf, als er sagte: „Man sollte niemanden taufen, der nicht persönlich an Gott glaubt "!!! Es ist nicht das Sakrament der Taufe, das einen gerecht macht, sondern der Gehorsam gegen Gottes Wort. >„Folgedessen ist mein treuer Rat und Lösung, dass man aufhören muss, Kinder zu taufen, damit wir mit völlig unnötigen Gaukeleien und Verrücktheiten, Gott die hochgelobte Majestät, nicht spotten und beleidigen"!< Quelle: © M. Luthers Kirchenpostilla. Lohnpriester, ausgebildet mit Vernunftlehren der Menschen, machen aus Menschen sogenannte Christen (Säuglingstaufe) durch ein Zauberwerk des Sakraments, das in der Tat Gotteslästerung ist. Die Verfälscher der Wahrheit und ihre Anhänger gehen in die Verdammnis. Quelle: © www.lapsikaste.fi. de, Säuglingstaufe

Durch die Säuglingstaufe bzw. Taufe der evangelischen, lutherischen Kirche werden die Menschen unter einer gotteslästerlichen Handlung in die Hölle getrieben. Menschen werden durch die unbiblische, lügenhafte Irrlehre der Taufwiedergeburt bzw. Säuglingstaufe in dem fatalen, betrügerischen Glauben gelassen, sie kämen in den Himmel.

Das lehrt die evangelische-lutherische Kirche über die Taufe!
Von möglichen Gefahren bei der äußeren Wirkung zurück zur Lehre über die angeblichen geistigen Wirkungen der Taufe: Nicht viel besser als in der katholischen ist es in der evangelischen Kirche. Auch dort wird dem Ungläubigen mit der ewigen Verdammnis gedroht, und Bürger, welche die kirchliche Säuglingstaufe nicht unterstützen, wurden auch auf Veranlassung der evangelischen Kirche über mehrere Jahrhunderte grausam gefoltert und hingerichtet!

Wir entnehmen diese Lehre der Kirche in folgenden einer Klageschrift der Freien Christen gegen die evangelische Kirche mit der Aufforderung, dass die Kirche sich in Zukunft nicht mehr „christlich" nennt:
Die Beklagte also die Evangelisch-lutherische Kirche erwirbt ihre Mitglieder in der Regel durch einen Zwangsakt, nämlich durch die Taufe willenloser Säuglinge, wie z. B. in den Bekenntnisschriften der Evangelischen-lutherischen Kirche von 1580 festgelegt ist, welche bis heute Gültigkeit haben.
Hier eine Auswahl gültiger Lehraussagen der evangelischen Kirche, wie sie niedergelegt sind in dem Lehrwerk; Die Bekenntnisschriften der Evangelischen-Lutherischen Kirche, herausgegeben im Gedenkjahr der Augsburgischen Konfession 1930, 9. Auflage, Göttingen 1982:
„Vor der Taufe wird gelehrt, dass sie nötig sei und dass dadurch die Gnade angeboten wird. Dass man auch die Kinder taufen soll, welche durch solche Taufe Gott überantwortet und gefällig werden". (Augsburger Konfession, CA IX)
„Wir bekennen, dass die Taufe zur Seligkeit von nöten sei, und dass die Taufe der jungen Kinder nicht vergeblich sei, sondern nötig und seliglich! Darum ist auch recht christlich und not, die Kinder zu taufen, damit sie des Evangeliums, der Verheißung des Heils und der Gnaden teilhaftig werden, wie Christus befiehlet: „Gehet hin, taufet alle Heiden"! Dass aber Gott gefallen hat an der Taufe der jungen Kinder, zeigt er damit an, dass er vielen, so in der Kindheit getauft sein, den heiligen Geist hat gegeben; denn es sind viel heiliger Leute in der Kirchen gewesen, die nicht anders getauft sein". Quelle: © Apologie der Konfession, Ap.IX.2.3

**„Die Wiedertäufer (deren Lehre von der evangelischen Kirche verworfen wird) führen solche Lehre, die weder in der Kirche noch in der Polizei noch in der Haushaltung zu dulden noch zu leiden ist. Dass die Kinder nicht sollen getauft werden, bis sie zu ihrem Vorstande kommen und ihren Glauben selbst bekennen könnten.** Das der Christen Kinder darum, weil sie von christlichen oder gläubigen Eltern geboren, auch ohne und vor der Taufe heilig und Gottes Kinder seien"???
Quelle: © Konkordienformel, XII.2.7.8.

„Ist doch die Taufe unser einziger Trost und Eingang zu allen göttlichen Gütern...!
Der Täufer spreche: „Fahr aus du unreiner Geist" und gib Raum dem heiligen Geist "! (Martin Luther)
Quelle: © Kleiner Katechismus, S537f.9-11; vgl. die Schrift „Was ist lutherisch?" unter www.velkd.de

## Die Taufe reiße nach Luther die Getauften" dem Teufel aus dem Hals"!

## Die evangelisch, lutherische Kirche hat in keiner Weise das Recht sich „Christlich" zu nennen. Die evangelisch, lutherische Kirche ist

eine unbiblische Kirche, eine satanische Intuition die dämonische, sektiererische Irrlehren verbreitet! Das Volk ist vor solcher Betrugseinrichtung, Lügeneinrichtung, Scharlatanen Einrichtung, Bauernfängereinrichtung zu schützen!!! Adelheid Sonnenschein

**Was sagt die Bibel - Gottes Wort - zu Gottes Willen und Gedanken, zum ungeborenen Menschen?**
**Schwangerschaftsabbruch, Abtreibung ist vorsätzlicher Mord!!**

**„Die Lutherische oder Evangelische Kirche sollte schnellstens ihre Einrichtung schließen, denn ihr Gründer war ein Massenmörder! Damit ist der Beweis erbracht, dass diese eine Großsekte im Dienste Satans war und ist!** Adelheid Sonnenschein

**Die Lutherische und Evangelische Kirche hat in gar keiner Weise ein Recht sich Evangelisch zu nennen, denn sie beweist in ihren Irrlehren kein Evangelium sondern verderbliche Irrlehren einer total falschen widergöttlichen satanischen Irrlehre.**
**Sie weiß ja noch nicht einmal was Evangelium bedeutet! Denn es ist kein Evangelium, die Menschen zu Millionen in die Hölle zu befördern!**
**Die Lutherische oder Evangelische Kirche täuscht, betrügt die Menschen und betreibt extremen Etikettenschwindel!**
**Die Evangelische, lutherische Kirche ist eine Großsekte, denn Martin Luther war ein Irrlehrer ohne gleichen, denn er widerspricht sich in seinen unbiblischen Irrlehren, und ist Inkonsequent, und ist ein Massenmörder im Dienste Satans gewesen!** Adelheid Sonnenschein

**Philipp Melanchthon bescheinigt und schreibt Martin Luther in seiner Verteidigung der „Confessio Augustana" (Augsburger Bekenntnis) im Jahre 1530 – ein Jahr nach der kaiserlichen Anordnung der Verfolgung und Tötung der „Wiedertäufer", das die lutherische Kirche zur Zeit des Martin Luther sektiererischen Anspruch erhebt!**
**Die Kindertaufe ist vor Gott YAHUWAH, und seinem Sohn total und**

völlig unwirksam, sie ist in keiner Weise notwendig, und bewirkt überhaupt kein Heil.
Es kann doch bei dieser satanischen, dämonischen Irrlehre von der, Säuglingstaufe, Säuglingsbesprengung, Kindertaufe gar nicht von Taufe gesprochen werden, denn diese Missbrauchshandlung ist keine Taufe im Sinne der Bibel! Es kann auch nicht von Wiedertaufe gesprochen werden, da diese Missbrauchshandlung, Säuglingstaufe (Säuglinsbesprengung) überhaupt keine Taufe ist, sondern eine philosophischer, betrügerische, Irrlehren-Handlung aus dem Geist eines Menschen entsprungen der zerrüttete Sinne hat, also wahrscheinlich wohl Geisteskrank gewesen sein muß!!!
Das Heil der unbiblischen Säuglingstaufe bzw. Taufe der Evangelischen, lutherischen Kirche bewirkt in keiner Weise ein Heil, sondern einen miserablen, niederträchtigen, betrügerischen Betrug an der Seele des Verführten. Wer das Wort Gottes den Schrifttext der Bibel verfälscht, ist ein Betrüger, Urkundenfälscher, Testamentfälscher, und das war Martin Luther!
Wer Menschen unter Androhung von Verlust von Leib und Leben, zu einer Handlung zwingt, ist nicht nur ein Verbrecher sondern ein garantierter Sohn Satans! Adelheid Sonnenschein

Als einem Professor der griechischen Sprache muss Philipp Melanchthon, dem Martin Luther bescheinigen, dass er den Schrifttext der Bibel absichtlich verfälscht, wenn er angeblich Matthäus 28,19 zitiert und dabei sagt: „Taufet alle Heiden!" Denn es steht geschrieben: „....machet alle Nationen (Heiden) zu Jüngern und taufet sie". Das Fürwort „sie" ist männlich und bezieht sich darum auf die, welche Jünger geworden sind, nicht auf „alle Nationen", die sächlich sind. Die bewusste falsche Übersetzung „Taufet alle Heiden" birgt übrigens den Taufzwang in sich, den die lutherischen Fürsten und auch Melanchthon selbst auf dem Reichstag zu Speyer bereits im Jahre 1529 befürworteten.     Wie Bitte???

>>>„Als nun YAHUSHUA erfuhr, daß die Pharisäern gehört hatten, daß YAHUSHUA mehr Jünger machte und taufe als Johannes – obwohl YAHUSHUA nicht selber taufte, sondern seine Jünger"!<<< Johannes 4, 1 + 2

Obwohl alle diese, bei ihrer Taufe, Glauben hatten und sogar als Erwachsenen getauft worden waren. Denn der Apostel Petrus predigte wie folgt allen Israeliten in Jerusalem, wo es viele Jünger des Johannes und YAHUSHUA HA MASCHIACH gab.

>>>„Da trat Petrus zusammen mit den Elf auf, erhob seine Stimme und sprach zu ihnen: Ihr Männer von Judäa und ihr alle, die ihr in Jerusalem wohnt, das sollt ihr wissen, und nun hört auf meine Worte! Ihr Männer von Israel, hört diese Worte: YAHUSHUA von Nazareth, einen Mann, der von Gott euch gegenüber beglaubigt wurde durch Wunder und Zeichen, die Gott durch ihn in eurer Mitte wirkte, wie ihr auch selbst wißt. So soll nun das ganze Haus Israel mit Gewissheit erkennen, dass Gott ihn YAHUSHUA, ihn sowohl zum Herrn und auch zum HA MASCHIACH gemacht hat, eben diesen YAHUSHUA, den ihr gekreuzigt habt! Da sprach Petrus zu ihnen: Tut Buße, und jeder von euch lasse sich taufen auf den Namen YAHUSHUA HA MASCHIACH zu Vergebung eurer Sünden, so werdet ihr die Gabe des Heiligen Geistes empfangen"!<<< Apostelgechichte 2, 14 + 22 + 36 + 38

Dem entsprechend ist auch der Apostel Paulus stets als „Wiedertäufer" tätig geworden, wo er jemanden gefunden hatte, der nicht ausdrücklich auf den Namen YAHUSHUA HA MASCHIACH getauft worden war.

>>>„Es geschah aber, während Apollos in Korinth war, dass Paulus, nachdem er die höher gelegenen Gebiete durchzogen hatte, nach Ephesus kam. Und als er einige Jünger fand sprach er zu ihnen: Habt ihr den Heiligen Geist empfangen, als ihr gläubig wurdet? Sie antworteten ihm: Wir haben nicht einmal gehört, dass es den Heiligen Geist da ist. Und er sprach zu ihnen: Worauf seid ihr denn getauft worden? Sie aber erwiderten: Auf die Taufe des Johannes. Da sprach Paulus: Johannes hat mit einer Taufe der Buße getauft und dem Volk gesagt, daß sie an den glauben sollten, der nach ihm kommt, dass heißt an HA MASCHIACH YAHUSHUA. Als sie das hörten, ließen sie sich taufen auf den Namen YAHUSHUA. Und als Paulus ihnen die Hände auflegte, kam der Heilige Geist auf sie, und sie redeten in Sprachen und weissagten"!<<< Apostelgeschichte 19, 1 – 6

Hier wird aus der Heiligen Schrift, die für jeden Menschen dieser gesamten Welt, verbindlich ist, eine klare biblische Aussage getroffen:

**1.) Glaube**
Der biblisch geforderte echte Herzens-Glaube der YAHUSHUA voll und ganz als Herrn und Meister in seines persönlichen Leben anerkennt.

**2.) Reue**
Nur wenn der Mensch echte wahre Reue über seine begangen Sünden hat, erst danach kann er Herzenbusse tun.

**3.) Busse**
Die biblisch geforderte echte aufrichtige Herzensbusse, die dem Erlöser und Erretter aus freien Willen und Entscheidung ehrlich die Sünden bekennt und tiefste Reue zeigt.

**4.) Taufe**
Die biblisch geforderte reale biblische Taufe im Wasser durch vollständiges Untertauchen, jedoch erst nachdem die ersten Schritte erfüllt sind.

**5.) Geistestaufe**
Nur zu diesen Schritten wie die Bibel beschreibt, bestätigt der himmlische Gott und Vater und YAHUSHUA HA MASCHIACH es durch das Empfangen des Heiligen Geistes.

**6.) Gemeinde-Zugehörigkeit**
Dieser neu gewordene echte, biblische wahre Gläubige, lässt sich danach zu einer biblischen Gemeinde Gottes durch den Heiligen Geist hinzutun.

**Beachten wir bitte auch, sehr wichtig und klar, dass die Taufe des Johannes des Täufers, wie es geschrieben steht heilsnotwendig war:**

>>>„Die Pharisäer aber und die Gesetzesgelehrten verwarfen den Ratschuß Gottes, sich selbst zum Schaden, indem sie sich nicht von ihm Taufen ließen"!<<< Lukas 7, 30

Hatten aber die Apostel „gottlose und wahnwitzige Anschauungen" (laut Philipp Melanchthon)?
Warum aber praktizierten die Apostel diese „Wiedertaufe" Weil alle Jünger des Johannes des Täufers und auch YAHUSHUA HA MASCHIACH vor seiner Kreuzigung noch nicht auf „seinen Namen" getauft worden waren (vgl. Apostelgeschichte 19, 1 – 6).

**Die Kreuzigung von YAHUSHUA HA MASCHIACH ist die entscheidende Schnittstelle für eine von Gott geforderte „biblische Taufe", die dem Willen Gottes des Vaters entspricht. Denn die Kreuzigung ist die Identitäts-Schnittstelle für jeden einzelnen Menschen. Denn biblischer Glaube bedeutet: YAHUSHUA HA MASCHIACH voll und ganz als Herrn und Meister im eigenen Leben freiwillig anzuerkennen und begriffen und verstanden haben, das YAHUSHUA HA MASCHIACH für die Sünden eines jeden einzelnen Menschen am Kreuz gestorben ist. Denn jeder Mensch der gelebt hat, lebt, oder noch leben wird, auf dieser Erdkugel, hätte diese Folterstrafe und diesen Tod für die Ablehnung von YAHUSHUA HA MASCHIACH und für die eigenen Sünden verdient. Im biblischen Glauben erkennt der Mensch an, das YAHUSHUA HA MASCHIACH die stellvertretende Strafe, Schuld (Sünde) auf sich genommen hat, und diese bestialische Folter und den bestialischen Tod stellvertretend für jeden Menschen auf dieser Welt auf sich genommen hat!!!** Adelheid Sonnenschein

**In der tiefen Herzensbusse bittet dann der Mensch, YAHUSHUA HA MASCHIACH aufrichtig, reuevoll und im ehrlichen Gebet, persönlich darum, die Sünden und Schulden des eigenen Lebens von sich nehmen zulassen. Zu diesem Namen gilt es sich als Jünger YAHUSHUA in der Taufe zu bekennen.**

Martin Luther hat nie auf den Namen YAHUSHUA HA MASCHIACH geschweige denn auf den Namen Jesus Christus getauft, wie seine Taufanweisungen beweisen, und damit ist der klare Beweis erstellt, dass er ein Sektierer, Irrlehrer und ein Sohn Satans war!
**Die Verheißung (Versprechen, Zusage) des Heils (der Straffreiheit) ist nicht institu-tionalisierbar, das sie nicht zur Verpachtung oder Vermietung steht!!!**

**Die Verheißung (Versprechen u. Zusage) des Heils (Straffreiheit) kann aber nur das sein, wo der Name YAHUSHUA HA MASCHIACH angerufen, geglaubt und wo auf diesen Namen getauft wird.**

>>>„E i n Herr YAHUSHUA, e i n Glaube, e i n e Taufe"! Ein Gott YAHUWAH und Vater aller, über allen und durch alle und in euch all-en"!<<< Epheser 4, 5 + 6

Der Namen YAHUWAH wird angerufen:
>>>„Uns es soll geschehen: Jeder, der den Namen YAHUWAH anruft, wird, errettet werden"!<<< Apostelgeschichte 2, 21
>>>„Jeder, den Namen YAHUWAH anruft wird gerettet werden"!<<< (Joel 3, 5) Römer 10, 13

Wir rufen Gott YAHUWAH an, auf Grundlage von Joel 3, 5.

>>>„Sie aber sprachen: Glaube an YAHUSHUA HA MASCHIACH, so wirst du gerettet werden, du und dein Haus"!<<< Apostelgeschichte 16, 31

>>>„Allen aber, die ihn aufnahmen, denen gab er das Anrecht, Kinder Gottes zu werden, denen, die an seinen Namen YAHUSHUA glauben"!<<< Johannes: 1, 12

>>>„Und das ist sein Gebot, dass wir glauben an den Namen seines Sohnes YAHUSHUA HA MASCHIACH und einander lieben nach dem Gebot, das er uns  gegeben hat"!<<< 1. Johannes 3, 23

>>>„Dies habe ich euch geschrieben, die ihr glaubt, an dem Namen des Sohnes Gottes, damit ihr wißt, daß ihr ewiges Leben habt, und

damit ihr auch weiterhin an den Namen des Sohnes Gottes glaubt"!

<<< 1. Johannes 5, 13

Wo an den Namen YAHUSHUA geglaubt wird:

>>>„Da sprach Petrus zu ihnen: Tut Busse, und jeder von euch lasse sich taufen auf den Namen YAHUSHUA HA MASCHIACH zur Vergebung der Sünden, so werdet ihr die Gabe des Heiligen Geistes empfangen"!<<< Apostelgeschichte 2, 38

>>>„Denn er war noch auf keinen von ihnen gefallen, sondern sie waren nur getauft auf den Namen YAHUSHUA HA MASCHIACH"!<<< Apostelgeschichte 8, 16

>>>„Als sie das hörten, ließen sie sich taufen auf den Namen YAHU-SHUA"!<<< Apostelgeschichte 19, 5

>>>„Oder wisst ihr nicht, dass wir alle, die wir auf YAHUSHUA HA MASCHIACH hinein getauft sind, in seinen Tod getauft sind"!<<< Römer 6, 3

>>>„Denn ihr alle, die ihr in HA MASCHIACH hineingetauft seid, ihr habt HA MASCHIACH angezogen"!<<< Galater 3, 27

Die Verheißung des Heils (Errettung von der Strafe) steht allen Menschen offen, allen bzw. welche an YAHUSHUA HA MASCHIACH glauben!

>>>„Und in seinem Namen YAHUSHUA soll Buße und Vergebung der Sünden verkündigt werden unter allen Völkern, beginnend in Jerusalem"!<<< Lukas 24, 47

>>>„Und es ist in keinem andern ist das Heil, denn es ist kein anderer Name unter dem Himmel den Menschen gegeben, in dem wir gerettet werden sollen"!<<< Apostelgeschichte 4, 12

Die Verheißung des Heils (Errettung von der Strafe) steht allen Menschen offen, allen die ihm von Herzen durch den Glauben folgen, indem sie SEINEN Geboten gehorsam werden. Denn so hat YAHUSHUA HA MASCHIACH die Verkündigung des Evangeliums befohlen.

>>>„So geht nun hin und macht zu Jüngern alle Völker, und tauft sie auf den Namen des Vaters YAHUWAH und des Sohnes YAHUSHUA und lehrt sie alles halten, was ich euch befohlen habe. Und siehe, ich bin bei euch alle Tage bis an das Ende Weltzeit"!<<< Matthäus 28, 19 + 20

Zuerst die Jüngerschaft, dann die Taufe auf SEINEN ausdrücklichen Namen YAHU-SHUA. Denn nur SEIN Name steht für den VATER, den SOHN und den HEILIGEN GEIST. Und danach die Belehrung über das halten SEINER Gebote, da allein hierin die Liebe Gottes besteht!

>>>„Denn in ihm wohnt die ganze Fülle der Gottheit leibhaftig"!<<<
Kolosser 2, 9

>>>„Wer meine Gebote festhält und sie befolgt, der ist es, der mich liebt; wer aber mich liebt, der wird von meinem Vater geliebt werden, und ich werde ihn lieben und mich ihm offenbaren"!<<< Johannes 14, 21

>>>„Denn das ist die Liebe zu Gott YAHUWAH, dass wir seine Gebote halten; und seine Gebote sind nicht schwer"!<<< 1. Johannes 5, 3

>>>„Und darin besteht die Liebe; dass wir nach seinen Geboten wandeln; dies ist das Gebot, wie ihr es von Anfang an gehört habt, dass ihr darin wandeln sollt"!<<< 2. Johannes 1, 6

>>>„Im Anfang war das Wort, und das Wort war bei Gott, und das Wort war Gott. Dieses war im Anfang bei Gott. Alles ist durch dasselbe entstanden; und ohne dasselbe ist auch nicht eines entstanden, was entstanden ist. Und das Wort wurde Fleisch und wohnte unter uns, und wir sahen seine Herrlichkeit, eine Herrlichkeit als des Eingeborenen vom Vater, voller Gnade und Wahheit"!<<< Johannes 1, 1 - 3 + 14

>>>„Und anerkannt groß ist das Geheimnis der Gottseligkeit: Gott ist geoffenbart worden im Fleisch, gerechtfertigt im Geist, gesehen von den Engeln, verkündigt unter den Heiden, geglaubt in der Welt, aufgenommen in die Herrlichkeit"!<<< 1. Timotheus 3, 16

>>>„Dieser ist seit seiner Himmelfahrt zur Rechten Gottes, und Engel und Gewalten und Mächte sind ihn unterworfen"!<<< 1. Petrus 3, 22

Wichtig ist auch die klare Aussage im Prophetenbuch Jesaja:

>>>„Siehe, die Jungfrau wird schwanger werden und einen Sohn gebären, den wird ihm den Namen Immanuel (d. h. „Gott mit uns"!) geben. Dickmilch und Wildhonig wir er essen, bis er versteht, das Böse zu verwerfen und das Gute zu erwählen. Denn ehe der Knabe versteht das Böse zuverwerfen und das Gute zu erwählen, wird das Land, vor dessen beiden Könige dir graut, verlassen sein"!<<< Jesaja 7, 14 B - 16

>>>„Wer an den Sohn glaubt, der hat das ewige Leben; wer aber dem Sohn nicht glaubt, der wird das Leben nicht sehen, sondern der Zorn Gottes bleibt auf ihn"!<<< Johannes 3, 36

## Warum sind die Irrlehrer der evangelischen, lutherischen, protestatischen Kirche nicht so ehrlich mit sich selber und dem Gründer ihrer satanischen Großsekte, und sagen den Menschen die reine biblische Wahrheit. In dem willentlichen vorenthalten der biblischen Wahrheit wird Betrug betrieben! Adelheid Sonnenschein

>>>„Als sie aber dem Philippus glaubten, der das Evangelium vom Reich Gottes und von dem Namen YAHUSHUA HA MASCHIACH verkündigte, ließen sich Männer und Frauen taufen"!<<< Apostelgeschichte 8, 12

Wer nämlich seinen Verstand nicht gänzlich ausschaltet oder den Schriftgelehrten dieser Welt überlässt, der kann leicht begreifen, dass die Schrift mit „Männer" und „Weiber" keine Kinder bezeichnet, sondern ausschließlich Erwachsene. Auch die Täufer zurzeit Martin Luther haben bereits auf Apostel Apostelgeschichte 8, 12 hingewiesen und vorgetragen, dass hier die Kindlein in der Aufzählung der Getauften von Samaria fehlten, was Martin Luther überhaupt nicht interessierte!

>>>„Und immer mehr wurden hinzugetan, die an YAHUSHUA glaubten – eine Menge von Männer und Frauen"!<<< Apostelgeschichte 5, 14

>>>„Saulus aber, verwüstete die Gemeinde, drang überall in Häuser ein und schleppte Männer und Frauen fort und brachte sie ins Gefängnis"!<<< Apostelgeschichte 8, 3

>>>„Saulus aber, der noch Drohung und Mord schnaubte gegen die Jünger YAHUSHUAs, ging zum Hohepriester und erbat sich von ihm Briefe nach Damaskus an die Synagogen, in der Absicht, wenn er irgendwelche Anhänger des Weges fände, ob Männer oder Frauen, sie gebunden nach Jerusalem zu führen"!<<< Apostelgeschichte 9, 1 + 2

>>>„Es wurden deshalb viele von ihnen gläubig, auch nicht wenige der angesehenen griechischen Frauen und Männer. Einige Männer aber schlossen sich ihm an und wurden gläubig; unter ihnen auch Dionysius, der ein Mitglied des Areopags war, und seine Frau namens Damaris und andere mit ihnen"!<<< Apostelgeschichte 17, 12 + 34

>>>„Ich bin ein jüdischer Mann, geboren in Tarsus in Cilicien, aber erzogen in dieser Stadt, zu den Füßen Gamaliels, unterwiesen in gewissenhaften Einhaltung des Gesetzes der Väter, und ich war ein Eiferer für Gott wie ihr alle es heute seid. Ich verfolgte diesen Weg bis auf den Tod, indem ich Männer und Frauen band und ins Gefängnis überlieferte, wie mir auch der Hohepriester und die ganze Ältestenschaft Zeugnis gibt. Von ihnen empfing ich sogar Briefe an die Brüder und zog nach Damaskus, um auch die, welche dort waren, gebunden nach Jerusalem zu führen, damit sie bestraft würden"!<<< Apostelgeschichte 22, 3 – 5

**Schließlich wird das Evangelium verkündigt zum Glaubensgehorsam, welcher mit dem Umdenken (Busse) und er Taufe beginnt und letztlich erst mit den Gehorsam gegen die Gebote YAHUSHUA HA MASCHIACH erfüllt wird.**

>>>„Durch welchen wir Gnade und Aposteldienst empfangen haben zum Glaubensgehorsam für seinen Namen YAHUSHUA unter allen Heiden"!<<< Römer 1, 5

>>>„Das jetzt aber geoffenbart und durch prophetische Schriften

auf Befehl des ewigen Gottes bekanntgemacht worden ist zum Glaubensgehorsam für alle Heiden"!<<< Römer 16, 26
Wiederholung: Matthäus 28, 19 + 20; Johannes 14, 21; 1. Johannes 3, 23; 1. Johannes 5, 3; 2. Johannes 1, 6.
>>>„Wenn ihr meine Gebote haltet, so bleibt ihr in meiner Liebe, gleichwie ich meines Vaters Gebote gehalten habe und in seiner Liebe geblieben bin"!<<< Johannes 15, 10

>>>„Aber nicht alle haben dem Evangelium gehorcht, denn Jesaja spricht: Jesaja 53, 1: „Herr, wer hat unserer Verkündigung geglaubt?" Demnach kommt der Glaube aus der Verkündigung, die Verkündigung aber durch Gottes Wort "!<<< Römer 10, 16 + 17

**Es ist so eine entsetzliche, abartige, zum Erbrechen, hochgradige Arroganz und Selbstherrlichkeit, das die evangelisch, lutherische, protestantische Kirche, das Volk so nach Strich und Faden und so niederträchtige betrügt, das das schon mehr als Gotteslästerung ist. Liebe Leute, liebe Frauen und Männer, steht endlich auf, und lasst euch nicht länger belügen und betrügen, denn das ist mehr als nur ein Skandal, was man mit euch tut. Bewahrt eure Kinder vor diesem Scharlatanentum und Bauerfängertum der evangelischen, lutherischen Kirche!!!**
**Die evangelisch, lutherische, protestantische Kirche, verbreitet einen falschen Weg, ein Weg der ins Verderben in die Hölle führt, im Namen eines falschen Sohnes Gottes!**

**Martin Luther mag vielleicht ein bisschen Gottgläubig gewesen sein, aber einen wahren ernsthaft, biblisch geforderten Glauben und eine lebendige Glaubensbeziehung zu dem Sohn Gottes hatte er auf keinen Fall! Sonst hätte er nicht solche dramatischen Irrlehren verbreitet, und bewies sich damit als Sektierer und Sohn Satans. Er hat sich für Millionen von Menschen die durch ihn verloren gegangen sind, vor Gott zu verantworten!!!** Adelheid Sonnenschein

In seiner Irrlehren-Sammlung verbreitet der geistig umnachtete Martin Luther, folgende Irrlehre:

**Er hat den Glauben, der gemäß der Heiligen Schrift aus der Predigt kommt, durch „die Macht des fremden Glaubens" bzw. durch den Glauben an die Wirkung des „Wortes im Sakrament" ersetzt. Er hat den biblischen Glaubensgehorsam und die Verwirklichung der Hoffnung, gegen eine vernunftlose – genauer unverständige – Sakralmagie ausgetauscht, in welcher es nur noch um ein okkult verwurzeltes und seelisch verziertes Ritual geht.**

>>>Denn weil die Welt, durch ihre Weisheit Gott in seiner Weisheit nicht erkannte, gefiel es Gott, durch die Torheit der Verkündigung diejenigen zu retten, die glauben"!<<< 1. Korinther 1, 21

>>>„Das jetzt aber geoffenbart und durch prophetische Schriften auf Befehl des ewigen Gottes bekanntgemacht worden ist zum Glaubensgehorsam für alle Heiden"!<<< Römer 16, 26

In der Heiligen Schrift aber sieht die Sache mit der Taufe ganz anders aus, als wie bei den Irrlehren des geistig umnachteten Martin Luther. Nur da, wo jemand anfängt, YAHUSHUA HA MASCHIACH zu gehorchen, ist auch biblischer Glaube. Der erste Befehl Gottes an jedem Menschen - vor jeder Aufforderung, das Evangelium anzunehmen oder sich taufen zu lassen – lautet: **Ohne Buße gibt es keinen biblischen errettenden Glauben, ohne biblischen Glauben aber keine biblische Taufe.**

Nun zu den unsinnigen Irrlehren welche nicht in der Bibel stehen:
Dass kleine Kinder je nach Auffassungsvermögen alles glauben, was man ihnen erzählt, steht auf einem anderen Blatt. Wenn aber Martin Luther verlangt, das man glauben müsse, dass...

**1.) ein neugeborenes Kind freiwillig ein lutherisches Glaubensbekenntnis ablege, ??????? Wie bitte???**

**2.) ein neugeborenes Kind freiwillig beim Exorzismus dem Teufel entsagt. ??????? Wie bitte???**

**3.) jeglichen Glauben als unnötig für die Taufe lehrt, ??????? Wie bitte???**

Dann geht er doch wohl um einiges über die Schrift hinaus. Später verläßt er die Heilige Schrift erst recht. Wenn ein Säugling schon einen Umdenkprozess (Busse) leisten, den Teufel erkennen und ihm entsagen könnte, das wäre ein echtes Wunder Und schließlich kann ein sprachloser Esel mit Menschenstimme reden, wenn GOTT will.

>>>„Und es geschah, als Elisabeth den Gruß der Maria hörte, da hüpfte das Kind in ihrem Leib; und Elisabeth wurde vom heiligen Geist erfüllt und rief lauter Stimme und sprach: Gesegnest bist du unter den Frauen, und gesegnet ist die Frucht deines Leibes! Denn siehe, sowie der Klang deines Grußes in mein Ohr drang, hüpfte das Kind vor Freude in meinem Leib"!<<< Lukas 1, 41 + 42 + 44

>>>„Das stumme Lasttier redete mit Menschenstimme und wehrte der Torheit des Propheten"!<<< 2. Petrus 2, 16 B

## 4.) ein Pate soll dann für den Säugling, dessen Glaubensbekenntnis ablegen. ???????

Wenn aber die lutherischen angeblichen „Wundersäuglinge" ausnahmslos auf einen Paten angewiesen sind (welchen die Schrift nicht kennt) dann geht er wieder über die Schrift hinaus. Wie kommt es dann, dass diese Säuglinge im Laufe der Jahre wieder vergessen, dass sie „Wundersäuglinge" waren, ja nicht einmal mehr wissen, wer GOTT, CHRISTUS oder Luther ist und keinerlei Ahnung von der Taufe haben, so dass man ihnen all dieses erst mühsam beibringen muss? Denn bei den Wunderkindern, die uns die Heilige Schrift zeigt, war das nicht so.

>>>„Das Kind aber wuchs und wurde stark im Geist; und er war in der Wüste bis zum Tag, seines Auftretens vor Israel"!<<< Lukas 1, 80

>>>„Das Kind aber wuchs und wurde stark im Geist, erfüllt mit Weisheit, und Gottes Gnade war auf ihm"!<<< Lukas 2, 40

## Martin Luther hat „vergessen", dass er einstmals den Glauben als unbedingt nötige Voraussetzung für die Taufe gelehrt hatte und dabei selbst noch nicht einmal lutherisch glaubte, als er „römisch getauft" wurde?

Aber auch solches ist nicht verwunderlich, denn jeder lutherische Pfarrer hat es mit Sicherheit im Laufe seiner staatskirchlichen Amtszeit erlebt, dass so manche Säuglinge schliefen, weinten, plärrten oder gerade die Windel volldrückten, während sie angeblich ihr Glaubensbekenntnis ablegten oder dem Teufel widersagten. Gab es aber jemals einen Säugling, welchem die Taufe aufgrund offensichtlichen Desinteresses verweigert wurde? Es ist zu viel der Heuchelei!!!

**Des Weiteren wird gemäß Martin Luther weder auf den Namen Jesus Christi getauft (heutige Lutheraner „taufen" Säuglinge sogar auf deren eigenen Namen). Auch kann diese lutherische Säuglingsbesprengung nicht zur Vergebung der Sünde sein. Denn zu einen hat der Säugling ja noch gar nicht gesündigt (weshalb er unter anderem auch keine Buße tun kann), und zum anderen hat wohl Gott noch keinen Neugeborenen alle Sünde, die es erst noch im Laufe des Lebens begehen würde, schon im Voraus vergeben geschweige denn auf Grund eines von Menschen erfundenen, sakralmagischen Rituals.**

Jedoch wird vor allem die Tatsache, dass auf den ausdrücklichen Namen YAHUSHUA zu taufen ist, in der Schrift besonders betont:

>>>„So geht nun hin und machet zu Jüngern alle Völker, und tauft sie auf den Namen des Vaters YAHUWAH und des Sohnes YAHUSHUA"!<

<< Matthäus 28, 19

>>>„Da sprach Petrus zu ihnen: Tut Buße, und jeder von euch lasse sich taufen auf den Namen YAHUSHUA HA MASCHIACH zur Vergebung der Sünden; so werdet die Gabe des Heiligen Geistes emfpangen"!<<< Apostelgeschichte 2, 38

>>>„Denn er war noch auf keinen von ihnen gefallen, sondern sie waren nur getauft auf den Namen YAHUSHUA"!<<< Apostelgeschichte 8, 16

>>>„Als sie das hörten, ließen sie sich taufen auf den Namen YAHUSHUA"!<<< Apostelgeschichte 19, 5

>>>„Oder wisst ihr nicht, daß wir alle, die wir auf HA MASCHIACH YAHUSHUA getauft sind, in seinen Tod getauft sind"?<<< Römer 6, 3

Der Apostel Paulus bringt es auf den Punkt:

>>>„An die Gemeinde Gottes die in Korinth ist, an die Geheiligten in YAHUSHUA HA MASCHIACH, an die berufenen Heiligen, samt allen, die den Namen unseres YAHUSHUA HA MASCHIACH anrufen an jedem Ort, sowohl bei ihnen als und bei uns: Wie? Ist HA MASCHIACH denn zerteilt? Ist etwa Paulus für euch gekreuzigt worden, oder seid ihr auf den Namen des Paulus getauft"?<<< 1. Korinther 1, 2 + 13

Auch hieran kann man sehen und erkennen, dass der Apostel keine Säuglinge getauft hat; denn wer von ihm getauft war, konnte auch den Namen YAHUSHUA anrufen.

In der lutherischen Sekte werden übrigens tatsächlich viele Menschen auf den Namen des Paulus getauft (diese heißen dann „Paul"). Die lutherische Säuglingsbesprengung (ebenso die römische) ist also nicht die Taufe, von welcher die Apostel sprechen.

Jedoch gibt es in der Schrift nur eine einzige von GOTT anerkannte Taufe.

>>>„E i n YAHUSHUA, e i n Glaube, e i n e Taufe"!<<< Epheser 4, 5

**Das ist die Taufe der Busse auf den Namen „YAHUSHUA HA MASCHIACH" zur Vergebung der Sünden gemäß Apostelgeschichte 2, 38 u. Lukas 7, 30 wie schon wiederholt beschrieben. Denn YAHUSHUA HA MASCHIACH hat befohlen, ausschließlich diejenigen zu taufen, die durch die Verkündigung des Evangeliums Jünger – das ist Schüler – YAHUSHUA HA MASCHIACH geworden sind gemäß Matthäus 28, 19 Apostelgeschichte 2, 41; 8, 12; 18, 8 usw. und demnach an die Vergebung ihrer Sünden durch den Namen „YAHUSHUA HA MASCHIACH" glauben gemäß Apostelgeschichte 10, 43.**

Wenn es also heißt: „...nicht alle haben dem Evangelium gehorcht", und: „...wer hat unserer Verkündigung geglaubt"? wer will dann ernsthaft behaupten, dass ein Säugling dem Evangelium gehorchen könne? Wer das wirklich meint, der hat wohl noch nicht begriffen, was Buße ist und worin der Glaubensgehorsam besteht, welchen das Evangelium fordert gemäß Matthäus 5 – 7, - **abgesehen davon, dass das Leben der lutherischen Sektenmitglieder jeglichen Gehorsam, von welchem das Evangelium spricht, nur spottet!!!** Vielmehr erweist sich diese „Kirche" als eine Tochter Babylons gemäß Offenbarung 17, 5; **denn wo eine „Mutter" ist, da gibt es auch „Kinder", wobei Luther selbst bezeugt hat, dass „Rom" die Mutter aller Huren sei.**

Warum sonst geben viele lutherische Jugendliche große Summen Geldes, die sie anlässlich ihrer „Konfirmation" von der Verwandtschaft erhalten, für satanistische Rockmusik, für Zigaretten oder gar Drogen aus? Warum leben sie in Hurerei, so dass schon Minderjährige zu Kindsmörderinnen werden, indem sie – selbst noch Kinder seien – wiederrum ihre eigenen Kinder töten lassen? **Wo bleibt da der angebliche „Säuglingsglaube", welchen Martin Luther behauptete?** Oder sollten etwa am Ende die lutherischen Eltern, Paten und Pfarrer selbst den angeblich gläubigen Säuglingen den Glauben wieder aberziehen, damit sie für das Leben in ihrer heuchlerischen Gesellschaft, für das böse und ehebrecherische Geschlecht gemäß Matthäus 16,4, zubereitet werden?

**Die Säuglingsbesprengung wird dazu benutzt, sich jeglichem Gehorsam, also auch zur Busse zu entziehen, beweist allein schon, dass diese nicht nach dem Willen Gottes geschieht – im Gegenteil!**
Und wenn alle Lutherischen den biblischen Glauben hätten, wie Martin Luther mit seinen Säuglingen meint, wäre dann der Weg zu leben, nicht sehr, sehr breit? YAHUSHUA HA MASCHIACH aber sagt, dass der Weg zum Leben sehr schmal ist und mit einer engen Pforte beginnt, und dass nur wenige ihn finden. **Willst du YAHUSHUA HA MASCHIACH der Lügen strafen, geehrter Lutheraner???**

**Martin Luther war in seinem Handeln und in seiner geistlichen Blindheit, genauso ein verbohrter und abtrünniger Typ, wie Saulus von Tarsus, der später Paulus hieß. Er brachte in seiner geistlichen Blindheit genauso die echten Gläubigen zu Tode wie es Saulus von Tarsus tat! Doch Paulus erlebte die geistliche Neugeburt gemäß der Heiligen Schrift! Martin Luther jedoch überhaupt nicht!!!**
Quelle: © Buch Die Lehre M. Luthers – ein Mythos zerbricht! Bekannte und unbekannte, beliebte und verleugnete Schriften Prof. Dr. Martin Luthers im Lichte der Bibel. Ein gebürtiger Lutheraner entdeckt den ganzen Luther. Hans Jürgen Böhm, 1. Auflage März 1994.Seite 44-46.

**Martin Luther war ein Massenmörder im Dienste seines Herrn und Meisters Luzifer, Satans. Er wird sich vor Gott für jede Seele die er hat ermorden lassen und die er mit seinen dämonischen Irrlehren verführt hat, verantworten müssen!!!** Adelheid Sonnenschein

### Die lutherische Verfolgung und Ermordung der Täufer
Was sind „Täufer"? Täufer sind grundsätzlich solche, die gemäß dem Wort Gottes das Volk zur Buße über ihre Sünden aufrufen und diejenigen, die das Wort willig annehmen und Buße tun, taufen, um sie daraufhin zu lehren, ihr Leben künftig nach dem Willen (Wort) Gottes einzurichten.

Bereits ab dem Jahr 1530 verurteilte Luther nachweislich die Täufer, die er „Wiedertäufer" nannte, dafür, dass sie genau das treulich glaubten und lehrten, was er einst den Bauern vorhielt – die Gebote YAHUSHUA HA MASCHIACH.
Wurden damals (1525) die Bauern als „Aufrührer" niedergemetzelt, weil sie nicht auf Martin Luther hörten, als er ihnen die Bergpredigt vorhielt, so wurden die „Wiedertäufer" nunmehr (ab 1530) wiederrum als „Aufrührer" verfolgt und ermordet, weil sie die Bergpredigt lehrten und danach leben wollten. Auch hieran mag der Leser sehen, dass es Luther in Wahrheit niemals darum ging, dass die Menschen nach dem Willen Gottes leben, wie ihn YAHUSHUA z. B. in der Berg-

predigt erklärt hat, sondern nur um seine kirchenmacht politischen Interessen.

## A) Jeder „Ketzer" sei als „Aufrührer" zu strafen
## B) Luther allein – nur seine Staatskirche dürfe predigen

Martin Luther hat bei Todesstrafe verboten, allen außerhalb seiner Staatskirche stehenden, zu predigen. Falls jemand das Wort Gottes ohne staatskirchliche Legitimation verkündigte, er sodann, allein das als Tatsache ansah: es als ein „gewiss Zeichen des Teufels" auszugeben. So wurde Luther schließlich zum „Ketzermacher": Quelle: © Auf dem Büchlein von Justi Menii; Von der Wiedertäufer Lehre und Geheimnis" aus: „Drei Vorreden D.M.L. 1530" Tomos 5, S. 263.

„Ernstlich ist das ein gewiss Zeichen des Teufels, dass sie durch die Häuser so schleichen und laufen im Lande herum und nicht öffentlich auftreten wie die Apostel getan und täglich alle ordentlichen Prediger tun. Sondern sie sind eitel Meuchelprediger (Mordsprediger), kommen auch in fremde Häuser und Orte, dahin sie niemand berufen, noch von jemand gesandt sind, könne auch solchen Schleichens und Laufens keinen gewissen Grund noch Wahrzeichen bringen. Dies Stück fehlt nicht und ist gewiss, dass sie vom Teufel kommen, wie Christus sagt, in Johannes 10: Alle die vor mir kommen, sind Diebe und Mörder. So habe ich vorhin im 82. Psalm vermahnet beide, Obrigkeit auch Untertanen, dass man solche Schleicher (Duckmäuser), Meuchler (Mörder) und Winkelprediger (Eckenprediger) schlecht nicht leiden soll. Denn da ist kein Gott nicht, sondern gewiss der Teufel selbst, es gleisse (glänze) wie es wolle".

Wer außerhalb lutherischer-staatskirchlicher Legitimation (=ohne Erlaubnis Luthers) predigte, der wurde von ihm öffentlich als ein „Meuchelprediger (Mörderprediger), „Dieb und Mörder", Schleicher (Duckmäuser), Meuchler (Mörder) und Winkelprediger (Eckenprediger), ja als „der Teufel selbst" welcher nicht zu leiden sei, diffamiert (verleumdet).

„Glaube allein" heißt in Wahrheit also Luther allein". Nannte man da Luther zu Unrecht den Papst von Wittenberg"?

Luther beweist seine geistige Umnachtung darin, dass er für sich beanspruchte, die allein selig machende Wahrheit zu verkünden. Letztendlich war Luther genauso geistig krank wie der Papst oder die gesamten Päpste, die behaupten Gottes Stellvertreter auf Erden zu sein!

Offenbar war nun auch das Gebot der Bruder- und Nächstenliebe vollends der „christlichen Freiheit" zum Opfer gefallen. Denn die „christliche Freiheit gemäß Luthers entbindet den „Gläubigen" von

## allen Gesetzen und Geboten.

**Ist das nicht eine infame (gemeine u. boshafte) Lästerung des Heiligen Geistes, wenn man einen wahrhaftigen Prediger des Evangeliums als „den Teufel selbst" bezeichnet? Wer aber bei solchen Reden immer noch behauptet, Luther habe die Wahrheit erkannt und „wieder auf den Leuchter gestellt", der möge bitte sagen, welchen Namen diese „Wahrheit" trägt, denn „YAHUSHUA HA MASCHI-ACH" heißt sie sicher nicht.** Vielmehr musste nun sogar die Bergpredigt zur Christenverfolgung und Ermordung herhalten:

# Martin Luther verhält sich widergöttlich, antichristlich, geistig und geistlich umnachtet! Er bewegt sich nicht auf dem Boden der Wahrheit sondern handelt in tiefster Gebundenheit zu seinem Herrn und Meister Satan!

„Das 7. Kap. des Matthäus-Evangeliums durch Martin Luther gepredigt und ausgelegt Anno 1532 aus: „Drei Kapitel aus dem Evangelisten Matthäus, nämlich das 5. 6. u. 7." Quelle: © Tomos 5, S. 470:
„Denn die andern, so ohne Amt und Befehl herfahren, sind nicht so gut, dass sie falsche Propheten heißen, sondern Landstreicher und Buben, die man sollte Meister Hansen (Henker) befehlen und nicht zu leiden sind (ob sie auch gleich recht lehrten), wo sie anderen ins Amt und Befehl greifen wollen wider der Obrigkeit Ordnung oder heimlich und diebisch im Winkel schleichen, da niemand soll unaufgefordert eine eigene Predigt anrichten, noch sich eindringen, ober er gleich hört und weiß, dass man öffentlich falsch predigt, als dem nicht befohlen ist dafür zu antworten. Denn Gott hat das Amt geordnet wie andere, dass man nicht dazwischen handele". Wer also ohne staatskirchliche Legitimation das Wort Gottes predigt, sei auf jeden Fall dem „Meister Hansen" (=dem Henker) zu befehlen, auch wenn er recht lehrte. Mit anderen Worten: Die Einhaltung und Befestigung der lutherischen Staatskirche sei letztlich wichtiger als die rechte Predigt des Wortes Gottes. Ist das der Geist des Sohnes Gottes? Mit solchen Worten aber scheute Luther nicht davor zurück, Heilige zu verfolgen und Kinder Gottes zu ermorden. **Nennt man da Luther zu Recht einen CHRISTUSmörder, wenn er solche tötete, die das Wort Gottes richtig lehrten? Denn was man einem der geringsten der Brüder YAHUSHUA HA MASCHIACHs tut, ist IHM getan gemäß dem wie es die Bibel sagt:**

>>>„Was ihr einem von dieser meiner geringsten Brüdern, getan habt, das habt ihr mir getan"!<<< Matthäus 25, 40 B

Mit seinen ganzen satanischen, dämonischen Irrlehren beweist Martin Luther, dass er wie Saulus von Tarsus gegen YAHUSHUA HA MASCHIACH arbeitete. Mit seinem Morden an den echten wahren Gläubigen, beweist er, das er YAHUSHUA HA MASCHIACH in diesem zigtausend Mal ermordet hat. Solch einen Menschen braucht man nie mehr in der Geschichte als Professor oder Doktor zu titulieren, sondern Martin Luther war ein hochgradiger Diener Satans!

Das aber Martin Luther um die Ungerechtigkeit dieses seines Urteils sehr wohl wusste, zeigt auch die Tatsache, dass er ja früher selbst schon einmal seine offizielle Legitimation als Professor und Doktor der Heiligen Schrift verloren („Wormser Edikt" 1521) und 1530 erneut vom Kaiser Predigtverbot erhalten hatte, was ihm von Johan Herzog von Sachsen und Kurfürst brieflich mitgeteilt wurde

Quelle: © Tomos 5, S. 36

Quelle: Bild-Autor: © Adelheid Sonnenschein; Bild-Titel: Das Geld ist der Gott der Evangelischen Kirche; Herstellung: Okotber 2013; Maltechnik: Deckfarbe auf Kartion; Format: DIN A 3

# Der Gott der Evanglischen Kirche ist nicht der Gott der Heiligen Schrift sondern Gott Mammon

Aus den Steuern die der deutsche Bürger entrichten muss, wird der Bürger durch die amtierende Regierung betrogen. Der deutsche Steuerzahler bezahlt dafür, dass er von einer Großsekte mit Namen Evangelischer Kirche um ein echtes geistliches Leben gemäß der Heiligen Schrift betrogen wird.

**Mammon** ist der Dämon der Gier und Habsucht. Der Fürst der Dämonen der 9. Stufe, als Verführer und Nachsteller. Er regiert über Wucherer und Schinder.

>>>„Ihr könnt nicht Gott YAHUWAH dienen und dem Mammon"!<<

< Matthäus 6, 24 C

**Nicht bilanzpflichtig, steuerfrei und ziemlich diskret. Leben wie Gott in Deutschland, dank Kirchensteuer! Man muss nur recht fest daran glauben und die (h)eiligen Wege ins Paradies des Mammons kennen. Mit dieser festen Überzeugung und der Autorität des Gottes Mammon ausgestattet, vertreten durch seine hiesigen Wolfs-Hirten, ist der Erfolg garantiert. Nur die kleinen Schäfchen, die müssen halt wie immer dran glauben, da gibt es keinen Dispens und noch weniger Ausnahmen. <u>Fachleute wissen schon lange, dass das „große Evangelium des Haben" die alleinseligmachende Theologie auf diesem Planeten ist.</u>**

Soweit man nun zum Kreis der sündigen Schäfchen gehört, ist es unschicklich tiefer in solchen Gottesangelegenheiten zu buddeln. Da fragt man sich nur noch, ob die Kirchenoberen beim Studium der Bibel etwa bei einer Praxisübung zum „Goldenen Kalb" halt gemacht haben und stecken geblieben sind? Sucht man hingegen bei dem ans Kreuz genagelten Aushängeschild, namens Jesus, nach vergleichbaren Hinweisen zu einem Leben seiner Vertreter in Prunk und Gloria, dann geht man ins Leere. Denn man hat den Sohn Gottes erfolgreich zum obersten Hampelmann der eigenen Ambitionen umfunktioniert. Demzufolge dürfte die später im Neuen Testament erwähnte „Tempelreinigung" ein überaus unangenehmes Thema für den aktuellen Klerus sein.

Die nötige Glaubwürdigkeit dieser Kaste stellt sich erst wieder ein, wenn man ih-

nen ohne Groll eine Gottesverwechslung zubilligt. Ihnen also vorbehaltlos zugesteht, dass ihr oberster Dienstherr seit sehr langen Zeiten ziemlich gehörnt ist (das haben sie selbst besorgt) und auch noch einen mächtigen Pferdefuß hat. Das entspricht der korrumpierten Lebenspraxis und ist ziemlich weit weg von dem, was man emotional mit dem GOTT verbinden möchte, den YAHUSHUA einst offenbarte. Und da stehen sie nun und können nicht anders.

Quelle: © https://qpress.de/2018/01/04/gott-sucht-luxus-die-kirche-muss-es-kaschieren/

## Zahlen, zahlen, zahlen – seit Napoleons (oder Luthers) Zeiten

Alle Bundesländer sind betroffen und sie zahlen jährlich Unsummen an die Kirchen, im Jahr 2013 waren es 481 Millionen Euro. Damit erhöht sich die Gesamtsumme der von den Bundesländern der Bundesrepublik Deutschland für das Kirchenpersonal bzw. für das „Kirchenregiment" gezahlten Zuschüsse auf über 15 Milliarden Euro, genau auf 15.315.002.000,00 Euro. Quelle: © http:// www.staatsleistungen.de/ 887/dotationen-1949-2013-belaufen-sich-auf-mehr-als-15-mrd-euro

Das ist aber längst nicht alles, was die deutschen Bundesländer gezahlt haben und weiterzahlen müssen. Hinzu kommen die so genannten Baulastverpflichtungen der Bundesländer und des Bundes für die Renovierung, den Umbau oder den Erhalt von Kirchengebäuden, inklusive der so genannten „Denkmalpflege", so dass alleine mit diesen direkten Zahlungen von Bund und Ländern die Grenze einer halben Milliarde im Jahr deutlich überschritten wird. Da stellt sich die Frage: Mit welcher Begründung lässt sich der Staat hier melken?

Die „Begründung" ist abenteuerlich: Weil im Jahre 1803 – also zu Napoleons Zeiten – die so genannten „geistlichen" Fürstentümer in Deutschland aufgelöst und weltlichen Staaten zugeteilt wurden (so genannte „Säkularisierung", d. h. „Verweltlichung"), erhielten die damaligen katholischen Fürstbischöfe eine Entschädigung dafür (das entsprechende Dokument nennt man „Reichsdeputationshauptschluss"). Und dies, obwohl diese Fürstentümer nur „Reichslehen" (!) waren, also kein Eigentum der Kirche. Und diese „Entschädigung" wird seitdem – Jahr für Jahr also seit 220 Jahren! (Anno 2023) – ununterbrochen weiterbezahlt und die Summen jährlich erhöht. Und dies, obwohl der damalige Gesetzgeber nur den Lebensunterhalt der damaligen (!) Bischöfe bis an deren Lebensende sichern wollte, nicht den Lebensunterhalt aller ihrer Nachfolger seither.

Doch es kommt noch dicker: Bei der evangelischen Kirche, die gar keine Fürstbischöfe stellte, „rechtfertigt" man die heutigen Zahlungen teilweise mit abstrusen Begründungen. So wird die evangelische (!) Kirche beispielsweise für die Auflösung von katholischen (!) Klöstern in evangelischen Gebieten während der Reformationszeit bis heute Jahr für Jahr „entschädigt", nicht etwa die katholische. Diese wird dann natürlich mithilfe anderer Gedankenkonstruktionen ebenfalls „entschädigt"! Warum also gerade die evangelische Kirche heute immer noch angeblich aufgrund „alter Verträge" Geld vom Staat bekommt, ist eines der gut gehüteten „Geheimnisse" der staatlichen Kirchenfinanzierung. Doch alles kommt nach und nach ans Licht.

**In Deutschland wurden die bereits verfassungswidrig abgeschlossenen Konkordate des Vatikans mit Bayern (1924), Preußen (1929) und Baden (1932) im Konkordat des Vatikans mit Hitler-Deutschland vom 20.7.1933 bestätigt.** Und dieses Reichskonkordat bzw. Hitler-Konkordat gilt noch heute und wird den damaligen Machthabern als „Verdienst" angerechnet. Sein Zustandekommen wird damit begründet, dass Papst Pius XI. und der Deutsche Reichspräsident „von dem gemeinsamen Wunsche geleitet" seien, „die zwischen dem Heiligen Stuhl und dem Deutschen Reich bestehenden freundschaftlichen Beziehungen zu festigen und zu fördern". Der deutsche „Reichspräsident" war damals der bereits entmachtete Paul von Hindenburg, hinter dem in Wirklichkeit bereits der damaligen Reichskanzler Adolf Hitler stand, der aus Freundschaft zum Vatikan der Kirche das Konkordat ermöglichte.

Und das von Kirchenmitgliedern und -lobbyisten in Richterroben besetzte Bundesverfassungsgericht hatte am 26.3.1957 entschieden, dass das Reichskonkordat am 12. 9. 1933 durch Bekanntmachung im Reichsgesetzblatt durch Reichskanzler Adolf Hitler, Außenminister (und Kriegsverbrecher) Freiherr von Neurath und Innenminister (und Kriegsverbrecher) Wilhelm Frick im Rahmen des nationalsozialistischen Ermächtigungsgesetzes (zur Abschaffung der Republik und Errichtung der Diktatur) gültig zustande gekommen sei und folglich auch in der neu gegründeten Bundesrepublik Deutschland gültig bleibe.

Dies war ein Skandalurteil. Denn schon nach dem ersten Weltkrieg wurde in der Weimarer Verfassung festgelegt, dass der Staat verpflichtet ist, eine einheitliche rechtliche Grundlage für eine Ablösung - also Beendigung - dieser Dotationen zu schaffen. Das war 1919. Diese Verpflichtung wurde dann 1949 in das Grundgesetz der Bundesrepublik Deutschland übernommen. Und immerhin wäre es auch trotz des Urteil von 1957 möglich gewesen, zunächst die nicht von dem Katholiken Adolf Hitler 1933 bestätigten Konkordate und Staatsverträge im Sinne der Verfassung zu überarbeiten und hier den Hebel anzusetzen, um die uferlosen Staatsmillionen für die Kirche verfassungsgemäß zu beenden. Doch sowohl im höchsten deutschen Gericht als auch in der CDU/CSU-Bundesregierung unter Konrad Adenauer hatten ausschließlich die Kirchenlobbyisten das Sagen.

**Zu diesen Verträgen gehören z. B. die so genannten „Staatsverträge", mit denen sich die evangelischen Landeskirchen zum Teil ebenfalls schon in der Zeit der Weimarer Republik die Fortdauer ihre fetten Pfründen gesichert hatten.**

Doch die verantwortlichen Politiker tun seit je her bewusst das Gegenteil von dem, was die Verfassung von ihnen verlangt. So beeilten sich nach der deutschen Wiedervereinigung (1991) die Politiker in den neu entstandenen Bundesländern

im Osten Deutschlands, ebenfalls solche Verträge (Konkordate bzw. Staatskirchenverträge) abzuschließen – obwohl es dort höchstens noch ca. 25 % Kirchenmitglieder gab, ein Anteil, der seither weiter drastisch sinkt.
So zahlte z. B. Thüringen im Jahr 2013 - 22.600.000,00 € jährlich Dotationen an die Kirche, das „finanzschwache" Sachsen-Anhalt gar 30.362.800,00 €. Alle ostdeutschen Bundesländer einschließlich Berlin halten die Kirchen auf diese Weise Jahr für Jahr mit über 100 Millionen Euro allein an „Dotationen" aus, 2013 waren es ca. 109,7 Millionen. Hinzu kommen weitere Zahlungen, die gar nicht in den Konkordaten oder Staatskirchenverträgen erfasst sind. Rigide wie die Kirche in solchen Fragen ist, ließ sie sich die Millionen vom ersten Tag der deutschen Einheit an sogar nachträglich rückwirkend überweisen, damit ja kein Cent an ihrem Schlund vorbeirollt.
Und im Westen der Bundesrepublik zahlt der Staat sozusagen aus „Gewohnheit" immer weiter, wie jetzt neuerdings auch im Osten, wo diese „Gewohnheit" schnellstmöglich neu installiert worden war, noch ehe die Bevölkerung begriffen hat, in welches Korsett man sie nun gezwängt hat. Ein solches Vorgehen in West und Ost ist aus mindestens vier Gründen skandalös:
1.) **Gerechtigkeit**: Es gab seit der napoleonischen Zeit (je nach Standort) vier bis fünf staatliche Neuordnungen. Diese waren immer wieder auch mit Enteignungen verbunden – etwa durch Nationalsozialisten oder die SED-Herrschaft in Ostdeutschland. Keiner der in diesen Umwälzungen enteigneten Grundbesitzer erhält heute noch laufende staatliche Entschädigungszahlungen – viele gingen ganz leer aus.
2.) **Zeitfaktor**: Aufgrund dieser laufenden Zahlungen sind einstmals entstandene Verluste längst um ein x-faches überbezahlt. Würde man einmal addieren bzw. hochrechnen, was die Kirche seither an „Entschädigungen" bekommen hat, befände man sich im Billionenbereich.
3.) **Ablöse: Schon nach dem ersten Weltkrieg wurde in der Weimarer Verfassung festgelegt, dass der Staat verpflichtet wird, eine einheitliche rechtliche Grundlage für eine Ablöse - also Beendigung - dieser Dotationen zu schaffen. Das war 1919. Diese Verpflichtung wurde 1949 in das Grundgesetz der Bundesrepublik Deutschland übernommen. Geschehen ist bis heute – 95 Jahre später – bzw. (Anno 2024) 105 Jahre, nichts!!! Der augenblickliche Zustand ist andauernder Verfassungsbruch. Da jedoch die Kirchenlobby meist zu 100 % die jeweiligen Regierungen im Bund und in den Ländern stellt (z. B. das Kabinett der Großen Koalition aus CDU, CSU und SPD ab 2013), ist die Ignorierung der Verfassung quasi zum Privileg derer geworden, die ununterbrochen davon profitieren - auf Kosten aller Bürger.**
4.) **Vergangenheit**: Die damalige Auflösung der Fürstbistümer und Fürstabteien war keinesfalls ein „Unrecht", sondern ein längst überfälliger Schritt zur Entfeuda-

lisierung der deutschen Gesellschaft. Man sollte dabei im Auge haben, auf welche Weise der immense Reichtum der Kirchen und insbesondere der Klöster über Jahrhunderte hinweg bis dahin entstanden ist. z. B. durch Konfiszierung des Vermögens von hingerichteten Menschen anderen Glaubens.

Quelle: © http://www.stop-kirchensubventionen.de/dotationen_bundeslaender.html

**Das Finanzvolumen der evangelischen Kirchen Deutschlands ist gewaltig. Rund 10 Milliarden Euro stehen den 20 evangelischen Landeskirchen und fast 16.500 Gemeinden jedes Jahr für ihre Arbeit zur Verfügung. Die Hälfte davon stammt aus den Einnahmen durch Kirchensteuern und Gemeindebeiträgen. Der Rest setzt sich aus Gebühren für soziale Einrichtungen, Fördermitteln, Spenden und Staatsleistungen zusammen.**

Bei den Staatsleistungen handelt es sich um Zahlungen der Bundesländer, die die evangelische und die katholische Kirche als Entschädigung für enteigneten Besitz im 19. Jahrhundert erhalten, Schätzungen zufolge rund 480 Millionen Euro jährlich. Genaue Zahlen gibt es nicht. Auf die evangelische Kirche entfallen davon je nach Quelle 250 bis 280 Millionen Euro. Im Grundgesetz ist festgelegt, dass diese staatlichen Verpflichtungen eines Tages abgelöst werden. Ernsthaft angegangen wurde das Thema von der Politik bisher allerdings nicht, obwohl es in den vergangenen Jahren immer wieder entsprechende Forderungen gab. Auch die Evangelische Kirche in Deutschland sei für eine Abschaffung dieser Staatsleistung, sagte erst kürzlich deren Vorsitzender Nikolaus Schneider. Allerdings nur bei einer entsprechenden Kompensation. Das würde bedeuten, dass die Länder eine Einmalzahlung an die beiden großen Kirchen leisten, die bei einem Vielfachen der bisherigen pro Jahr gezahlten Summe läge.

Der Politologe und Publizist Carsten Frerk hält diese Kompensation für stark übertrieben. Die Kirchen hätten über Jahrzehnte davon profitiert, dass die Politiker sich nicht um eine Abschaffung der Staatsleistung gekümmert hätten. Würde man jetzt ein Vielfaches als Ablösung zahlen, sei das nichts anderes als eine Verlagerung in den Bereich der Kirchen. Die bekämen dadurch so viel Geld als Kapital, von dem sie dann in der Zukunft die alljährliche Staatsleistung selbst finanzieren könnten. Frerk kritisiert, dass **die evangelische Kirche fast genauso intransparent mit ihren Finanzen umgeht wie die römisch-katholische Kirche. „Es gibt in beiden Kirchen ein Sondervermögen in Form von Immobilien und Firmen, das nirgends erscheint".** Quelle: © http://www.dw.com/de/was-besitzt-die-evangelische-kirche/a-17223470

### Die Kirchen nehmen mehr Kirchensteuern ein

Dabei ist das Vermögen der Kirche das eine. Das andere sind ihre Einnahmen. Den großen Kirchen fließen gleich aus mehreren Quellen regelmäßig Gelder zu. Christen leisten die Kirchensteuer. Fast 12 Milliarden Euro kassierten die Kirchen 2015 und 2022 13,09 Milliaren auf diese Weise – so viel wie noch nie. Weil die Höhe der Kirchensteuer vom Ein-kommen abhängt, profitierten die Kirchen von steigenden Löhnen und geringer Arbeitslosigkeit – und zwar so stark, dass das sogar Kirchenaustritte überkompen-sierten. Finanziert werden aus diesen Einnahmen die Gehälter der Pfarrer und die Gemeindearbeit. Für andere soziale Aufgaben wie das Betreiben von Kindergärten Krankenhäusern oder Schulen bekommen die Kirchen staatliche Zuschüsse. Doch das sind bei Weitem nicht die einzigen Leistungen des Staates an die Kirchen.

Sowohl die katholische als auch die evangelische Kirche erhalten zusätzlich immer noch eine jährliche Entschädigung für Enteignungen im 18. und 19. Jahrhundert. Damals gingen im Zuge der Säkularisierung kirchliche Grundstücke an den Staat. Im Gegenzug sagten die Fürsten zu, für die Kirchen zu sorgen. 1919 wurden diese Staatsleistungen in der Weimarer Reichsverfassung verankert, später fanden sie ihren Weg ins Grundgesetz. Allein in diesem Jahr fließen als Entschädigungszahlung 524 Millionen Euro vom Staat an die Kirchen. Aufkommen müssen dafür alle Steuerzahler – also nicht nur Kirchenmitglieder. Sven Lüders, Geschäftsführer der Humanistischen Union, hält das für nicht mehr zeitgemäß. „Das widerspricht dem Neutralitätsgebot des Staates", sagt er. Quelle: © https:// www.tagesspiegel.de/wirtschaft /zwischen-glaube-und-geld-wie-reich-die-grossen-deutschen-kirchen-sind/19831108.html

## Staat und Gesellschaft zahlen, aber die Kirche bestimmt

>**„Dabei hätte die Öffentlichkeit ein Anrecht auf umfassende und vollumfängliche Information, denn nicht nur Katholiken und Protestanten finanzieren die Kirche über Spenden oder die Kirchensteuer. Auch als Atheist oder Anhänger einer anderen Glaubensrichtung wird man über die Steuern an dem Schauspiel beteiligt.** Ein Grund dafür ist die Enteignung der Kirchen im 18. und 19. Jahrhundert durch den Staat im Nachgang der Säkularisierung in Deutschland. Als Entschädigung wurde die Besoldung der Würdenträger durch die öffentliche Hand übernommen und bis heute fortgeführt. So kommt es, dass die Bundesländer, mit Ausnahme von Hamburg und Bremen, im vergangenen Jahr 523 Millionen Euro an Staatsleistungen aus dem Steuertopf an die Kirchen überwiesen.

**Für Menschen, die nicht den beiden Konfessionen angehören, ein Unding, was bereits der Weimarer Nationalversammlung bewusst war.** Der Artikel 138 der Weimarer Verfassung beauftragte die Verantwortlichen, Grundsätze aufzustellen, durch die die Staatsleistungen ein Ende finden sollten. Zu einer Beendigung der Zahlungen ist es während der Weimarer Republik zwar nicht mehr gekommen, der Auftrag wurde aber durch Artikel 140 des Grundgesetzes übernommen und besteht bis heute fort. Das dem verfassungsmäßigen Auftrag nicht nachgekommen wird, liegt in der Sorge vor möglichen Milliardenforderungen seitens der Kirchen gegen die Bundesländer. Und so arrangiert man sich mit der Kirche, zahlt aktuell jedes Jahr 523 Millionen Euro und hat seit 1949 eine Gesamtsumme von

17 Milliarden Euro überwiesen. Quelle: © https://www.finwir.de/politik/vermoegen-wie-reich-ist-die-kirche-wirk-lich/

## Umfangreiche steuerliche Begünstigungen und Zuschüsse für die Kirchen

Bei den jährlichen 523 Millionen Euro bleibt es aber nicht. Durch die Möglichkeit, die Kirchensteuer als Sonderausgabe von der Steuer abzuziehen, sind dem Staat 2017 mehr als 3,5 Milliarden Euro entgangen, womit er die Kirchen indirekt finanziert. **Neben dem Vorteil des Steuerabzugs sind die Kirchen Körperschaften des öffentlichen Rechts und müssen keine Körperschafts-, Mehrwert- oder Gewerbesteuer zahlen.** Dass die Kirchen ebenfalls von der Grund- und Grunderwerbssteuer befreit sind, dürfte bei der bedeutenden Anzahl an Grundstücken im Besitz der Kirche für den Staat einen weiteren Verlust im hohen dreistelligen Millionenbereich nach sich ziehen.

Dieser Kritik wird von Anhängern der beiden Konfessionen gerne entgegnet, dass die beiden Kirchen große soziale Verantwortung in der Gesellschaft tragen würden, mit Diakonie und Caritas Millionen von Menschen versorgen und Schulen und Einrichtungen zur Kinderbetreuung errichten. **Leider stimmt davon kaum etwas, denn den größten Anteil an den Kosten trägt die Gesellschaft selbst.** Die Kirchen setzen lediglich ihr Siegel drauf, zahlen einen geringen prozentualen Anteil und besitzen weitreichende Entscheidungsrechte. Allein in Deutschland stehen ein Drittel, der über 55.000 Kindertageseinrichtungen, unter direkter oder indirekter konfessioneller Trägerschaft. Dabei werden die 1,24 Millionen Kinder, die in diesen Einrichtungen ein- und ausgehen, vom Deutschen Staat mit schätzungsweise sechs Milliarden Euro bezuschusst. Somit trägt die Gesellschaft 75 Prozent der anfallenden Kosten der Einrichtungen unter konfessioneller Trägerschaft. Weitere 15 Prozent werden durch Entgelte von den Familien aufgebracht und nur zehn Prozent steuert die Kirche bei.Der ungehinderte Zugang zu Werte-und Moralvorstellungen von Kindern, die evolutionsbedingt darauf vertrauen, dass Eltern oder Erzieher zu ihrem Wohle handeln, hat für das weitere Leben weitreichende Konsequenzen. Eine einmal übernommene Glaubensvorstellung, ist im späteren Verlauf nur schwer abzuschütteln. Über diesen Umweg versuchen die Kirchen ihren Einfluss auf Gesellschaft und Familie, aber auch ihre Position der moralischen Deutunginstanz zu manifestieren. Beides scheint trotz immensen Aufwands in den zurückliegenden Jahrzehnten, nur mäßig erfolgversprechend zu sein, denn immer mehr Gläubige verlassen die Kirche.

### Jedes Jahr 24 Milliarden aus der Staatskasse

Dennoch wird das Muster aus den Kindertagesstätten in den Schulen weiter fortgesetzt. Im Primarbereich sind es 282 und im Sekundarbereich I + II insgesamt 885

Schulen, die in Deutschland unter konfessioneller Trägerschaft stehen. Der Unterschied zu den Kindertageseinrichtungen ist, das mit 2,75 Milliarden Euro der Staat und die Gesellschaft die Kosten vollständig übernehmen. Dazu kommen die Kosten für den Religionsunterricht, der ebenfalls vom deutschen Steuerzahler aufgebracht werden darf und schätzungsweise zwei bis drei Milliarden Euro für ganz Deutschland beträgt. Werden weitere Zuschüsse und Subventionen an die beiden großen Kirchen in Deutschland berücksichtigt, erreicht man bei konservativen Schätzungen etwa 24 Milliarden Euro als Gesamtsumme pro Jahr. Dabei sind die Zahlungen an Caritas und Diakonie, die von dem Theologen Graf auf insgesamt 45 Milliarden Euro geschätzt wurden, noch nicht berücksichtigt.

Quelle: © https://www.finwir.de/politik/vermoegen-wie-reich-ist-die-kirche-wirklich/

**Dafür das Deutschland keine Staatsreligion besitzt und nach dem Grundgesetz Staat und Religion zu trennen ist, wird die christliche Religion in diesem Land deutlich bevorzugt und hofiert.**

"Gebt dem „Allmächtigen", die Herrlichkeit seines Namens „YAHUWAH" יהוה zurück"!!!

Adelheid Sonnenschein

# Gebt dem Allmächtigen die Herrlichkeit seines Namens YAHUWAH zurück

Ein Buch von Adelheid Sonnenschein

Dies ist ein Buch welches das Bewusstsein ins Leben ruft, das seit über 2600 Jahre der echte Name des einen einzigen Gottes nicht mehr ausgesprochen wird. Viele falsche Namen wurden in die Welt gesetzt, durch welche jedoch der eine lebendige Gott gelästert wird!
In den Bibeln steht der echte Name Gottes nicht drin, er wurde durch widergöttliche Ersatz-Formulierung ersetzt!

Es ist die geistliche Pflicht aller echten wahren Gläubigen endlich den richtigen Namen Gottes YAHUWAH zu nennen und zu diesem zu beten.
Weltweite Erweckung und Schaffung eines reinen Volkes Gottes, wird dann geschehen, wenn der Name des einzigen Gottes YAHU-WAH in Ehrfurcht und Respekt benutzt wird! Das Buch zeigt an Hand von weit über 200 Bibelstellen auf, wo der Name YAHUWAH stehen müsste! Aus den Bibelstellen wird auch klar und deutlich, dass es auf der einen Seite Gott überhaupt nicht gefällt, dass sein Name in Vergessenheit gebracht wurde und andererseits wie wichtig es dem einzigen Gott YAHUWAH ist, das er selber sagt, ich will meinen Namen wieder groß machen!

Die Aufrichtung des echten Namens YAHUWAH in der Endzeit ist von unabdingbarer Wichtigkeit!!!

Paperback, 244 Seiten und 122 Farbabbildungen
ISBN 978-3-7526-3421-1, BoD Books on Demand, Norderstedt

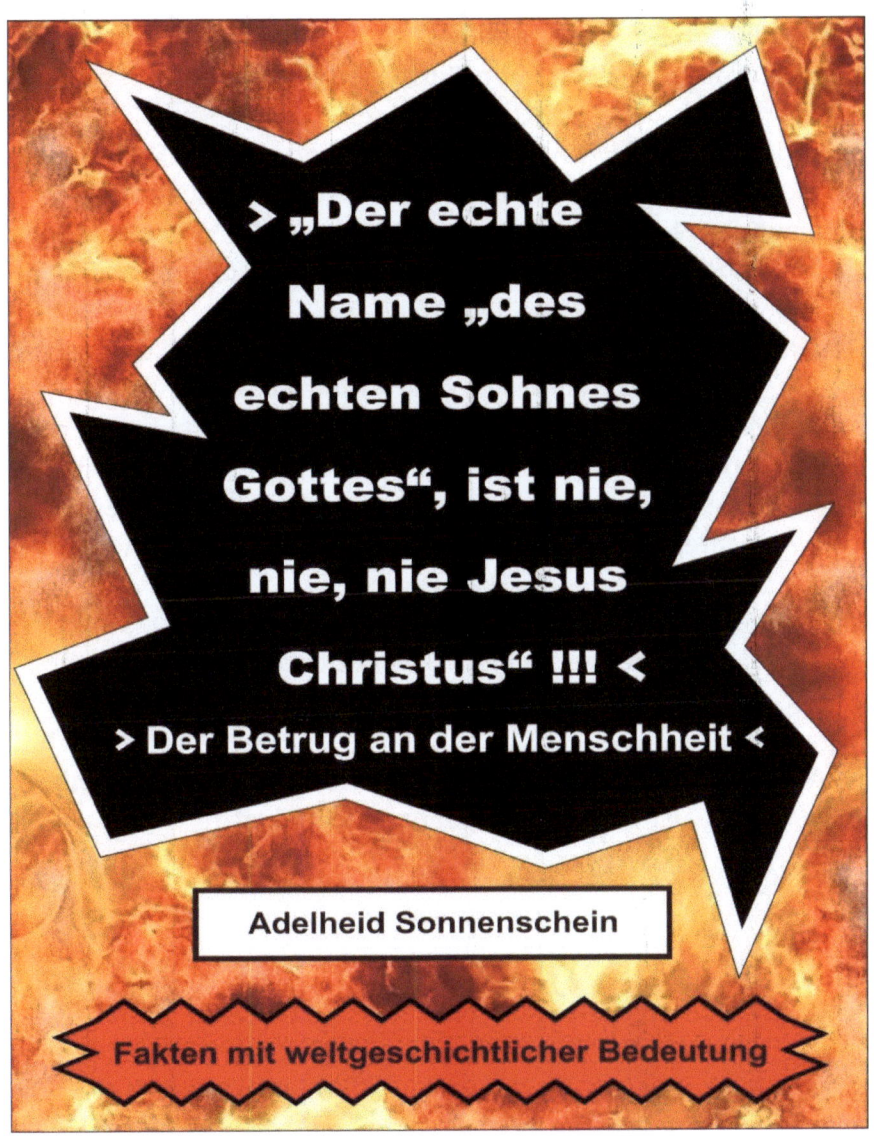

Der echte Name des echten Sohnes Gottes,
war nie, nie, nie Jesus Christus

Ein Buch von Adelheid Sonnenschein

307

Ein revolutionäres Buch, welches mit dem über 1700 Jahre alten Irrtum aufräumt, das der Sohn Gottes fälschlicherweise Jesus Christus heißen soll.

Eine Christenheit vertraut genau genommen auf eine Schein-Figur und weiß leider nichts über diese Kunstfigur, die im Jahre 325 n. d. Zw. auf dem 1. Konzil ins Leben gerufen wurde! In Deutschland und England gibt es den Namen Jesus Christus sogar erst ab dem Jahr 1611.

Man kann auch den Namen Jesus Christus nicht zurückübersetzen ins Hebräische oder Aramäische.

Eine Christenheit die ihren Herrn und Meister in keiner Weise kennt, vertraut auf fatale Irrlehren von längst veralteten Konzilen.

Eine weltweite Erweckung findet dann statt, wenn die Menschen sich dem echten, wahren Sohn Gottes YAHUschuWAH HA MASCHI-ACH zuwenden!

Mehr als 2 Milliarden Christen weltweit sind dem satanischen Irrtum eines gefälschten Sohn Gottes verfallen!

Eine verführte Person weiß jedoch nicht, dass sie verführt ist.

Die Aufrichtung des echten Namens YAHUschuWAH in der Endzeit ist von unabdingbarer Wichtigkeit!!!

Paperback, 220 Seiten und 49 Farbabbildungen
ISBN 978-3-7534-2940-3, BoD Books on Demand, Norderstedt

**Kennst Du mich wirklich,... ???  den echten Sohn Gottes YAHUschuWAH**

Ein Buch von Adelheid Sonnenschein

In diesem Buch wird der echte, wahre Sohn Gottes YAHUschuWAH vorgestellt! Dieses Buch zeigt auf, das der falsche Sohn Gottes mit Namen Jesus Christus ein gefälschter Sohn Gottes ist, welcher eine sehr, sehr schlechte Vergangenheit hat! Bevor man jedoch dieses Buch liest, sollte man zuvor das Buch lesen: Der echte Name, des echten Sohnes Gottes ist nie, nie, nie Jesus Christus!

Die Autorin hat jahrelange gründliche Recherche-Arbeit betrieben. Wer sich nicht täuschen lassen will durch einen gefälschten Sohn Gottes mit Namen Jesus Christus, sollte sich zu dem echten Sohn Gottes YAHUschuWAH HA MASCHIACH von Herzen bekehren!

Die Kirchen verkündigen und verbreiten seit über 1700 Jahre einen falschen Sohn Gottes mit Namen Jesus Christus. Der gesamte Irrglaube an den gefälschten Sohn Gottes beruht auf der Lügentradition der Katholischen Kirche. Der echte Sohn Gottes mit Namen YAHUschuWAH HA MASCHIACH hat ausdrücklich vor falschen Christussen gewarnt. Ein gefälschter Fünfzig-Euroschein sieht dem echten, sehr, sehr ähnlich. Man muss es schon genau untersuchen, um die Fälschung vom Original zu unterscheiden! Mit den beiden Büchern haben die Menschen eine Grundlage sich selber zu entscheiden. Glaube ich an den Betrug und die Lüge oder an die Wahrheit in Person YAHUschuWAH. Auch dieses Buch sollte jeder Mensch weltweit in seinem eigenen Interesse gelesen haben.

Paperback, 220 Seiten und 49 Farbabbildungen
ISBN 978-3-7543-6225-9, BoD Books on Demand, Norderstedt